INGÉNIERIE DES SYSTÈMES À MICROPROCESSEURS

APPLICATION AU TRAITEMENT DU SIGNAL ET DE L'IMAGE

COLLECTION TECHNIQUE ET SCIENTIFIQUE DES TÉLÉCOMMUNICATIONS
(liste complète p. 303)

CHEZ LE MÊME ÉDITEUR

Dans la même collection

Traitement numérique du signal. Théorie et pratique, par M. Bellanger. Préfacc de P. Aigrain. 1995, 5e édition révisée, 464 pages.

Techniques de compression des signaux, par N. Moreau. 1995, 288 pages.

Le RNIS, techniques et atouts. Réseau numérique à intégration de services, par G. Dicenet. Préface de J.-P. Poitevin. 1995, 3e édition revue et augmentée, 316 pages.

Autres ouvrages

Méthodes numériques pour le traitement du signal. Exemples et programmes, par G. Blanchet et J. Prado. *Collection Enseignement de la physique.* 1991, 216 pages.

Architecture des ordinateurs, des techniques de base aux techniques avancées, par G. Blanchet, B. Dupouy. Préface de G. Stamon. *Collection MIM-matériel,* 1991, 240 pages.

Analyse de Fourier et applications. Filtrage, calcul numérique, ondelettes, par C. Gasquet et P. Witomski. 1995, 2e tirage, 368 pages.

Analyse de Fourier et applications. Exercices corrigés, par R. Dalmasso et P. Witomski. 1996, à paraître

Méthodes et techniques de traitement du signal, par J. Max *et coll.* Préfaces de L. Néel et M. Cordelle.

Tome 1. — Principes généraux et méthodes classiques. 1996, 5e édition revue et augmentée, à paraître.

Tome 2. — Appareillages. Méthodes nouvelles. Exemples d'applications. 1987, 4e édition revue et augmentée, 464 pages.

Analyse d'images : filtrage et segmentation. Ouvrage collectif coordonné par J.-P. Cocquerez et S. Philipp. Préface de H. Maître. *Collection Enseignement de la physique.* 1995, 486 pages.

Modélisation d'images fixes et animées, par J.-P. Gourret. Préface de D. Thalmann. *Collection MIM-industrie et applications.* 1994, 496 pages.

Les architectures de 5e génération sur tranche, par M.-J. Shute. Traduit de l'anglais par E. Pissaloux, S. Lassere, J. Maftoul. Préface de F. Devos. *Collection Micro-électronique et informatique.* 1991, 332 pages.

COLLECTION TECHNIQUE ET SCIENTIFIQUE DES TÉLÉCOMMUNICATIONS

INGÉNIERIE DES SYSTÈMES À MICROPROCESSEURS

APPLICATION AU TRAITEMENT DU SIGNAL ET DE L'IMAGE

Éric MARTIN
Professeur des Universités
Université de Bretagne-Sud

Jean-Luc PHILIPPE
Maître de conférences
ENSSAT – Lannion

MASSON

Paris Milan Barcelone

ISBN : 2-225-**85230**-8
ISSN : 0221-2579

MASSON S.A. 120, bd Saint-Germain, 75280 Paris Cedex 06

Table des matières

1. Matérialisation des systèmes numériques **1**
1.1. De l'application à l'architecture 1
1.2. Architectures générales 2
1.2.1. Le processeur 2
1.2.2. Multiprocesseur 12
1.3. Architectures dédiées 15
1.3.1. Adéquation architecture à algorithme 15
1.3.2. Modèle de description 18
1.3.3. Cas particulier de modèle de description : les "Hardware Description Langage (HDL)" 19
1.3.4. Modèle de conception 23
1.3.5. Cibles architecturales 25
1.3.6. Les outils de conception d'architectures VLSI 28
2. Analyse de machines générales **31**
2.1. Evaluation des machines Von Neumann 31
2.1.1. Critères généraux 32
2.1.2. Critères de temps 32
2.1.3. Les mesures des opérations de complexité moyenne 33
2.1.4. Les algorithmes de comparaison 34
2.1.5. Bilan des évaluations macroscopiques 35
2.2. Machine Von Neumann 36
2.2.1. Présentation du modèle général 36
2.2.2. Instructions de contrôle 38
2.2.3. Instructions de traitement 40
2.2.4. Instructions de transfert 40
2.3. Présentation du processeur 68000 46
2.4. Gestion des mémoires 50
2.4.1. Principe de mémoire hiérarchisée 50
2.4.2. Mémoire cache 52
2.4.3. Unité de gestion mémoire 59
2.4.4. Exemple de gestionnaire mémoire 66
2.5. Gestion des entrées - sorties 68
2.5.1. Contraintes 68
2.5.2. Principes de gestion 68
2.6. Les coprocesseurs 71
2.6.1. Principes de gestion 71
2.6.2. Exemples : cas de la famille Motorola 72
2.7. Applications au traitement du signal et de l'image 76
Implantation optimale d'un algorithme donné sur une machine cible 76
3. Optimisation de l'architecture Von Neumann **81**
3.1. Introduction 81
3.2. Modèle d'architectures Harvard 81
3.3. Processeurs RISC 84
3.3.1. Etude des contrôleurs : modèle général 84
3.3.2. Etude des contrôleurs : optimisation 87
3.3.3. Processeurs RISC 90

3.3.4. Aléas de fonctionnement ... 98
3.3.5. Exemple d'optimisation de code ... 101
3.4. Pipeline et parallélisme ... 103
3.4.1. Introduction ... 103
3.4.2. Parallélisme et pipeline des processeurs élémentaires ... 104
3.4.3. Influence des flots finis de données ... 107
3.4.4. Influence des registres de pipeline ... 109
3.4.5. Optimisation des ressources ... 113
3.4.6. Pipeline et récursivité ... 115
4. Processeurs de traitement du signal ... 119
4.1. Contraintes temporelles et limitations des processeurs standards ... 119
4.2. Caractéristiques générales des processeurs de traitement du signal ... 120
4.3. Etude d'un processeur : le TMS320C25 ... 121
4.3.1. La famille des TMS : résumé des caractéristiques ... 122
4.3.2. Architecture interne du processeur TMS320C25 ... 123
4.4. Problèmes d'adressage des données dans le domaine du traitement du signal ... 133
4.4.1. Filtre RIF ... 133
4.4.2. Epandage ... 136
4.5. Etat de l'art et évolution des processeurs de traitement du signal ... 138
4.6. Sélection et programmation optimale de processeurs de traitement du signal : approche méthodologique ... 142
4.6.1. Introduction ... 142
4.6.2. Approche méthodologique pour la mise en œuvre d'un algorithme de traitement du signal ... 143
4.6.3. Algorithme de transformée de Fourier rapide TFR ... 148
5. Panorama de quelques processeurs ... 157
5.1. Introduction du panorama ... 157
5.2. Le processeur Alpha de Digital ... 158
5.2.1. Présentation générale ... 158
5.2.2. Architecture interne ... 158
5.2.3. Instructions et parallélisme ... 161
5.3. le processeur I860 d'Intel ... 162
5.3.1. Présentation générale ... 162
5.3.2. Architecture interne ... 163
5.3.3. Langage et parallélisme ... 164
5.3.4. Unité graphique ... 166
5.4. Le Transputer d'Inmos ... 166
5.4.1. Présentation générale ... 166
5.4.2. Architecture interne ... 167
5.4.3. Langage et parallélisme ... 169
5.4.4. Conclusions ... 170
5.4.5. Perspectives d'évolution : le processeur T9000 et le composant C104 ... 171
5.5. le système Iwarp d'Intel ... 175
5.5.1. Introduction ... 175
5.5.2. Architecture interne ... 176
5.5.3. Instruction et parallélisme ... 178
5.6. Le processeur Gapp de NCR ... 181
5.6.1. Présentation générale ... 181
5.6.2. Architecture interne ... 182
5.6.3. Langage et parallélisme ... 183
5.7. Le processeur TMS320C40 de Texas Instrument ... 184
5.7.1. Présentation générale. ... 184
5.7.2. Architecture interne ... 184
5.7.3. Instructions et parallélisme ... 187
6. Machines parallèles ... 191
6.1. Introduction ... 191
6.2. Les multiprocesseurs à mémoire partagée ... 192

6.2.1. Introduction 192
6.2.2. Mise en évidence des problèmes 192
6.2.3. Quelques solutions 195
6.2.4. Choisir un bus 208
6.3. Les multiprocesseurs faiblement couplés 211
6.3.1. Origine du besoin 211
6.3.2. Mise en évidence des problèmes 212
6.3.3. Les réseaux de communication 213
6.3.4. Les machines cellulaires 216
6.3.5. Les multiprocesseurs à passage de messages 217
6.3.6. Architecture hétérogène 218
6.3.7. Comment choisir une architecture 221
6.4. Les machines vectorielles 222
6.4.1. Introduction 222
6.4.2. Accélération 223
6.4.3. Limitation des performances 224
6.4.4. Le système mémoire 227
6.5. Les multisystèmes 229
6.5.1. Introduction 229
6.5.2. Mise en évidence des problèmes, analyse des besoins 232
6.5.3. Quelques solutions 232
7. Présentation de quelques systèmes 233
7.1. Multiprocesseur à base du système VME et du processeur Motorola 68030 233
7.1.1. Introduction 233
7.1.2. Constitution d'un processeur élémentaire 234
7.1.3. Utilisation du bus de transfert : Data Transfert Bus (DTB) 235
7.1.4. Mécanismes d'arbitrage 235
7.1.5. Gestion des interruptions 237
7.1.6. Gestion de la cohérence 239
7.1.7. Exemple d'utilisation 239
7.2. La machine à connexions de TMC 240
7.2.1. Introduction 240
7.2.2. Architecture de la machine à connexions CM1 240
7.2.3. Mode de fonctionnement et performances 242
7.2.4. Autres versions de machines à connexions 242
7.3. Une machine à passage de messages : le Supercluster de Parsitech 244
7.3.1. Introduction 244
7.3.2. L'unité de base 245
7.3.3. Performances 247
7.4. La carte B008 d'Inmos 248
7.4.1. Présentation 248
7.4.2. Le module vectoriel TRAM d'Inmos 249
7.4.3. Association transputer/IMSA100 250
8. Parallélisme et traitement du signal et de l'image 253
8.1. Comment paralléliser 253
8.1.1. Introduction 253
8.1.2. Mise en œuvre du parallélisme 256
8.1.3. Quelques langages parallèles 260
8.2. Notion d'imagerie 266
8.2.1. Introduction 266
8.2.2. Quelques composants 267
8.3. Le traitement d'images 270
8.3.1. Les différentes étapes du traitement d'images 270
8.3.2. Le traitement parallèle des images 271
8.3.3. Application 274
8.4. Synthèse d'images 280
8.4.1. Introduction 280

8.4.2. Algorithme du lancer de rayon 282
8.5. Parallélisme et traitement du signal 288
8.5.1. Application d'annulation d'écho acoustique 289
8.5.2. Algorithme GMDF 290
8.5.3. Mise en œuvre sur architecture multi-PTS 291
Bibliographie 293
Index 297

Contents

1. Implementation of numerical systems......**1**
1.1. From the application towards the algorithm......1
1.2. General purpose architecture......2
1.3. Dedicated architecture......15
2. Analysis of general purpose system......**31**
2.1. Estimation of Von Neumann computer......31
2.2. Von Neumann model......36
2.3. Presentation of the 68000 processor......46
2.4. Memory organisation......50
2.5. Input Output control......68
2.6. The coprocessors......71
2.7. Applications to the image and signal processing......76
3. Optimising the Von Neumann architecture......**81**
3.1. Introduction......81
3.2. The Harvard model......81
3.3. RISC processor......84
3.4. Pipe lining and parallelism......103
4. Digital Signal Processor......**119**
4.1. Temporal constraints and limitation of standard processors......119
4.2. General characteristics of DSP......120
4.3. A case study : the TMS320C25......121
4.4. Addressing data in the signal processing domain......133
4.5. State of the art and novel approaches......138
4.6. Selection and optimal programming of DSP : a methodological approach......142
5. Overview of some processors......**157**
5.1. Introduction......157
5.2. Alpha from Digital......158
5.3. The I860 processor from Intel......162
5.4. The Transputer from Inmos......166
5.5. The Iwarp system from Intel......175
5.6. The Gapp processor from NCR......181
5.7. TheTMS320C40 processor from Texas Instrument......184
6. Parallel computers......**191**
6.1. Introduction......191
6.2. The shared memory architecture......192
6.3. The message passing architecture......211
6.4. The vectorial computers......222
6.5. The multisystems......229
7. Overview of some computers......**233**
7.1. The VME solution......233
7.2. The connection machine from TMC......240
7.3. A message passing computer : the Supercluster from Parsitech......244
7.4.The B008 system from Inmos......248
8. Parallelism in image and signal processing......**253**
8.1. Implementing parallelism......253

8.2. An introduction of image computing architecture 266
8.3. Image processing 270
8.4. Image synthesis 280
8.5. Parallelism and signal processing 288
Bibliography 293
Index 297

CHAPITRE 1

Matérialisation des systèmes numériques

1.1. De l'application à l'architecture

Chercher une solution numérique à un problème, que l'on a assez naturellement exprimé à l'aide d'un langage naturel, conduit à faire subir à cette expression du besoin un certain nombre de transformations qui, elles, ne sont pas toujours naturelles [Cal90].

En effet bon nombre de problèmes ne seront résolus que par des approches calculatoires qui peuvent être traitées avantageusement, en terme de temps de réponse, sur des systèmes numériques. Afin de permettre ce traitement numérique de l'information, on doit faire subir au problème un certain nombre de raffinements permettant de faire évoluer un cahier des charges, exprimant dans un langage quasi naturel le problème à résoudre, vers la matérialisation d'une solution. Les étapes intermédiaires utiliseront un ou plusieurs modèles de description, et suivront certaines démarches qui devront respecter les contraintes de l'application, mais aussi les contraintes technologiques.

Finalement la matérialisation pourra suivre deux voies. Dans la première on privilégiera une conception logicielle sur un matériel existant : on parlera alors de programmation. Le paragraphe 1.2 présente quelques modèles d'architectures générales. Cette solution offre l'avantage d'un coût raisonnable au détriment des performances. Dans la seconde, on privilégiera une conception matérielle. Le système numérique sera alors dédié à l'application spécifiée par exemple à l'aide d'un modèle algorithmique. On trouvera dans le paragraphe 1.3, un tour d'horizon de ces architectures.

En général une bonne démarche d'implantation nécessite une étude pertinente du problème et du matériel ciblé. En effet, il n'existe pas d'outils permettant, pour tout domaine de problème et toute classe d'architecture, d'obtenir la matérialisation optimale. Ces outils, compilateurs ou outils de synthèse, ont tous leur limite, et une bonne implantation nécessite souvent d'adapter, non seulement l'architecture cible (adéquation de l'architecture à l'algorithme), mais aussi la spécification à la classe d'architectures ciblées (adéquation de l'algorithme à l'architecture).

Dans une approche que l'on peut qualifier de plus nouvelle, on s'attachera à développer conjointement logiciel et matériel. C'est cette démarche que l'on retrouve sous le nom générique de conception mixte logiciel/matériel (*hardware software codesign*).

1.2. Architectures générales

Nous allons présenter le modèle processeur Von Neumann en partant de l'association de deux automates à états finis. Nous introduirons certaines extensions comme les concepts de processeur RISC et de traitement pipeline.

1.2.1. Le processeur

1.2.1.1. Présentation du modèle

Ce que nous cherchons est un modèle de système numérique permettant la matérialisation d'un système décrit à l'aide d'un modèle algorithmique [Dav90], [Hen92]. Celui-ci fait apparaître des instructions élémentaires regroupées à l'aide de constructeurs. Ainsi, un programme est une succession d'instructions dont l'enchaînement temporel (séquencement) est soit régulier (on exécute l'instruction i+1 après l'instruction i), soit irrégulier (après l'instruction i on exécute l'instruction j). Ce déroutement (saut ou appel de sous programme) est éventuellement réalisé en fonction d'une condition à satisfaire.
De la même façon que la conception d'une fonction logique séquentielle peut se ramener à la conception de fonctions logiques combinatoires, le modèle proposé permet de ramener la conception d'une fonction numérique à celle de deux automates à états finis interconnectés, et donc à la matérialisation de deux fonctions séquentielles. On reconnaîtra ci dessous la modélisation d'une fonction séquentielle

$$S_t = G(E_t, X_t) \qquad \text{ou} \qquad S_t = G(X_t)$$
$$X_{t+1} = F(E_t, X_t) \qquad\qquad X_{t+1} = F(E_t, X_t)$$

avec :

- S_t : vecteur de sortie du système,
- E_t : vecteur d'entrée du système,
- X_t : vecteur mémorisant l'état actuel de la machine, Xt+1 étant l'état futur,
- F : fonction combinatoire représentant l'évolution de l'état interne de la machine fonction de l'état présent et des entrées actuelles,
- G : fonction combinatoire représentant la mise à jour des sorties en fonction de l'état présent de la machine et de ses entrées.

Cette double équation peut par ailleurs se représenter à l'aide d'un automate de Mealy ou de Moore (fig. 1.1).

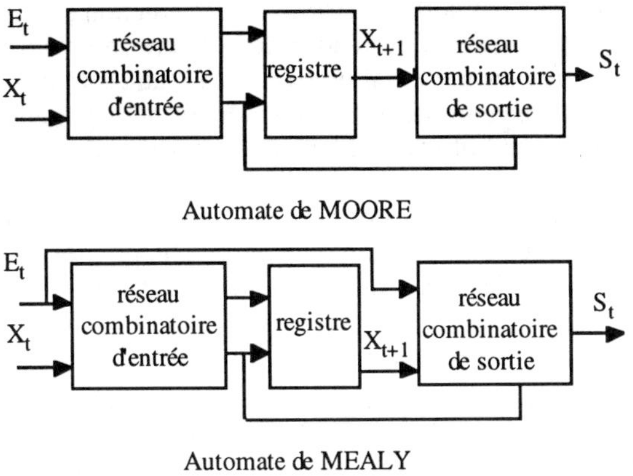

Figure 1.1 : Modélisation d'un système séquentiel.

Dans ce modèle, composé de l'association de deux automates à états finis, l'un d'eux sert à la matérialisation du séquencement et a pour nom automate de commande, tandis que le second permet la matérialisation du traitement et a pour nom automate de traitement. Les interactions de l'automate de commande sur celui de traitement s'appellent variables de commande tandis que celles de l'automate de traitement sur celui de commande ont pour nom variables de compte rendu.
Nous allons maintenant affiner la représentation de chacun de ces deux automates, c'est à dire pour chacun d'entre eux, définir les vecteurs E, S, X ainsi que les fonctions F et G.

Automate de traitement :

- E_t : les variables de commande proviennent de l'automate de commande et permettent la sélection d'opérations. L'automate de traitement reçoit aussi, de l'environnement, les variables à traiter,
- S_t : les variables de sortie sont à destination de l'automate de commande. Elles l'informent des résultats, éventuellement partiels, des opérations. Elles sont également à destination de l'environnement : résultats des opérations sélectionnées sur les variables reçues. Les variables de condition sont utilisées par l'automate de commande pour la réalisation du séquencement,
- X_t : le vecteur d'état a pour charge de mémoriser les résultats intermédiaires durant les différentes phases des calculs,
- F : la fonction F définit l'évolution de l'état en fonction des commandes reçues et de l'état présent, c'est à dire réalise les calculs en cours,
- G : la fonction G permet l'envoi, vers l'automate de commande, de certaines informations relatives à l'état interne de l'automate de traitement, c'est à dire certaines informations relatives au calcul.

Automate de commande :

- E_t : les variables d'entrée proviennent de l'automate de traitement et conditionnent le séquencement réalisé par l'automate de commande,
- S_t : les variables de sortie correspondent à l'envoi, vers l'automate de traitement, des différentes commandes correspondant à la traduction de l'instruction en cours d'exécution dans l'automate de commande,

X_t : le vecteur d'état mémorise l'adresse de l'instruction en cours d'exécution.
F : la fonction F procède à l'évaluation de la future adresse :
— incrémentation dans le cas d'un passage à l'adresse suivante.
— chargement avec une nouvelle valeur lors de déroutement.
Cette mise à jour se fait éventuellement en fonction de la valeur des variables de compte rendu,
G : la fonction G produit les commandes à adresser à l'automate de traitement (validation des registres, programmation des chemins de communication ainsi que des ressources de calcul) en fonction de l'instruction.

L'association de ces deux automates [Dav90] est représenté figure 1.2.

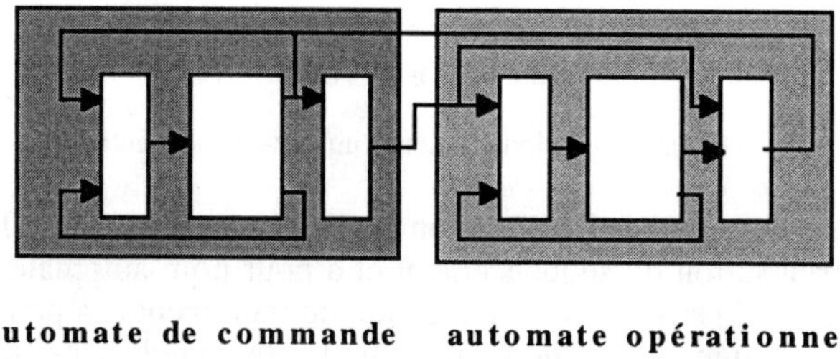

Figure 1.2 : Modélisation d'un système numérique.

1.2.1.2. Matérialisation de l'automate de traitement

L'automate de traitement peut se concevoir à partir des primitives suivantes : des ressources de calcul permettant la matérialisation des fonction F et G, des registres permettant la matérialisation de l'effet mémoire, des chemins de communication mettant en relation les ressources de calcul et les registres.

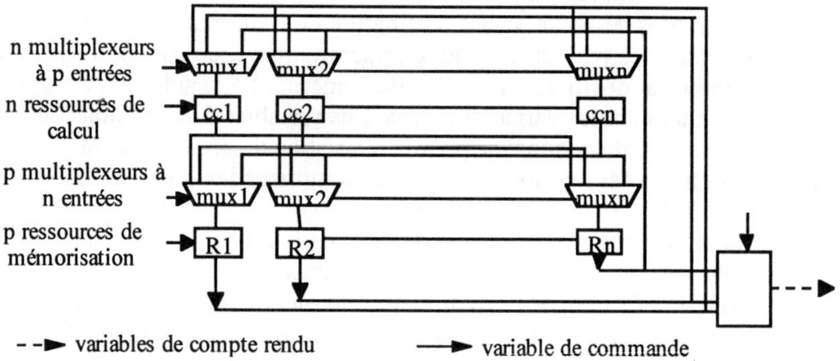

Figure 1.3 : Exemple d'unité de traitement utilisant une approche chemin point à point.

Les commandes générées par l'automate de commande servent alors à programmer l'automate de traitement, c'est à dire : valider les registres, programmer les chemins de communication et configurer les ressources de calcul.

On peut retenir deux modèles génériques d'architecture de cette unité de traitement appelée par ailleurs chemin de données ou *data path* [Gaj93]. Dans la première on utilisera des chemins points à points (fig. 1.3) pour relier les différentes ressources, alors que dans la seconde on utilisera une approche bus (fig. 1.4).

Sur la figure 1.3, les données provenant de l'environnement ne sont pas représentées. Les multiplexeurs (mux), les registres (R) ainsi que les ressources combinatoires (CC) sont commandées par l'unité de commande.

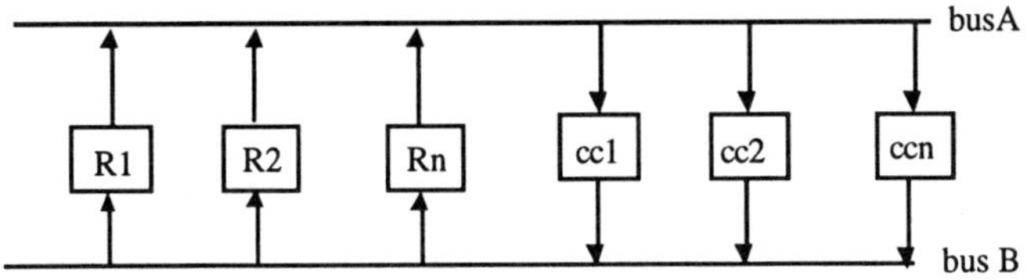

Figure 1.4 : Exemple d'unité de traitement utilisant une approche bus.

Des variantes peuvent être réalisées autour de ce schéma en fonction de la nature du réseau de communications. Entre les deux solutions extrêmes, celle consistant à avoir des liaisons point à point entre ressources de communications et de calcul, et celle consistant à n'intégrer qu'un seul bus sur lequel on va sérialiser les transferts, il existe un grand nombre de solutions intermédiaires. La recherche de l'optimal consistera à rechercher le meilleur compromis coût-rapidité-complexité de la gestion. La figure 1.5 donne une matérialisation différente par le nombre de bus. Par ailleurs les différentes ressources de calcul ont été regroupées dans une unité arithmétique et logique. Nous pouvons constater la différence de rapidité qui existe entre ces deux solutions quand il s'agit de réaliser les opérations de type :

R3 := R1 + R2
R4 := R5 + R6

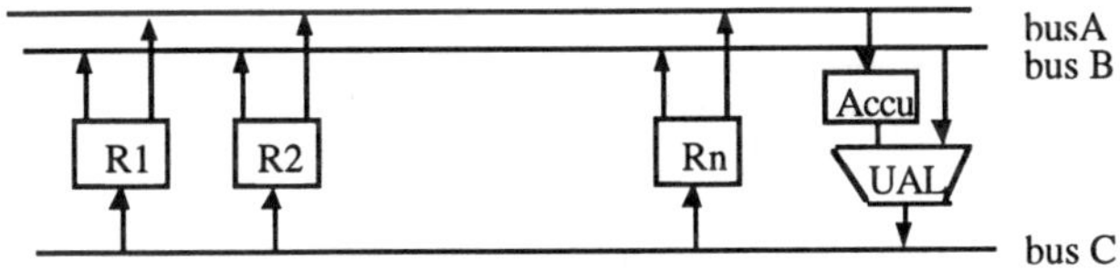

Figure 1.5 : Exemple d'unité de traitement autour de trois bus et une UAL (les signaux de commande ne sont pas représentés).

Quand on sait que les opérations de mouvement de données associées à des opérations de calcul sont très certainement les opérations les plus fréquemment utilisées dans tous les algorithmes, on conçoit aisément l'importance de l'optimisation du nombre de chemins de communication.

Des variantes peuvent aussi être réalisées en fonction du nombre et de l'organisation des registres, de l'existence de registres spécialisés (pointeur de pile, compteur de programme, ...), de la complexité de l'UAL intégrant un multiplieur, un simple additionneur, ... Dans ce dernier cas, les multiplications devront être modélisées dans l'unité de commande sous la forme d'un programme utilisant des additions.

1.2.1.3. Matérialisation de l'automate de commande

L'automate de commande reçoit le programme de la machine, c'est à dire la liste des instructions à faire exécuter par l'automate de traitement ; il doit procéder à l'exécution de ces instructions et à leur séquencement.

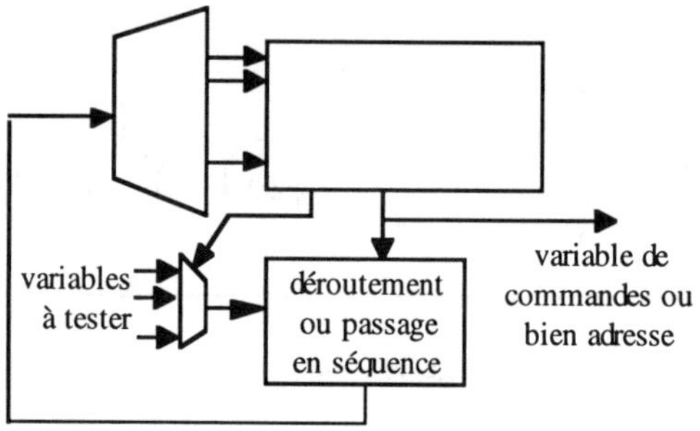

Figure 1.6 : Exemple de schéma d'automate de commande.

Cet automate est construit à partir des primitives suivantes (fig 1.6) :
- un registre d'adresses d'instructions permettant la mémorisation de l'instruction en cours d'exécution. Celui-ci peut voir ses fonctionnalités étendues par la notion de séquenceur permettant, outre cette mémorisation de l'adresse de l'instruction en cours d'exécution, la prise en compte des déroutements, l'exécution des mécanismes de sauvegarde, etc.,

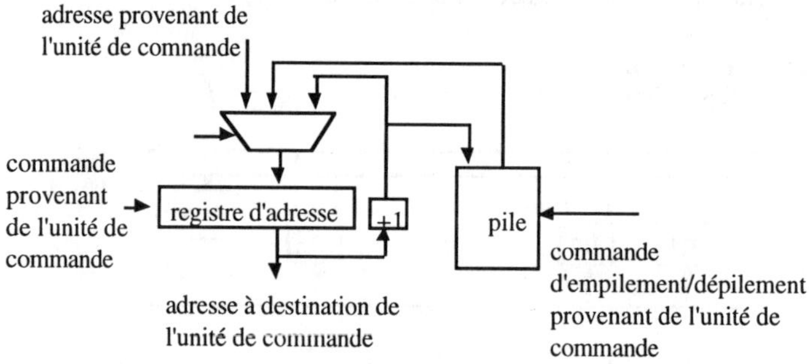

Figure 1.7 : Exemple d'architecture de séquenceur.

- un réseau combinatoire permettant la réalisation des fonctions F et G. On peut alors dire que programmer la machine, c'est à dire définir l'ensemble des instructions et leur séquencement, revient à programmer le réseau. On dira que l'algorithme à matérialiser est enregistré sous la forme d'un microprogramme [Hen92] composé de micro-instructions elles-mêmes décomposées en micro-commandes assimilables par l'unité de traitement.

Le schéma 1.7 présente une architecture de séquenceur pouvant réaliser le déroutement ou le passage en séquence.

1.2.1.4. Machine virtuelle

Le but de notre modèle de machine algorithmique est de permettre d'appréhender le fonctionnement d'un système numérique complexe à un niveau d'abstraction le plus proche de celui de la spécification d'une application. Ce modèle permet de concevoir une machine dédiée à une application particulière. Cela comprend d'une part le dimensionnement de l'automate de traitement : choix des primitives de calcul, nombre et nature des registres et topologie des chemins de communication et, d'autre part, la programmation de l'automate de commande de telle sorte que les opérations résultant de la traduction de l'algorithme soient réalisées sur l'automate de traitement. De plus il convient de matérialiser le séquencement.

On peut bien évidemment aborder le problème d'une façon différente en se posant les questions suivantes.

Considérant l'ensemble des algorithmes, peut-on dégager une structure de base pour les automates de traitement et de commande ? Peut-on identifier des algorithmes de base permettant d'écrire tout type d'algorithmes plus complexes ? Ces derniers seront alors implantés au niveau immédiatement supérieur à l'aide de ces algorithmes de base.

Le mode de fonctionnement consistera à extraire du niveau supérieur, appelons la unité de commande 1 (UC1), des instructions et à les présenter à l'unité de traitement virtuelle de niveau 1 (UT1) constituée des unités de commande et de traitement de niveau 0 (UC0 et UT0). Ces instructions seront identifiées par un algorithme s'exécutant sur l'UT1. Ceci se traduira par la sélection dans l'UC0 d'un algorithme d'interprétation puis par l'exécution de celui ci sur l'UT0.

Le problème revient alors à définir une association automate de traitement-automate de commande (UC0-UT0), avec en particulier la définition d'un vocabulaire de base, c'est à dire, des instructions (micro-instructions) correspondant à des regroupements de commandes (micro-commandes : validation de registres, ouverture de portes, choix d'opérations sur l'UAL, ...) qui elles sont assimilables par l'unité de traitement (UT0).

Ces micro-instructions seront regroupées en microprogrammes, un microprogramme correspondant à l'exécution d'une instruction de niveau 1. On dira que l'association automate de traitement - automate de commande de niveau 0, constitue l'automate de traitement virtuel d'une machine dans laquelle le programme considéré est intégré dans l'automate de commande de niveau 1 [Tan91].

La figure 1.8 illustre l'architecture d'une machine composée de deux niveaux. La variable de synchronisation apparaissant sur ce schéma permet de synchroniser le séquencement du programme de niveau 1 avec ceux de niveau 0. Cette organisation est celle de l'ensemble des microprocesseurs existant sur le marché avec toutefois des solutions différentes tant au niveau de l'automate de traitement UT0 (primitives de calcul différentes, nombre et type des registres différents, topologie des chemins de communication également différente), que de celui de commande (vocabulaire de base complexe : processeur CISC, ou réduit : processeur RISC), séquencement complexe : processeur CISC, ou simplifié : processeur RISC, ...

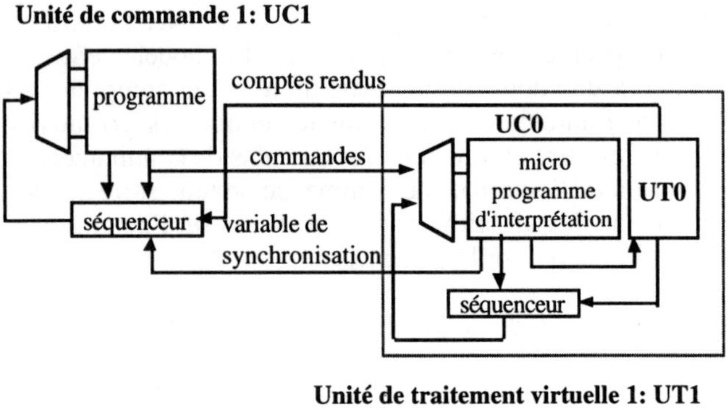

Figure 1.8 : Machine virtuelle à deux niveaux.

On peut réitérer ce processus et imaginer un niveau 2, et donc une machine virtuelle de niveau 2, et son langage associé, dans lequel on intégrera un algorithme qui considérera l'ensemble des programmes écrits au niveau 1 comme autant d'instructions. On obtient ainsi un modèle d'ordinateur composé d'un certain nombre de couches. Chacune de celles-ci peut être considérée comme une machine M_i composée d'un automate de commande UC_i et d'un automate de traitement UT_i. L'automate UC_i contient un certain nombre d'instructions définissant un langage L_i exécuté sur UT_i. Excepté le niveau zéro tout programme de niveau i est traduit ou interprété dans un langage L_{i-1} [Tan91]

1.2.1.5. Cas particulier : le processeur Von Neumann

Le processeur Von Neumann correspond à une machine à deux niveaux dans laquelle le niveau 0 (le processeur) contient les programmes d'interprétation des instructions de niveau 1. Celles ci permettent de constituer le programme d'application qui est archivé dans un composant mémoire qui constitue l'UC1. Le séquenceur associé à ce deuxième niveau est intégré dans le microprocesseur (l'UT1). L'automate de traitement de niveau 1 recherche, décode, exécute et stocke les résultats des instructions. On parlera de cycle Von Neumann

— Phase 1 : Recherche du code de l'instruction,
— Phase 2 : Décodage du code de l'instruction et recherche des opérandes éventuels,
— Phase 3 : Traitement de l'instruction,
— Phase 4 : Stockage des résultats.

Nous reviendrons sur cette notion dans le chapitre 2.

A ce modèle de processeur est également attaché la notion de goulet d'étranglement que constitue la mémoire. On peut constater en effet que celle ci est sollicitée à de nombreuses étapes du cycle. Ceci constitue un frein à l'accroissement des performances du processeur. Afin d'y remédier, un certain nombre de techniques peuvent être envisagées, comme nous le verrons au chapitre 2.

1.2.1.6. Extension du modèle

Historiquement les premiers processeurs reconnaissaient un jeu d'instructions et des modes de séquencements complexes, proches de ceux utilisés dans les langages informatiques, ce qui entrainait des microprogrammes complexes. Ceci avait pour conséquence, au niveau du composant, une prédominance de la surface du contrôleur, tandis qu'au niveau des compilateurs permettant de générer ces instructions de niveau 1, on pouvait constater que beaucoup d'entre elles n'étaient pas utilisées car trop complexes. Afin d'optimiser le modèle on a introduit un certain nombre d'évolutions [Sto91], [Kri91] , et notamment le modèle RISC (*Reduced Instruction Set Computer*) [Eti91] par opposition au modèle précédent qualifié de CISC (*Complex Instruction Set Computer*). Ce modèle a comme principales caractéristiques :

— des instructions ayant toutes la même longueur et possédant un codage simple,
— une exécution en un temps de cycle,
— des modes d'adressage simple,
— un grand nombre de registres et des instructions de calcul ne s'exécutant que sur ces registres.

Cette notion de RISC est souvent associée à la notion de traitement pipe-line qui peut être considérée comme la seconde extension au modèle. Au lieu de considérer l'exécution d'une instruction comme un tout monolithique, on la considère comme une succession d'opérations plus élémentaires. On pourra alors avoir dans le microprocesseur plusieurs instructions présentes simultanément mais à des niveaux d'exécution différents. Par exemple, si le cycle Von Neumann est décomposé en quatre temps élémentaires 1- recherche de l'instruction, 2- décodage de l'instruction, 3- exécution, 4- stockage des résultats, on pourra avoir le chevauchement présenté sur la figure 1.9.

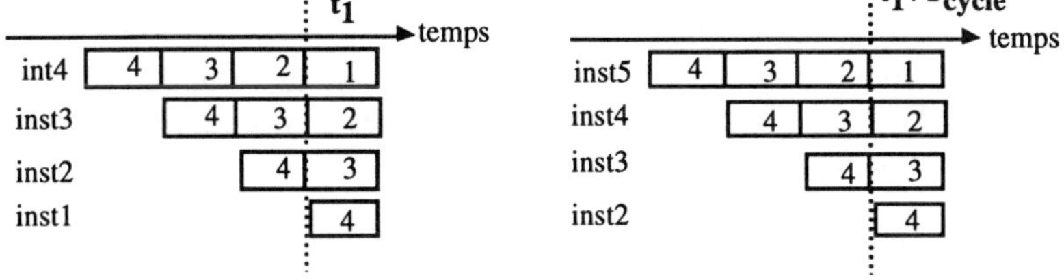

Figure 1.9 : Exécution pipe-line.

Ainsi au temps t_1 on peut constater que quatre instructions sont présentes dans le processeur. Si on admet que tous les temps élémentaires sont égaux et valent T_{cycle}, à l'instant $t_1+ T_{cycle}$ l'instruction 1 sera achevée, toutes les autres instructions progresseront d'un étage et ainsi la cinquième instruction pourra entrer dans le premier étage. Si l'instruction 1 était la première instruction chargée dans le pipe-line, on appellera le temps séparant l'instant du chargement de celui de sa sortie du pipeline, la durée d'amorçage. Celui-ci est égal à quatre fois T_{cycle}. Ce temps passé, une instruction sortira du pipeline à chaque T_{cycle}. L'accélération maximale apportée par cette approche en régime établi, c'est à dire après amorçage, est directement liée au nombre d'étages du pipe-line. Ces concepts de RISC et de pipe-line seront détaillés dans le chapitre 3.

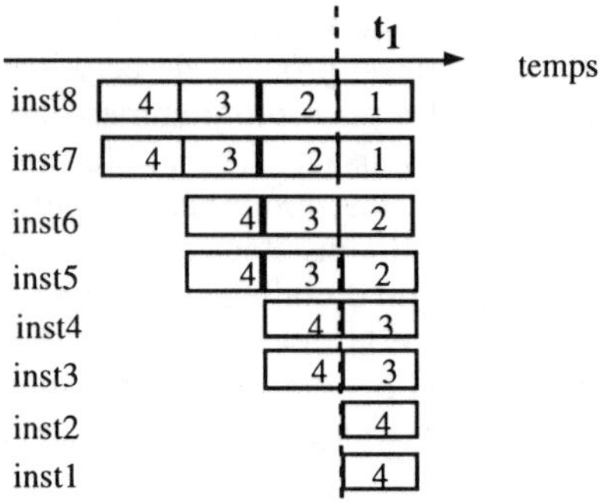

Figure 1.10 : Exécution superscalaire.

Cette approche permet d'atteindre des performances maximales d'une instruction exécutée par temps de cycle. Pour aller au delà, trois approches sont actuellement développées : les approches *superscalaire*, *superpipeline* et VLIW (*Very Long Instruction Word*).
Dans la première il s'agit d'exécuter simultanément différentes instructions sur les différentes unités fonctionnelles du processeur. On a ainsi un cycle machine qui s'apparente au cycle pipeline dupliqué (fig. 1.10). Les processeurs actuels utilisant cette approche permettent un fonctionnement *superscalaire* d'ordre deux, trois ou quatre.

Dans la seconde il s'agira de décomposer les cycles que nous appelions élémentaires dans le cadre du pipeline, en cycle plus élémentaires. Actuellement les processeurs superpipeline décomposent par exemple le cycle Von Neumann en huit temps élémentaires.

La troisième consistera à généraliser la notion de superscalaire. A partir d'une analyse des dépendances du programme à exécuter, le compilateur concatène (assemble), dans une instruction très longue, les instructions destinées aux différentes UAL composant l'architecture.

Le chapitre 3 reprendra ces notions de RISC et de pipe-line, et les appliquera au domaine du traitement du signal. Des exemples de processeurs utilisant ces trois extensions sont par ailleurs présentés dans le chapitre décrivant quelques processeurs évolués.

1.2.1.7. Notion de système d'exploitation.

La gestion de l'environnement est très souvent lourde. On l'a intégrée rapidement dans un logiciel spécifique afin qu'il ne soit pas à réécrire pour chaque application.

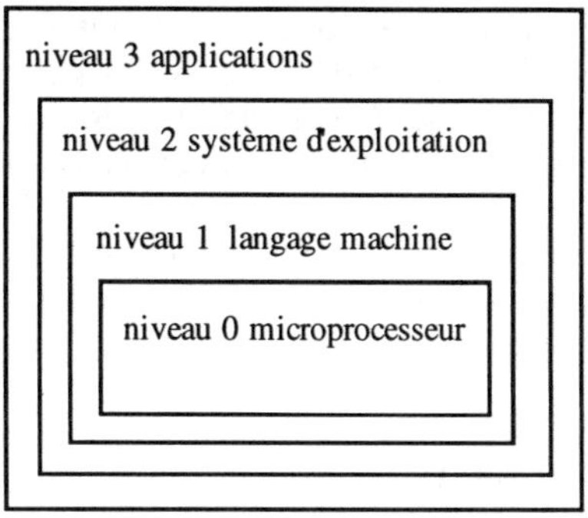

Figure 1.11 : Vue hiérarchique d'un ordinateur : du matériel à l'application.

Pour cette raison on va intégrer dans notre système une couche système d'exploitation dont les rôles principaux sont la gestion de l'environnement et la mise en place de dispositifs de sécurité (fig. 1.11).

Le système d'exploitation est le nom du programme d'interprétation tournant sur la couche 2 [Tan91]. Son fonctionnement est le suivant : à la mise sous tension, le système d'exploitation est activé, procède à certaines initialisations, puis active un programme d'application. Le système d'exploitation sera régulièrement réactivé par des mécanismes matériels (interruptions) ou par les programmes d'application. Ceux-ci ainsi que le système d'exploitation se partagent donc la CPU du microprocesseur.

Un programme applicatif est constitué à partir des instructions offertes au niveau 1. Certaines d'entre elles permettent d'écrire le corps de l'application, ce sont des instructions non privilégiées qui sont directement exécutées par le niveau 0, tandis que d'autres permettent de demander au système d'exploitation certaines primitives de gestion de l'environnement , ce sont des instructions privilégiées qui dès leur exécution provoquent une réactivation du système d'exploitation et leur interprétation par celui-ci. De même le programme d'exploitation est constitué des instructions de niveau 1 privilégiées ou non, y compris celles lui permettant la gestion de certaines ressources inaccessibles à l'aide des instructions non privilégiées. Une de ces ressources contient l'information précisant le mode dans lequel est le processeur : utilisateur ou superviseur. Ce genre d'informations ne peut être modifié que par le système d'exploitation.

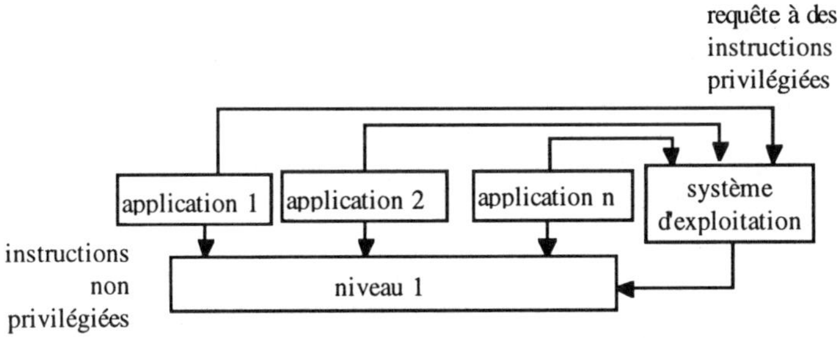

Figure 1.12 : Utilisation des instructions privilégiées dans la gestion d'un système multitâche.

Lorsqu'un programme applicatif utilise les instructions privilégiées, le microprocesseur détectant l'exécution de celles-ci, alors qu'il est en mode utilisateur, provoque la mise en route de mécanisme de violation de privilège qui provoque l'arrêt du programme d'applications et rend la main au système d'exploitation.

On peut donc représenter le modèle comme le montre la figure 1.12. Sur ce schéma nous n'avons pas représenté les mécanismes permettant d'activer, en temps partagé, les diverses applications et le système d'exploitation.

1.2.2. Multiprocesseur

1.2.2.1. Définitions

Un multiprocesseur (fig. 1.13) [Ger91] est réalisé par l'association de plusieurs processeurs élémentaires, chacun de ceux-ci disposant d'un sous-système central (1) (une unité de commande plus une unité de traitement) mais pouvant également disposer de sous systèmes mémoire (2), entrée/sortie (3), communication (4). Les différents sous-systèmes sont plus ou moins puissants et indépendants du sous-système central. Ces processeurs sont reliés par un ou plusieurs chemins de communication (5), et ils peuvent ou non partager de la mémoire (6).

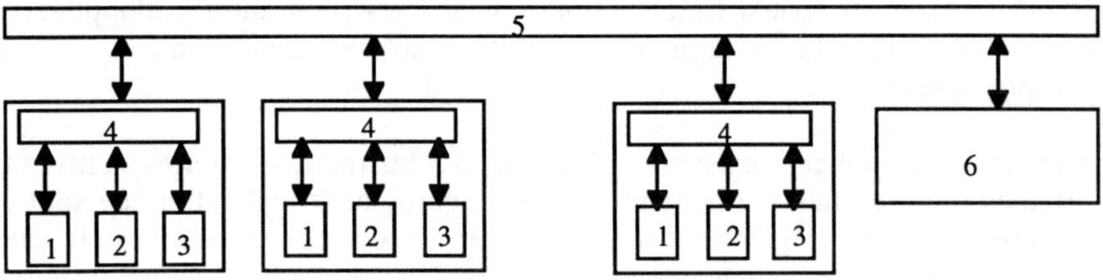

Figure 1.13 : Architecture générale d'un multiprocesseur

Le spectre des réalisations est très étendu [Sto87], [Hen91] :

— le contrôle; il peut être global (un seul flot d'instructions pour l'ensemble des processeurs), ou bien local (chaque processeur exécute son propre flot d'instructions),

— la complexité du processeur élémentaire; ce processeur peut lui même être constitué d'associations de processeurs,

— la mémoire. Elle est soit partagée par l'ensemble des processeurs, soit distribuée, c'est à dire locale à chaque processeur, avec des mécanismes d'envoi de messages,

— les communications. Elles peuvent se dérouler de manière synchrone, ou bien de manière asynchrone. Dans ce cas, les processeurs ont des comportements indépendants les uns des autres. Un processeur A désirant communiquer avec un processeur B, réalise un envoi dès que le message est prêt, puis continue les travaux suivants. On peut alors distinguer deux sous modes :

- en mode rendez-vous : lorsque le processeur A désire communiquer avec le processeur B, il attend que ce dernier soit prêt à recevoir les données,

- par file d'attente : lorsque le processeur A désire communiquer avec le processeur B, il met le message dans une file d'attente. Le processeur B lira le message en accédant à une file d'attente. Le transfert d'un message d'une file d'attente dans une autre sera à la charge d'un coprocesseur de communication.

Tous les processeurs d'un même multiprocesseur sont gérés par un seul système d'exploitation. Celui-ci peut être organisé autour d'un maître présent sur un seul processeur, ou dupliqué sur plusieurs processeurs, ou ne pas avoir de maître (cas des systèmes répartis).
La notion de multiprocesseurs doit être distinguée des notions suivantes :
— la notion de multitâche qui est un mécanisme permettant à plusieurs tâches de concourir à l'occupation des ressources d'une machine. Parmi celles-ci on peut avoir un ou plusieurs processeurs,
— la notion de multi-utilisateur qui est un mécanisme permettant à plusieurs utilisateurs d'être connectés simultanément à une même machine. Celle-ci peut mettre en œuvre un ou plusieurs processeurs,
— enfin la notion de multisystème qui consiste en la mise en association de plusieurs ordinateurs, c'est à dire l'association de machines disposant de leur propre système d'exploitation. Le degré de coopération entre les différents systèmes d'un multisystème peut être très variable, émulation de terminal, partage de fichiers, etc.
Les communications entre ces machines peut se faire par l'intermédiaire d'une simple liaison série, d'un réseau local ou longue distance.

1.2.2.2. Classifications des machines

Dans un premier temps nous allons essayer de classer les machines existantes, sans nous limiter aux seuls multiprocesseurs, mais en tenant compte de paramètres plutôt liés au marché. Cette classification est très difficile à réaliser car des terminologies ayant des raisons historiques demeurent et des progrès technologiques bouleversent cette classification (exemple : la puissance de calcul d'une station de travail d'aujourd'hui comparée à celle d'un mini-ordinateur d'hier). En outre, des phénomènes de gammes de produits provoquent des chevauchements. On pourra ainsi avoir, pour un type de machine donné, un chevauchement vers le type de machines inférieures avec les modèles d'entrée de gamme, et vers le type de machines supérieures avec les modèles haut de gamme. Ainsi, les stations de travail d'entrée de gamme ne sont pas forcément plus performantes ni ne disposent pas d'un meilleur graphisme qu'un PC doté de cartes additionnelles, tandis que celles de haut de gamme viennent concurrencer les supermini.

Historiquement les classements se faisaient en fonction des performances : nombre de MIPS (nombre de millions d'instructions exécutées par seconde), de MOPS (*cf.* Chapitre 2, Analyse de Performances), de la taille des données manipulées : différence entre mini et gros ordinateurs (*mainframe*), de l'existence d'un circuit de refroidissement élaboré : mini/gros ordinateur, de la taille de la mémoire centrale et de la mémoire disque : différence entre les machines mono-utilisateur et les serveurs, des communications en entrée/sortie se faisant soit sous le contrôle de l'unité centrale (CPU : *Central Processing Unit*) soit directement avec la mémoire, de l'utilisation de

microprocesseurs d'usage général ou de processeurs spécifiques, de l'utilisation de processeurs câblés ou microprogrammés, du mode d'utilisation ciblé : mode utilisateur avec des possibilités graphiques poussés, ou mode serveur avec ou non la possibilité d'assurer le partage entre plusieurs utilisateurs soit de la puissance CPU de la machine soit de ces capacités d'archivage, du mode de fonctionnement : travail par lots, traitement interactif, multiutilisateur en temps différé ou non, etc.
Pour des raisons de simplicité nous nous contenterons de deux critères de choix : performances exprimées en MFlops (nombre de millions d'opérations flottantes exécutées par seconde) et coût exprimé en kF.

Dans le monde sans cesse en évolution du matériel informatique, nous pourrons alors distinguer trois grandes familles (les puissances et coûts sont considérés comme des valeurs moyennes).

— Les *ordinateurs classiques* comprenant des solutions allant du simple PC au *mainframe*, en passant par les supermini et les stations de travail pour un coût variant de quelques dizaines de kF à quelques MF, et des performances variant du Mflop à quelques dizaines de Mflops,

— Les *ordinateurs vectoriels* comprenant les *minisuper* et les super calculateurs pour un coût compris entre quelques centaines de kF et quelques dizaines de MF et des performances comprises entre quelques centaines de Mflops et quelques Gflops,

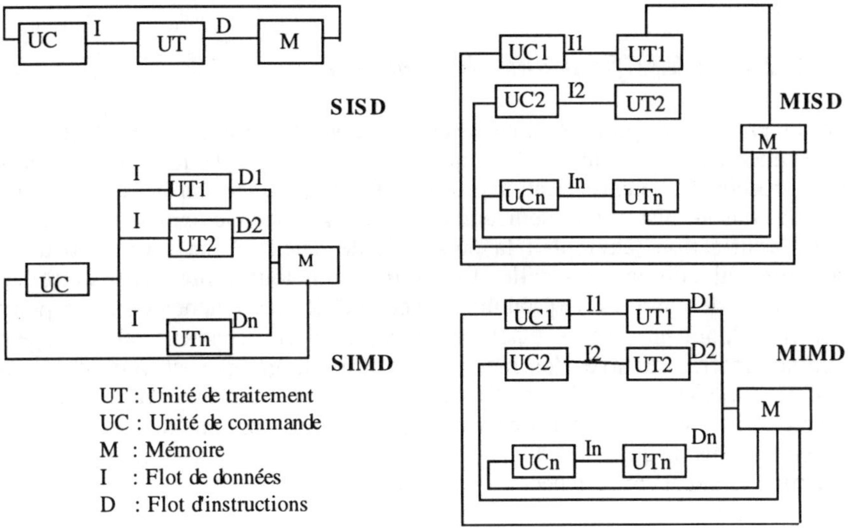

Figure 1.14 : Classification de Flynn.

— Les *machines parallèles*, dont les performances et les coûts sont très fortement variables, mais dont les performances doivent dépasser les 100 MFlops à un coût voisin des 500 kF (par exemple la machine IPSC d'Intel). Actuellement la barrière à atteindre est le Tflop. Parmi les machines on peut citer la CM5 de Thinking Machine Corporation, la Paragon d'Intel, etc. On peut remarquer que ces machines reposent sur des principes d'extensibilité ; c'est à dire qu'elles peuvent potentiellement atteindre le Téraflop si l'on est prêt à mettre le prix, mais que des versions moins performantes, mais aussi moins chères, existent. Dans ce type de machine on peut citer la CM5 de *Thinking Machine Corporation* extensible de 64 à 2000 noeuds.

Une classification bien connue est celle de Flynn. Elle repose sur la présence d'un ou de plusieurs flots de données et de contrôle. Ainsi les machines SISD (*Single Instruction Single Data*) exécutent un flot de données sur un flot de contrôle, tandis que dans les machines SIMD (*Single Instruction Multiple Data*) tous les UT effectuent des instructions identiques mais sur des données différentes. Dans l'approche MIMD (*Multiple Instruction Multiple Data*) chaque processeur exécute son propre flot d'instructions sur son propre flot de données. Enfin, l'approche MISD (*Multiple Instruction Single Data*) est similaire à l'approche pipe-line. Le flot de données traverse plusieurs étages de traitement, chacun étant contrôlé par un flot d'instructions.

La classification de Flynn (fig. 1.14), tout en permettant une certaine classification des architectures, présente quelques inconvénients. Nous citerons par exemple le fait qu'elle ne précise pas le degré de couplage des différents processeurs élémentaires. On peut compléter cette classification en rajoutant comme critère le degré de couplage. Cela permet de décomposer les familles MIMD et SIMD en quatre sous-familles. On a ainsi le classement qui est proposé dans le tableau 1.1.

	contrôle centralisé (SIMD)	contrôle décentralisé (MIMD)
mémoire centralisé	machines vectorielles	multiprocesseurs à mémoire partagée
mémoire distribuée	machines cellulaires et systoliques	multiprocesseurs à passage de messages

Tableau 1.1 : Classification de Flynn avec l'ajout de l'aspect mémoire.

Nous reviendrons dans le chapitre traitant des machines parallèles sur ces différentes familles, et nous présenterons dans le chapitre 7 quelques exemples de réalisation.

1.3. Architectures dédiées

1.3.1. Adéquation architecture à algorithme

Sous le terme générique d'adéquation architecture à algorithme nous entendons l'étude des méthodologies qui, partant d'un cahier des charges, visent à définir une cible architecturale dédiée à l'application désirée.

Les modèles architecturaux pourront être plus ou moins versatiles, les méthodes de spécification pourront faire appel à différents formalismes, tandis que la conception des architectures [Gaj93] pourra suivre différentes approches. Ces méthodes peuvent être manuelles, cadre de cet ouvrage, ou plus ou moins automatique. De manière schématique la démarche de conception qui est suivie peut se représenter comme l'indique la figure 1.15. Définissons quelques termes apparaissant sur ce schéma ou liés à la démarche d'obtention d'une architecture dédiée.

Le cahier des charges. Il contient les caractéristiques et les fonctionnalités que doit satisfaire le système. Le cahier des charges est rédigé par le demandeur. Il s'agit par exemple de spécifier les qualités attendues d'un système d'annulation d'échos : type de salles, fréquence d'échantillonnage de la parole, retard maximum de transmission, atténuation en dB de l'écho, ...

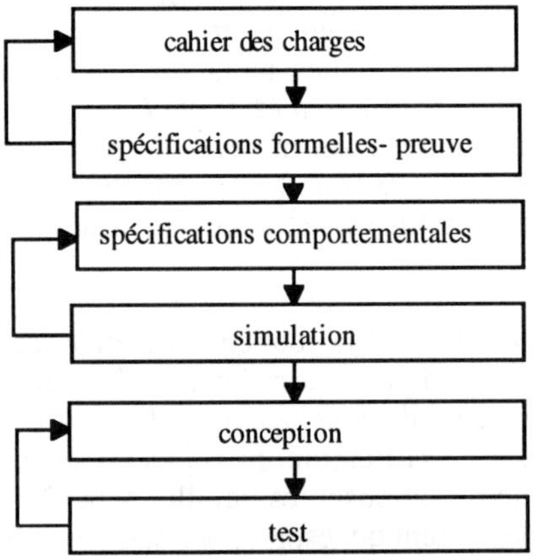

Figure 1.15 : Cycle de développement.

La phase de spécification/conception [Per90]. Les documents générés lors de cette phase doivent décrire complètement ce que doit faire le système (documents de spécification), mais aussi comment il le fait (document de conception) [Per90]. Le document de spécification doit donc décrire le comportement du système sur le milieu dans lequel il est exploité, tandis que le document de conception décrit une réalisation particulière satisfaisant le document de spécification. Durant la phase de spécification/conception du système, l'opérateur humain utilise les différents modèles de description dont il dispose (modèle algorithmique, etc.). Il utilise un modèle de conception vertical (ascendant, descendant, mixte) et horizontal, en utilisant chacun des modèles de description au niveau hiérarchique de représentation auquel il convient. Par exemple, à travers un cheminement descendant, et un choix judicieux des modèles utilisés, l'opérateur aboutit à une description complète du système prenant en compte toutes les contraintes imposées dans le cahier des charges.

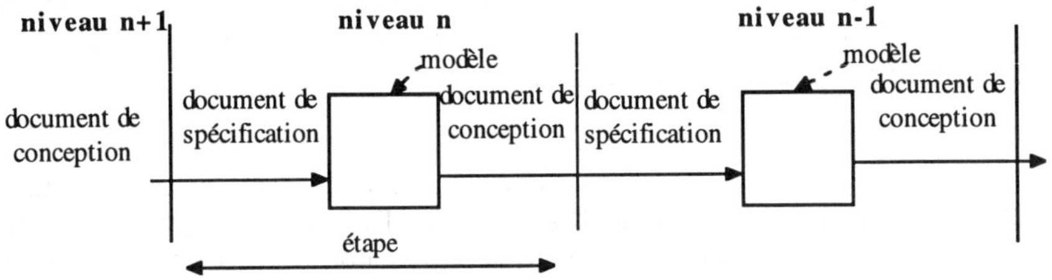

Figure 1.16 : Etape de spécification/conception.

La notion d'étapes, qui apparaît ainsi (fig. 1.16), permet de prendre en compte, à un niveau donné, le résultat d'un niveau de représentation supérieur. Cette étape comprend une réflexion qui permet, à l'aide d'un modèle adéquat, de considérer les contraintes à satisfaire à ce niveau, tandis que le résultat sert de point d'entrée à cette même réflexion au niveau inférieur.

Lors de cette transition la représentation de la fonction est affinée. Cette démarche, que l'on pourrait qualifier de descendante, est réitérée jusqu'à obtenir une description complète du système où toutes les contraintes sont prises en compte dans le modèle de réalisation.

Ainsi, pour notre exemple d'annulation d'échos acoustiques, la première étape fournira la description algorithmique d'un filtre adaptatif de traitement du signal. Dans une seconde étape on obtiendra la description de l'architecture à utiliser. Dans une troisième étape, on s'intéressera à la conception logique des composants utilisés et enfin on atteindra le niveau physique.

Modèle de description. Associé à une étape, il permet de concevoir les spécifications d'entrée sous la forme d'un agrégat de primitives disponibles dans le modèle et qui sont réalisées au niveau immédiatement inférieur. Un modèle dispose de règles de représentation bien définies. Les principaux modèles de description sont abordés dans le paragraphe 1.3.2.

Modèle de réalisation. Niveau technologique dans lequel la satisfaction des besoins exprimés dans le cahier des charges est intégrée. On y reviendra dans le paragraphe 1.3.5. On aura ainsi pour notre exemple soit à synthétiser un processeur dédié, soit à programmer un processeur de traitement du signal, soit encore à utiliser une association de FPGA et de circuits spécialisés.

Méthode. Mise en place d'une procédure basée sur des critères d'évaluation et de décision permettant de définir, pour un problème donné, quelle solution est la bonne parmi un ensemble de solutions. Ce processus de réflexion est typiquement à mettre en oeuvre lors du franchissement d'une étape pour choisir parmi les différentes conceptions possibles. Un effort particulier sera consenti sur la formalisation de ces méthodes. En effet, de cette formalisation dépend la réalisation d'outils intégrant la méthode et permettant d'automatiser l'étape. Définir des méthodes demande également de définir des métriques pour la mesure de la qualité de la solution fournie. Dans notre exemple, nous appellerons synthèse architecturale la méthode permettant de passer d'une description algorithmique à la description architecturale et synthèse logique la méthode permettant de passer de cette description à la conception logique des composants. Les métriques que nous utiliserons seront soit contraignantes, soit à minimiser. Dans le premier cas, il s'agit d'atteindre une valeur, par exemple le temps réel, tandis que dans le second cas il s'agit de se rapprocher au mieux du minimum (c'est par exemple le cas de la consommation, du coût, etc). Nous reviendrons sur les méthodes de conception, montante, descendante, mixte dans le paragraphe 3-4.

Méthodologie [Cal90]. Collection de méthodes ayant la même philosophie. C'est également un enchaînement d'étapes permettant, à partir d'un problème donné, d'aboutir à une solution. Associer des méthodes conduit à disposer de modèles permettant d'assurer la passerelle entre le point de sortie d'un outil utilisé à un niveau, et le point d'entrée du suivant lors d'une démarche descendante. Ainsi pour notre exemple l'outil de synthèse d'architectures produira une description en langage VHDL, tandis que celui de synthèse logique acceptera un point d'entrée dans ce même langage. VHDL est présenté dans le paragraphe 1.3.3.

1.3.2. Modèle de description

La phase de description des applications est cruciale quant à l'optimisation que l'on peut attendre de son intégration. Cette phase doit respecter l'aspect comportemental de l'application, mais aussi tenir compte des contraintes qui lui sont associées.
Nous ne prétendons pas ici fournir la liste complète des modèles existants, et encore moins une étude complète sur les modèles cités. Dans ce paragraphe nous présentons les modèles les plus connus et leur domaine d'application. Ces modèles sont présentés par niveau d'abstraction décroissant.

Modèle mathématique. Ce modèle est très utilisé dans le domaine du traitement du signal (ex : fonction de transfert). Il s'applique aussi bien pour les fonctions combinatoires que séquentielles mais est très limité pour la représentation des relations de précédence (dépendance) entre opérations.
Dans un tout autre domaine, on pourra utiliser des équations différentielles pour la modélisation de transistors, circuit RLC.

exemple : $y = ax^2 + bx + c$.

Modèle algorithmique. Ce modèle complète très bien le précédent par ses possibilités de structuration des opérations ainsi que celles des données manipulées. Utilisé à un haut niveau, il permet de modéliser les différentes fonctionnalités d'un système.

exemple :

```
pour i depuis 1 jusqu'à 512 faire
A(I) := B(I) + C(I)
fait
```

Le respect de la nature même du problème à traiter orientera sa description vers un langage dédié au domaine d'application concerné. Ainsi pourra-t-on privilégier à un langage d'usage général (Pascal, Fortran...), un langage synchrone (Signal, Lustre...) pour le traitement du signal.

Modèle "diagrammes flot de contrôle / flot de données" (CDFG). Ce modèle [Gaj93] est très utilisé dans les outils de CAO d'architecture. On peut le rapprocher des modèles Pétri ou Grafcet.

Modèle diagramme de Pétri. Ce modèle est tout à fait adapté à la représentation de l'évolution temporelle des systèmes ainsi qu'à celle des problèmes de synchronisation et communication. Il se représente sous la forme d'un graphe orienté où les événements figurent sous la forme de transitions franchies par des jetons.

- — Toute place (correspondant à un état) peut contenir un ou plusieurs jetons,
- — La présence de jetons implique que l'état est actif,
- — L'initialisation d'un réseau de Pétri consiste à associer des jetons aux différents états,

— Une transition est franchissable lorsque toutes les places se trouvant en amont possèdent au moins un jeton,
— Le franchissement d'une transition consomme un jeton sur les places amont, et ajoute un sur toutes les places aval.

Automate à états finis Ce modèle est particulièrement bien adapté à la modélisation des fonctions séquentielles. La double équation suivante, représentant l'évolution d'un système séquentiel, met en évidence le fait qu'un système séquentiel peut se modéliser à l'aide de deux fonctions combinatoires et d'une fonction de mémorisation :

$$S_t = G(E_t, X_t)$$
$$X_{t+1} = F(E_t, X_t)$$

avec :

S_t : vecteur de sortie du système,
E_t : vecteur d'entrée du système,
X_t : vecteur mémorisant l'état actuel de la machine, X_{t+1} étant l'état futur,
F : fonction combinatoire représentant l'évolution de l'état interne de la machine fonction de l'état présent et des entrées actuelles,
G : fonction combinatoire représentant la mise à jour des sorties en fonction de l'état présent de la machine et de ses entrées.

Cette double équation peut par ailleurs se représenter à l'aide d'un automate de Mealy ou de Moore.

1.3.3. Cas particulier de modèle de description : les " Hardware Description Langage (HDL) "

Comme nous l'avons mentionné dans le paragraphe précédent, lors de la définition de la notion de méthodologie, la mise en place d'outils matérialisant une méthodologie demande des passerelles permettant d'associer différents modèles. Dans le domaine de la conception d'architectures dédiées, un langage qui s'est imposé comme un standard est VHDL [Air91]. En effet, il permet d'exprimer aussi bien un modèle comportemental, structurel que flot de données.

1.3.3.1. Introduction

Un certain nombre de langages informatiques existent, qui visent la description de systèmes électroniques. Ces langages permettent de représenter le comportement d'un circuit, parfois de le structurer ou encore de le simuler. On peut reprocher à ces langages certains inconvénients. Ils ne sont pas des standards et sont liés à un constructeur. Ils sont souvent liés à une méthodologie (ascendante/descendante) et à un niveau de réalisation (porte/système). Enfin, ils ne permettent pas la portabilité d'une réalisation entre les outils de différents fournisseurs. Pour palier à ces inconvénients le DOD (*Department of Defense* : ministère de la défense aux Etats-Unis) a été l'instigateur, en 1981, de la normalisation d'un nouveau langage de description : VHDL (*VHSIC (Very High Speed Integrated Circuit) Hardware Description Langage*). VHDL a été normalisé par IEEE (*Institute of Electrical and*

Electronics Engineers) en 1987 sous la référence 1076 et a été normalisé à nouveau en 1993.

1.3.3.2. Tour d'horizon de VHDL

En VHDL, quelle que soit la complexité de la fonction matérielle à décrire, porte/système, cette fonction est appelée entité. Une entité comprend son interface avec l'environnement, c'est la spécification de l'entité, et sa vue de l'intérieur qui est son architecture. Celle-ci peut être exprimée sous forme d'un algorithme : représentation comportementale, ou sous forme d'interconnexions de fonctions plus élémentaires : représentation structurelle. Les unités ainsi créées (entité et architecture) sont archivées en bibliothèque et peuvent être utilisées dans des projets de complexité plus élevée. Dans cette bibliothèque, pour chaque unité de type entité, on peut avoir plusieurs architectures associées. Ceci permet de représenter une même entité de plusieurs façons, par exemple à différents niveaux d'abstraction. On rencontre, également dans ces bibliothèques, des ensembles d'information mis à la disposition des concepteurs par éventuellement d'autres concepteurs. VHDL incite tout naturellement à travailler de manière hiérarchique. La description d'un système complexe, sous forme structurelle, fait alors apparaître des *instanciations* de composants modélisés à un niveau inférieur. Un mécanisme VHDL appelé configuration, permet d'effectuer la mise en correspondance entre les modèles utilisés pour la représentation du système, et les composants réellement utilisés. Ainsi pour une même représentation structurée d'un système, on pourra obtenir différentes réalisations, par différentes mises en correspondance modèles/composants. VHDL permet trois formes de représentation.

La représentation comportementale. A la base du comportement nous avons la notion de processus. Deux processus utilisés dans la description d'un même système s'exécutent concurremment tandis que les actions décrites dans un processus s'exécutent de manière séquentielle, les communications entre processus se font par l'intermédiaire de signaux.

```
boite1 :
   process (a, b)
        variable etat : Bit ;
   begin
      if a ='1' then
           etat :=1
      elsif b='0' then
           etat := '0' ;
       endif ;
       d <=  etat after 10 ns ;
       e <=  not etat after 10 ns ;
end process boite1 ;
```

La représentation structurelle. Lorsque la modélisation d'un composant fait appel à de nombreuses instructions, il devient intéressant de décomposer le modèle en unités plus petites. On peut ainsi structurer un système à l'aide de boites noires interconnectées dont le comportement sera décrit à un niveau inférieur sous la forme de processus. Les constructeurs que nous utilisons alors s'appellent blocs ou instanciation de composants.

```
boite1 :
   begin
      U1 : NAND port map(a, d, c) ;
      U2 : NAND port map(b, c, d) ;
end boite1 ;
```

La représentation flots de données. Ce dernier mode permet de décrire comment circulent les données entre les différentes boîtes.

```
boite1 :
   begin
     c <=  a nand d after 10 ns ;
     d <=  b nand c after 10 ns ;
   end boite1 ;
```

VHDL est un langage de programmation : il comprend donc des instructions séquentielles permettant de construire les processus. Ces instructions comprennent des instructions d'affectation de variable (:=), de signal (<=), des instructions conditionnelles, de choix, de boucle, d'appel de sous-programmes (procédure et fonction), d'instructions d'attente. Il comprend également des instructions parallèles permettant de décrire la simultanéité de certaines actions dans un système électronique : processus avec liste de sensibilité, bloc, instanciation de composants, etc.

Le modèle temporel utilisé en VHDL est un modèle basé sur la réponse à des événements. Lors de l'apparition d'événements sur ses entrées, un système réagit en activant les processus sensibles à ces événements, met à jour les sorties des processus actifs, puis se met en attente de nouveaux événements. Ceux-ci peuvent provenir de l'extérieur du système (entité) à travers des ports, reliant le système au monde extérieur, mais aussi être générés en interne par les processus ainsi activés. Les événements sont propagés entre les processus constituant les différents éléments du système à l'aide des signaux. Les opérations sont ainsi exécutées soit de manière séquentielle, soit de manière concurrente.

Les processus décrivant un système s'exécutent en permanence à moins qu'ils ne soient suspendus (en attente d'événements, de condition, de temporisation) et en attente de réactivation. Ces mécanismes de suspension sont mis en place à l'aide des listes de sensibilité associées aux processus ainsi qu'à l'aide du constructeur d'attente *wait*. Les processus qui génèrent des signaux peuvent le faire de manière retardée, c'est-à-dire dans un certain temps par rapport au temps présent.

1.3.3.3. Exemple

Nous allons présenter un exemple très souvent utilisé, le *full adder* (fig. 1.17) pour lequel nous allons utiliser une démarche descendante afin d'illustrer, en plus de l'utilisation de certaines instructions, la manière de diviser un projet.

La représentation de la figure 1.17 se traduit en VHDL de la manière suivante.

```
entity full_adder is
   port(a, b: in bit; retenue_entrée: in bit; somme: out bit; retenue_sortie: out bit);
end full_adder ;
architecture structure of full_adder is
signal c,d,e : bit ;
component half_adder :
    port (x : in bit ; y : in bit ; r : out bit ; s : out bit) ;
end component ;
component or2 :
    port(ou1 : in bit ; ou2 : in bit ; ou3 : out bit) ;
end component ;
begin
   U0 : half_adder
      port map (x=>a, y=>b, r=>c, s=>d) ;
   U1 : half_adder
      port map (x=>c ; y=>retenue_entrée, r=> somme, s=>e) ;
    U2 : or2
      port map (ou1=> d, ou2=> e, ou3=> retenue_sortie) ;
end structure ;
```

Nous allons maintenant nous intéresser à modéliser, à un niveau comportemental, les composants apparaissant dans cette structure.

```
entity half_adder is
    port (x : in bit ; y : in bit ; r : out bit ; s : out bit) ;
end half_adder ;
architecture comportementale of half_adder is
begin
   process
      r<= x xor y after 5 ns ;
      s<= x and y after 5 ns ;
   end process ;
end comportementale ;
entity or2 is
    port(ou1 : in bit ; ou2 : in bit ; ou3 : out bit) ;
end or2 ;
architecture comportementale of or2 is
begin
   process
      ou1<=ou1 or ou2 after 5 ns ;
   end process ;
end comportementale ;
```

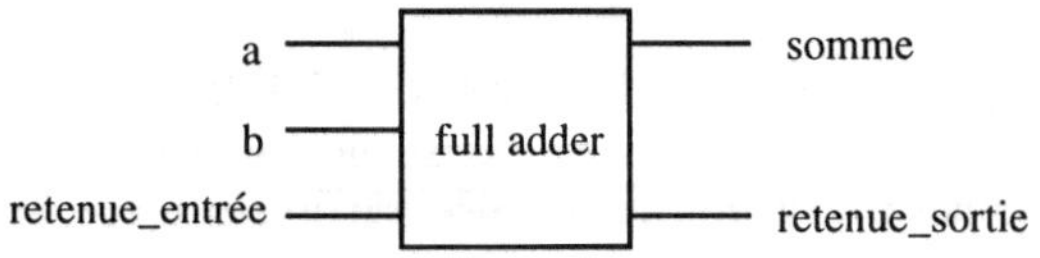

Figure 1. 17-a : Vue de l'extérieur du *full adder*.

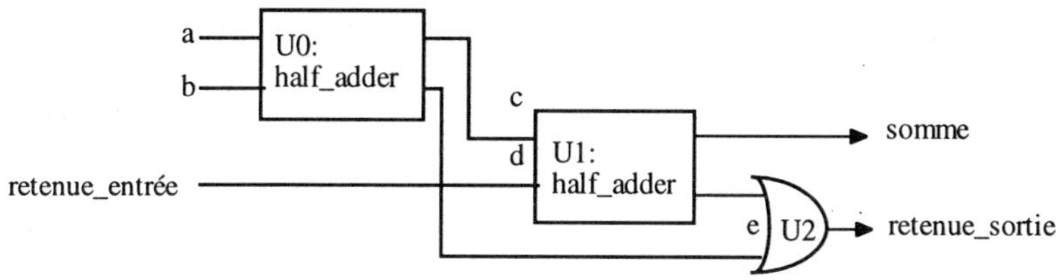

Figure 1. 17-b : Description de l'architecture du *full adder*.

On aurait également pu travailler de manière ascendante, c'est à dire représenter d'abord le demi additionneur et la porte ou avant de modéliser le système complet. Pour un système faisant apparaître plus de deux niveaux, nous aurions également pu travailler de manière mixte, c'est à dire d'une manière ascendante jusqu'à un niveau i, et d'une manière descendante d'un niveau 1 jusqu'à ce même niveau i.

1.3.4. Modèle de conception

1.3.4.1. Hiérarchisation verticale/horizontale

La mise en oeuvre de systèmes complexes à l'aide de la technologie électronique fait intervenir de nombreux experts. Il s'agira en premier lieu de formaliser un cahier des charges du problème à résoudre. Puis interviendront les spécialistes en informatique (analyse), en architecture (systèmes), en électronique (technologie). La connaissance en architecture des machines est obligatoire dès lors qu'il s'agit de résoudre des problèmes complexes à moindre coût. L'électronique est soit assemblée en fonction du problème, soit la formulation du problème peut être revue en fonction des capacités de traitement de l'électronique. Les phases de conception ou d'analyse peuvent suivre trois approches, suivant que l'on apporte une attention plus particulière aux capacités technologiques ou aux besoins exhibés du problème montant, descendant ou mixte [Bow85].

1.3.4.2. Approche verticale

Conception descendante
Le problème à résoudre est décrit sous sa forme comportementale. Cette description ne considère en aucune manière les ressources matérielles utilisées. Il s'agira dans un premier temps d'en extraire les primitives les plus pertinentes, que l'on cherchera à optimiser en priorité. Ces primitives peuvent être les cœurs de calculs, rencontrés typiquement dans les applications de traitement du signal (*cf.* chapitre 4).

On créera à partir du jeu de primitives retenues, une machine virtuelle permettant leur mise en œuvre la plus efficace possible. La contrainte d'efficacité peut être relâchée pour l'ensemble des opérations non retenues dans le jeu de primitives. Cette machine virtuelle ne considère pas les contraintes technologiques. Cependant, son architecture décrit les interactions entre unités fonctionnelles permettant de résoudre le problème. Les unités fonctionnelles retenues au niveau de l'architecture feront l'objet ultérieurement d'une intégration électronique.

Cette approche de la conception aboutit à des machines cibles efficaces pour le problème posé. Les éléments qui les constituent se justifient par leur importance relative aux primitives de traitements. Cependant, il se pose un problème fondamental : la maîtrise en temps et en complexité de la machine ciblée. L'agencement de l'architecture peut difficilement répondre à des contraintes de temps de traitement du problème, dans la mesure où les unités fonctionnelles utilisées ne sont pas encore matériellement définies. De plus, la complexité de ces unités, que l'on connaîtra après leur matérialisation, peut aboutir à imposer des coûts, d'importance bien supérieure aux contraintes que l'on a cherché à respecter tout au long de cette démarche.

Conception montante

Pour maîtriser parfaitement les atouts technologiques, il est courant d'utiliser une démarche de conception ascendante. Dans cette approche, on cherchera à concevoir des unités fonctionnelles optimisées vis à vis des contraintes de temps et de coût que peut offrir la technologie. Ces unités fonctionnelles doivent *a priori* permettre de couvrir un vaste domaine d'applications différentes (exemple : processeur Von Neumann). Elles sont assemblées de manière à respecter le fonctionnement harmonieux d'une architecture optimisée. Les fonctions qui ne sont pas câblées (pour des raisons d'optimisation des coûts) sont microprogrammées. On aboutit à ce stade à l'élaboration d'une machine virtuelle. Une couche logicielle supplémentaire permet de passer de la microprogrammation à l'utilisation d'un langage de haut niveau. Il ne reste plus qu'à utiliser celui-ci pour transcrire une description comportementale d'un problème, en une description fonctionnelle.

Cette démarche permet de maîtriser parfaitement la technologie. Elle est celle que suivent les concepteurs de processeurs à usage généraux, ou dédiés à une large classe d'application.

Cependant, il est difficile dans ce cas de prévoir l'efficacité de la mise en oeuvre d'un problème quelconque sur une telle machine. L'adéquation entre les primitives fonctionnelles apparaissant dans le problème à implanter et la machine n'est plus assurée. L'apport de la connaissance en architecture consistera à pouvoir prédire par une analyse méthodologique, le degré d'adéquation entre l'application à mettre en œuvre et diverses machines numériques. Elle apportera en plus la possibilité de rétroaction sur le mode de description ou de résolution du problème à implanter.

Conception mixte

Cette approche est une solution permettant de profiter des avantages de la conception ascendante et de la conception descendante.

De la première, on retiendra l'optimisation de fonctions ou macro-fonctions optimisées sur le silicium. Les ressources manipulées seront de toute complexité : porte logique, fonction (opérateur, mémoire, PLA), processeur ou système complexe. Ce dernier type de ressource pourra être privilégié *a priori* pour répondre aux contraintes fonctionnelles de l'application. Des contraintes de temps pourront conduire, à travers une conception descendante, à isoler certaines primitives qui seront alors implantées à l'aide d'un matériel plus spécifique.

1.3.4.3. Hiérarchisation horizontale de la conception

L'approche mixte introduit la notion de manipulation de fonctions de complexité plus ou moins grande et de nature différente (traitement de données, contrôle ...). A ce stade de la conception, il est souvent obligatoire de concevoir, à l'aide de méthodes appropriées, les différentes unités fonctionnelles bien identifiées qui forment l'architecture du système. Le problème de la conception optimale de l'architecture est intrinsèquement lié au problème de partitionnement de la conception. Chaque unité fonctionnelle de nature bien identifiée doit être conçue à l'aide d'outils spécifiques à sa nature même. On n'aborde pas la conception d'un séquenceur (codage des états, optimisation des décodeurs, taille des micro-instructions,...) comme on aborde le problème de la conception des ressources de mémorisations (registres, bancs mémoires, caches, UGM - Unité de Gestion Mémoire)...).

La nécessité de partitionnement de la conception, et la spécialisation des tâches qui en découle entraînent un choix sur la hiérarchisation de l'ordre de la conception des unités fonctionnelles. Celles-ci interagissent entre elles, tant au niveau des traitements que des contrôles. Chacune d'entre elles subit, lors de sa conception, ses propres contraintes liées au comportement de l'application, mais aussi celles liées au fonctionnement des autres unités fonctionnelles interagissantes et déjà conçues. Pour effectuer une conception optimale, il est nécessaire d'effectuer lors de la conception d'une unité fonctionnelle un certain nombre de rétroactions sur celles déjà conçues. Cette stratégie entraînera un temps de conception très important.
Il conviendra d'ordonnancer la conception des différentes unités fonctionnelles dans le but de diminuer voire même d'annuler les rétroactions (hiérarchisation horizontale). Pour cela on pourra développer une stratégie visant à concevoir en priorité les unités fonctionnelles les plus indépendantes, puis les unités fonctionnelles les plus complexes.
Cette stratégie tend à niveler, pour chaque unité fonctionnelle, la quantité de contraintes intervenant lors de sa définition. Nous aurons l'occasion de développer cette approche, en exposant une méthodologie de programmation et de sélection optimale de processeur de traitement du signal (*cf.* Chapitre 4).

1.3.5. Cibles architecturales

Il n'existe pas de méthode de conception universelle. De manière à optimiser une méthode, il est généralement nécessaire de la spécialiser en vue d'une classe d'architectures cibles. Par exemple, les contraintes architecturales posées par les FPGA diffèrent de celles des ASIC *standart cell.* Nous définissons dans ce paragraphe les différentes cibles, en spécifiant leurs principales contraintes.

1.3.5.1. Les circuits intégrés : circuits standards ou circuits spécifiques (ASIC) ?

On peut classer les différents circuits intégrés en deux grandes familles. Les circuits standards : leur fonction est fixe ; elle peut être simple ou complexe : porte/microprocesseur. Les ASIC (*Application Specific Integrated Circuits*) [Nai90],

[Cal93] : circuits intégrés pour les applications spécifiques ou encore circuits à la demande : on peut les modifier pour leur faire réaliser une fonction particulière.

Les ASIC peuvent eux mêmes se décomposer en quatre sous familles :

- les circuits programmables : PLD *Programmable Logic Device*, FPGA *Field Programmable Gate Array*,
- les circuits prédiffusés : *gate array, sea of gate*,
- les circuits précaractérisés : *standart cell*,
- les circuits sur mesure : *full custom*.

On trouve parfois d'autres classifications. Ainsi sous les termes *semi custom* et *custom* on trouvera, d'une part les PLD, *gate array*, *sea of gate* et d'autre part les composants *full custom* et *standart cell*.

• *Les PLD*

Ces circuits comprennent un réseau de portes logiques "et" ainsi qu'un réseau de portes logiques "ou" qui sont programmables ou non. Les réseaux de sortie possèdent également certaines spécificités. On distingue les produits suivants : PROM : réseau "ou" programmable, PAL : réseau "et" programmable, réseau "ou" fixe, les sorties peuvent être sur bascules ou non, PLA : réseau "et" ainsi que réseau "ou" programmables, PLS : la même chose que PLA avec des sorties rebouclées sur registres. Le domaine d'utilisation de ces composants correspond à des circuits peu coûteux ayant des complexités de quelques milliers de portes.

• *Les FPGA*

Sous ce terme on retrouve aujourd'hui les composants que l'on pourrait définir comme des PLD complexes ou encore comme des prédiffusés programmables. On peut distinguer différents principes en fonction du réseau d'interconnexion : à canaux de routage bidimensionnel, par exemple Xilinx (fig 1.18-a), à canaux de routage monodimensionnel, par exemple Altera, Actel, AMD (fig 1.18-b).

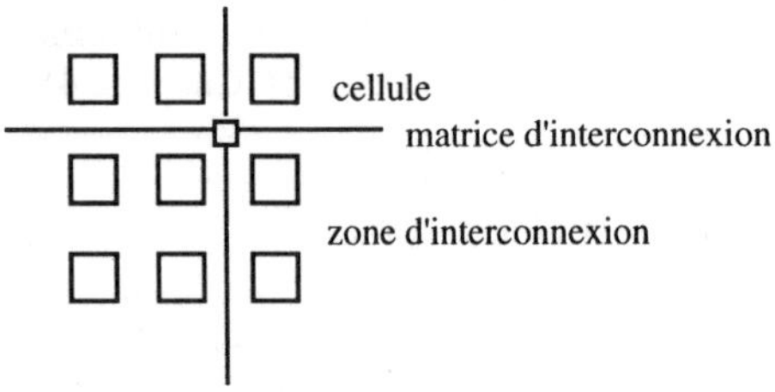

Figure 1.18-a : Circuit prédiffusé LCA ; canaux de routage bidimensionnel.

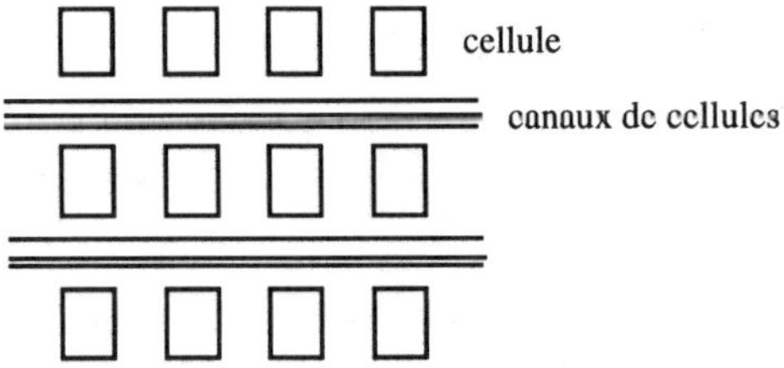

Figure 1.18-b : Circuit prédiffusé LCA ; canaux de routage monodimensionnel.

• *Les circuits prédiffusés*
Ce sont des circuits constitués de réseaux de cellules qui ne sont plus des portes logiques, comme pour les PLD, mais des 'petits PALs'. Les interconnexions entre ces cellules sont configurées à la demande, par fabrication de masque de métallisation ou par programmation. Les circuits prédiffusés se décomposent en deux grandes familles. Les *gate array* sont constitués de réseaux de cellules se présentant en bandes, les espaces de routage sont entre les bandes. Les *sea of gate* sont constitués d'un réseau plein, le routage se fait au dessus des cellules.

Ces circuits peuvent atteindre une complexité de quelques centaines de milliers de portes.

• *Les circuits précaractérisés*
Ces circuits sont réalisés à partir de l'assemblage, sur silicium, de cellules ou de macro cellules caractérisées par le fabricant. Par rapport aux circuits prédiffusés, les circuits précaractérisés ne sont plus réalisés à partir d'un réseau à géométrie fixe. Le routage s'effectue entre les cellules disposées en bandes. Les cellules que l'on peut trouver en bibliothèque sont du type ROM, RAM, PLA, machine à états finis, générateurs d'opérateurs arithmétiques ...

Le développement de ce type de circuits nécessite l'utilisation d'un outil de CAO complet permettant de décrire l'application à l'aide d'un langage haut niveau, type VHDL. Ce point d'entrée haut niveau peut être remplacé par un éditeur de schémas. Cette description sera compilée avant d'être optimisée. Il s'agit aussi de pouvoir générer des vecteurs de test qui permettent la simulation logique avant placement routage et une simulation logique et électrique après routage. Enfin, après réalisation, le composant sera testé. Ce type de composant peut être étudié chez le demandeur, mais sa réalisation sera effectuée chez un fondeur de silicium.

• *Les circuits sur mesure*
Ces circuits présentent les meilleures possibilités d'optimisation, car lors de la conception du circuit, on pourra 'descendre' jusqu'au niveau transistor pour optimiser les performances du circuit.
Comme pour les circuits précaractérisés, il faut disposer d'un outil de CAO complet et également maîtriser le processus de conception jusqu'au niveau transistor. Les circuits, comme dans le cas des précaractérisés, peuvent être étudiés chez le demandeur, mais leur fabrication sera réalisée chez un fondeur.
Le nombre de portes intégrables à l'aide de ce type de composant est similaire à celui des précaractérisés (plusieurs millions, suivant la régularité).

1.3.5.2. Les ASPP (Applied Specific Programmable Processor)

Entre les circuits standards et les circuits dédiés, une démarche alternative commence à apparaître. Son but est de concilier les avantages des deux mondes ; le nom générique que l'on donne à ces composants ASPP. Des circuits standards, elle garde le caractère programmable. Des ASICs, elle garde l'utilisation de chemins de données (*data path*) dédiés à l'application concernée.

1.3.5.3. Les multiprocesseurs

Les différentes approches de conception peuvent être classées selon deux axes selon qu'elles utilisent des machines généralistes ou hétérogènes.
Lorsque la cible est constituée par les machines généralistes, il faut optimiser l'utilisation de la machine constituée de processeurs standards. L'application pouvant se représenter sous la forme d'un graphe de tâches communiquantes, on aura à inclure au mieux celui-ci sur un graphe de processeurs interconnectés par un ou plusieurs réseaux. Ce travail pourra se faire statiquement lors de la compilation, ou de manière plus ou moins dynamique lors de l'exécution. Il pourra se faire en définissant une fonction de coût, relative par exemple au temps d'exécution de l'algorithme sur la machine parallèle, que l'on cherchera à minimiser ou à rendre égale à une certaine valeur, cas du temps réel. Ce travail pourra également inclure la génération d'un exécutif assurant le séquencement des tâches, la gestion des communications. Ces différents points seront abordés dans le chapitre 6.

Nous appellerons machine hétérogène, une machine associant, par exemple, processeur de calcul généraliste et processeur de calcul dédié. La démarche utilisée ne s'opposera pas à celle vue précédemment, mais se compliquera du fait qu'il faudra partitionner (distribuer) l'application entre programmation sur les processeurs standards et matérialisation dans les processeurs dédiés.
D'autres démarches pourront être rencontrées comme par exemple celle utilisant un modèle générique d'architecture (type de processeur, nature du réseau d'interconnexion) pour lequel, pour une application donnée, on va sélectionner le nombre de processeurs ainsi que la topologie du réseau d'interconnexion.

1.3.6. Les outils de conception d'architectures VLSI

Ces outils (fig. 1.19) ont pour ambition d'automatiser l'obtention d'une architecture matérielle dédiée, depuis une certaine modélisation de l'application à intégrer.

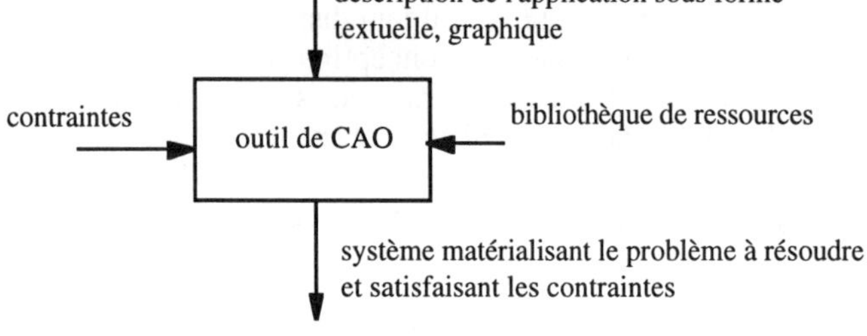

Figure 1.19 : Vue extérieure d'un outil de CAO.

Les applications peuvent être de complexités diverses, les ressources de niveaux d'abstraction fort différents, les contraintes peuvent être de différentes origines : consommation, d'encombrement, de temps d'exécution, etc. Une autre contrainte pourra concerner l'utilisation d'une technologie donnée : circuits sur mesure, précaractérisés programmables ou non ... La description du système conçu sera alors faite par la description des masques, le fichier au format d'un constructeur d'ASIC programmable, le descriptif de la carte, etc.

L'obtention du système, selon les outils, est plus ou moins automatisée. L'organisation des outils de CAO de VLSI qui apparaissent actuellement est représentée sur la figure 1.20.

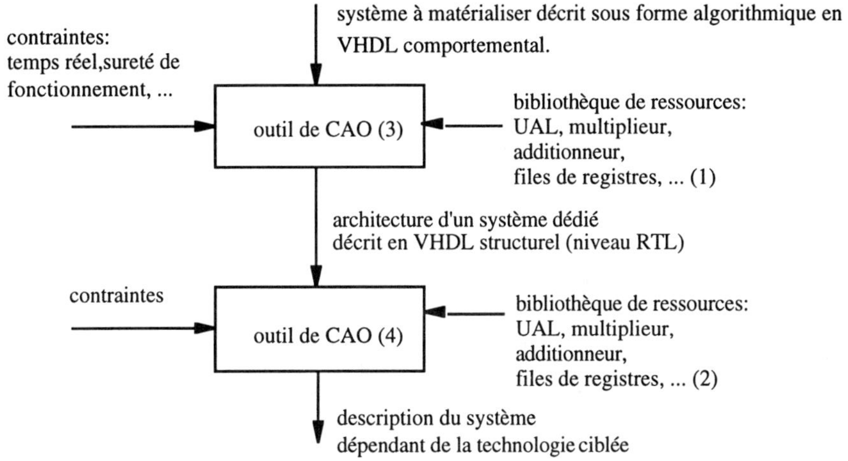

Figure 1.20 : Organisation d'un outil de CAO de VLSI.

On remarque l'existence de deux outils en cascade : un outil appelé outil de synthèse d'architecture (3) [Gaj93], [Cam91], [Mic92] et un autre communément appelé outil de synthèse logique [Gaj88], [Dem87]. Le premier fournit un résultat qui sera le point d'entrée du second.

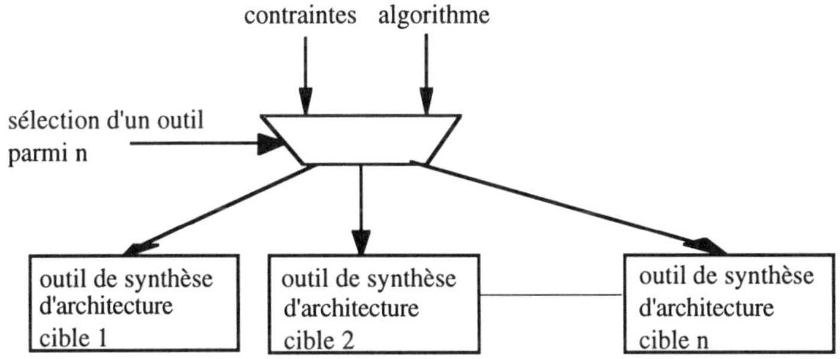

Figure 1.21 : Plate forme regroupant divers outils de CAO VLSI.

Une évolution qui se dessine concerne également le développement de plates-formes d'outils. En effet les outils de synthèse architecturale pour être efficaces, visent un certain modèle d'architecture : architecture systolique, architecture processeur de traitement du signal, etc. Partant de là on conçoit aisément l'intérêt de plates-formes qui pour un algorithme et des contraintes choisirait le modèle d'architecture, et donc l'outil de synthèse d'architecture, le plus en adéquation (fig. 1.21).

Une autre évolution concerne la mise en place d'environnements permettant le développement conjoint du matériel et du logiciel ('codesign'). Plutôt que de fixer *a priori* ce qui sera du ressort du logiciel et ce qui sera du ressort du matériel, le but est de mener conjointement leur développement. Par exemple, au lieu d'opposer processeur RISC, processeur de traitement du signal, et circuits dédiés au traitement du signal, on pourrait utiliser dans un même circuit un coeur RISC programmable et des chemins de données pouvant être synthétisés. Le flot de conception pourra être représenté comme le montre la figure 1. 22.

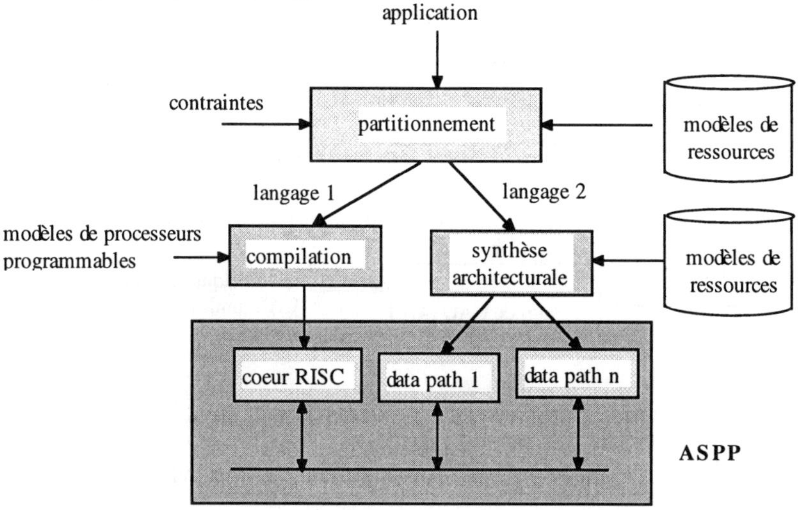

Figure 1.22 : Cycle de développement d'un ASPP.

CHAPITRE 2

Analyse de machines générales

Il peut sembler étonnant d'aborder les architectures de machines dédiées aux applications de traitement du signal et de l'image par la voie de l'analyse des machines générales. Pourtant ces machines représentent non seulement l'historique du savoir-faire en architecture, mais elles sont actuellement encore largement utilisées. A ce double titre, l'analyse des machines générales doit permettre de répondre aux interrogations de leur utilisateur tout comme elle forme un enseignement indispensable pour le concepteur de machines spécialisées. Nous aborderons dans un premier temps l'analyse macroscopique des machines générales, en insistant sur les limitations de cette approche. Nous présentons ensuite une analyse fonctionnelle détaillée qui porte sur le processeur à architecture Von Neumann, le système de mémorisation, les entrées/sorties et le coprocesseur de traitement. Cette analyse met en évidence non seulement les handicaps et atouts de ces machines, mais aussi l'interaction qui existe entre leur architecture et la spécification de traitement du signal ou de l'image. Un dernier paragraphe illustre cette interaction à travers différents exemples.

2.1. Evaluation des machines Von Neumann

L'évaluation macroscopique d'un système numérique repose sur une mesure de performance, qui en reflète le comportement pour la mise en oeuvre d'algorithmes types, ou *benchmark*. Cette évaluation ne tient pas compte des détails de l'architecture. Une question importante est celle de l'unité de mesure retenue. En effet, les prospectus commerciaux foisonnent de mégahertz , de bits, de 'MIPS' et autre 'MCOPS', unités de mesure de performance sans conversions possibles entre elles, qui rendent bien difficile un choix comparatif. Suivant le critère de mesure utilisé, les conclusions sur les performances des machines peuvent varier dans un très large rapport. De plus ce type de comparaison par analyse de performances ne permet pas, ou difficilement, de répondre aux deux questions qui sont : quel est le degré de justesse de l'unité de mesure retenue en regard du problème que je dois mettre en oeuvre ? Quelle spécification dois-je faire de mon problème pour l'adapter au mieux à la machine dont je dispose ?

Nous allons présenter quelques critères de mesure ; ceux-ci sont présentés dans un ordre de complexité croissante. Une analyse critique de ces critères permettra de justifier l'approche de l'analyse fonctionnelle des architectures.

2.1.1. Critères généraux

Ces critères reflètent les performances du matériel utilisé, et plus particulièrement du microprocesseur formant l'unité centrale de la machine.

— *Le hertz*, ou plus généralement le mégahertz (MHz) mesure la fréquence de l'horloge à laquelle sont cadencés les événements internes au microprocesseur.

— *La taille des données codées* est comptée en nombre de bits (valeur binaire 0 ou 1) servant au codage des données ; un codage sur N bits permet de coder 2^N mots différents. Pour coder un plus grand nombre de données, on devra utiliser au moins deux mots successifs, ce qui entraînera de doubler ou plus le nombre d'instructions nécessaires pour traiter ces données, d'où une chute de performance de la machine.

— *La taille des données traitées* est comptée en nombre de bits et peut être supérieure à la taille des données codées. Cette différence permet, dans le cadre des machines de type 'Von Neumann', d'optimiser le traitement des données codées sur deux mots.

Microprocesseur	Horloge (MHz) (fréquence typique)	Format (bits) des données codées	Format (bits) des données traitées
6800	2	8	8
6809-8085	6	8	8/16
8086	8	16	8/16
68000	12,5	16	8/16/32
80386	16	32	8/16/32
68020	16,7	32	8/16/32

Figure 2.1 : Performance des machines : critères généraux

Les fréquences d'horloge portées dans le tableau de la figure 2.1 doivent être considérées avec précaution car elles dépendent de différentes versions des processeurs et peuvent varier dans une échelle relativement importante. D'autre part, nous constaterons, lors de l'étude des systèmes de mémorisation, que ces fréquences pourront être revues à la baisse pour des problèmes de temps d'accès mémoire.

2.1.2. Critères de temps

Les critères précédents ne reflètent pas le temps que mettra la machine à effectuer telle ou telle opération élémentaire ou instruction du microprocesseur. En effet, chaque opération élémentaire nécessitera un nombre d'événements logiques (ou cycles machines) qui peuvent varier d'une machine à l'autre. C'est pourquoi on introduira les notions de MIPS ou plus particulièrement pour les traitements arithmétiques le MFLOPS.

— *Le MIPS,* Million d'Instructions Par Seconde, mesure la rapidité d'exécution d'une instruction ou d'un jeu d'instructions données. Comme on peut le voir figure 2.2, cette mesure pondère la rapidité en MHz de l'horloge par le nombre de cycles nécessaires à exécuter une instruction. Cette mesure est relative à une instruction ce qui oblige à connaître l'instruction retenue pour la comparaison en MIPS de deux machines.

— *Le MFLOPS,* Million d'Opérations Flottantes Par Seconde, est une mesure beaucoup plus proche de ce qu'attend un utilisateur de machines dans le domaine scientifique. Cette fois seules comptent les opérations arithmétiques, sans avoir à se préoccuper des problèmes de transfert de données et autres contrôles de la machine. Cependant, cette mesure reste à pondérer en fonction de l'opération considérée (addition, multiplication, division,...) et du codage de données employé.

Instruction	6809		68000	
	cycles	MIPS	cycles	MIPS
'ET' logique	2	3	4	**3,125**
SAUT conditionnel	3	**2**	10	1,25

Figure 2.2 : Performances des machines en MIPS ; mise en évidence du choix de l'instruction pour l'évaluation de performances.

2.1.3. Les mesures des opérations de complexité moyenne

Sous l'appellation MCOPS, nous classons l'ensemble des opérations de niveau de complexité moyenne, c'est-à-dire plus complexes qu'une simple addition ou multiplication, mais ne représentant pas un algorithme complet de traitement. Ces opérations complexes sont l'exemple type d'un calcul répétitif formant le noyau d'un algorithme de traitement (cas du papillon FFT pour la transformée de Fourier rapide). Ce sont parfois des programmes synthétiques construits pour être représentatif d'un domaine d'application (par exemple le programme du Whestone). Les calculs représentés permettent de solliciter non seulement l'unité de traitement, mais aussi le séquenceur, la mémoire, etc. et fournit une meilleure indication de l'interaction qui existe entre les modules fonctionnels formant l'unité de traitement.

microprocesseur	**million de Whestones par seconde**	**fréquence d'horloge (hertz)**
Transputer T800*	4	20 MHz
80386 + 80387*	1,86	20 MHz
NS 323332 + 32081*	0,728	10 MHz
Transputer T414	0,667	20 MHz
80286 + 80287*	0,3	10 MHz
8086 + 8087*	0,178	8 MHz
68000	0,013	10 MHz
VAX 11/780	1,083	Unité flottante
MVII	0,925	µVAX + unité flottante
SUN-3	0,860	68020(16MHz)+68881(12.5 MHz)
IBM PC	0,200	unité flottante NS 32081
IBM PC	0,012	

Figure 2.3 : L'algorithme du WHESTONE et performances des machines en WHESTONE ; les microprocesseurs notés * sont équipés d'une unité de calcul flottant [Tra 89].

-Exemple

— *Le WHESTONE* est un calcul mettant en oeuvre une multiplication et une addition. La performance d'une machine est estimée en nombre de millions de calculs effectués en une seconde (figure 2.3). Elle reflétera non seulement le temps de traitement arithmétique, mais aussi l'ensemble des retards dus à la gestion des transferts des données.

```
For i := 0 to N
a(i) := b(i) + (t x c(i))
```

2.1.4. Les algorithmes de comparaison

Le *Benchmark* est une appellation qui englobe l'ensemble des algorithmes de comparaison concernant plus particulièrement un domaine bien ciblé. Leur complexité reflète en général le comportement réel de la machine testée, cependant la mise en oeuvre de ces algorithmes est lourde et les résultats obtenus ne reflètent les performances que dans une très étroite gamme d'applications.

On pourra noter la référence faite par les concepteurs de machines à une organisation qui a pour finalité de spécifier une gamme complète de *benchmarks* : SPEC (Standard Performance Evaluation Corporation). Les mesures données par les performances SPEC sont relatives : elles considèrent l'accélération en temps d'exécution offerte par une machine donnée, à la vitesse d'exécution du même *benchmark* sur une machine DEC VAX 11/780.

De manière à couvrir un large spectre d'application, les benchmarks sont classés en application sur calculs entiers (SPEC int) ou applications sur des calculs flottants (CFP). Parmi les premiers, six champs d'applications sont couverts, contre 14 pour les seconds (figure 2.4).

SPECint92	théorie des circuits (Espresso)	interpréteur LISP (Li)	conception en logique (Eqntoott)	compression de texte (Compress)	compilateur (Gcc)
CFP92	simulation de Monte-carlo	chimie quantique	robotique	astrophysique	météorologie

Figure 2.4 : Quelques domaines d'applications couverts par les Benchmarks

Nous avons noté (fig. 2.5 à fig. 2.7) les temps d'exécution du calcul de la transformée de Fourier rapide à base deux, (TFR) sur un certain nombre de processeurs et machines. Les résultats montrent que les performances sont évaluées dans un cadre si spécialisé, qu'il est quasiment impossible d'extraire de ces données les performances des machines pour des transformées sur un nombre de points différents de ceux figurant dans le tableau. La croissance de la complexité arithmétique en N $\log_2 N$ ne se retrouve pas dans la croissance du temps de traitement, lorsque N varie. Ce phénomène est du à la gestion des données, qui représente un temps de traitement des adresses ne variant pas linéairement avec la taille des tableaux.

processeur	horloge (MHz)	64 points (ms)	256 points (ms)	1024 points (ms)
8086	8	11	55	310
8088	5	19	110	610
80286	8	3,8	20	110
80386	16	1,7	9,5	50
PDP-11/25		4,2	20	118

Figure 2.5 : Temps d'exécution du calcul de la transformée de Fourier rapide sur des processeurs généraux, calculs en virgule fixe.

processeur	horloge (MHz)	64 points (ms)	256 points (ms)	1024 points (ms)
TMS 320C25	40	0,33	1,22	7,1
DSP 56000	20	0,14	0,71	5
ADSP 2100	32	0,32	1,52	7,2
LM 32900	20	0,55		13,4
PCB 5010	8		2,11	33

Figure 2.6 : Temps d'exécution du calcul de la transformée de Fourier rapide sur des processeurs de traitement du signal, calculs en virgule fixe.

processeur	8088	80386	PDP-11/25 + FP11-c	µP 77230*
horloge (Mhz)	5	16		13,6
1024 points (ms)	995	100	168	12,5

Figure 2.7 : Exemples de temps d'exécution du calcul de la transformée de Fourier rapide sur des processeurs généraux (* et de traitement du signal), calculs en virgule flottante.

Nous reviendrons plus en détail sur les performances des processeurs de traitement du signal (PTS) pour l'exécution de la TFR. Les résultats indiqués dans les tableaux des figures 2.5, 2.6 et 2.7 permettent cependant de constater qu'à fréquence d'horloge équivalente, les PTS sont largement plus performants que les processeurs à architecture CISC. Ces performances sont atteintes principalement par une adaptation architecturale de ces processeurs aux classes d'applications de traitement du signal. L'analyse fonctionnelle des processeurs que nous allons aborder par la suite doit nous permettre de comprendre les réflexions ayant abouti à ces modifications architecturales.

2.1.5. Bilan des évaluations macroscopiques

Les divers critères de performances que nous venons de citer font apparaître un dilemme qui se posera lors du choix comparatif d'une machine numérique. En effet, un critère général couvre une large classe d'applications, est facile à mesurer, mais fournit des résultats imprécis. D'autre part, un critère spécialisé fournira une bonne évaluation, mais au prix d'une évaluation longue et sans signification hors du domaine d'application concerné.

Quel que soit le critère retenu, il ne saurait permettre une analyse séparée des performances des unités fonctionnelles composant l'architecture, et donc la possibilité d'agir sur une amélioration sélective soit de l'architecture de la machine, soit de la spécification d'un problème. Pour ce type d'étude, il est nécessaire d'utiliser une évaluation transversale, mettant en évidence l'adéquation de chaque unité fonctionnelle à l'application à mettre en oeuvre.

2.2. Machine Von Neumann

Nous avons introduit dans le chapitre 1 le modèle du processeur Von Neumann, basé sur l'association de deux automates à états finis, ainsi que la notion de cycle Von Neumann décomposant le fonctionnement en quatre phases. Nous reviendrons dans le cadre de ce paragraphe, à travers une certaine présentation de ce modèle, sur une description des instructions usuellement implantées.

2.2.1. Présentation du modèle général

La structure générale d'une machine Von Neumann comporte trois unités distinctes [Mon90] (fig. 2.8).

- L'unité mémoire, contenant les diverses informations numériques codées, qui comprennent aussi bien des données à traiter que des instructions à exécuter.
- L'unité de traitement, généralement composée d'une unité arithmétique et logique (UAL) capable d'effectuer quelques dizaines d'opérations arithmétiques (A+B, A-B, A+1,...) ou logiques (A et B, A ou B, ...) sur des mots ou des bits. A cette UAL est associé un certain nombre de registres de 'travail' contenant les informations en cours de traitement (données, états).
- L'unité de contrôle forme le coeur de la machine et cadence le déroulement des traitements et du contrôle par une lecture séquentielle d'instructions en mémoire. Cette unité est composée d'un séquenceur qui décode les instructions et pilote en conséquence le travail des différents composants de la machine. La mémoire est adressée par un compteur de programme et un registre d'adresse. Le premier sert à la recherche en mémoire des instructions successives à exécuter, le second à la recherche des données en mémoire.

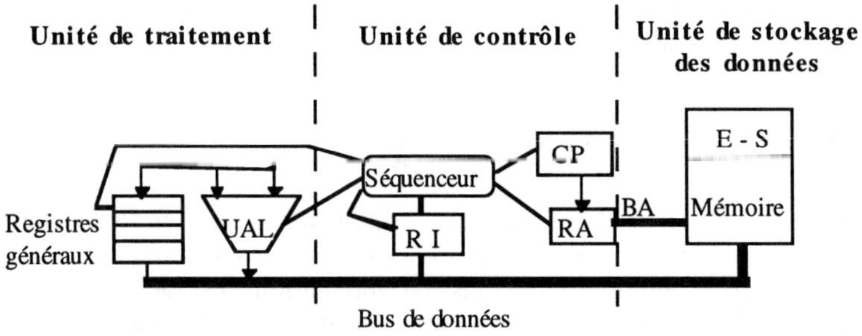

Figure 2. 8 : Architecture d'une machine Von Neumann comprenant trois unités fonctionnelles. RA registre d'adresse, RI registre d'instruction, CP compteur de programme, BA bus d'adresses.

Remarque
Classiquement le bus d'adresse BA est de taille supérieure au bus de données. La taille du bus d'adresse correspond au *champ d'adressage* du microprocesseur (si BA contient 24 bits, le microprocesseur peut adresser au maximum 2^{24} soit 16 méga mots). Pour former une adresse à partir des données mémorisées, il est alors nécessaire d'aller chercher au moins deux mots : l'adresse est égale à la valeur "mot1 * $2^{\text{Taille des mots}}$ + mot2" (les bits en excédent de mot1 ne seront pas considérés).

Exemple, BA sur 24 bits, BD sur 16 bits, alors on forme une adresse à l'aide des 8 premiers bits de mot1 et de mot2). Mot1 est alors appelé la *partie haute* de l'adresse, tandis que mot2 est la *partie basse* de l'adresse. Cette remarque est importante, car elle entraîne généralement une forte irrégularité de codage des instructions, qui sont codées sur un seul mot (instructions de classe registre) ou plusieurs mots (instructions de classe mémoire). Nous détaillerons ces classes d'instructions lors de la présentation des instructions de transfert.

Etape A : Le séquenceur, à l'aide du compteur de programme, va adresser la mémoire

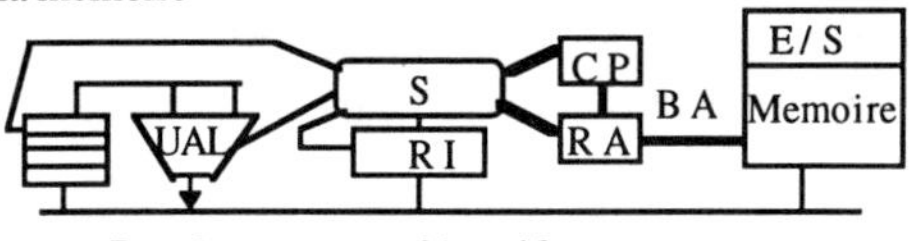

— Bus (ou commande) actif

Etape B : A cette adresse se trouve une instruction à décoder et à exécuter ; après ce travail, le compteur de programme sera incrémenté de manière à contenir l'adresse de l'instruction suivante

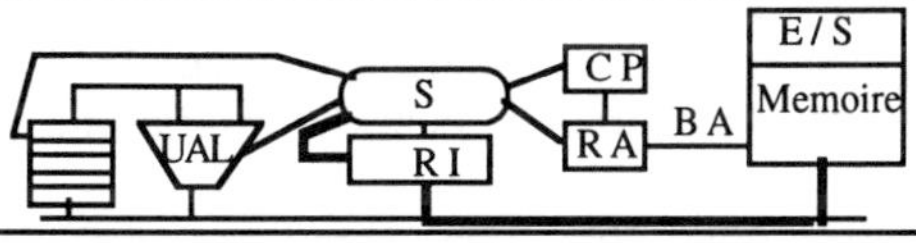

Etape C : L'instruction du type 'transfert de donnée' contient outre l'ordre d'effectuer un transfert, l'adresse de la donnée à transférer. Celle-ci sera chargée dans le registre d'adresse

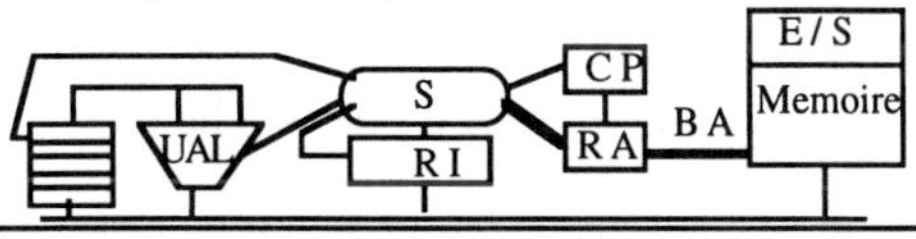

Etape D : L'adresse de la donnée à transférer étant positionnée, cette dernière sera chargée dans le registre de travail concerné, sous contrôle du séquenceur

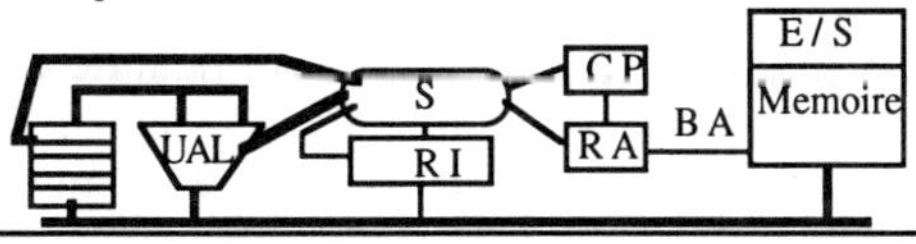

Figure 2.9 : Schématisation des quatre étapes fondamentales du transfert d'une donnée entre la mémoire et un registre de travail. RA registre d'adresse, BA bus d'adresses, UAL unité arithmétique et logique, RI registre d'instruction, CP compteur de programme, E/S entrées - sorties, S séquenceur.

Avant tout, il est important de bien comprendre la succession classique, contrôle puis traitement, aux machines Von Neumann. Pour cela, nous avons résumé sur la figure 2.9 les quatre étapes relatives au transfert d'une donnée entre la mémoire et un registre de travail. Nous utiliserons cette présentation en quatre étapes dans la suite de ce paragraphe relatif au processeur Von Neumann, et principalement afin de décrire les trois classes d'instructions présentées.

Nous attirons l'attention sur le fait que les différents événements que l'on vient de présenter sont normalement cadencés au rythme d'une horloge et suivant le microprocesseur étudié, elles s'exécuteront en un ou plusieurs cycles d'horloge ; cette différence est directement à l'origine des différences de performances. Nous envisagerons une machine formelle pour laquelle nous normaliserons à une Unité de temps (1UT) l'ensemble des événements pilotés par le séquenceur.

Les paragraphes suivants présentent les instructions utilisées en les classant selon trois catégories : instructions de contrôle, de traitement et de transfert. Nous détaillerons le fonctionnement de cette dernière catégorie, en présentant les relations entre instructions et types de données manipulables, et entre classes d'instructions et temps d'exécution. Les résultats de ces analyses seront particulièrement utiles à la compréhension des mécanismes de fonctionnement intégrés dans les générateurs d'adresses des processeurs de traitement du signal.

2.2.2. Instructions de contrôle

Elles permettent de modifier le déroulement du programme en fonction d'événements internes ou externes. Elles affectent la continuité d'exécution des instructions, par modification de l'ordre incrémental implicite au compteur de programme.
On envisage plusieurs cas de débranchement de programme, classés suivant trois critères :

— débranchement conditionnel ou inconditionnel,
— débranchement explicite ou implicite,
— débranchement avec ou sans restitution de contexte.

Le débranchement est conditionnel s'il résulte du test d'une condition ; ainsi on peut tester la valeur d'un drapeau, l'état logique d'une broche du composant,...

Cette condition peut être explicite si elle est déclarée dans l'instruction de débranchement, ou implicite si le débranchement ne découle pas de l'instruction en cours d'exécution (c'est le cas des interruptions).

Dans certains cas, il y aura nécessité de restituer à la suite du débranchement, le contexte de la machine tel qu'il était avant le débranchement (cas des exceptions). Ceci permettra l'exécution des instructions figurant à la suite de celles exécutées avant débranchement. On rencontrera ce type de branchement pour les contrôles sur les résultats de branchement, les contrôles sur les types de tâches exécutées (utilisateur/superviseur) et pour le contrôle exercé par le microprocesseur sur ses périphériques.

a) recherche d'une instruction (de débranchement)

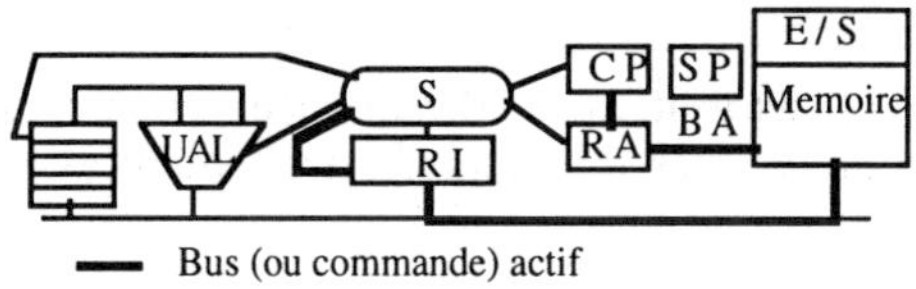

b) Sauvegarde du contexte
Le contexte est composé au minimum du contenu du compteur de programme ; différents processeurs permettent de sauvegarder aussi le contenu des registres de travail.
La sauvegarde est effectuée en mémoire à une adresse indiquée par le pointeur de pile (SP).

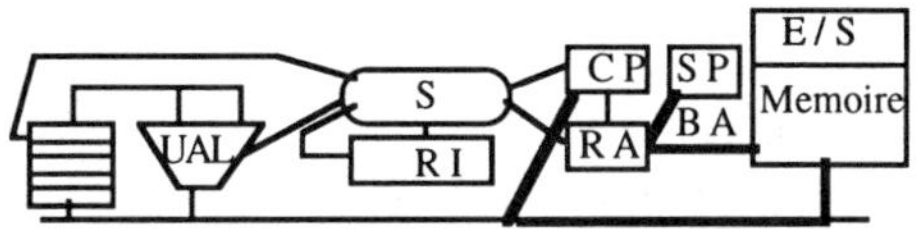

c) Modification du pointeur de pile (SP) Afin de pouvoir effectuer plusieurs débranchement successifs, le contenu du pointeur de pile est modifié de manière à indiquer une zone mémoire vierge pour la prochaine sauvegarde de contexte.

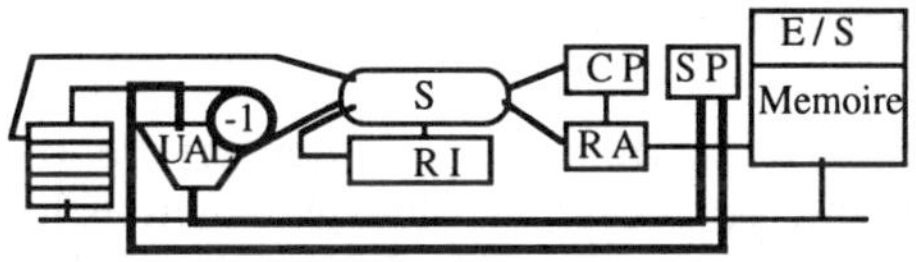

d) Recherche de l'adresse de débranchement : Les deuxième et troisième mots de l'instruction de débranchement fournissent l'adresse de la prochaine instruction à exécuter ; cette adresse sera donc transférée dans le compteur de programme (idem a°)

Figure 2.10 : Quatre étapes du mécanisme de saut d'instruction avec sauvegarde de contexte. RA registre d'adresse, BA bus d'adresses, UAL unité arithmétique et logique, RI registre d'instruction, CP compteur de programme, E/S entrées - sorties, S séquenceur, SP pointeur de pile.

Le contexte comprend au minimum l'adresse de l'instruction à exécuter si l'ordre incrémental avait été respecté (hors débranchement). Généralement, l'utilisateur programme la sauvegarde de plusieurs registres de travail, voire un contexte plus général. Il est possible d'utiliser des mécanismes de sauvegarde de contexte câblés, par exemple grâce à la présence d'une micro-pile d'instructions intégrée au séquenceur. On gagne alors le temps d'accès à la mémoire, mais le contexte sauvegardé est alors dépendant du mécanisme matériel. Nous aurons l'occasion de présenter cette particularité intégrée sur le processeur de traitement du signal TMS 320C25.

A titre d'exemple, nous avons schématisé sur la figure 2.10 les quatre séquences fondamentales de l'exécution d'un débranchement avec restitution de contexte.

2.2.3. Instructions de traitement

Ces instructions servent aux traitements des données, et au contrôle du programme. On peut leur définir deux rôles distincts : le traitement et le positionnement de drapeaux.

Le traitement
Les instructions arithmétiques sont très élémentaires (+,- avec ou sans retenues, ainsi que *2 et /2 (décalages de bits)). Si certains processeurs intègrent des instructions de multiplication, cette dernière résulte en fait d'une série d'additions et de décalages ; elles nécessitent donc un temps d'exécution important. Les instructions logiques s'exécutent sur des mots (ET, OU, ...), ou des bits, ou champs de bits de différents mots.

Le positionnement de drapeaux
Après exécution d'une instruction arithmétique ou logique, le résultat du traitement permet le positionnement de drapeaux tels que : résultat nul, résultat négatif, débordement, etc. Ces drapeaux seront testés pour intervenir de manière explicite ou implicite dans le contrôle de la machine.

2.2.4. Instructions de transfert

Nous allons présenter les différentes instructions de transfert qui figurent classiquement sur les microprocesseurs. Nous évoquerons le principe de chacune d'entre elles, et le format de l'instruction qui lui est associé. Nous compléterons cette information sur le temps d'exécution de chaque instruction (en unités de temps sur une machine modélisée) et les types de variables que peut traiter l'instruction.
Ces informations permettent de montrer l'intérêt de posséder un jeu d'instructions complexe, une des caractéristiques définissant les processeurs CISC (Complex Instruction Set Computer).

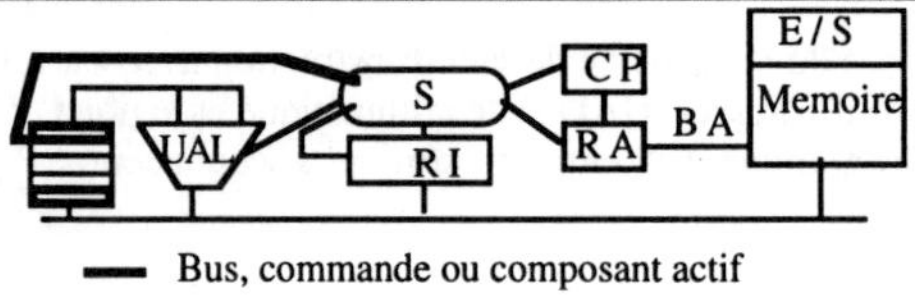

Description de l'étape D

Format de l'instruction

Une instruction peut être codée sur un seul mot :

opcode	registre destination	registre de source

Elle indique les numéros des registres de source et de destination du transfert de donnée.

Temps d'exécution : étapes A et B, puis étape D : 3 UT

Type de données manipulées : variables temporaires

Figure 2.11 : Caractéristiques d'une instruction de transfert registre à registre.

— *Transfert de registre à registre*
Le contenu du registre R est recopié dans le registre R' (dans certaines machines, R et R' peuvent représenter chacun une paire de registres). L'exécution d'une telle instruction nécessite l'exécution d'une étape A et d'une étape B pour l'adressage et le décodage de l'instruction. Il n'y a pas d'étape C, et l'étape D est décrite par la figure 2.11

— *Adressage immédiat*
La donnée est contenue dans l'instruction. Lorsque les données et les instructions sont d'un même format, il est nécessaire de coder ce type d'instructions sur deux mots successifs (figure 2.12).

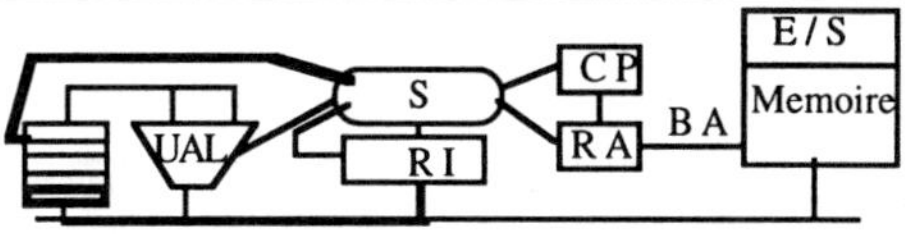

Bus, commande ou composant actif

Description de l'étape D

Format de l'instruction

Une instruction est codée sur deux mots :

opcode I registre destination
source = donnée codée dans l'instruction

Temps d'exécution : étapes A et B répétées deux fois pour les deux mots de l'instruction, puis étape D : 5 UT

Type de données manipulées : constantes

Symbolisation : # -> reg

Figure 2.12 : Caractéristiques d'une instruction d'adressage immédiat.

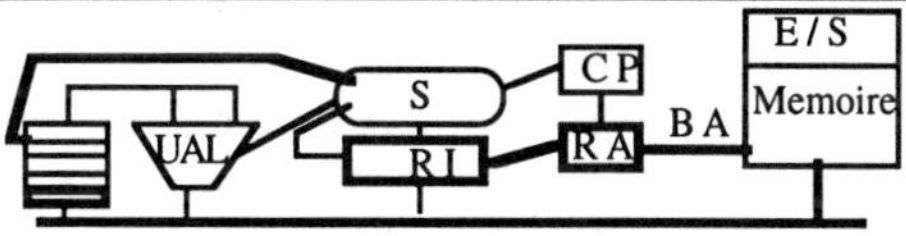

Bus, commande ou composant actif

Description des étapes C et D

Format de l'instruction

Une instruction est codée sur trois mots

opcode I registre destination
source = adresse partie haute
source = adresse partie basse

Temps d'exécution : étapes A et B répétées 3 fois, étape C pour former l'adresse, puis étape D : 8 UT

Type de données manipulées : variables

Symbolisation : () -> reg

Figure 2.13 : Caractéristiques d'une instruction d'adressage direct.

— *Adressage direct*

L'adressage direct, ou adressage absolu est un adressage dans lequel l'adresse de la donnée est contenue dans l'instruction. Les microprocesseurs classiques ayant un champ d'adressage de taille supérieure à celle des données codées, il est nécessaire de coder ces instructions sur trois mots consécutifs, dont les deux derniers concernent l'adresse (figure 2.13).

— *Adressage indirect*

L'adressage indirect fait appel à un point de mémorisation afin de connaître l'adresse de la donnée à transférer. Ce point de mémorisation peut être :

- un registre : *adressage indirect/registre* ; le registre est double si le champ d'adressage est de taille supérieure à celle des mots (figure 2.14).
- la mémoire : *adressage indirect/mémoire ;* il est nécessaire d'utiliser deux points mémoire pour obtenir l'adresse de la donnée à transférer (figure 2.15).

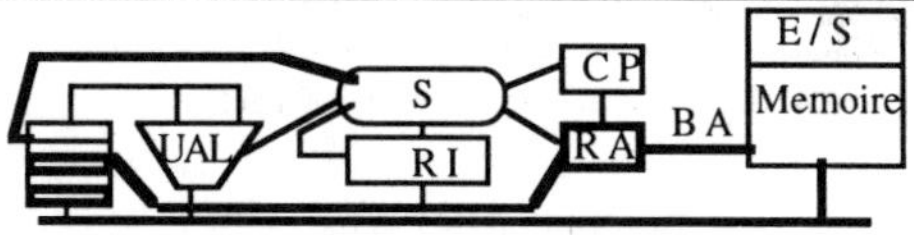

▬ Bus, commande ou composant actif

Description des étapes C et D

Format de l'instruction

Une instruction est codée sur trois mots :

opcode	registre destination	registre (source)

Temps d'exécution : étapes A et B, puis étape D : 3 UT

Type de données manipulées : variables ou liste de variables

Symbolisation : (()) -> reg

Figure 2.14 : Adressage indirect référence à un registre

Pour une capacité d'adressage identique, l'adressage indirect/registre nécessite un temps bien inférieur à l'adressage indirect/mémoire. Cependant ce premier mode d'adressage ne permet pas la gestion d'un nombre important de variables différentes, de part la limitation du nombre de registres. On a donc tout intérêt à réserver cet adressage aux variables le plus souvent transférées et à garder l'adressage indirect/mémoire, qui est moins performant, pour les autres données.

— *Adressage indirect post-décrémenté*

Il est identique au précédent avec décrémentation de l'adresse de la donnée adressée. On facilitera par ce mode d'adressage l'accès à l'ensemble des données d'un vecteur, par exemple (figure 2.16). On trouvera de nombreuses variantes à cet adressage, puisque la modification de l'adresse peut se faire avant ou après le transfert, cette modification est soit une incrémentation ou une décrémentation, l'indirection fait appel à un registre, ou à la mémoire. Lorsque cet adressage indirect est référencé à la mémoire, il y a obligation de réécrire la nouvelle valeur de l'adresse en mémoire. Ceci est très pénalisant, en temps d'exécution, puisque l'instruction nécessite 17 UT (comme l'adressage indirect/mémoire, plus deux étapes C de modification de l'adresse, partie basse puis partie haute, et deux étapes C + D pour remettre en mémoire la nouvelle valeur de l'adresse). Cette solution devra être évitée dans la mesure du possible.

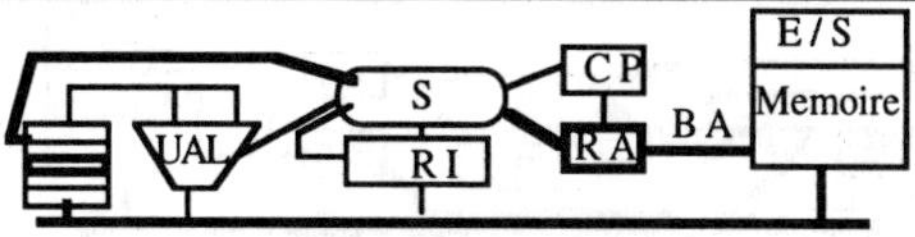

▬ Bus, commande ou composant actif

Etapes C et D répétées 2 fois pour le chargement des parties hautes et basses de l'adresse

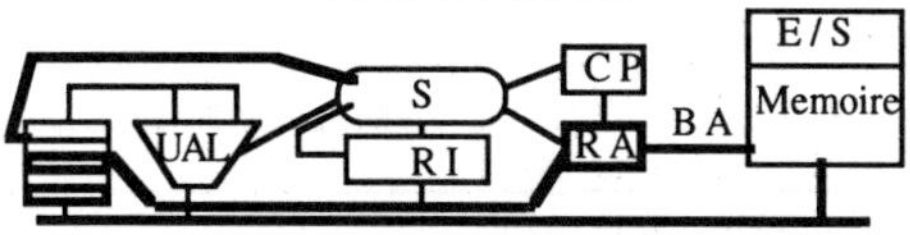

▬ Bus, commande ou composant actif

Etape D pour le transfert de la donnée (idem fig 2.14)

Format de l'instruction

Une instruction est codée sur trois mots

opcode I registre destination
source : adresse (adresse) partie haute
source : adresse (adresse) partie basse

Temps d'exécution : trois étapes A et B, puis deux étapes C et D pour former l'adresse, puis étape pour le transfert D : 11 UT

Type de données manipulées : variables ou liste de variables

Symbolisation : (()) -> reg

Figure 2.15 : Adressage indirect référence à la mémoire

— *Adressage indexé*

L'adressage indexé est la forme la plus simple des différents adressages relatifs. L'adresse est formée à l'aide de deux sources distinctes. Dans l'adressage indexé, on ajoutera à l'adresse de base, un déplacement (index) pour former l'adresse de la donnée à transférer. On notera plusieurs variantes :

Etapes de transfert : idem fig 2.14

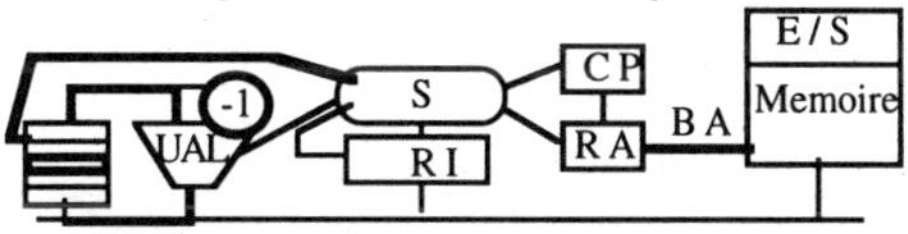

▬ Bus, commande ou composant actif

Post modification du registre d'adresse

Format de l'instruction

Une instruction est codée sur trois mots

opcode I registre destination I registre (source)

Temps d'exécution : étapes A et B, étapes C et D pour le transfert, puis étape C pour la modification de l'adresse : 5 UT

Type de données manipulées : Tableaux

Symbolisation : (()) -> reg ; ()-1 -> ()

Figure 2.16 : Adressage indirect post décrémenté.

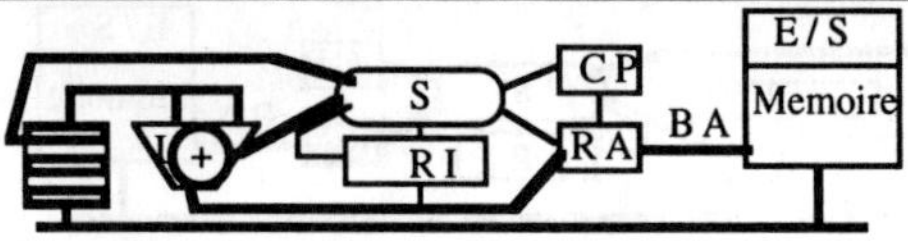

— Bus, commande ou composant actif

Calcul de l'adresse et transfert de la donnée

Format de l'instruction

Une instruction est codée sur trois mots

opcode I registre destination	I registre de base
adresse de l'index (partie haute)	
adresse de l'index (partie basse)	

Temps d'exécution : 3 x (étapes A et B), 2 x (étapes C et D) pour le transfert, étape C pour le calcul de l'adresse, puis étape D pour le transfert. 12 UT

Type de données manipulées : Tableaux

Symbolisation : (()+()) -> reg ;

Figure 2.17 : Adressage indexé, index en mémoire, base en registre.

- bases et index sont contenus dans des registres (figure 2.17),
- l'index est une valeur immédiate,
- l'index est un nombre positif ou relatif,
- l'index peut avoir un format plus court que celui d'une adresse (déplacement court),
- le registre de base peut être un registre de travail, le compteur de programme ou la mémoire.

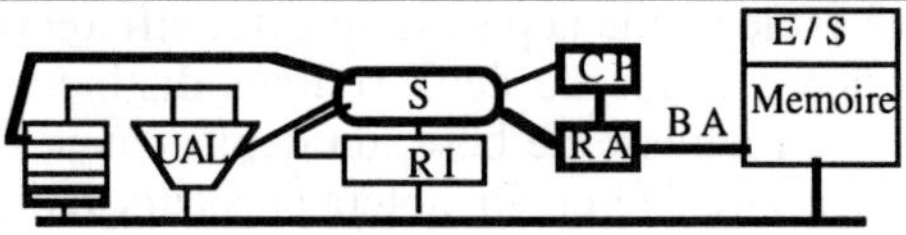

— Bus, commande ou composant actif

Formation de l'adresse à partir de deux champs, l'un immédiat (partie basse), l'autre issu du compteur de programme (partie haute).

Format de l'instruction

Une instruction est codée sur trois mots

opcode I registre destination	I registre de page
adresse partie basse (valeur immédiate)	

Temps d'exécution : 2 x (étapes A et B), puis étape D pour le transfert. 5 UT

Type de données manipulées : Suivant l'origine du déplacement

Symbolisation : ((),#) -> reg ;

Figure 2.18 : Adressage immédiat, relatif au compteur de programme.

— *Adressage par page*

Il s'agit d'un adressage relatif qui utilise la propriété de fractionnement de l'adresse : celle-ci sera composée de deux champs (partie haute et partie basse de l'adresse) issus de différents points de mémorisation (registres ou mémoire). La

partie haute de l'adresse est appelée "page", la partie basse "déplacement". On retrouvera cette notion de mémoire paginée lors de l'étude des UGM (Unité de Gestion Mémoire).(figure 2.18).
Comme pour l'adressage indexé, il existe de nombreuses variantes sur le lieu de mémorisation des sources, partie haute et basse, de l'adresse.

Mode d'adressage des microprocesseurs à usage général
Nous avons résumé dans le tableau de la figure 2.19 les modes d'adressage disponibles sur plusieurs microprocesseurs d'une famille de processeurs. Ce tableau montre à l'évidence une tendance constante vers l'augmentation du nombre de modes d'adressage des microprocesseurs, qui tendent à se complexifier pour les dernières générations.

microprocesseur	8080	8085	8086	80186	80286	80386
nombre de modes d'adressage	5	5	24	24	24	28

Figure 2.19 : Evolution des modes d'adressage au fil d'une génération de processeurs d'INTEL.

L'évolution que nous pouvons constater correspond à l'intégration sur le matériel d'instructions de niveau de plus en plus élevé. Le niveau de complexité des gestions et traitements offerts par le langage de la machine, se rapproche de celui d'un langage de programmation de haut niveau. Nous allons illustrer ci-dessous le "rendement" des instructions complexes sur ces processeurs "langage".

Intérêt de la machine CISC : "Complex Instruction Set Computer"
Sous l'appellation CISC, on classera les microprocesseurs possédant un jeu d'instructions complexe. Leur intérêt peut être facilement illustré sur l'exemple donné figure 2.20, qui consiste à comparer les exécutions d'un adressage indirect/mémoire post-incrémenté, soit spécifié à l'aide d'une instruction unique, soit spécifié par l'assemblage d'instructions simples :

Adressage indirect/mémoire post-incrémenté		
Instruction complexe :		**17 UT**
Décomposition en instructions simples :		
- recherche de l'adresse en mémoire :		
I1	adressage direct partie haute :	8 UT
I2	adressage direct partie basse :	8 UT
- Transfert de la donnée :		
I3	adressage indirect/registre :	4 UT
- Décrémentation :		
I4	de l'adresse partie basse : étapes (A + B + C)	3 UT
I5	partie haute = partie haute - retenue précédente :	3 UT
- Sauvegarde de l'adresse modifiée :		
I6	adressage direct partie haute :	8 UT
I7	adressage direct partie basse :	8 UT
TOTAL (décomposition en instructions simples)		**42 UT**

Figure 2. 20 : Illustration de l'intérêt d'une machine CISC : comparaison des temps d'exécution.

On constate que la présence d'instructions complexes, dans le jeu d'instructions, est tout à fait bénéfique à l'amélioration des performances de la machine Von Neumann. D'une part le nombre d'unités de temps formelles pour l'exécution d'une instruction complexe, est largement inférieur au temps nécessaire à l'exécution d'une suite d'instructions simples; d'autre part, la place occupée en mémoire est elle aussi inférieure.

	Instruction complexe	I1	I2	I3	I4	I5	I6	I7	Total
A	3	3	3	1	1	1	3	3	= 15 étapes A
B	3	3	3	1	1	1	3	3	= 15 étapes B
C	6	1	1	0	1	1	1	1	= 6 étapes C
D	5	1	1	1	0	0	1	1	= 5 étapes D

Figure 2.21 : Comparaison des "rendements" des instructions

Une analyse détaillée des différentes étapes de type A ou B (adressage ou transfert d'une instruction), ou de type C ou D (adressage-traitement ou transfert d'une donnée) fait apparaître que l'augmentation du temps d'exécution d'une suite d'instructions simples ne tient qu'en l'augmentation des étapes de type A ou B (figure 2.21). D'un point de vue utilisateur, seules les étapes C ou D sont utiles à l'exécution d'un traitement, tandis que les étapes A ou B ne servent qu'à la machine elle-même. On peut donc définir la notion de "rendement" d'une instruction par :

$$\text{rendement} = \frac{\text{nombre d'étapes C ou D}}{\text{nombre total d'étapes}} .$$

La solution offerte par les machines CISC consiste à augmenter le "rendement" des instructions par la minimisation des étapes A et B en faveur des étapes C et D. Cette solution conduit à l'intégration d'instructions très complexes. La complexité du jeu d'instructions se traduit non seulement par le nombre d'instructions d'un processeur donné (303 instructions différentes pour le processeur DEC 11/780), mais aussi par le nombre de cycles machine par instruction (CPI). Ce nombre de cycles par instruction, moyenné sur l'ensemble des instructions d'un processeur est de l'ordre de 6 pour le processeur NVAX et atteint 12 pour le circuit REX 250 (tous deux implantés dans le VAX 6000).

Nous verrons ultérieurement qu'une autre solution architecturale consiste à paralléliser l'exécution des étapes A et B avec l'exécution des étapes C et D. Ces concepts sont repris dans les architecture de type Harvard et les processeurs RISC.

2.3. Présentation du processeur 68000

Le 68000 est un microprocesseur conçu par MOTOROLA, de deuxième génération et connaissant de nombreuses versions aux performances accrues (figure 2.22). Ses caractéristiques matérielles lui permettent de remplir les tâches élémentaires attendues d'une machine à architecture Von Neumann. On remarquera en plus différents services concernant les notions de statut, de contrôle de périphériques et de contrôle de bus. Les broches FC0 à FC2 indiquent le statut du processeur ; elles servent à la protection mémoire vis-à-vis des tâches (cf chapitre 2.3.3 sur les UGM) (figure 2.23).

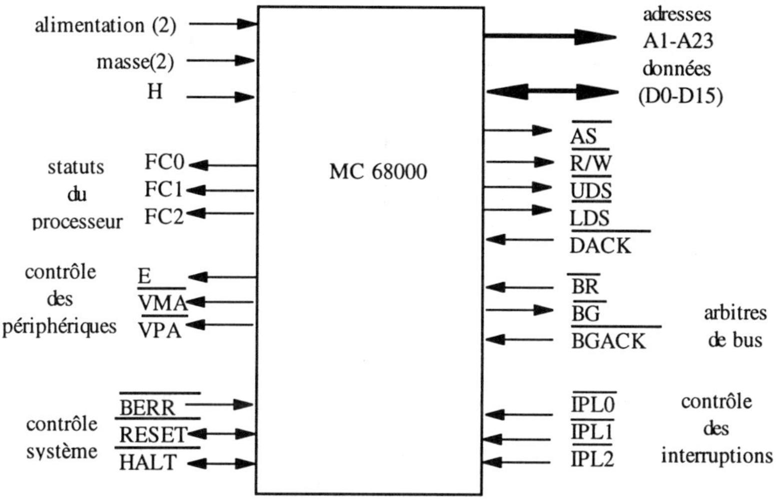

Figure 2.22 : Vue externe du processeur 68000.

L'accès aux données différencie les données de type octet des données de type mots de 16 bits. L'adressage de la mémoire est séparé en mémoire d'adresse paire et mémoire d'adresse impaire. Un octet s'adresse dans l'une ou l'autre de ces mémoires, un mot de 16 bits s'adresse dans ces deux mémoires simultanément.

tâche accédant à la mémoire	FC2 FC1 FC0
données utilisateur	001
programme utilisateur	010
données superviseur	101
programme superviseur	110
gestion interruption	111

Figure 2.23 : Etat des broches de statut en fonction de l'état du système

Les mémoires ainsi que les registres des périphériques sont accédés de manière synchrone ou asynchrone. Pour le premier cas, le nombre de cycles pour le transfert d'une donnée est implicite ; pour le second, le nombre de cycles pour le transfert d'une donnée est dépendant d'un protocole d'acquittement effectué par les broches AS et Dack (figure 2.24).

Les registres 32 bits de travail du 68000 sont au nombre de 16 :

D0 à D7 sont huit registres de données ;

A0 à A6 sont sept registres pour les adressages ;

A7 est le registre de pile.

On notera en plus du compteur de programme, un registre de statut CCR (figure 2.25).

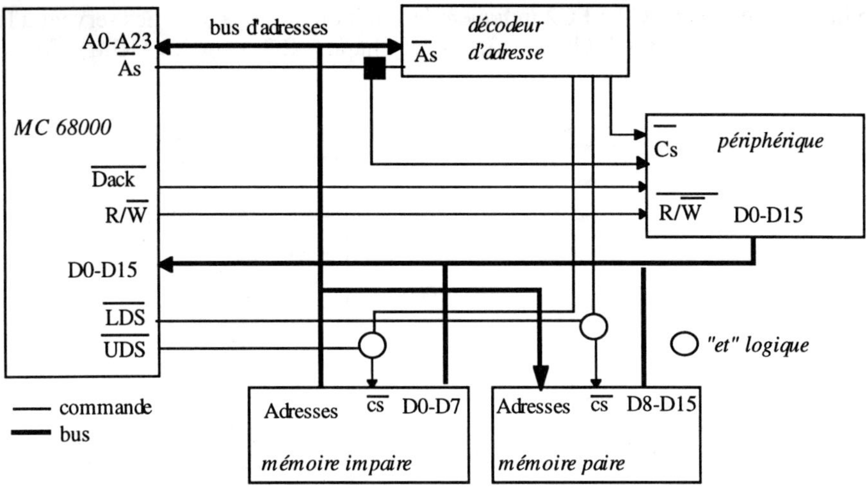

Figure 2.24 : Connexion des mémoires au processeur 68000.

Les broches UDS et LDS permettent de différencier les accès à la mémoire.
UDS et LDS = 0 : accès à un mot
UDS=0 LDS=1 : accès à un octet pair
UDS=1 LDS=0 : accès à un octet impair

Les différents modes d'adressage du microprocesseur se classent en cinq familles, parmi celles que nous avons pu étudier précédemment. On trouvera ainsi différents adressages immédiats, adressages directs (encore noté absolus), comme les adressages indirects qui autorisent l'emploi des registres Di et Ai, avec post incrémentation et pré-décrémentation de ceux-ci. Les adressages indexés utilisent comme base un registre ou le compteur de programme, l'index peut être un index immédiat 16 bits, un index immédiat 8 bits ou encore un registre d'index. Le microprocesseur autorise de même l'adressage relatif.

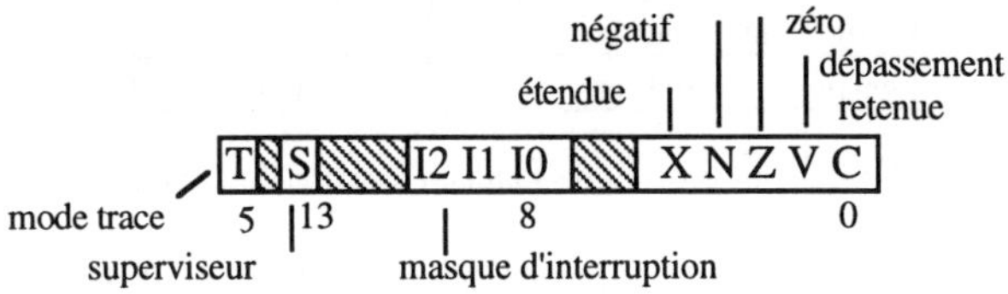

Figure 2.25 : Drapeaux du registre d'état CCR.

La gestion de l'environnement se fera à l'aide d'une table d'exceptions dans laquelle on trouvera l'adresse de la routine correspondant au traitement de l'événement ayant provoqué l'exception. Ainsi lorsque l'électronique détectera une division par zéro, elle ira chercher à l'adresse 014H l'adresse de la routine correspondant à cette erreur. L'écriture de cette table est à la charge de la personne ayant développé la machine.

Dans une de ses extensions comme dans le processeur 68020, on trouvera :

— des modifications architecturales : un bus à 32 bits, l'introduction d'une mémoire cache et d'une unité de gestion mémoire ;
— l'ajout d'un nouvel espace, encore nommé espace CPU, correspondant à la prise en compte des interruptions, des points d'arrêt, des modules et des communications avec les coprocesseurs. Ils seront distingués par la valeur des bits A19-A16 (figure 2.26).

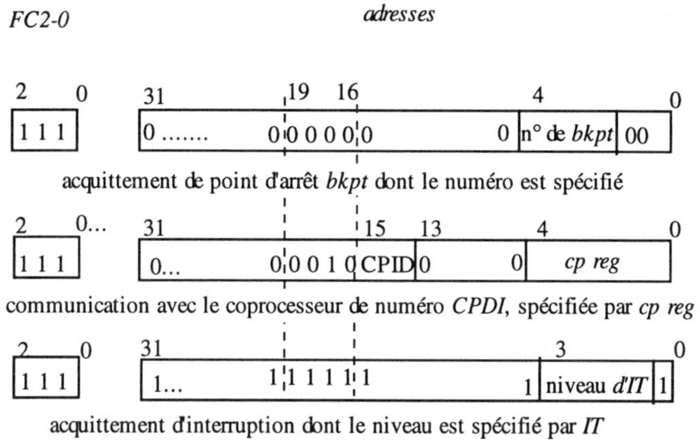

Figure 2.26 : Rôle spécifique des bits d'adresse A19-A16 en mode interruption.

Ces extensions permettent d'assurer une compatibilité ascendante avec le code 68000, ainsi qu'un nombre de modes d'adressage accru (18), particulièrement orientés vers la gestion de structure de données complexes telles qu'on les trouve dans les langages de haut niveau.

Le processeur 68030 possède quelques instructions particulières comme par exemple :

— des instructions d'appel et de retour de modules :
.callm : adresse un descripteur de module contenant toutes les informations nécessaires à l'appel, provoque la sauvegarde du module appelé dans la pile et le chargement du contexte du module appelé.
.rtm : provoque le chargement, à partir de la pile, du contexte du module appelant.
— des opérations de lecture - écriture indivisible nécessaires à la gestion d'un environnement multiprocesseurs avec des ressources partagées : CAS, CAS2, TAS;
— des instructions coprocesseurs destinées à être exécutées par un coprocesseur particulier étendant le jeu d'instructions et de registres du processeur 68020. Ces instructions comprennent l'envoi, vers le coprocesseur, de codes opérations, d'opérandes, la demande de sauvegarde du coprocesseur, ... : cpGEN, cpRESTORE, ... La gestion de la communication entre le 68020 et ses coprocesseurs n'est pas à la charge du développeur mais directement pris en charge par l'électronique des composants.

2.4. Gestion des mémoires

2.4.1. Principe de mémoire hiérarchisée

Lorsque les applications à mettre en oeuvre augmentent en complexité, cela se traduit en priorité par l'augmentation de la complexité de la mémoire du microprocesseur. Il n'y a qu'à se souvenir qu'au début des années 1980, les ordinateurs personnels ne possédaient guère plus de quelques koctets de mémoire, tandis qu'il est inconcevable actuellement d'utiliser des applications courantes (exemple le traitement de texte) sans avoir un minimum de quelques Moctets de mémoire.

La mémoire d'un système numérique doit répondre à deux contraintes : une taille élevée et un temps d'accès le plus court possible.

Malgré les avancées technologiques, notamment la réduction de la géométrie d'intégration, il n'est pas possible de suivre les besoins de performance en mémoire actuellement requis.

	disquette	disque dur	grande mémoire	petite mémoire	registre
Taille	1 Moctet	1 Goctet	4 Moctets	16 koctets	1 mot
Rapidité d'accès	2 ms	1 Mb/s	150 ns	25 à 45 ns	1 à 5 ns

Figure 2.27 : Temps d'accès de différentes mémoires.

Nous avons noté dans le tableau de la figure 2.27 quelques exemples qui montrent qu'il y a contradiction à posséder une mémoire de grande taille et à posséder une mémoire de grande rapidité. Pour bénéficier au mieux des performances des mémoires, il faut utiliser à la fois une mémoire de grande taille pour stocker l'ensemble des données et instructions, et en même temps disposer d'une mémoire de petite taille, et rapide, pour contenir les données en cours de traitement.

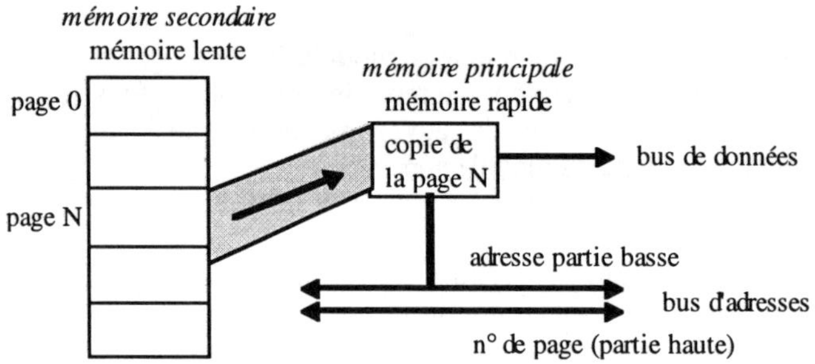

Figure 2.28 : Principe de la mémoire virtuelle : copie d'une page de la mémoire de masse pour y effectuer un accès rapide par le microprocesseur.

Face à ce problème, une solution consiste à hiérarchiser la mémoire et à introduire la notion de mémoire virtuelle. L'idée à la base d'une mémoire virtuelle est liée à la constatation qu'un microprocesseur ne traite durant un intervalle de temps qu'une faible quantité de données. La mémoire virtuelle doit permettre au microprocesseur de n'adresser ses données qu'en mémoire rapide, cette mémoire étant remise à jour régulièrement en anticipant les besoins du microprocesseur. Lorsque la taille de cette mémoire rapide ne permettra pas au microprocesseur d'y trouver ses données, on aura à mettre en place un mécanisme de gestion des défauts qui consiste à ralentir le microprocesseur au maximum de la vitesse d'accès à la mémoire lente. Nous appellerons mémoire virtuelle l'utilisation conjointe de mémoires à temps d'accès lent, que nous appellerons mémoire secondaire, et mémoire à temps d'accès court, que nous appellerons mémoire centrale ou principale (figure 2.28).

L'efficacité d'une mémoire virtuelle peut se mesurer comme le rapport entre le temps de traitement avec une mémoire idéale (de taille infinie et de temps d'accès nul), et le temps de traitement avec utilisation d'une mémoire virtuelle :

$$\text{Efficacité} = \frac{\text{Temps de traitement avec une mémoire idéale}}{\text{Temps de traitement avec une mémoire virtuelle}} .$$

L'accélération en temps de traitement apportée par la présence de la mémoire virtuelle peut se mesurer en comparant les temps de traitement avec et sans mémoire virtuelle :

$$\text{Accélération} = \frac{\text{Temps de traitement avec une mémoire lente}}{\text{Temps de traitement avec une mémoire virtuelle}} .$$

D'un point de vue global, on peut considérer que l'utilisation d'une mémoire virtuelle est rentable si le temps d'accès à la mémoire constituée d'une mémoire rapide et d'une mémoire lente est inférieur à celui constitué uniquement de la mémoire lente.
Supposons que N est la taille d'une page, P le nombre de données lues dans une page, Tps (accès lent) le temps d'accès à la mémoire lente et Tps (accès rapide) est le temps d'accès à la mémoire virtuelle, il faut vérifier qu'entre deux copies d'une page de la mémoire secondaire on ait :

$$2\ N\ \text{Tps (accès lent)} + P\ \text{Tps (accès rapide)} < P\ \text{Tps (accès lent)}.$$

La condition ci-dessus est vérifiée à la condition que l'on ait :

$$P > 2\ N\ \frac{\text{Tps (accès lent)}}{\text{Tps (accès lent)} + \text{Tps (accès rapide)}} .$$

Il faut donc un taux de "réutilisation" des données d'une page de la mémoire secondaire qui soit d'autant plus important que la différence entre les temps d'accès des mémoire secondaire et mémoire virtuelle est faible. Dans tous les cas, une donnée doit être lue en moyenne au moins deux fois par le microprocesseur.

Ces constatations posent le problème de la définition d'une stratégie de remplacement du contenu de la mémoire rapide. Tout le problème est donc d'alimenter les mémoires rapides à partir des mémoires lentes de manière transparente au microprocesseur. Pour cela on utilise généralement le comportement essentiellement régulier des programmes : quand, dans un programme, on accède à une instruction i, il est probable que l'instruction qui suit immédiatement soit l'instruction i+1, se situant consécutivement à l'adresse de l'instruction i en mémoire. De même lorsqu'on traite la donnée située à l'adresse j, il est probable que la donnée que l'on traitera immédiatement après sera la donnée j+1.

La conséquence directe est qu'il importe de mettre dans une même page une boucle de programme complète, ou une structure de donnée complète. L'utilisateur peut guider ces choix à l'aide de la segmentation de programme. Le problème posé par la segmentation des mémoires est légèrement plus complexe, car il serait similaire à la prise en compte de blocs de données dont les tailles peuvent varier. Comme les différents segments n'ont pas forcément la même taille, l'algorithme de remplacement optimal doit en plus considérer le problème de remplissage maximum de la mémoire rapide : il faut élire un segment d'une taille au moins égale à celle de celui qu'il faut charger en mémoire. On peut également décider d'en élire plusieurs, de taille inférieure, mais de telle sorte que la taille de l'ensemble des segments ainsi élus soit au moins égale à celle à charger en mémoire. Nous reviendrons sur la notion de segmentation des mémoires.

2.4.2. Mémoire cache

La mémoire cache forme une extension naturelle à la mémoire virtuelle. Elles sont généralement utilisées conjointement, afin de former une hiérarchisation de la mémoire à plusieurs niveaux (mémoire secondaire, mémoire vive, mémoire cache). Leurs principes reposent sur des mécanismes similaires à ceux de la mémoire virtuelle. Ce sont donc des mémoires à temps d'accès court, en conséquence, à capacité de stockage faible qui sera associée à une mémoire à temps d'accès long, à capacité de stockage forte : la mémoire centrale ou principale. Comme pour la mémoire virtuelle, le microprocesseur accède à la mémoire cache (si la donnée accédée s'y trouve). Celle-ci sera mise à jour non pas par recopie d'une page de la mémoire principale, mais par recopie de plusieurs blocs de données indépendants, de petite taille. La mémoire cache offre donc plus de flexibilité que la mémoire virtuelle pour la mémorisation des données et leur accès rapide, mais cette flexibilité se paye par la complexité de sa gestion : il faut comparer les adresses ou 'TAG' des différents blocs, de même il faut gérer leur remplacement.

Nous décrirons les principes de fonctionnement de la mémoire cache, puis le problème de son dimensionnement. Nous exposerons ensuite différents algorithmes de remplacement avant de présenter un gestionnaire de mémoire cache.

2.4.2.1. Principes de fonctionnement

Il est impératif d'associer à chaque donnée son adresse, de manière à pouvoir conserver la cohérence entre le contenu de la mémoire cache et celui de la mémoire centrale. L'adresse de la donnée est encore appelée TAG (figure 2.29).

Deux mécanismes sont utilisés pour gérer les accès à la mémoire cache : la mémoire cache en correspondance directe (Direct Mapped), et la mémoire cache associative à 2, 3,... ou n voies. Divisons la mémoire en blocs, la mémoire cache comprend n blocs, la mémoire principale en comprend N. On a N >> n. Dans le cadre d'une mémoire en correspondance directe, tous les blocs i modulo n de la mémoire principale ne peuvent se trouver que dans le bloc i de la mémoire cache (figure 2.30).

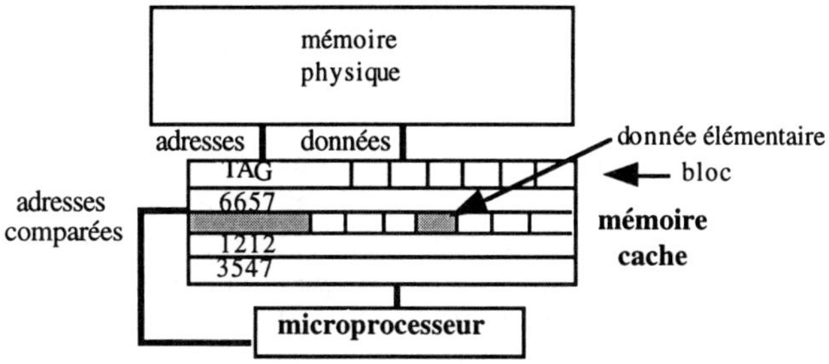

Figure 2.29 : Principe de la mémoire cache : mémorisation de blocs de données et des TAG (fraction de l'adresse) qui leur sont associés.

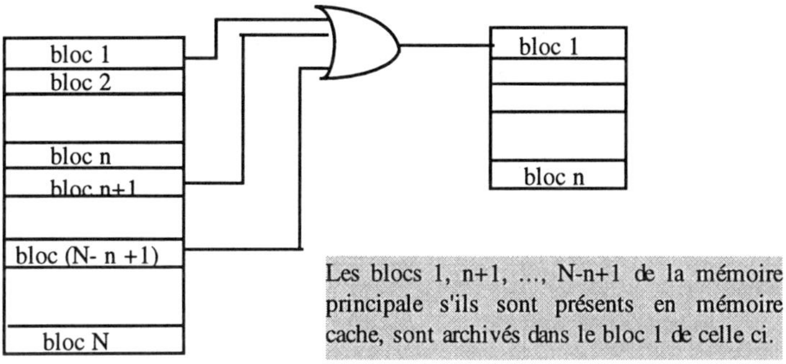

Figure 2.30 : Schéma de fonctionnement d'une mémoire cache en correspondance directe ("direct Mapped").

Afin d'expliquer le principe d'une mémoire cache associative, nous allons considérer la mémoire principale comprenant N blocs, sous la forme d'une matrice de P rangées et L lignes. Nous allons considérer la mémoire cache comprenant n blocs, sous la forme d'une matrice de p rangées et L lignes. Nous aurons P >> p.
Nous pourrons définir ainsi une mémoire associative à deux voies pour laquelle p=2. Dans ce cas, un bloc d'une colonne de la mémoire principale peut être placé dans l'un des deux blocs composant la colonne de même indice dans la mémoire cache (figure 2.31).

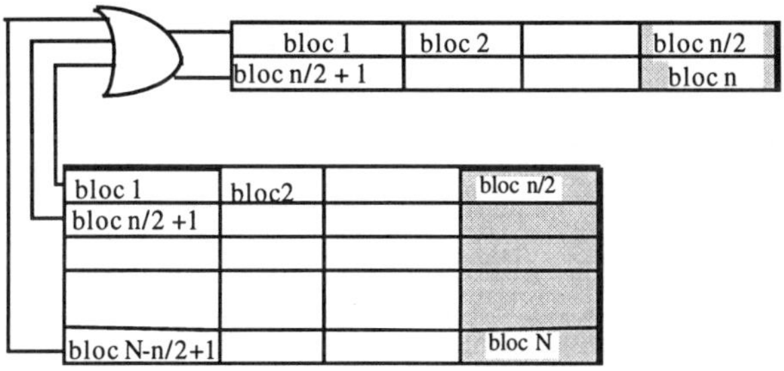

Figure 2.31 : Schéma de fonctionnement d'une mémoire cache associative à deux voies.

La mémoire principale est organisée (logiquement) en colonnes, tous les blocs d'une même colonne sont candidats à être placés dans l'un des deux blocs de la colonne correspondante de la mémoire cache, qui est organisée en un nombre équivalent de colonnes. Dans l'exemple ci-dessus, la mémoire cache à deux voies (ou deux lignes) comporte n/2 colonnes ; les blocs 1, n+1, N-n+1 peuvent être mémorisés dans la colonne 1 de la mémoire cache (blocs 1 ou n/2 +1).

Les TAG peuvent être une adresse complète ou une fraction contenant les bits de poids fort d'une adresse. Dans ce dernier cas, la mémoire cache contient des blocs élémentaires de données. Lors d'une recherche de données par le microprocesseur, la comparaison entre les TAG archivés par le gestionnaire de mémoire cache et l'adresse présentée, est effectuée sur les bits de poids fort concernés. Si la comparaison donne un résultat positif, alors les bits de poids faible de l'adresse servent à rechercher la donnée dans le bloc concerné.

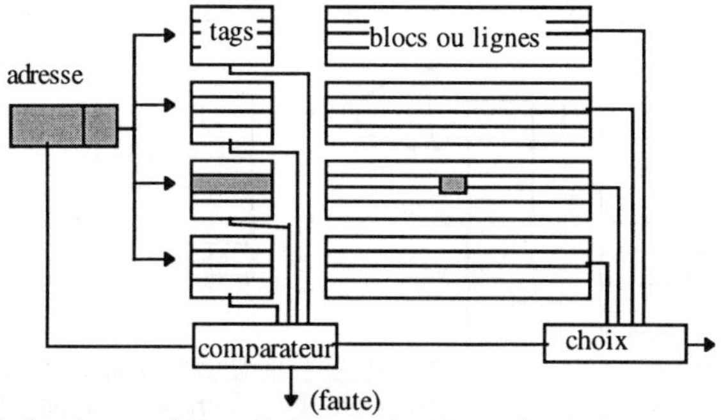

Figure 2.32 : Recherche associative : l'adresse présentée par le microprocesseur est comparée simultanément à l'ensemble des TAG.

On aperçoit ici le problème du dimensionnement optimal d'une mémoire cache, qui dépend d'un compromis entre la souplesse de la mémorisation et le coût de la mémoire des TAG (figure 2.32).

2.4.2.2. Taille optimale d'un cache

On recherchera des tailles de blocs de données les plus petites possibles, voire une seule donnée par bloc. Cependant cette dernière solution est trop coûteuse à mettre en œuvre, car il faut associer à chaque bloc de données un TAG, et en diminuant la taille des blocs, on augmentera non seulement la taille du TAG, mais pour une même taille de mémoire cache, on augmentera aussi le nombre de TAG à mémoriser. Par exemple, pour une mémoire cache de 256 mots de 16 bits, le microprocesseur accédant à 2^{24} mots, on peut noter le nombre de bits de mémoire nécessaires à mémoriser les TAG (figure 2.33).

Taille du bloc	nb de TAG	taille du TAG (bits)	mémoire TAG (bits)	mémoire donnée (kbits)
256	1	16	16	4
16	16	20	320	4
1	256	24	6 kbits	4

Figure 2.33 : Trois exemples de dimensionnement des blocs pour une mémoire cache de 256 mots.

Il y a deux manières d'aborder l'optimisation des mémoires caches : la première consiste à optimiser la description d'une application en fonction d'une mémoire cache disponible. Nous en donnerons un exemple à la fin de ce chapitre. La seconde consiste à optimiser un compromis temps d'accès - coût lors de la conception d'une mémoire cache, pour une application donnée. Nous allons détailler ici cette seconde approche.

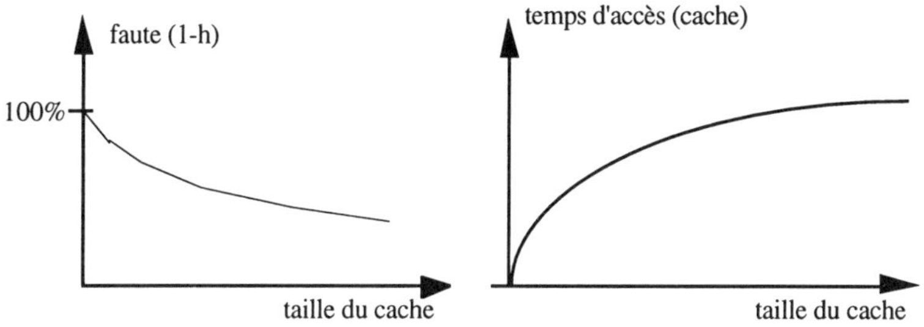

Figure 2.34 : Dimensionnement d'une mémoire cache : dilemme entre la minimisation du nombre de fautes et l'augmentation du temps d'accès, lorsque la taille du cache augmente.

La première difficulté consiste à modéliser le comportement d'une application. Pour une application donnée, on peut relever le nombre de fautes (1-h), en fonction de la taille de la mémoire cache, où h est la probabilité d'accès à une donnée en cache. On notera généralement une tendance à la diminution du nombre de fautes lorsque la taille de la mémoire cache augmente. Une conclusion rapide consiste à dire qu'il faut un cache de taille infinie pour éliminer toutes les fautes. Cependant, il faut pondérer la diminution du nombre de fautes, par l'accroissement du temps d'accès mémoire lorsque celle-ci augmente. Ainsi, pour une technologie donnée, on peut relever le temps d'accès mémoire, qui varie de façon logarithmique avec sa taille (figure 2.34). La taille de la mémoire cache optimale (figure 2.35) est celle qui permet la plus petite valeur de temps moyen d'accès à une donnée. Si Tcache est le temps d'accès à une donnée en cache et Tmémoire celui pour une donnée en mémoire lente, alors on minimise :

$$\text{Taccès} = h.\text{Tcache} + (1-h).\text{Tmémoire}.$$

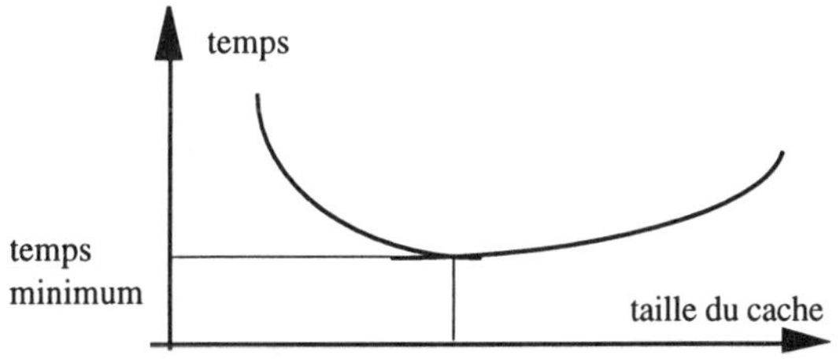

Figure 2.35 : Dimensionnement optimal d'une mémoire cache par la minimisation du temps d'accès aux données.

Il faut se rappeler cependant que la taille optimale d'une mémoire cache est étroitement liée à une application donnée. On peut ainsi définir l'espace de travail (figure 2.36) comme étant le nombre de blocs dont a besoin, en moyenne, l'application. Lors du démarrage de cette dernière, le nombre de défauts sera important ; en régime établi il sera peu important et correspondra au renouvellement des données. Un changement d'espace de travail correspond à une irrégularité du programme, par exemple le déroutement à une autre partie du programme.

De plus la formule précédente n'est qu'une formulation optimiste du comportement d'une mémoire cache. D'une part il faudrait intégrer le problème du remplacement de blocs de données (et pas seulement d'une donnée comme le fait paraître la formule), et d'autre part il faut considérer la méthode de remplacement des données en mémoire cache. En effet, la mémorisation d'une donnée en cache ne trouve un intérêt que si celle-ci est utilisée au moins deux fois. En conséquence, il est nécessaire de pouvoir contrôler, lors d'un accès en mémoire lente, l'utilité de la recopie en cache de cette donnée. Certains, microprocesseurs CISCs laissent le soin au logiciel de déclarer explicitement l'autorisation de recopie d'une donnée en cache. Nous en reparlerons lorsque nous exposerons le fonctionnement des contrôleurs de mémoire cache des processeurs 68030 et 80386.

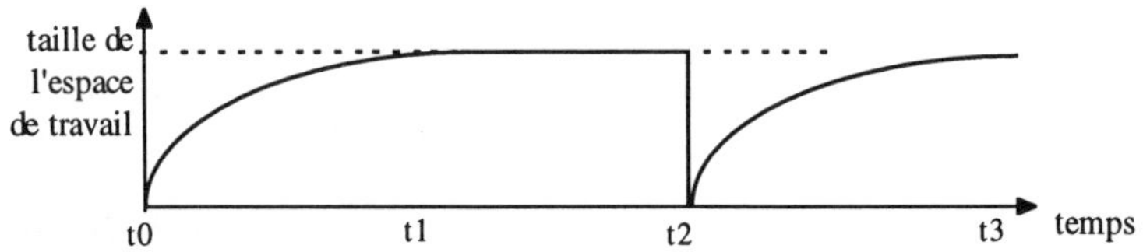

t0: Démarrage de l'application.
t0 -> t1: Chargement de l'espace de travail, beaucoup de fautes.
t1 -> t2:régime établi, peu de fautes

t2: changement d'espace de travail.
t2 -> t3: Chargement du nouvel espace de travail, beaucoup de fautes.

Figure 2.36 : Notion d'espace de travail.

Il existe des algorithmes de gestion des données en cache qui visent à diminuer le nombre de fautes. Nous en exposerons deux, qui diffèrent par la connaissance *a priori* requise : l'algorithme LRU (least recently used, ou moins récemment utilisé), et l'algorithme de remplacement optimal.

2.4.2.3. Les algorithmes de remplacement

Lorsque la mémoire cache est remplie, l'arrivée d'un nouveau bloc rend nécessaire l'enlèvement d'un bloc déjà en mémoire afin de libérer de la place. Le choix du bloc à enlever n'est pas innocent. Cet enlèvement peut aboutir à écrire le bloc ainsi élu en mémoire lente, lorsque ce bloc de données a été modifié durant son séjour dans la mémoire cache. Dans le cas contraire, qui est le cas de tout bloc d'instructions, nous pourrons nous contenter d'écraser le bloc élu, puisqu'une copie des informations contenues dans le bloc, demeure dans la mémoire lente.

L'élection du bloc à remplacer dans la mémoire cache pose un problème important de stratégie. En effet, il s'agit de remplacer le bloc de données qui *a priori* semble le moins utile à mémoriser, tout au moins pour un avenir immédiat. Deux stratégies de remplacement peuvent être élaborées, suivant que l'on connaisse cet avenir, ou suivant que la décision doive se prendre immédiatement ou non. Nous expliquerons deux algorithmes de remplacement qui illustrent ces deux stratégies.

Algorithme Least Recent Used (LRU)

Il s'agit de pointer parmi l'ensemble des données figurant en mémoire celle qui a été la plus anciennement utilisée. Elle est celle qui sera remplacée lors d'une prochaine mémorisation (figure 2.37).

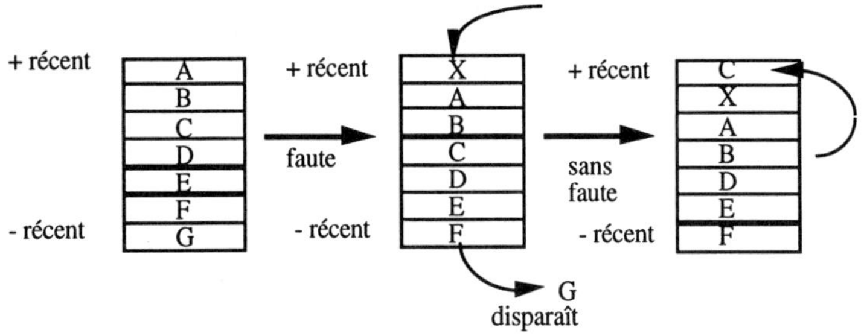

Figure 2.37 : Fonctionnement de l'algorithme de LRU : mise en évidence de la table de gestion de l'utilisation des TAG.

Supposons qu'à un moment donné, la mémoire contienne les données A à G, où A est la dernière utilisée et G la première utilisée. On effectue le transfert de la donnée X, celle-ci remplacera en mémoire la donnée G et la table de remplacement sera remise à jour : X est la donnée la plus récemment utilisée jusqu'à F la plus anciennement utilisée. Maintenant si la donnée C est lue, alors elle ne change pas de place en mémoire, mais la table de remplacement sera remise à jour en indiquant C comme la donnée la plus récemment utilisée. Cet algorithme ne considère que le passé et le présent pour gérer la mémoire. On conçoit évidemment qu'il n'est pas optimal, puisqu'il suffit d'imaginer que G soit à nouveau transféré après C, pour qu'une faute apparaisse (alors qu'on aurait pu l'éviter!). Il nécessite la mise en oeuvre d'une table de gestion des TAG, donc soit du matériel, soit du logiciel supplémentaire.

Algorithme de remplacement optimal

On se propose d'affiner le remplacement d'une donnée en mémoire, en étudiant le passé, le présent et l'avenir (figure 2.38).

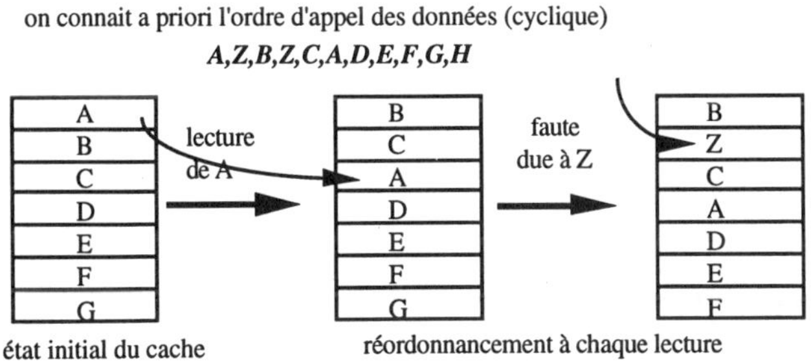

Figure 2.38 : Table de gestion des TAG dans l'algorithme de remplacement optimal.

On connaît *a priori* l'ordre d'appel des données en mémoire ; cet ordre permet par exemple d'établir la liste, à un moment donné, des variables qui seront appelées dans le futur : A,Z,B,Z,...,H. Ainsi, en considérant le contenu de la mémoire à cet instant on établit la liste des données se trouvant au plus tôt dans la liste des données réutilisées. Celle-ci peut ainsi conduire à la liste, par ordre A,B,...,G. Lors de la lecture de A, cette donnée se retrouvera dans la liste à l'emplacement correspondant à sa prochaine utilisation. Lors de la lecture de Z, il y a faute et on établit la place de Z dans la liste des priorités de lecture. Ainsi, Z s'intercale lors de sa prochaine lecture entre B et C (figurant toutes deux en mémoire). Z sera donc écrite en mémoire, et la donnée G, lue la moins immédiatement et donc en queue de liste, disparaît de la mémoire au profit de Z. Si Z avait été relue non pas après B, mais après G, elle n'aurait pas été mémorisée en mémoire.

Cet algorithme répond mieux aux contraintes de gestion optimale de la mémoire, mais présente par contre deux inconvénients qui sont le choix de l'ordre des variables lues successivement, et la mémorisation de cette liste. Cet algorithme ne peut donc s'appliquer qu'à des programmes répétitifs, à condition que la liste reste de taille raisonnable.

2.4.2.4. Exemple

Les microprocesseurs 80386 peuvent utiliser des mémoires caches qui seront gérées par le contrôleur de cache 82385. Celui-ci gère des mémoires jusqu'à 32 koctets, parmi les 4 Goctets adressables par le microprocesseur.

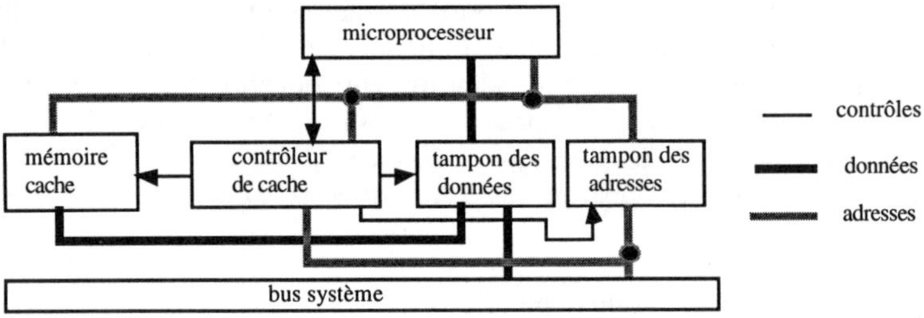

Figure 2.39 : Le contrôleur de cache 82385 dans son environnement.

Le schéma 2.39 montre la place du contrôleur dans le système. Le contrôleur de cache reçoit les adresses du microprocesseur, plus les adresses du bus système par le biais d'un bus espion. Il contrôle la mémoire cache, ainsi que les buffers de données et d'adresse.

La mémoire cache peut être configurée de deux façons ;

- *Copie directe de la mémoire :* un seul TAG de 17 bits (A31-A15) est utilisé, la mémoire cache recopie une page de 8 kilo-mots longs (32 koctets) parmi les 4 Goctets de la mémoire centrale. L'organisation interne correspond à 1024 lignes de 8 mots longs ; chaque ligne est contrôlée par un indicateur de validité de celle-ci et 8 indicateurs de validité pour chaque mot de la ligne.
- *Mémoire associative :* la mémoire cache est découpée en deux blocs (deux TAG de 18 bits), comprenant chacun 512 lignes de 8 mots longs. L'algorithme de remplacement utilisé est l'algorithme LRU, qui se résume en une simple bascule pointant le bloc le plus anciennement utilisé.

Toute donnée est *a priori* '*cachable*' (peut être mémorisée en mémoire cache), durant un accès avec faute, en lecture comme en écriture. Cependant, on peut définir des zones de la mémoire, non '*cachables*', à l'aide de décodeurs d'adresses validant la broche NCA (non '*cachable*' accès). Dans ce cas un accès à une donnée de cette zone mémoire provoquera la mise à niveau de la broche et entraînera l'impossibilité de mémorisation en cache de la donnée. Lors d'une écriture, la donnée peut être postée, c'est-à-dire que la mémoire cache l'enregistre immédiatement, libérant ainsi le microprocesseur, et le transfert vers la mémoire centrale s'effectuera par la suite, de manière transparente pour le processeur.

Le contrôleur de cache accepte une gestion du contenu de la mémoire cache dans un environnement multiprocesseur. En effet, il reçoit à travers son bus espion, les adresses circulant sur le bus système. On trouvera dans le chapitre 6 une description des mécanismes d'espion. Si un accès en écriture à la mémoire centrale est effectué par un autre microprocesseur, alors le contrôleur de cache supprime la validité d'une donnée en mémoire cache si celle-ci possède la même adresse que celle circulant sur le bus système.

2.4.3. Unité de gestion mémoire

L'unité de gestion mémoire (UGM) est un composant qui intègre tout ou partie des fonctionnalités que nous allons décrire. Ces fonctionnalités forment une couche incontournable entre le matériel "brut", principalement les mémoires, et le système logiciel. Elles sont intégrées sur le matériel, mais peuvent aussi être programmées.

2.4.3.1. Pagination/segmentation

L'espace mémoire peut être divisé , comme nous l'avons vu durant l'étude des mémoires caches, ou des mémoires virtuelles. Il existe deux manières de réaliser cette division.

— *Pagination* Tous les blocs ont la même taille, la division est gérée par le système d'exploitation. Le principal avantage d'une telle découpe est que les blocs ayant la même taille, la gestion du remplacement des blocs en est facilitée. Cependant, le principal inconvénient consiste en une inadéquation entre les besoins d'une application et la découpe en page ce qui peut aboutir à allouer des pages pour mémoriser très peu d'informations d'où une perte de place.

— *Segmentation* Les blocs peuvent avoir des tailles différentes, la division est à la charge de l'utilisateur. Le principal avantage est qu'on alloue de la mémoire uniquement en fonction de ces besoins ; pour peu de données, on déclarera un segment de petite taille. Le principal inconvénient est le risque d'aboutir à l'émiettement de l'espace mémoire.

Exemples :

— l'UGM 6829 du 6809 permet la pagination par pages de 2 kmots ;

— l'UGM 68851 du 68020 permet la pagination par pages de 32 kmots à 256 kmots; on peut cascader plusieurs UGM.

— l'UGM intégrée au processeur 68030 permet la définition de pages de taille comprise entre 256 octets et 32 koctets.

Une autre utilisation de la pagination/segmentation des mémoires adressables correspond à l'extension de la zone mémoire adressable par le microprocesseur (figure 2.40). Une adresse physique est formée par l'adresse logique présentée par le microprocesseur et le numéro de page mémorisé dans l'unité de gestion mémoire.

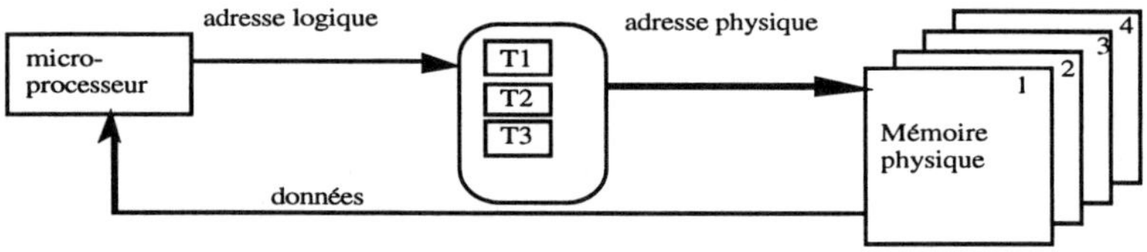

Figure 2 :40 : Extension de la mémoire adressable par augmentation du format des adresses

2.4.3.2. *Translation*

La notion de translation d'adresse intervient lors de l'échange de blocs de données entre deux mémoires de niveau hiérarchique différent. La translation répond à deux problèmes liés à l'optimisation de l'occupation d'une mémoire, et à la différence des espaces d'adressage des mémoires. Un processeur recherche une donnée par son adresse logique qui, pour des raisons d'optimisation de l'occupation d'une mémoire, est différente de l'adresse physique de mémorisation de la donnée. Dans ce cas, il est nécessaire de faire une translation d'adresse, et donc de traduire une adresse logique en adresse physique.

Par exemple, considérons un système à deux niveaux de mémorisation, comprenant un disque d'un Goctet, et une mémoire centrale de quatre Moctets, le tout constituant une mémoire virtuelle paginée. Supposons que la taille des pages soit de quatre koctets, et qu'un programme comprenne les instructions suivantes :

ouverture fichier 1
traiter les données du fichier depuis la première donnée jusqu'à la dernière.

On supposera que le fichier fait 512 koctets. Il s'agit alors de transférer 128 blocs de 4 koctets du disque vers la mémoire centrale. Lors de l'ouverture du fichier, une table permettant de réaliser les translations sera chargée en mémoire ; on aura autant d'entrées à cette table que de pages dans le fichier. Lors du premier accès à une page, on aura génération d'un défaut. L'entrée correspondant à cette page permettra d'accéder à des informations localisant la page en mémoire secondaire. Le contenu de cette entrée sera remis à jour et contiendra désormais la localisation de cette page en mémoire principale. Lors des accès ultérieurs et jusqu'à ce que la page soit enlevée de la mémoire centrale, on n'aura plus création d'un défaut lors de l'accès à une donnée contenue dans cette table. Chaque entrée contient également des informations précisant la présence ou non de la page en mémoire centrale, le niveau de protection, la modification ou non par une écriture, de la page (figure 2.41).

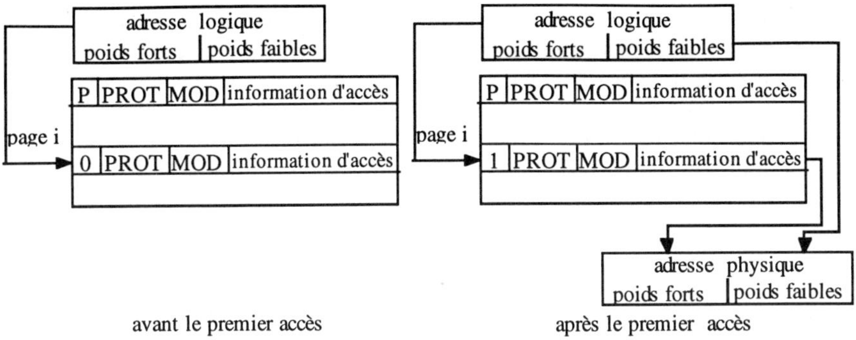

Figure 2.41 : Mécanisme de translation d'adresse dans un système paginé.

Ce mécanisme de translation pourra faire appel à plus d'une indirection. La figure 2.42 correspond à un schéma à deux niveaux d'indirection : la mémoire virtuelle est décomposée en segments, eux-mêmes décomposés en pages. Le champ 1 permet d'identifier une entrée dans une table de segments, tandis que le champ 2 permet d'identifier une entrée dans la table des pages associées au segment identifié par le champ 1. Enfin le champ 3 permet d'identifier une donnée dans la page ainsi sélectionnée (figure 2.42).

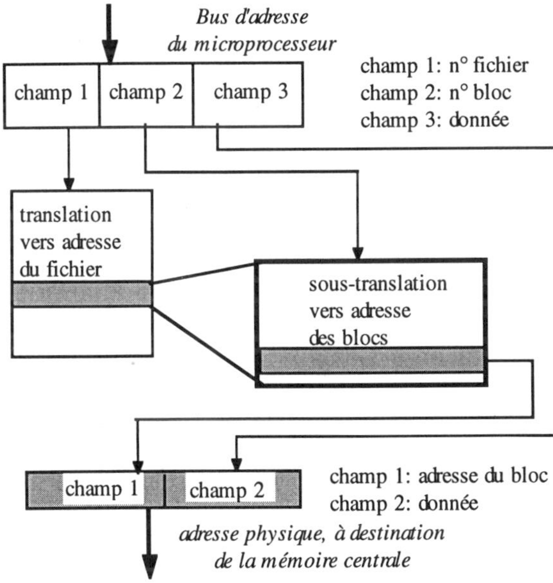

Figure 2.42 : Organisation de la translation d'adresses pour une organisation du disque et de la mémoire centrale.

Ces différentes translations ralentissent les performances en temps d'accès à une donnée, c'est pourquoi on stocke généralement le résultat des dernières traductions dans un tampon dont la consultation est plus rapide.

Il est important de bien considérer les différences qui existent entre des systèmes utilisant des indirections (translations d'adresse) à un ou plusieurs niveaux. Une translation à un niveau revient à lire une table de correspondance des adresses logiques vers les adresses physiques, tandis que dans l'exemple précédent, nous avons évoqué une translation arborescente, fractionnée sur différents champs de l'adresse logique. Cette translation arborescente est en général plus économique en place mémoire qu'une translation à un seul niveau, comme nous allons le voir sur l'exemple suivant.

Exemple :
Considérons trois processus mis en oeuvre sur un même processeur. Chaque processus accède (adresse) à différentes données, certaines lui étant propres, d'autres étant partagées entre deux ou trois processus. On symbolisera les données de chaque processus par la mémoire logique à laquelle il accède. Face à chaque donnée (qui peut être de type tableau,...) est indiqué entre parenthèses le nombre de pages mémoire que nécessite leur mémorisation. Une représentation symbolique du contenu des mémoires logiques de chaque processus et de la mémoire physique est donnée sur la figure 2.43.

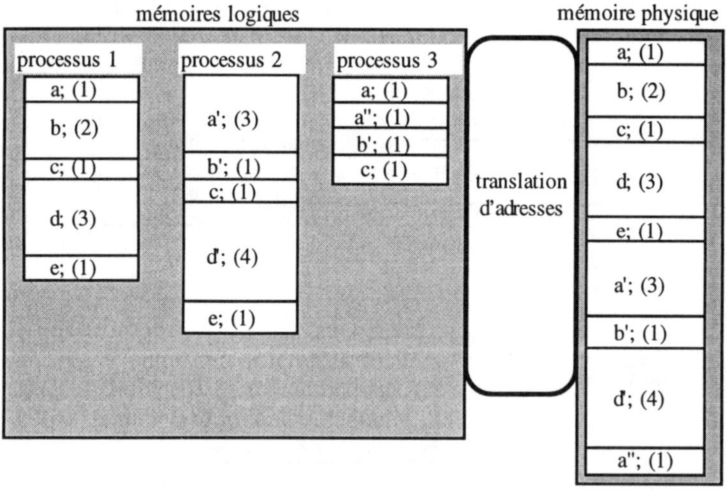

Figure 2.43 : Symbolisation de l'occupation des mémoires logiques de chaque processus et de l'occupation de la mémoire physique.

Nous supposons que la mémoire du système numérique est adressable sur 16 bits et que chaque page des mémoires logiques ou de la mémoire physique est d'une taille de 256 mots. Une adresse logique est partagée en trois champs utiles. Le premier indique le numéro du processus, le second le numéro de la page de la donnée accédée (à laquelle il accède), le troisième champ est utilisé pour le déplacement dans la page. Seul le troisième champ ne subit pas de translation. La translation peut être opérée soit à un seul niveau, soit en deux niveaux (sur le champ 1 puis le champ 2).

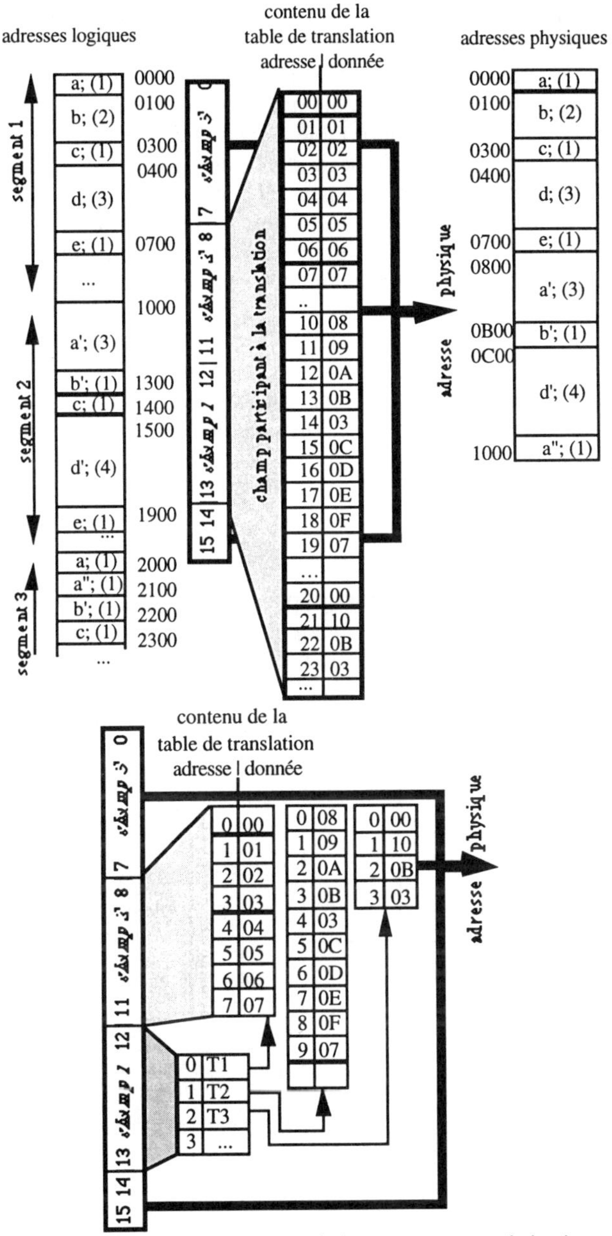

Figure 2.44 : Détail du contenu des tables de translation, pour une translation à un niveau (en haut) ou une translation à deux niveaux (en bas).

Dans le premier cas on peut rechercher la table de correspondance entre adresses logiques et adresses physiques. La taille de cette table est directement liée au nombre de bits de l'adresse considérée dans la translation (bits des champs 1 et 2). Pour notre exemple, notons que le segment le plus long est celui du processus 2, qui regroupe 16 pages. Le champ 2 contient donc 4 bits d'adresse. Comme il y a trois processus, le champ 1 contient au minimum 2 bits d'adresse. En conséquence, la taille de la table de translation est de $2^{(2+4)} = 64$ mots de 6 bits. L'organisation de la translation est donnée sur la figure 2.44. Si on opère une translation à deux niveaux, il faut alors considérer une première table pour différencier les trois processus, puis une table par processus. La première table est adressée par le champ 1 et contient donc 4 mots de 2 bits. La table de second niveau du processus 1 doit permettre d'adresser l'une des 8 pages de son segment, et contiendra donc 8 mots de trois bits. La table de second niveau du processus 2 doit permettre d'adresser l'une des 16 pages de son segment, et contiendra donc 16 mots de 4 bits, et enfin la table de second niveau du processus 3 contiendra 4 mots de 2 bits. L'organisation de la translation est symbolisée sur la figure 2.44.

D'une manière générale, on peut montrer qu'une translation d'adresse à plusieurs niveaux permet d'économiser la place mémoire nécessaire à la translation. Cependant, la durée de translation est augmentée du fait de la multiplicité des accès aux tables à opérer.

2.4.3.3. Protection

Dans le modèle présenté dans les paragraphes précédents, toutes les applications présentes, quel que soit leur niveau ou degré d'importance, ont accès aux ressources de la machine. Ainsi une application écrite en C peut, après assemblage et compilation, modifier des ressources dont l'utilisation est souvent critique (registre d'état, registre pointeur de pile, ...).

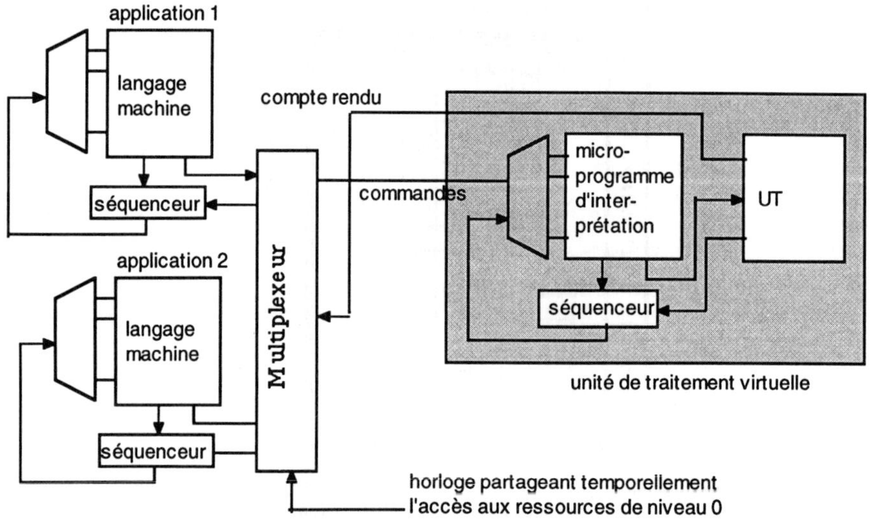

Figure 2.45 : Partage d'une unité de traitement par deux applications.

Tant que l'on est sur une machine ne supportant qu'une seule application, cette possibilité n'est pas trop grave, mais cela devient beaucoup plus gênant lorsque plusieurs applications se partagent les ressources. Si nous reprenons la présentation réalisée dans le chapitre 1, et présentant le microprocesseur Von Neumann comme une machine virtuelle à deux niveaux, nous aurons ainsi plusieurs machines de niveau 1, se partageant l'utilisation d'une machine de niveau 0 (figure 2.45). On se rend alors rapidement compte qu'il est indispensable d'intégrer des mécanismes de protection d'accès. On peut réaliser ce mécanisme en associant à chaque bloc, des informations supplémentaires permettant de savoir à qui sont ces blocs, et quelles protections le propriétaire a mis sur ces pages (figure 2.46).

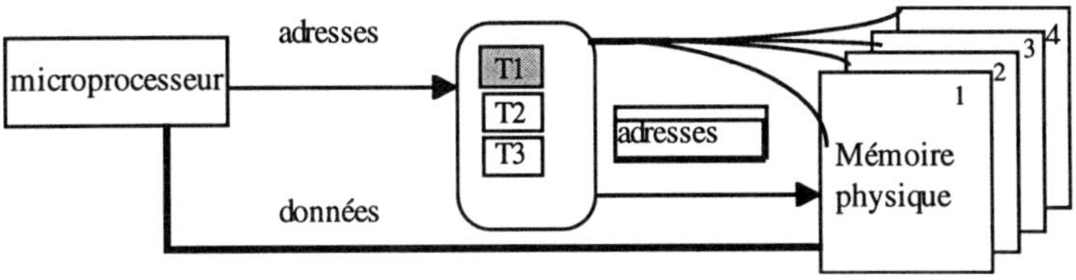

Figure 2.46 : Principe de la protection des accès mémoires : l'autorisation d'accès se fait durant la translation de l'adresse logique en l'adresse physique.

Ainsi lors de l'accès, par comparaison entre l'identité du demandeur de l'accès et ces bits de protection, on pourra valider ou non l'accès. On pourra également compléter ce mécanisme en ajoutant des niveaux d'accès. Ainsi, par exemple, un utilisateur appelé superviseur pourra accéder à tous les blocs sans tenir compte des bits de protection, tandis que pour les autres utilisateurs, les bits de modification seront pris en compte.

2.4.3.4. Cache virtuel et cache réel

Nous avons déjà parlé des contrôleurs de mémoire cache. Il faut cependant comprendre que l'on ne saurait séparer la gestion d'une mémoire cache, de la gestion des accès mémoires. Ainsi, on peut rencontrer des circuits intégrant ces deux rôles à la fois. Une mémoire cache peut aussi bien être reliée au bus d'adresses logiques (positionnée par le microprocesseur), qu'au bus d'adresses physiques (en aval de l'unité de gestion mémoire) et donc après translation d'adresses (figure 2.47).

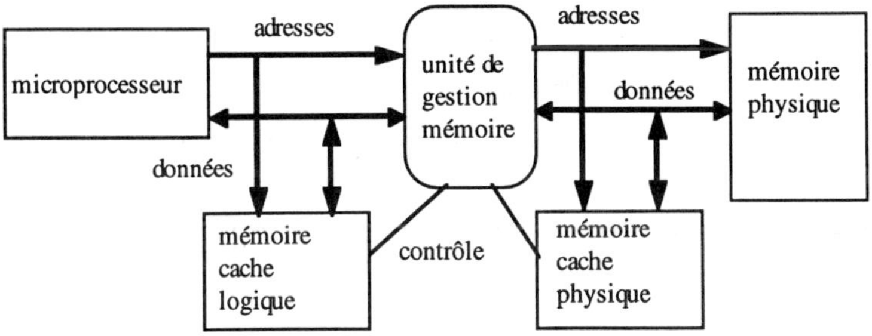

Figure 2.47 : Position des mémoires caches logique et physique.

Tout le problème de la meilleure position d'une mémoire cache (cache logique ou cache physique) repose sur la réponse optimale aux deux contraintes temps de réponse rapide et cohérence du contenu de la mémoire cache. La première contrainte favorise la mémoire cache logique, puisqu'on peut économiser le temps de traversée de l'UGM, nécessaire à la translation et à la protection. Quant à la seconde si plusieurs adresses logiques sont translatées en une même adresse physique, seule la mémoire cache physique permet de conserver la cohérence des données (figure 2.48).

L'UGM devra alors faire l'interface des accès de données avec le bus partagé de la mémoire commune et maintenir la cohérence du contenu des mémoires caches ; nous avons déjà parlé d'une méthode de gestion de la cohérence lors de l'étude du contrôleur de cache 82385.

Dans les systèmes multiprocesseurs, l'UGM est généralement secondée par un contrôleur d'accès mémoire (CAM ou MAC en anglais), qui veille à répartir l'utilisation de la mémoire partagée par l'ensemble des microprocesseurs.

Nous allons maintenant détailler le fonctionnement d'une UGM particulière.

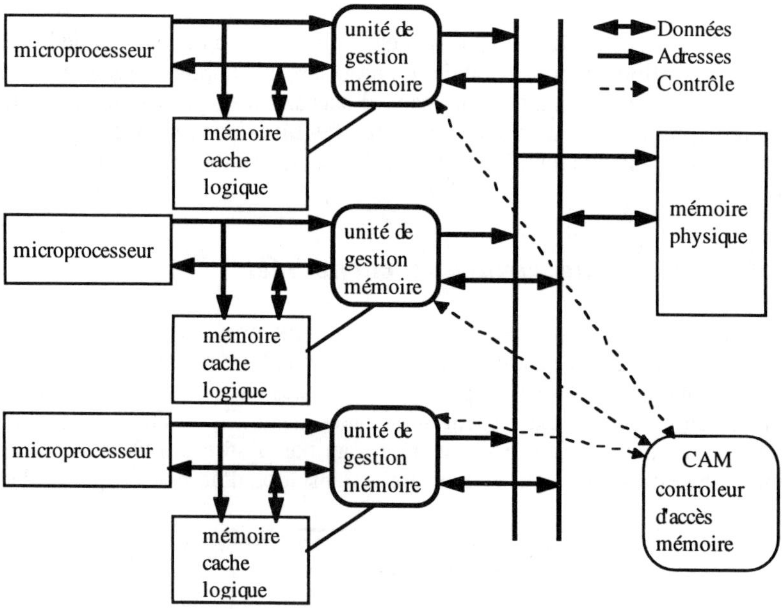

Figure 2.48 : Utilisation des mémoires caches dans un environnement multiprocesseurs.

2.4.4. Exemple de gestionnaire mémoire

Cette UGM gère les translations par référence à des arbres situés en mémoire : un arbre pour la CPU, un arbre pour le superviseur. Pour accélérer les translations, l'UGM contient en plus deux registres de translation (la gestion est dans ce cas immédiate). De plus la gestion des translations intéressant des données en mémoire cache, est effectuée à l'aide d'une table de translation ATC de 22 adresses (figure

2.49). Le registre de contrôle permet de définir la hiérarchie de l'arbre de translation, ainsi que l'autorisation de translation (bits E, c et s). On contrôle :

— la mémoire adressable par les adresses logique (is) : entre 2^{17} et 2^{32} mots.

— la taille d'une page élémentaire (ps) : de 256 mots (2^8) à 32 kmots (2^{15}) ; en conséquence le nombre total de pages varie de $2^{32}/2^8$ = 16 millions de pages à $2^{17}/2^{15}$ = 4 pages.

— la hiérarchie des descripteurs peut avoir au maximum 5 niveaux : Fc2-0, et les champs Tia à Tid ; si un des champs Tix est égal à 0, il marque la fin de la hiérarchie. Evidemment, les différents champs de descripteurs doivent respecter le nombre de pages logiques translatées en pages physiques ($2^{Fc2\text{-}0} \cdot 2^{(Tia+\ldots+Tid)}$). Nous avons montré un exemple à trois niveaux de descripteurs (champs Fc2-0, Tia et Tib) : l'adresse logique présentée par le microprocesseur est ignorée sur les is MBS et les ps LSB. Le registre de sommet d'arborescence CPU (MBS) et les broches de statuts FC2-0 (LSB) indiquent l'adresse mémoire où l'on recherchera la table A des descripteurs. A cette adresse on ajoute le déplacement indiqué par les bits de l'adresse logique du champ Tia (valant $A, soit 10), pour en extraire l'adresse de la table B des sous descripteurs. A cette adresse est ajouté en LSB le champ Tib de l'adresse logique (valant $6), qui permet d'en extraire les MSB de l'adresse physique. Les LSB de cette adresse sont fournis par le déplacement (les 'ps' LSB de l'adresse logique).

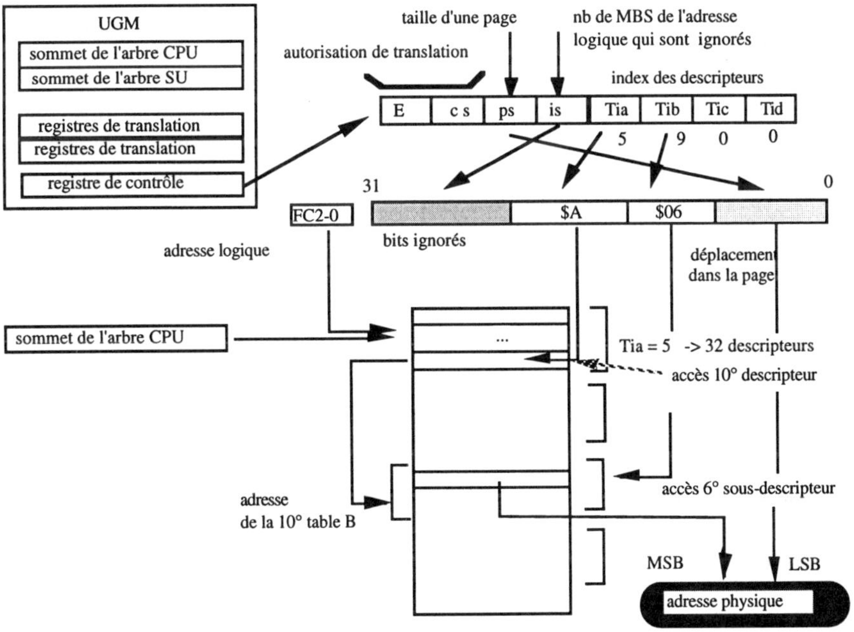

Figure 2.49 : Translation d'adresse opérées dans l'UGM 68030.

2.5. Gestion des entrées - sorties

2.5.1. Contraintes

Tout système de traitement, comme c'est le cas d'un automate Von Neumann, se doit de pouvoir communiquer avec l'environnement : communications pour recevoir des données à traiter depuis les dispositifs d'entrées - sorties, pour renvoyer les résultats après traitement vers ces mêmes dispositifs. Le processeur doit donc pouvoir gérer différents échanges se produisant à différents rythmes et avec des natures différentes. On peut alors présenter un système comme le montre la figure 2.50.

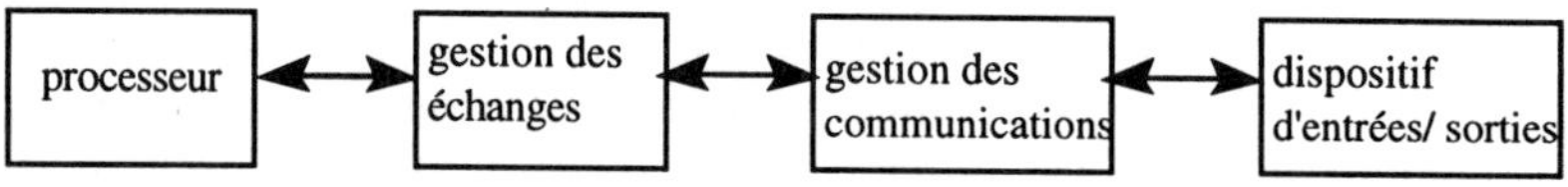

Figure 2.50 : Dispositif entrées - sorties.

Entre le processeur et le dispositif d'entrées/ sorties, on voit apparaître deux étages :
* un étage de gestion des échanges, parfois très simple (mode scrutation), parfois plus complexe (mode accès direct à la mémoire), qui a pour rôle d'assurer le mouvement des données en provenance (respectivement à destination) du processeur ;
* un étage de gestion des communications qui peut se réduire à une simple adaptation électrique, ou bien comprendre les circuits nécessaires à la gestion d'un protocole qui peut être complexe. Ce circuit a donc un rôle d'adaptation, adaptation de niveaux, de format de données, mais aussi adaptation de protocole entre celui connu par le microprocesseur et celui connu par le dispositif d'entrées/sorties.

L'intégration de ces deux étages dans le processeur, ainsi que le fait que les dispositifs entrées/sorties peuvent être très complexes, nous conduisent tout naturellement à imaginer des solutions très différentes quant à l'implication du système central dans la gestion des entrées-sorties : contrôle de l'ensemble du dispositif, contrôle des initialisations de transferts puis absence de contrôle jusqu'à ce que le transfert soit achevé, sous-traitance complète des échanges,...

2.5.2. Principes de gestion

Nous pouvons distinguer des modes différents que nous allons énumérer.

— *Scrutation ou polling :* Le système central écrit la donnée à transférer dans le contrôleur gérant le périphérique et boucle en lecture du registre d'état de ce gestionnaire en attendant d'y lire l'information lui indiquant que le transfert est terminé.

— *Mode interruption :* Le mode précédent pénalise le système central en le contraignant à attendre que l'échange soit terminé. Cette attente peut être longue lorsque le périphérique est peu rapide. D'où l'idée de remplacer cette attente par une interruption qui sera générée par le gestionnaire lorsque l'échange sera terminé. Le système central initialise l'échange en positionnant le registre de données puis poursuit d'autres activités. L'arrivée de l'interruption l'informera que le transfert est terminé.

— *Mode DMA :* Un échange se traduisant par un transfert entre le gestionnaire des communications et la mémoire du système central : l'idée est d'introduire un composant réalisant de manière autonome le transfert entre le gestionnaire de communication et la mémoire du processeur. Une solution consiste à introduire un composant fonctionnant en mode accès direct à la mémoire (DMA) et assurant la gestion des échanges.

Nous allons décrire plus particulièrement le mode DMA. La fonctionnalité de ce composant consiste en l'exécution rapide de transferts de données entre la mémoire privée du microprocesseur et le monde extérieur. Cette fonction nécessite la prise de contrôle des bus d'adresses et de données, impliquant de fait une cessation d'activité du processeur. Durant l'exécution de transferts de données, le DMA agit comme le ferait le microprocesseur (figure 2.51).

— Première étape : le DMA adresse la mémoire, transfère la donnée vers un registre interne, puis il gère l'évolution de l'adresse de données en mémoire (incrémentation ou décrémentation et contrôle de fin de bloc).

— Deuxième étape : le DMA adresse le port d'entrée/sortie et transfère la donnée contenue dans son registre interne, vers le registre de communication du port.

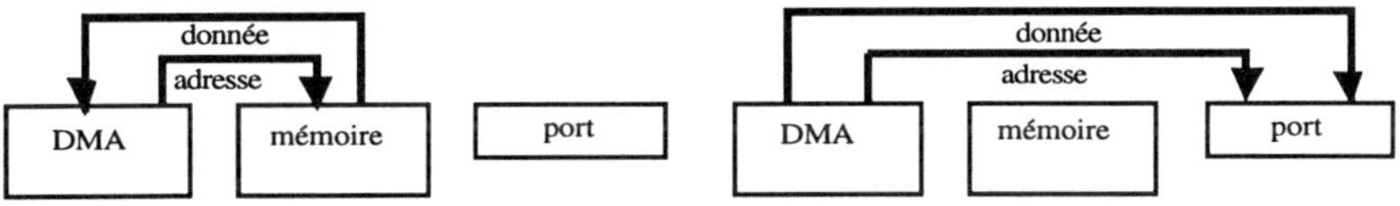

Figure 2.51 : Deux étapes fondamentales du transfert de données en mode accès direct à la mémoire.

Ce fonctionnement pourrait être accompli par le microprocesseur ; cependant ceci implique de nombreux cycles machines supplémentaires liés d'une part, à la recherche des instructions (cette recherche est supprimée dans l'utilisation du DMA, car on peut considérer que les instructions y sont câblées) et, d'autre part, à l'exécution d'instructions de contrôle, s'ajoutant aux transferts.

Pour illustrer le gain de temps, nous avons évalué le temps de transfert de données, gérés d'une part par le microprocesseur (figure 2.52), d'autre part par le DMA.

1) Transferts par le processeur 68000

Lorsque les transferts de données sont opérés par le microprocesseur, chaque transfert est composé de quatre instructions, comme l'indique la figure 2.52. La première instruction d'adressage indirect post incrémenté dure 16 cycles et permet le transfert d'une donnée du tableau considéré, de la mémoire vers le processeur. La seconde instruction d'adressage direct/instruction dure 8 cycles et transfère la donnée du processeur vers le périphérique. Il reste deux instructions permettant de contrôler la succession des transferts : le contrôle de boucle (instruction Dbcc) qui dure 20 cycles et éventuellement l'attente de l'acquittement de la part du périphérique (si sa communication avec l'environnement externe est asynchrone). Ce mode de transfert dure donc au minimum **44 cycles**, pour le transfert d'une donnée.

recherche instruction	transfert memoire -> microprocesseur	recherche instruction	transfert microprocesseur -> port	contrôle de boucle	attente acquittement

Figure 2.52 : Suite des instructions à exécuter par le microprocesseur pour le transfert d'une donnée.

2) Utilisation du DMA : **16 cycles** par donnée.
Le DMA s'intègre dans une architecture à microprocesseur suivant un principe qui est spécifique à sa fonctionnalité. En effet il est nécessaire de lui connecter les bus d'adresse et de donnée comme nous l'illustrons sur la figure 2.53.

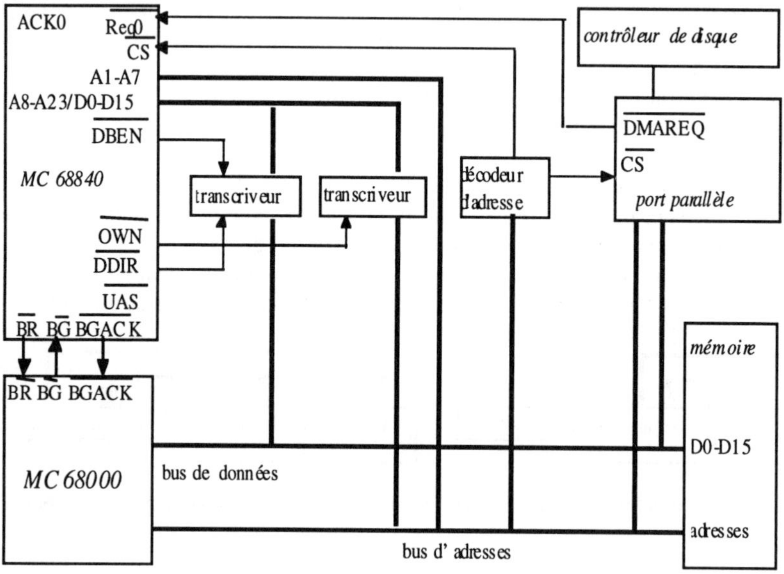

Figure 2.53 : Architecture d'un système à microprocesseur intégrant un DMA : exemple de la famille 68000.

On notera la présence des "transcriveurs" nécessaires à isoler les bus d'adresse du DMA et du microprocesseur lorsque ce dernier est maître. De même, on note l'échange de signaux de contrôle entre DMA et microprocesseur, nécessaire aux acquittements pour la prise en main des bus par le DMA.

L'accroissement des performances de ce mode de transfert est dû au fait que le gestionnaire des échanges réalise le transfert entre mémoire et les entrées/sorties de manière groupée, ce qui permet d'éliminer les temps nécessaires à la gestion des instructions. Ce n'était pas le cas précédemment où les données étaient transférées mot par mot. Ensuite si le processeur dispose de la possibilité de poursuivre des travaux alors qu'il a libéré le bus, la réalisation des échanges devient alors transparente. Deux exemples typiques peuvent être cités. Le premier concerne le cas d'un système à deux niveaux de mémoire. Une mémoire privée au processeur l'autorise à poursuivre ces travaux lorsqu'il a accordé le bus au contrôleur des échanges. Celui-ci utilise alors une mémoire partagée entre le contrôleur et le système central afin de réaliser les échanges. Le second est celui que l'on rencontrera plus particulièrement sur les processeurs de traitement du signal, où la mémoire est fractionnée en une partie intégrée sur le composant, tandis que l'autre partie est externe. Durant les transferts en mode DMA, il est possible de n'isoler qu'une fraction de la mémoire adressable, le processeur pouvant accéder à l'autre fraction pour continuer à travailler.

Une extension du mode DMA est le mode canal. Lorsque le système central désire réaliser un échange il construit en mémoire un programme canal constitué d'instructions que le contrôleur des échanges saura interpréter. Il informe alors ce dernier qu'un programme a été constitué à un certain emplacement. Le contrôleur des échanges y accédera, l'exécutera et, lorsqu'il sera terminé, en informera le système central. En fonction des systèmes, ce canal sera plus ou moins autonome et pourra gérer ou non plusieurs dispositifs d'entrée/sortie à travers un ou plusieurs gestionnaires de communication, agir de manière plus ou moins autonome lors de l'apparition d'erreur durant l'échange avec le dispositif d'entrée/sorties, ...

2.6. Les coprocesseurs

2.6.1. Principes de gestion

Parmi les circuits intégrés permettant d'accroître les performances du microprocesseur, il est important de distinguer les modes de contrôle d'un circuit périphérique de celui d'un coprocesseur. Si la finalité de ces deux types de circuits reste l'aide au processeur par sous-traitance de tâches, leur gestion logicielle est tout à fait différente.

Nous avons vu les trois étapes principales de contrôle d'un périphérique : programmation, sous-traitance de tâche et retour d'information. Le coprocesseur pour sa part peut être considéré comme formant une extension des capacités de traitement du séquenceur, et donc du jeu d'instructions. La différence entre ces deux composants est essentielle.

— Au niveau logiciel : le coprocesseur n'existe pas! Il est considéré comme une extension du jeu d'instructions du processeur. Cependant, il est nécessaire de savoir gérer le parallélisme d'exécution processeur plus coprocesseur, si celui-ci n'est pas géré au niveau matériel : retour de traitement et attentes.
— Au niveau matériel : il est impératif de respecter la zone mémoire d'accès aux registres de contrôle du coprocesseur. En effet celle-ci est définie lors de la conception même du processeur et ne peut être modifiée, contrairement au cas d'un périphérique.

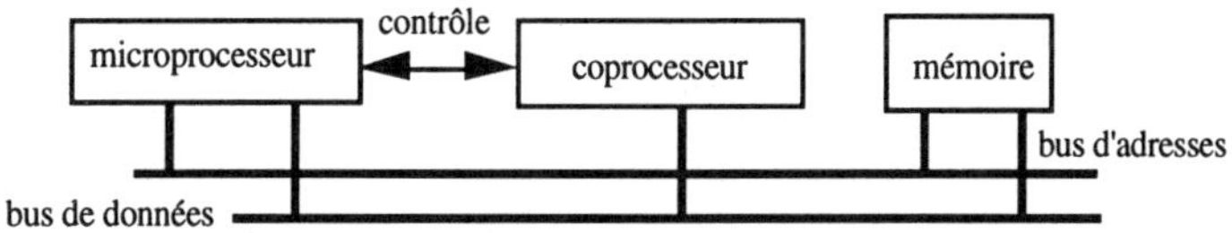

Figure 2.54 : Architecture d'un système à microprocesseur intégrant un coprocesseur

Nous détaillons ci-dessous l'exécution d'une suite d'instructions, avec passage d'instructions au coprocesseur :

a) le coprocesseur est câblé comme le serait un périphérique (figure 2.54) ;

b) la recherche des instructions se fait sous contrôle du microprocesseur (figure 2.55) ;

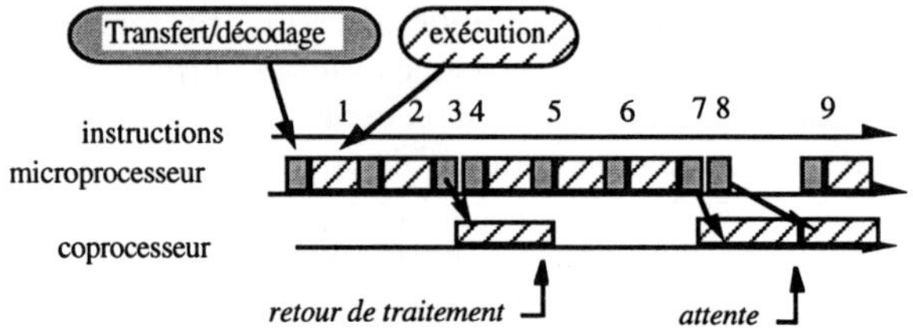

Figure 2.55 : Exemple de l'exécution d'une suite d'instructions sur une architecture intégrant un coprocesseur.

Nous avons fait figurer une suite d'instructions nommées 1 à 9, où les instructions 3, 7 et 8 sont des instructions coprocesseur. Pour chaque instruction, la phase d'adressage, de transfert et de décodage se fait sous contrôle du microprocesseur. Si l'instruction concerne le coprocesseur, celle-ci lui sera transmise par le processeur afin qu'il l'exécute ; c'est le cas de la phase de transfert/décodage de l'instruction 3. Sinon, l'instruction est exécutée par le processeur. Il peut ainsi y avoir naissance d'un parallélisme au sein de la machine Von Neumann, puisque le processeur et le coprocesseur peuvent être simultanément en cours d'exécution d'instructions différentes.

Ce parallélisme doit être géré avec précaution, soit au niveau logiciel, soit au niveau matériel. Deux problèmes typiques peuvent se produire :
(1) *retour de traitement :* nous voyons que l'instruction 4 ne doit pas utiliser le résultat de l'instruction 3, non encore traitée.
(2) *attente :* le transfert de l'instruction 8 pose problème, puisque l'instruction 7 n'étant pas encore traitée, le coprocesseur ne pourra l'accepter.
Pour ces deux problèmes, il incombe de vérifier si celui-ci est traité au niveau matériel, ou s'il est nécessaire de prévoir leur traitement au niveau logiciel.

2.6.2. Exemples : cas de la famille MOTOROLA

2.6.2.1. Protocole de communication.

Les instructions coprocesseur du 68020 [Dub87] se reconnaissent par leur code opératoire significatif : les quatre bits de poids fort du premier mot instruction sont à 1 (figure 2.56). Il n'est pas possible de changer le numéro attribué au coprocesseur car le processeur transmet l'instruction coprocesseur à une adresse mémoire prédéfinie lors de sa conception. Ainsi, les registres de contrôle des coprocesseurs, ayant des rôles identiques à ceux d'un périphérique, sont obligatoirement adressés implicitement par le processeur à des adresses prédéfinies (fig. 2.57).

15 14 13 12	11 10 9	8 7 6	5 4 3 2 1 0
1111	champ 1	champ 2	champs 3

Figure 2.56 : Instruction particulière à un coprocesseur de la famille 68020.
Champ 1 : Numéro du coprocesseur (entre 0 et 7).
Champ 2 : Type de l'instruction.
Champ 3 : Sous-type + des autres mots instructions si nécessaire...

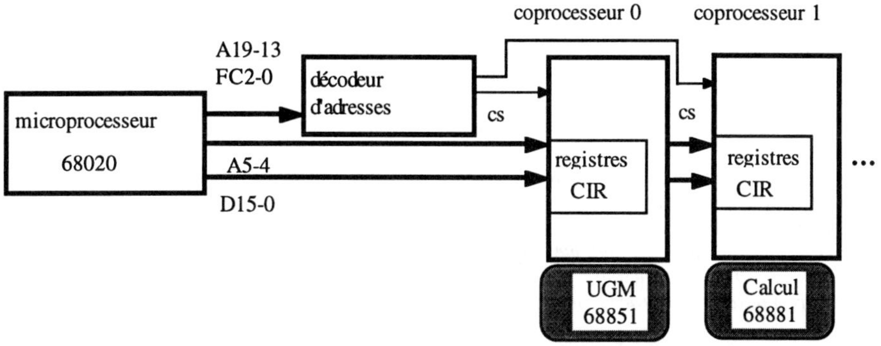

Figure 2.57 : Architecture d'un système intégrant des coprocesseurs de la famille MOTOROLA.

Les 11 registres de contrôle CIR d'un coprocesseur sont accédés en mémoire par le processeur, sans que l'utilisateur ait à le déclarer (figure 2.58).

adresse	**contenu**
2000 h	registres CIR coprocesseur 0
2020 h	zone mémoire réservée au coprocesseur 0
2200 h	registres CIR coprocesseur 1
2220 h	zone mémoire réservée au coprocesseur 1
. . .	. . .
2E00 h	registres CIR coprocesseur 7
2E20 h	zone mémoire réservée au coprocesseur 7

Figure 2.58 : Adresses mémoires des différents registres de contrôle et de travail des coprocesseurs.

Chaque coprocesseur possède plusieurs registres de contrôle CIR, dont nous donnons pour le coprocesseur arithmétique le détail (figure 2.59). Lors du transfert d'une instruction, du processeur vers le coprocesseur, il s'établit un dialogue entre ces deux composants. En effet, le coprocesseur ne peut accéder à la mémoire car tous ses registres sont mappés (adressés) en mémoire. Les transferts d'opérandes sont nécessairement pilotés par le microprocesseur, qui utilise alors ses registres d'adressage pour effectuer les transferts en deux temps : transfert de la mémoire vers un registre du processeur, puis transfert de ce registre vers un registre du coprocesseur (figure 2.60).

adresse +		
00	réponse	contrôle
04	sauvegarde	restitution
08	mot opération	commande
0C	sélecteur de registres	condition
10	opérande	
14	sélecteur de registres	
18	adresse instruction	
1C	adresse opérande	

Registre de réponse : *pour les demandes de service coprocesseur -> processeur (ou P -> C) ;*
Registre de contrôle : *pour la réponse à une demande d'avortement d'exécution ou pour un traitement d'exception du coprocesseur : P -> C ;*
Registre de sauvegarde : *informe sur l'état du coprocesseur : C -> P ;*
Registre de restitution : *permet la restitution de contexte : P -> C ;*
Registre mot opération : *contient le mot opération : P -> C ;*
Registre de commande : *contient l'instruction : P -> C ;*
Registre de condition : *indique la condition à tester : P -> C ;*
Registre d'opérande : *transfert d'une opérande de 1, 2 3 ou 4 octets : P <-> C ;*
Registre de sélection : *indique le nombre d'octets d'une opérande : P -> C ;*
Registre d'adresse instruction : *mémorise l'adresse de l'instruction en cours d'exécution ;*
Registre d'adresse d'opérande : *mémorise l'adresse de l'opérande.*

Figure 2.59 : Fonctions des registres de contrôle d'un coprocesseur.

Suivant la nature de l'instruction, le coprocesseur peut être amené à demander plusieurs services (par exemple adressage et transfert d'une opérande). Il en résulte que les étapes 4 et 5 de la figure 2.60 peuvent être réitérées plusieurs fois.

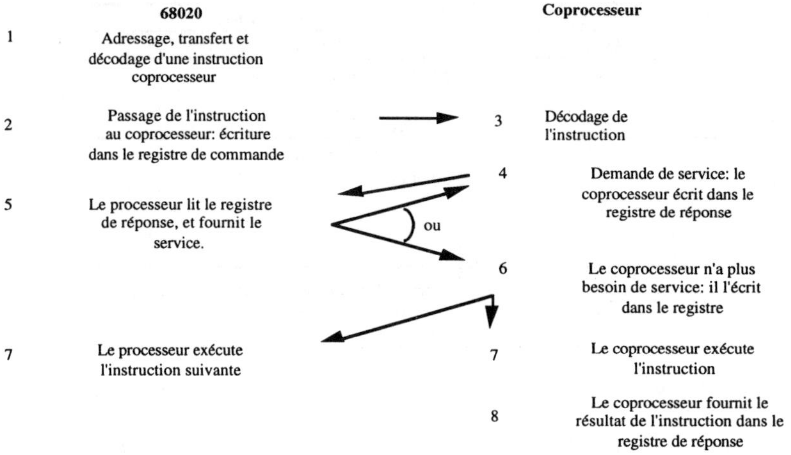

Figure 2.60 : Etapes des échanges entre microprocesseur et coprocesseur.

2.6.2.2. Coprocesseur arithmétique 68881

Pour terminer cette étude des coprocesseurs, nous illustrons l'apport de ceux-ci à travers l'exemple du 68881. Ce coprocesseur étend le jeu d'instructions du processeur, en permettant de réaliser des opérations arithmétiques de forte complexité (figure 2.61 et 2.62).

FABS	valeur absolue	**FLOG 2**	log à base 2
FACOS	arc cosinus	**FLOGN**	log à base e
FASIN	arc sinus	**FLOGNP1**	log à base e de (x+1)
FATAN	arc tangente	**FNEGATE**	négation
FATANH	arc tangente hyperbolique	**FSIN**	sinus
FCOS	cosinus	**FSINCOS**	sinus et cosinus simultanément
FCOSH	cosinus hyperbolique	**FSINH**	sinus hyperbolique
FETOX	exponentiel	**FSQRT**	racine carrée
FETOX M1	exp(x-1)	**FTAN**	tangente
FGET TOX	exposant source -> FPn	**FTANH**	tangente hyperbolique
FGET MAN	mantisse source -> FPn	**FTENTOX**	10 puissance x
FINT	partie entière	**FTST**	test
FLOG 10	log à base 10	**FTWOTOX**	2 puissance x

Figure 2.61 : Instructions arithmétiques du coprocesseur.

FBcc	branchement	**FMOVE <ea>,FPcr**	transfert vers le registre de contrôle
FDBcc	décrément et branchement		
Fscc	positionnement suivant le résultat d'une condition	**FMOVE FPcr,<ea>**	transfert à partir du registre de contrôle
FTRAPcc	interruption sur condition	**FSAVE <ea>**	sauvegarde
		FRESTORE <ea>	restitution

Figure 2.62 : Instructions de contrôle du coprocesseur arithmétique.

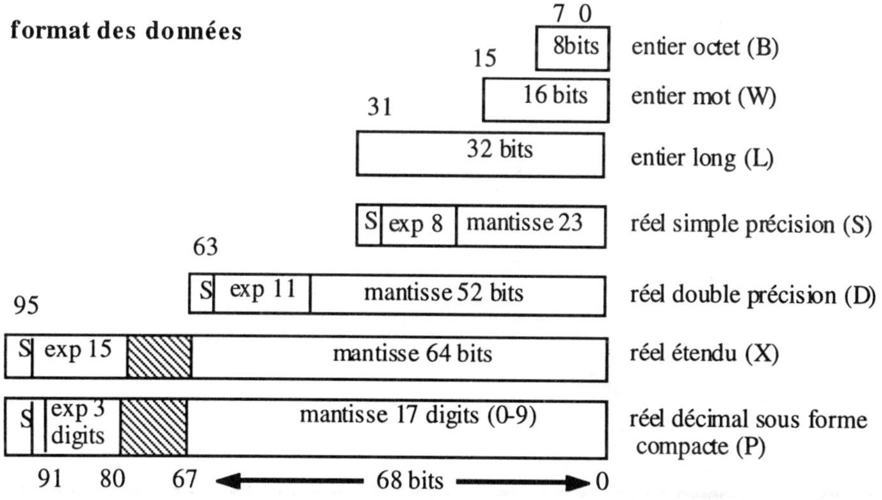

Figure 2.63 : Format des données traitées par le coprocesseur arithmétique 68881.

Enfin, notons que le format des données traitées permet des précisions de calcul que ne saurait atteindre le processeur seul, sans augmenter considérablement la complexité des calculs décomposés dans ce cas en suites d'instructions standard (figure 2.63).

2.7. Applications au traitement du signal et de l'image

Nous allons illustrer dans l'exemple suivant l'interaction entre une architecture matérielle et la spécification d'une application. Cet exemple portera plus particulièrement sur l'utilisation optimale d'une mémoire cache. Nous avons décidé de présenter cet exemple sous la forme traditionnelle de l'exercice académique.

Implantation optimale d'un algorithme donné sur une machine cible.

On s'intéresse au choix d'un ordinateur ou station de travail optimal pour l'implantation d'un problème algorithmique donné.

L'algorithme considéré est une transformation de Hadamard :
1) [X] := [H] . [x] .[H]
où H est la matrice (n x n) de transformation de Hadamard, x l'image de départ et X l'image transformée. La particularité de cette transformation est de ne nécessiter que des additions ou soustractions conditionnelles au signe des éléments de la matrice de Hadamard (l'ensemble des éléments de cette matrice ne prennent que les valeurs +1 ou -1).

Deux systèmes numériques sont mis à notre disposition : une station de travail APPOLO DN4000 possédant un 68020 à 25MHz plus une mémoire cache de 8 koctets, et un IBM PC/AT possédant un microprocesseur 80386 et une mémoire cache de 32 koctets.

Concernant l'APPOLO DN 40000, les caractéristiques sont :
68020 : addition ou soustraction en 4 cycles de 25 MHz
adressage en 2 cycles pour la mémoire cache,
adressage en 8 cycles pour la mémoire centrale.
Concernant l'IBM PC/AT, les caractéristiques sont les suivantes :
80386 addition ou soustraction en 2 cycles de 16 MHz
adressage en 2 cycles pour la mémoire cache,
adressage en 8 cycles pour la mémoire centrale.
remarque : les chiffres indiqués pour ces deux machines ne sont absolument pas contractuels!

Questions
1°) Occupation mémoire lors des calculs.
Les matrices H , x et X sont de taille 64 x 64 mots de 16 bits. Quel est l'espace mémoire total occupé par ces trois matrices en octets (mots de 8 bits ; un mot de 16 bits peut être vu comme étant la succession de deux mots de 8 bits) ? En déduire les problèmes qui peuvent apparaître sur l'une ou l'autre des machines.

2°) Montrer que le produit de deux matrices de rang (n x n), avec n =64 peut être effectué en 9 parties égales, matrices de rang (n/3 x n/3) de la matrice résultat. Pour le calcul de chaque partie, quel est le nombre d'octets à stocker en mémoire cache (celle-ci est en fait gérée en mémoire virtuelle) ?

3°) De la question précédente, en déduire le nombre de transferts à effectuer entre mémoire virtuelle et mémoire centrale lors du produit de deux matrices (n x n), puis lors des calcul complets de la transformation de Hadamard

4°) Que devient le nombre de transferts entre mémoire virtuelle et mémoire centrale dans le cas de la machine IBM.

5°) Pour l'ensemble des calculs de la transformation de Hadamard, quel est le nombre d'additions ou soustractions à effectuer. Quel est le nombre de transferts entre le microprocesseur et la mémoire cache (ou virtuelle).

6°) Des questions précédentes, déduire le temps complet de calcul de la transformation de Hadamard sur les deux machines proposées.

7°) Quel serait le temps de calcul de la transformée de Hadamard sur la machine APPOLO, si on décrivait directement les produits de matrices : exemple A = x.H

pour tout i,
    pour tout j,
        aij = Σ_k xik.Hkj ;

Réponses

1°) Les calculs s'organiseront en deux étapes :

— Matrice intermédiaire A = x.H
— Matrice résultat X = H.A

On doit pouvoir stocker en mémoire cache x, H, A ; X sera obligatoirement écrit en mémoire centrale (pour transfert éventuel vers le monde extérieur).
En conséquence la mémoire cache doit pouvoir contenir 3 matrices de taille 64x64, soit 12 kmots, ou encore 24 koctets.
L'IBM permet d'effectuer l'ensemble des calculs en utilisant la mémoire cache pour toutes les données ;
La machine APPOLO présente une mémoire cache de dimension trop faible pour contenir toutes les données.

2°) Pour un produit de matrice A = x.H, les calculs des éléments cij de A s'écrivent :

pour tout i,
    pour tout j,
        Aij = Σ_k xik.Hkj ;

Ces calculs sont non récursifs, on peut changer l'ordre de calcul des éléments Aij. En conséquence, on peut écrire :

pour a [1,3]
    pour b [1,3]
        pour i [a.N/3,(a+1).N/3],
            pour j [b.N/3, (b+1).N/3]
                Aij = Σ_k xik.Hkj ;

Exemple : calcul de A11
- On calculera les éléments de la matrice A, successivement en 9 sous matrices de rang N/3 x N/3. Notons les A11, A12,... A33.

- Lors du calcul d'une sous-matrice Cab, on utilise l'ensemble des éléments des matrices x et H, xik et Hkj où i et j prennent N/3 valeurs successives, k prend N valeurs.

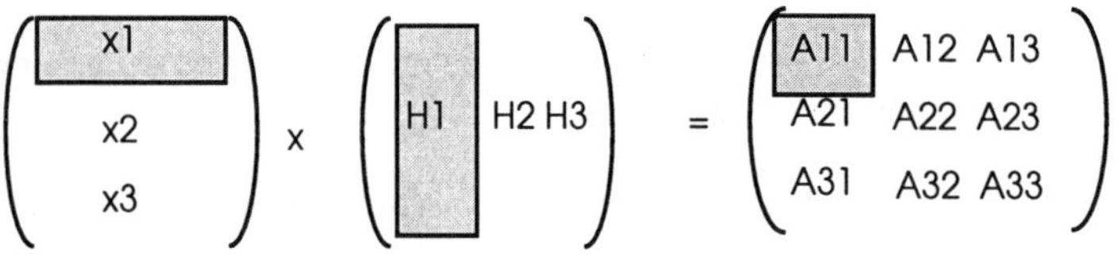

2 sous-matrices de rang N x N/3 ; sous matrice de rang N/3 x N/3

On doit donc pouvoir stocker deux sous-matrices d'ordre N x N/3.
Application numérique : N = 64 et, au pire cas, N/3 = 22, on doit donc stocker 64 x 22 x 2 x 2 octets = 5632 octets. La mémoire cache de l'APPOLO est suffisante.
Remarque : Si on décompose la succession des calculs de manière à obtenir successivement quatre sous-matrices résultats de rang N/2 x N/2, on occupe 8 koctets de mémoires cache (pour deux sous matrices de rang N/2 x N). Cependant il est impossible dans ce cas de disposer les quelques mots instructions en mémoire cache.

3°) On organise la succession des calculs des sous-matrices résultats de rang N/3 x N/3 de manière à optimiser la présence des données en mémoire cache (figure 2.64) ;

produit intermédiaire A = x.H

calcul effectué	transfert	contenu de la mémoire cache
A11 = x1.H1	x1, H1, A11	x1, H1 : 5632 octets
A12 = x1.H2	H2, A12	x1,H1*,H2 : 8 koctets *des données de H1 ont disparues
A13 = x1.H3	H3, A13	x1, H2*, H3
A23 = x2.H3	x2, A23	x1*, x2, H3
A22 = x2.H2	H2, A22	x2, H2, H3*
A21 = x2.H1	H1, A21	x2, H1, H2*
A31 = x3.H1	x3, A31	x2*, x3, H1
A32 = x3.H2	H2, A32	x3, H1*, H2
A33 = x3.H3	H3, A33	x3, H2*, H3

Figure 2.64: Description détaillée de la séquence des calculs et transferts.

Le nombre total de transferts s'élève à :

10 matrices de rang N x N/3, 9 matrices de rang N/3 x N/3,

soit : $39.N^2/9$ mots de 16 bits.

Pour la transformée de Hadamard complète, on peut donner en approximation le nombre total de transferts égal au double de ceux nécessaires au produit de matrices : $78.N^2/9$ mots de 16 bits (on pourrait effectuer le second produit X = H.A, en conservant en mémoire cache A33 et le tiers de H3, mais le nombre de transferts 'économisés' influe peu sur le résultat).

A.N. : on trouve 35498,66 mots ; en tenant compte précisément du fait que le rang N/3 vaut 22, puis N/3 = 20 (car 64 n'est pas divisible par 3), on obtient 35584 transferts de mots de 16 bits.
Remarque : l'algorithme de remplacement des données en mémoire cache doit être du type 'remplacement de la donnée la plus anciennement utilisée' (LRU).

4°) Pour la machine IBM, on doit transférer entre le microprocesseur et la mémoire lente, les matrices x, H et X. Le nombre total de transferts (cf 1°) est donc égal à 12 kmots.

5°) Quelle que soit la manière d'organiser la succession des calculs, la transformée de Hadamard nécessitera toujours autant d'opérations et de transferts de données vers le microprocesseur (que ces données proviennent de la mémoire cache ou de la mémoire lente).
Pour le calcul d'un coefficient Aij = Σ_k xik.Hkj, on effectue 2N+1 transferts (vers ou du microprocesseur) et N-1 opérations d'additions conditionnelles (on rappelle que les coefficients de la matrice H sont tous égaux à +1 ou -1, et que les coefficients de la première ligne et de la première colonne sont égaux à +1).
Pour la transformée de Hadamard complète, on a :

2 x NxN x (2N+1) transferts, soit 1056768 transferts,
2 x NxN x (N-1) opérations, soit 516096 opérations.

6°) Le temps de calcul complet s'exprime :

Tcalcul = Nombre d'opérations x temps d'une opération
+ (Nombre total de transferts - Nombre de transferts lents) x temps de transferts rapide
+ Nombre de transferts lents x temps de transferts lent

Pour la machine APPOLO, les chiffres sont :

Tcalcul = [(516096 x 2) + (1056768 - 355584) x 2 + (355584 x 8)]/25.10^6
= 0,179 seconde

Pour la machine IBM :

Tcalcul = [(516096 x 2) + (1056768 - 12288) x 2 + (12288 x 8)]/16.10^6
= 0,202 seconde

7°) Détaillons les calculs et l'occupation de la mémoire cache pour un calcul direct des produits de matrices sur la machine APPOLO.

pour tout i,
    pour tout j,
        Aij = Σ_k xik.Hkj.

Nous figurons ci-dessous l'évolution des calculs, lors du calcul de l'élément A1j :

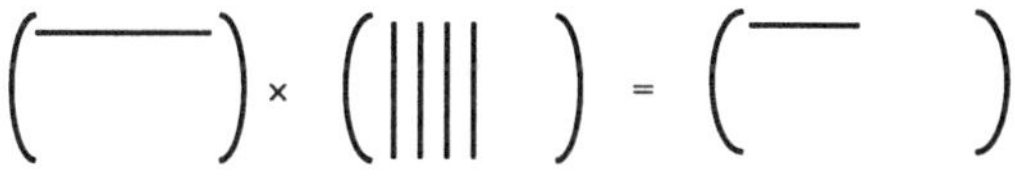

La mémoire cache contient toutes les données lues en mémoire lente, c'est à dire la première ligne de la matrice x et les j premières colonnes de la matrice H. Seule la première ligne de la matrice x a bénéficié de (j-1) transferts rapides. On peut tracer au cours des calculs des scalaires aij, le contenu de la mémoire cache (figure 2.65).

calcul effectué	transfert	contenu de la mémoire cache
a11 = x1.H1	x1, H1, a11	x1, H1 : 256 octets
a12 = x1.H2	H2, A12	x1, H1, H2 : 384 octets
...		
a1,63 = x1.H63	a1,63 ; H63	x1,H1,...H63 : 8 koctets
a1,64 = x1.H64	a1,64 ; H64	x1, H2,... H64 : 8 koctets

Figure 2.65 : Evolution du contenu de la mémoire cache au cours des traitements

note : les aij sont des scalaires, le xi et Hj sont des vecteurs de taille N = 64.

On constate que lors du calcul de a1,63, le vecteur H1 disparaît de la mémoire cache. On peut en conclure que seules les lignes de la matrice x bénéficieront d'accès rapides.
Pour le produit de matrice, on effectuera N^2 accès lents aux éléments de x, et N^3 accès lents aux éléments de H. Il faut y ajouter N^2 transferts lents des éléments de la matrice résultat.
Pour l'ensemble de la transformée de Hadamard, ces chiffres sont doublés : $2.N^2.(N+2)$
A.N : Le nombre de transferts lents est de 504672.
Le temps de calcul devient :

$$\text{Tcalcul} = [(516096 \times 2) + (1056768 - 504672) \times 2 + (504672 \times 8)]/25.10^6$$
$$= 0{,}247 \text{ seconde}$$

8°) Conclusion.
Nous avons illustré à travers un exemple qui n'a de prétention que pédagogique, deux points fondamentaux de la connaissance en architecture :
— lorsque les machines présentent des performances de natures différentes, il est difficile *a priori* d'effectuer un choix (mémoire cache de grande taille, ou cycle d'horloge plus rapide).
— il est intéressant de modifier la description d'une application en fonction des capacités matérielles de la machine.

CHAPITRE 3

Optimisation de l'architecture Von Neumann

3.1. Introduction

Ce chapitre est consacré à l'étude de différentes techniques d'optimisation de l'architecture Von Neumann. Ces optimisations ont en commun la caractéristique d'augmenter la puissance de traitement du modèle primitif Von Neumann, sans augmenter dans une même proportion la complexité de l'architecture initiale. Les techniques employées diffèrent de l'augmentation de puissance de traitement apportée par l'introduction de nouvelles technologies, comme par exemple la technologie CMOS sub-micronique. Elles exploitent principalement les parallélismes spatiaux et temporels. L'utilisation des parallélismes spatiaux conduit notamment à la définition d'architectures Harvard, tandis que l'utilisation du parallélisme temporel conduit à la notion de pipeline sur laquelle reposent les processeurs RISC. Les structures irrégulières de ces derniers en rendent cependant la programmation ardue et c'est ce que nous illustrerons à travers la présentation des processeurs de traitement du signal. Nous nous étendrons un peu plus longuement sur les problèmes posés par la maîtrise de cette classe de processeurs et nous exposerons une approche méthodologique de leur programmation. Les quatre paragraphes de ce chapitre exposeront, à partir du modèle de l'architecture Von Neumann vue dans le chapitre 2, une progression dans l'évolution du modèle primitif. Ils forment une suite d'évolutions continues que l'on retrouve, suivant certains dosages, dans les caractéristiques des processeurs de dernières générations. Un dernier paragraphe s'attachera cependant à présenter les limitations matérielles dans l'exploitation du pipeline et donc les limites des classes d'architectures présentées ici.

3.2. Modèle d'architectures Harvard

Nous nous intéressons à la modification de l'architecture de la machine Von Neumann. Le problème posé est le suivant : peut-on augmenter la performance de la machine Von Neumann par une modification de son architecture ? Si oui, peut-on obtenir une augmentation de performance proportionnellement supérieure à l'augmentation de coût induite ?

L'étude des architectures Von Neumann a fait nettement apparaître que l'efficacité de la machine chutait lorsque les tâches sont microprogrammées en une suite d'instructions élémentaires, par rapport à leur programmation à l'aide d'instructions complexes. Par exemple, nous avons montré au §2.2.5. que l'adressage indirect/mémoire post-incrémenté est exécuté en 17 cycles formels s'il est programmé à l'aide d'une instruction complexe et en 42 cycles formels s'il est microprogrammé par une suite d'instructions simples. Nous avons alors constaté que l'allongement du temps de traitement de cette tâche est uniquement du à l'augmentation du nombre de cycles de types A et B, c'est-à-dire les cycles de lecture, transfert et décodage des instructions.

Une solution simple consiste à séparer physiquement sur l'architecture les *zones instructions* des *zones données*. Ainsi, la mémoire du processeur est fractionnée en deux mémoires de plus petite taille (donc sans augmentation de coût), l'une pour les données, l'autre pour les instructions. Les bus d'adresses et de données sont dupliqués, ce qui permettra d'adresser et de transférer simultanément et indépendamment, une instruction et une donnée. Le modèle structurel de cette nouvelle machine, à architecture Harvard, est représenté sur la figure 3.1.

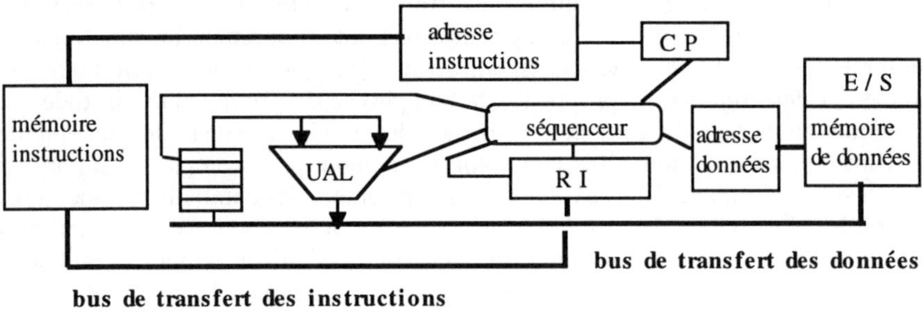

Figure 3.1 : Architecture de la machine Harvard.
CP compteur de programme, RI registre d'instructions, UAL unité arithmétique et logique, E/S entrées - sorties.

Pour étudier le fonctionnement formel de cette machine, il faut maintenant considérer que les cycles d'adressage, de transfert et de décodage des instructions sont exécutés parallèlement avec les cycles d'adressage, de transfert et de traitement des données. Cependant, ce parallélisme ne peut se faire que dans le temps : une instruction doit toujours être décodée avant d'être exécutée. Ainsi, le parallélisme de cette architecture repose sur le pipeline entre le traitement des instructions et le traitement des données.

Nous avons schématisé sur la figure 3.2 le traitement d'un flot d'instructions. Le parallélisme de traitement des instructions permet ainsi de mesurer l'accélération de leur temps de traitement, par rapport à leur traitement sur la machine Von Neumann. Nous pouvons ainsi définir cette accélération :

$$\text{accélération} = \frac{\text{temps d'exécution sur la machine von Neumann}}{\text{temps d'exécution sur l'architecture Harvard}} .$$

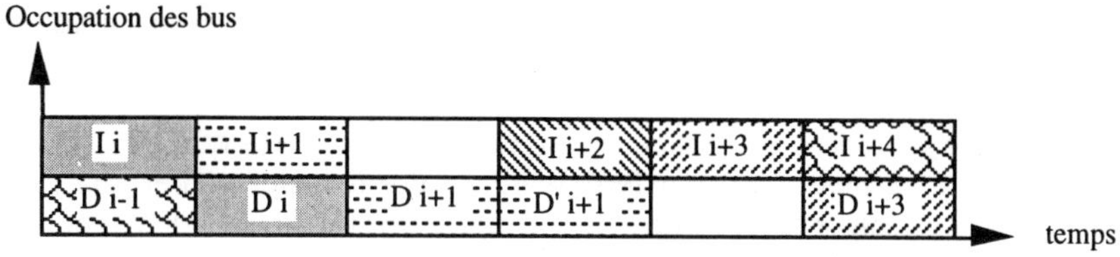

Figure 3.2 : Flot de traitement d'instructions (de l'instruction i à l'instruction i+4).

Cette accélération est au maximum égale à 2, lorsqu'il y a traitement simultané des instructions et des données. Cependant l'accélération chute lorsque :

— le temps de traitement des données est supérieur au temps de traitement des instructions,
— le temps de traitement des instructions est supérieur au temps de traitement des données,
— il y a rupture du flot d'instructions, par exemple lors d'un débranchement.

Le calcul de cette accélération peut être fait à partir d'un fonctionnement formel de l'architecture Harvard. Considérons par exemple le traitement du produit de convolution en traitement du signal. Le calcul élémentaire s'écrit :

$$y = y + a(i) * x(i).$$

Nous allons considérer l'exécution de ce calcul sur une architecture Von Neumann, puis sur l'architecture Harvard. Chaque instruction est composée de deux parties, l'une pour son transfert et décodage, l'autre pour son exécution. Nous considérons dans cette approche que chaque instruction s'exécute en un temps unitaire. Ainsi, l'exécution du produit de convolution s'écrit en une suite de quatre instructions, A, B, C et D.

	Architecture Von Neumann	**Architecture Harvard**
Cycle 1	Recherche de l'instruction A	Recherche de l'instruction A
Cycle 2	A : a(i) -> registre	Recherche de B ; a(i) -> registre
Cycle 3	Recherche de B	Recherche de C ; x(i) -> a(i).x(i)
Cycle 4	Transfert et produit x(i) -> a(i).x(i)	Recherche de D ; a(i).x(i)+y -> y
Cycle 5	Recherche de C	Saut en A
Cycle 6	Accumulation : y + a(i).x(i) ->y	
Cycle 7	Recherche de D	
Cycle 8	Saut en A	

Sur cet exemple, seul le débranchement de programme fait chuter l'accélération de la machine Harvard, puisque nous avons normalisé à 1 l'ensemble des temps de traitement des instructions et des données. L'accélération obtenue est de 8/5 = 1,6.

Le modèle de l'architecture Harvard s'étend au delà du dédoublement des bus d'instructions et de données. En effet, lorsque les manipulations de données l'exigent, il est possible de concevoir N bus d'adresses et de transferts des données.

Ce modèle est donc celui de la machine Von Neumann sur lequel les bus d'adresses et de données sont multipliés autant de fois que nécessaire.

Dans l'exemple précédent, on peut concevoir une architecture Harvard à deux bus de données, ce qui permettra un transfert simultané des données x(i) et a(i). Ainsi, l'instruction A est supprimée, l'instruction B transfère simultanément x(i) et a(i) et exécute le produit. Ainsi l'accélération devient égale à 8/4 = 2. L'accélération théorique d'une telle machine est égale à 3, lorsque ses trois bus (instructions plus deux bus de transfert des données) sont simultanément occupés.

3.3. Processeurs RISC

Nous allons étudier l'architecture des processeurs RISC (Reduced Instruction Set Computer, ou machine à jeu d'instructions réduit). La structure de ces machines repose principalement sur l'optimisation du fonctionnement de leur contrôleur. Le concept RISC permet d'augmenter la vitesse de fonctionnement du processeur, sans multiplier dans un même rapport le coût de son architecture. Cette optimisation entraînera par contre un certain nombre de contraintes sur les types d'instructions exécutées.
Nous décrirons tout d'abord l'optimisation du fonctionnement d'un contrôleur, puis son impact sur les restrictions du jeu d'instructions. Celui-ci sera comparé à celui d'un processeur CISC (Complex Instruction Set Computer ou machine à jeu d'instructions complexes). Nous illustrons les origines fonctionnelles et structurelles des défauts de cycles des contrôleurs RISC qui sont à la source de leur chute de performance dans certains cas de figure. Enfin nous décrirons les processeurs RISC présents sur le marché des composants et parmi ceux-ci plus particulièrement le R3000.

3.3.1. Etude des contrôleurs : modèle général

Nous rappelons sur la figure 3.3 l'architecture Von Neumann qui intègre un contrôleur que nous allons détailler [Mei71]. Ce dernier élément est composé de trois sous-ensembles :

— le séquenceur qui pilote l'adressage des instructions à exécuter successivement,
— la mémoire des instructions contenant les codes instructions (qui est une partie de la mémoire totale de la machine),
— le décodeur, automate à états finis qui exécute l'instruction.

Le décodeur des machines complexes est souvent hiérarchisé en plusieurs étages. Ceux-ci forment une chaîne de traitement logique dont le but est de décoder une instruction (niveau d'abstraction le plus élevé) afin de positionner les différentes broches de contrôle des composants du microprocesseur (niveau d'abstraction le plus bas), tels les CS (sélection de boîtier pour les registres), load (ordre de chargement), etc. Ces différents niveaux de transcodage peuvent être réalisés à l'aide de PLA.

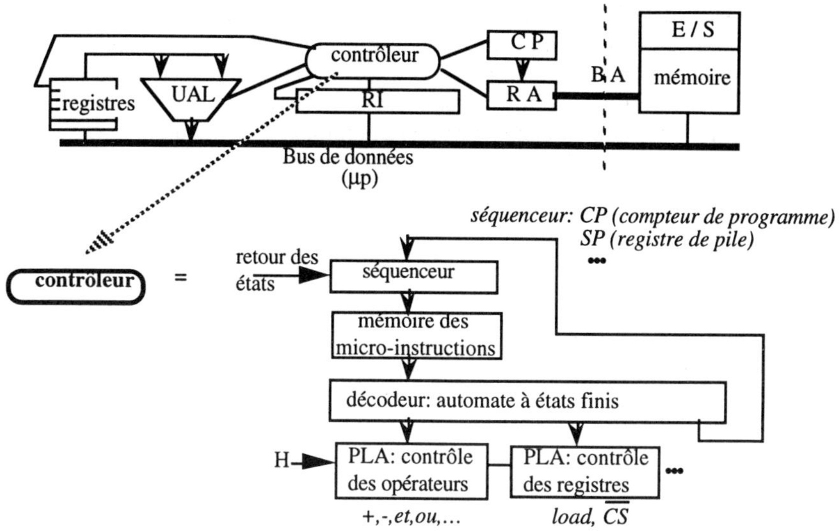

Figure 3.3 : Structure du contrôleur de la machine Von Neumann.

Le décodeur est souvent assisté d'une série de réseaux logiques séquentiels dont les sorties sont directement connectées aux broches de commandes de l'ensemble des composants logiques figurant dans le processeur (sélection, chargement d'un registre, commande de l'UAL, broche de contrôle des bus,...).

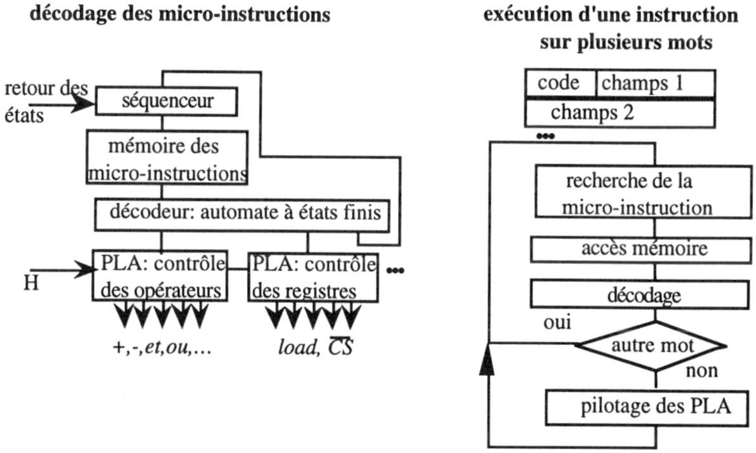

Figure 3.4 : Mécanisme d'exécution des instructions des machines Von Neumann ; celles-ci peuvent être codées sur plusieurs mots.

Suivant les processeurs, nous rencontrons deux classes d'instructions, dont l'exécution suppose un comportement adapté du décodeur (figure 3.4).

Lorsque le format des instructions varie, le décodeur réagira en recherchant un ou plusieurs mots pour compléter l'instruction. C'est le fonctionnement typique des

microprocesseurs CISC (68000, 8086,...). L'avantage de ce type de codage est que l'on peut coder les instructions sur une suite de mots dont le format respecte le format des données (8, 16 ou 32 bits). Une même mémoire sert au stockage des données et des instructions, comme nous l'avons vu lors de l'étude des architectures Von Neumann. Par contre, le décodeur voit sa complexité augmenter car on y intègre "l'intelligence" nécessaire au contrôle des transferts des différents mots d'une même instruction. De plus il n'est pas possible de connaître le format d'une instruction avant l'adressage (séquenceur), le transfert (mémoire) et le décodage (décodeur) du premier mot qui la compose. De même, on ne peut savoir à partir de quel moment on peut activer les PLA. Cette classe d'instructions permet cependant d'optimiser le nombre de bits nécessaire à leur codage : une instruction simple, de type transfert registre à registre est codée en un seul mot, tandis qu'une instruction complexe, de type adressage indirect-mémoire nécessite plusieurs mots pour son codage.
Pour : compatibilité entre mémoires de données et d'instructions ; optimisation du codage.
Contre : complexité du décodeur ; absence de prédictibilité sur le temps d'exécution des instructions.

Une autre approche, qui a été fréquemment utilisée dans la conception des architectures en tranches, est celle du codage des instructions par champs. Le code complet d'une instruction est composé de l'association de plusieurs codes, chacun contrôlant une partie de la machine (figure 3.5).

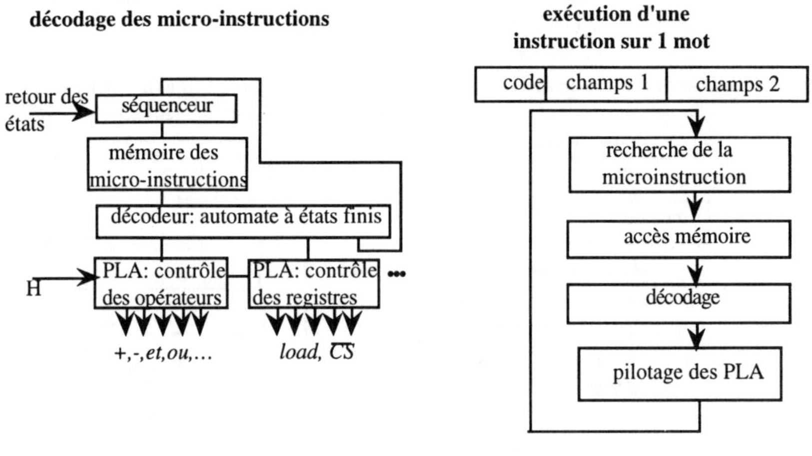

Figure 3.5 : Mécanisme d'exécution des instructions codées sur un seul mot.

Cette fois, un seul mot est affecté par instruction. Le décodeur exécute chaque instruction en une étape unique de décodage puis de contrôle du séquenceur et des PLA. Il est donc de conception plus simple et l'on peut prédire les instants de fonctionnement de chaque partie du contrôleur, comme le temps d'exécution des instructions.
Par contre, le codage de ces instructions implique que la largeur des mots d'instruction peut atteindre des valeurs élevées, allant au delà de la centaine de bits. Dans ce cas il n'y a plus compatibilité entre mémoire de données et mémoire des

instructions. De plus, l'augmentation de la largeur des mots d'instruction n'est pas totalement compensée par la diminution du nombre de mots par instruction : en effet le codage des instructions sur un seul mot entraîne une largeur de celui-ci qui dépend de l'instruction la plus complexe (au sens du nombre d'informations contenues). Dans le cas d'une instruction simple, on aura alors un grand nombre de bits inutilisés.

Pour : complexité du décodeur, cadence uniforme pour l'exécution des instructions.

Contre : incompatibilité des formats mémoires de données et instructions, codage des instructions plus coûteux en taille mémoire.

3.3.2. Etude des contrôleurs : optimisation

Nous allons détailler le fonctionnement du décodeur du microprocesseur, et nous montrons que lorsqu'il est possible de prédire le fonctionnement des différentes parties de celui-ci, on peut modifier la structure du contrôleur de manière à augmenter sa cadence de traitement des instructions. Les optimisations reposent sur le travail concurrent des différents étages du contrôleur. Nous allons monter trois optimisations possibles.

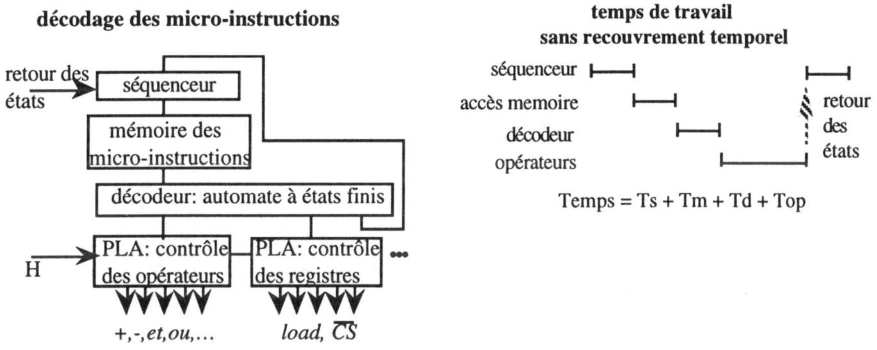

Figure 3.6 : Détail des temps de travail des différentes parties d'un contrôleur.

Nous relevons sur la figure 3.6 les temps de fonctionnement d'un contrôleur : celui-ci se compose de quatre étapes principales :

- Ts : temps de fonctionnement du séquenceur ; c'est le temps nécessaire au compteur de programme soit de s'incrémenter, soit d'être chargé par une nouvelle valeur dans le cas d'un saut de programme (à partir du décodeur ou de la pile),...
- Tm : temps d'accès de la mémoire des instructions
- Td : temps de travail du décodeur ; ce temps sera considéré comme égal à la durée entre la réponse du décodeur pour le pilotage du séquenceur et l'arrivée d'une instruction.
- Top : temps s'écoulant entre la réponse du décodeur (sorties vers le séquenceur) et la fin du fonctionnement de l'ensemble des composants figurant dans l'architecture. On pourra supposer que l'ensemble des

composants auront achevé leur travail au moment où l'unité de traitement fournit le retour d'état (condition sur une opération).

Dans le cas d'un contrôleur d'une machine à architecture Von Neumann, le temps qui s'écoule entre deux instructions est égal à Ts + Tm + Td + Top. Ces temps peuvent varier suivant l'instruction en cours d'exécution.

Optimisation 1 : pipeline sur les instructions

On peut constater sur la figure 3.6 que chaque partie du contrôleur est largement sous-utilisée. Pour accélérer le temps de traitement des instructions, l'idée consiste à anticiper la recherche et le décodage des instructions sur leur exécution. Pour cela on ajoutera un registre de pipeline à la sortie du décodeur comme le montre la figure 3.7.

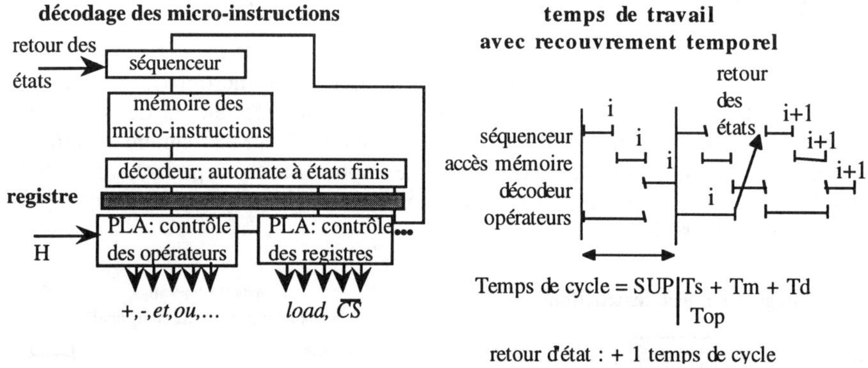

Figure 3.7 : Pipeline sur les instructions du contrôleur.

Le fonctionnement du processeur est découpé en deux parties concurrentes : le séquenceur, la mémoire des instructions et le décodeur s'occupent de l'instruction I tandis que simultanément les PLA et la partie opérative exécutent l'instruction I-1.

Le temps qui s'écoule entre deux instructions devient égal à la valeur supérieure de (Ts + Tm + Td, Top). Si Top > (Ts + Tm + Td) alors on pourra *pipeliner la partie opérative* en plusieurs parties fonctionnant de manière concurrente, afin d'optimiser le fonctionnement de l'architecture ; c'est le schéma type de fonctionnement d'un processeur RISC, comme nous le verrons au § 3.3.2.

L'utilisation du pipeline va impliquer un certain nombre de contraintes .

Retour des états

Le retour des états (figure 3.7) implique que l'anticipation sur la recherche et le décodage d'une instruction risque d'être inutile. Il s'ensuivra une perte de performance de la machine à chaque fois qu'un retour d'état doit être considéré. Il en sera de même pour toute instruction de débranchement.

Synchronisation des fonctionnements concurrents

Cette synchronisation va entraîner une uniformisation des temps de travail des deux parties ; le temps commun, que nous nommerons temps de cycle, devra donc être égal au temps de travail le plus long sur l'ensemble des parties (adressage, transfert, décodage) et (exécution) de toutes les instructions. Seules des instructions dont les temps de recherche et décodage, d'une part, et les temps d'exécution, d'autre part sont égaux entre-eux, conduiront à minimiser les pertes de temps de fonctionnement des deux parties pipelines de l'architecture. Afin d'optimiser le fonctionnement du contrôleur, on retiendra un codage des instructions sur un seul mot, et des exécutions 'simple', c'est-à-dire s'exécutant toutes en un temps élémentaire.

Parallélisme de transfert des instructions et des données

D'après la concurrence de fonctionnement des deux parties de l'architecture (séquenceur, mémoire, décodeur et PLA, partie opérative), il devient nécessaire de séparer physiquement les transferts des instructions des transferts des données. Dans ce cas l'architecture doit être de type Harvard. (Certains processeurs utilisent le multiplexage temporel d'un bus unique pour le transfert d'une instruction et d'une donnée à chaque temps de cycle.). On peut envisager d'autres optimisations.

Optimisation 2 : pipeline sur les adresses

On pourra étudier l'impact de la localisation du registre de pipeline sur les temps de fonctionnement de l'architecture et sur les problèmes de retour d'état. Nous avons noté sur la figure 3.8 le cas d'un pipeline sur les adresses.

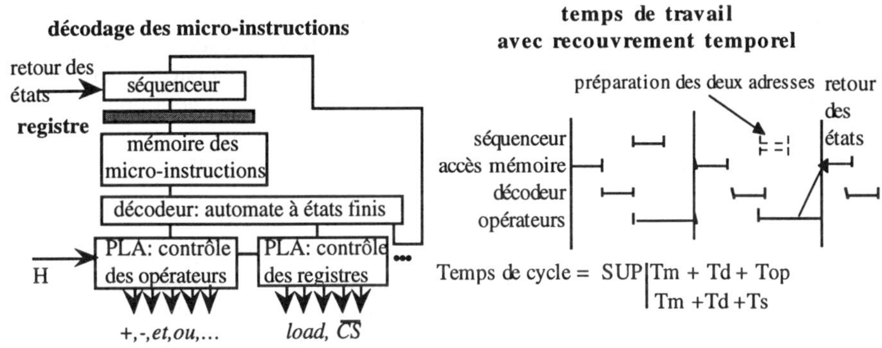

Figure 3.8 : Fonctionnement du contrôleur pipeliné sur les adresses.

Dans ce cas le temps s'écoulant entre deux instructions est :

$$\text{Temps de cycle} = \text{sup.} \left| \begin{array}{l} T_m + T_d + T_s \\ T_m + T_d + T_{op} \end{array} \right.$$

L'optimisation n'est importante que si Ts est un temps élevé devant les autres temps de fonctionnement. Néanmoins ce pipeline permet de minimiser le temps perdu par la prise en compte d'un retour d'état : en effet, il sera peu coûteux de dupliquer au niveau du séquenceur la recherche d'adresses des deux instructions suivantes (avec condition vérifiée ou non vérifiée).

Optimisation 3 : pipeline sur les adresses et les instructions

Il est possible de pipeliner le contrôleur de façon multiple. Avec deux niveaux de pipelines, on peut réduire encore le temps de cycle, comme nous le représentons sur la figure 3.9.

Dans cette configuration, il deviendra quasiment inévitable de pipeliner le fonctionnement des opérateurs. Par exemple on aura :

— niveau 1 : transferts des opérandes vers l'unité de traitement,
— niveau 2 : traitement,
— niveau 3 : sauvegarde du résultat.

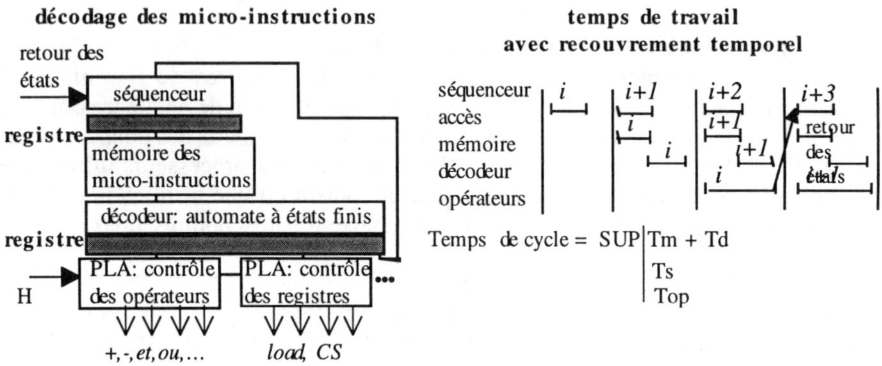

Figure 3.9 : Fonctionnement du contrôleur à deux niveaux de pipeline.

Le problème du traitement du retour des états est cette fois-ci beaucoup plus critique, puisque le temps perdu sera de l'ordre de 2 cycles, ou plus, si la partie opérative est elle-même pipelinée. L'exécution d'instructions de saut conditionnel impliquera non seulement une perte d'efficacité importante du contrôleur, mais aussi la mise en oeuvre de mécanismes particuliers afin de contrôler l'avortement du recouvrement des instructions.

Conclusion

Les trois optimisations que nous venons de montrer ne sont certainement pas les seules. Elles illustrent cependant les principales conditions nécessaires à leur mise en oeuvre efficace, et les limites qui leur sont liées (retour d'état,...). Ces optimisations sont largement exploitées dans les architectures en tranches, ainsi que dans les processeurs RISC.

3.3.3. Processeurs RISC

Les processeurs RISC sont présentés en quatre étapes. Dans la première, on mène une étude comparative entre processeurs RISC et processeurs CISC, puis l'on cite un panorama des différents processeurs RISC figurant sur le marché des composants, en notant leurs principales caractéristiques. La troisième étape consiste en l'étude détaillée d'un processeur RISC : le R3000. On termine enfin en abordant l'optimisation de code pour les processeurs RISC.

3.3.3.1 Comparaison des processeurs RISC et des processeurs CISC

Nous avons étudié au chapitre 2 le processeur Von Neumann, et en avons déduit que plus les instructions étaient complexes, plus elles sont efficaces. Cet état de fait entraîne un certain fonctionnement du contrôleur CISC que nous schématisons sur la figure 3.10.

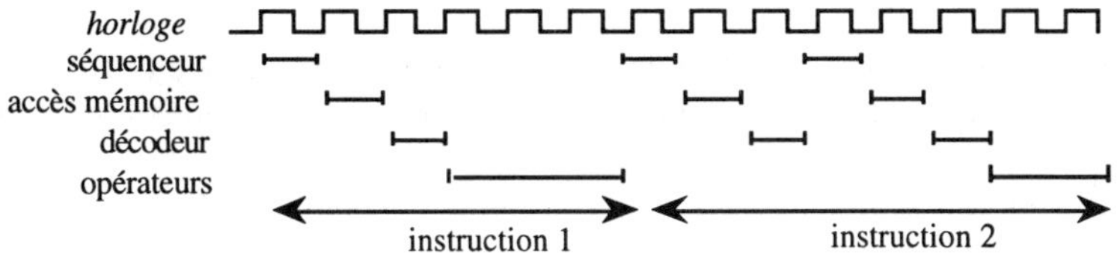

Figure 3.10 : Schématisation du fonctionnement d'un contrôleur CISC : longueurs de codage et d'exécution variant d'une instruction à l'autre.

Les caractéristiques principales du contrôleur CISC sont :
— un fonctionnement séquentiel des différentes parties du processeur,
— des recherches de plusieurs mots pour une même instruction,
— une durée de traitement très variable d'une instruction à l'autre.

En voulant optimiser le fonctionnement du contrôleur RISC, nous obtenons le schéma de fonctionnement de la figure 3.11.

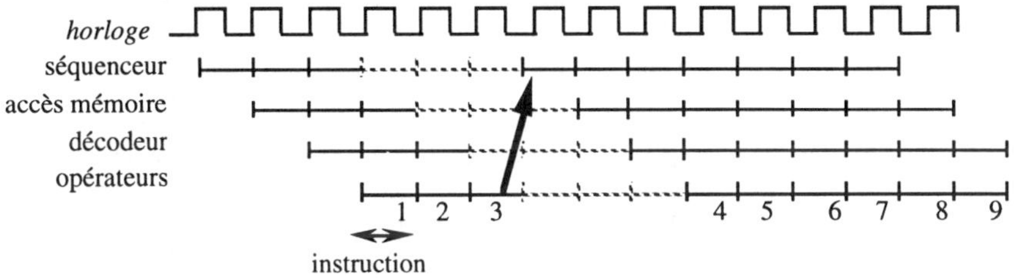

Figure 3.11 : Schématisation du fonctionnement du contrôleur RISC.

Les caractéristiques principales du contrôleur RISC sont :
— un fonctionnement "pipeline" des différentes parties du processeur,
— une uniformisation des temps de fonctionnement de chaque partie,
— une dégradation des temps de traitement à chaque fois qu'un retour d'état est traité comme le temps perdu entre les instructions 3 et 4 (fig. 3.11).

Le jeu d'instructions que l'on met en oeuvre sur un processeur RISC est obligatoirement réduit à un ensemble d'instructions simples, pouvant s'exécuter en un temps de cycle (temps de cycle à ne pas confondre avec le temps de cycle de l'horloge du microprocesseur) : ceci est à l'origine de la dénomination de processeur à jeu d'instruction réduit.

Nous tirons de cette caractéristique trois conséquences directes.
Pour programmer correctement un processeur RISC, il est nécessaire d'utiliser un compilateur et optimiseur de code capable de décomposer toute instruction complexe en une suite d'instructions élémentaires. Le pendant à cette condition est que le processeur RISC doit posséder un jeu d'instructions simples, mais représentatif des différents traitements que l'on peut souhaiter mettre en oeuvre.

Le décodeur du processeur RISC est extrêmement moins complexe que celui d'un processeur CISC, à performances équivalentes : les formats d'instructions sont tous identiques et le jeu d'instructions est réduit.

A capacité d'intégration équivalente, on dispose donc de surface de silicium pour intégrer sur le coeur même du processeur certaines fonctionnalités non intégrables sur un processeur CISC (registres, mémoire, UGM, coprocesseur arithmétique,...). L'intérêt comparé d'une machine RISC par rapport à une machine CISC se retrouve au niveau du temps d'exécution :

$$Temps\ d'exécution = Ni.Nc.Tcycle$$

où Ni est le nombre d'instructions nécessaires pour réaliser le traitement, Nc est le nombre de périodes d'horloge moyen par instruction et Tcycle est le temps de cycle de la machine.

source	CISC 68000		RISC 29000	
Loop()	Loop	Loop	Loop:	
int1;	XDEE	A6,#-44	SUB	
intA[10];	Link	A1-A2,-(A7)	ADD	MSP,MSP,48
for (i=0; i<10; i++);	Move m,l	-44(A6),A2	CONST	GR124,MSP,44
{ A[i] = 0;}	LEA.L	-4(A6),A1	ADD	GR121,0
	LEA.L	#0,(A2)+	L20001:	GR122,MSP,4
	L 20001:	A1,2	STORE	0,16,GR121,GR122
	MOVE.L	L20001	ADD	GR122,GR122,4
	CMP A.L	(A7)+,A1-A2	CPLTU	GR123,GR122,GR124
	BCS.S	A6	JMPT	GR123,...L20001
	MOVE M.L		NOP	LR0
	UNKL		JMPI	MSP,MSP,48
	RTS		ADD	
	Code: 34 octets		Code: 44 octets	

Figure 3.12 : Allongement de code entre deux processeurs CISC (68000) et RISC (29000).

Nombre d'instructions 'Ni' nécessaires pour réaliser le traitement
Un processeur RISC réduit Nc mais augmente Ni : c'est le problème d'allongement de code. Cet allongement n'est critique que sur la part des opérations complexes, et à titre d'exemple nous avons noté sur la figure 3.12 les codes assembleurs d'un même traitement sur une machine CISC 68000 et RISC AMD29000.

Temps de cycle Tcycle de la machine
Tcycle est égal au temps de fonctionnement le plus lent parmi les composants de l'architecture qui fonctionnent en concurrence. Deux caractéristiques matérielles permettent de diminuer Tcycle : d'une part, le décodeur des machines RISC est largement moins complexe que celui des machines CISC, et donc plus rapide. D'autre part, une autre caractéristique des machines RISC est liée à la présence de mémoires caches, ou de bancs de registres de taille importante sur le composant lui-même. L'intégration sur un même circuit de ces points de mémorisation permettra en effet de réduire considérablement le temps d'accès à une donnée mémorisée localement. On constatera ainsi des temps d'accès mémoire de l'ordre de 25 ns sur le

R3000 qui peuvent descendre à 7 ns sur le R6000. Il serait impensable d'atteindre ces temps sur des processeurs devant accéder à des mémoires externes.

En conséquence, on peut souvent atteindre des temps de cycles (Tcycle) extrêmement faibles (fréquence d'horloge pouvant dépasser 300 MHz sur le processeur ALPHA). Ces temps reflètent la rapidité du microprocesseur RISC uniquement lorsqu'aucun accès externe n'est requis : code en cache d'instructions, données en cache et registres. Nous relevons les valeurs de temps de cycle sur la figure 3.13.

microprocesseur	ALPHA 21064	MIPS R4400SC	PA7100	Pentium	Power PC 601	Super Sparc	68040	80486
constructeur	DEC	MIPS Technology	H.P.	Intel	IBM & Motorola	Sun Texas	Motorola	Intel
mise sur marché	Fev 92	Nov 92	Fev 92	Mars 93	Avril 93	Mai 92	1989	Juin 91
architecture								
type	RISC	RISC	RISC	CISC	RISC	RISC	CISC	CISC
taille en bits	64	64	32	32	32	32	32	32
cache intégré en koctets instruc./données	8 / 8	16 / 16	-	8 / 8	32 unifié	20 / 16	4 / 4	8 unifié
contrôleur pour cache externe Moctets	16	4	1 / 2	-	-	-	-	-
registres (généraux/calcul)	32 / 32	32 / 32	32 / 32	8 / 8	32 / 32	136 / 32	16 / 8	8 / 8
nombre d'instructions par cycle	2	1	2	2	3	3	1	1
nombre d'unités indépendantes	4	N.A.	3	3	3	5	N.A.	N.A.
étages de pipeline (entiers/flottant)	7 / 10	7 / 10	5 / 6	5 / 8	4 / 6	4 / 5	3 / 6	5 /
support multiprocesseurs	oui	oui	oui	oui	oui	oui	non	non
performances								
technologie	0,68 µm CMOS	0,6 µm CMOS	0,8 µm CMOS	0,8 µm BiCMOS	0,65 µm CMOS	0,7 µm BiCMOS	0,65 µm CMOS	0,8 µm CMOS
surface en mm	15,3 x 12,7	12 x 15,5	14,2 x 14,2	17,2 x 17,2	11 x 11	16 x 16	10,8 x 11,7	
transistors (10^6)	1,68	2,3	0,85	3,1	2,8	3,1	1,2	1,2
horloge (MHz)	200	150	100	66	80	60	25	50
SPECint 92	130	88	81	67,4	85	80	21	27,9
SPECfp 92	184	97	150	63,6	105	100	15	13,1
puissance W	30	15	23	16	9.1	14,2	6	5
boîtier (broches)	PGA (431)	PGA (447)	PGA (504)	PGA (273)	QFP (304)	PGA (293)	PGA (179)	PGA (168)
coût en $ *	505	1100		898	550	999	233	432

* Coût estimatif pour 1000 Pièces en 1994.

Figure 3.13 : Caractéristiques générales des processeurs RISC [Gep93].

Nombre de périodes Ni d'horloge moyen par instruction
Ce nombre est proche de 1 en moyenne ; il est égal à 1 pour la majorité des instructions, sauf si un aléa entraîne un allongement du temps d'exécution de l'instruction ; les aléas peuvent être de différentes origines [Eti91], [Eti92].

— Aléa de contrôle, typique des instructions de débranchement où il faut attendre soit le positionnement d'un drapeau (débranchement conditionnel), soit la fin du décodage pour connaître l'adresse de l'instruction suivante,
— Aléa structurel, qui retarde l'exécution des instructions lorsque l'architecture du processeur n'est pas Harvard (séparation des bus d'instructions et de données). De nombreux processeurs RISC présentent des structures internes Harvard, mais des structures externes à bus unique. Tout accès simultané à une donnée ou une instruction en mémoire externe provoque alors un retard d'exécution de l'instruction,
— Aléa de dépendance, qui correspond à l'attente d'un résultat pour l'exécution de deux instructions successives : l'une produit le résultat, l'autre l'utilise. L'attente due à cet aléa croit en fonction du nombre d'étages de pipeline de l'unité de traitement.

Nous illustrerons ces aléas sur un exemple au §3.3.3. Différentes techniques matérielles ou logicielles permettent de diminuer les aléas de contrôle. On pourra indiquer dans le code la branche à prédire qui, dans ce cas, ne correspond pas forcément à la suite des instructions séquentielles en mémoire. Une autre technique consiste à mémoriser un historique des branchements, et à prédire le plus probable. On peut enfin doubler les premières étapes du pipeline RISC et traiter simultanément les deux branches, jusqu'à obtenir la décision.

La programmation d'un processeur RISC est relativement aisée, mais la programmation optimale d'un processeur RISC est un exercice difficile, car il faudra généralement rechercher l'utilisation optimale des registres de travail internes du processeur de manière à réduire l'allongement de code et minimiser les aléas structurels. De même, l'élimination des instructions de débranchement (par exemple en allongeant les coeurs de boucle, comme nous le montrerons au §3.3.3) se heurte généralement à la limitation de taille des mémoires caches d'instructions.

3.3.3.2 Panorama des processeurs RISC

Nous avons noté dans le tableau de la figure 3.13 les principaux processeurs RISC de dernière génération.

Leur architecture interne est de type Harvard : séparation des transferts d'instructions et de données. Dans certains processeurs, le nombre d'étages de pipeline est très important (proche de la dizaine) : on parlera alors de *processeur superpipeline*. Dans d'autre processeurs, l'augmentation de performance est réalisée par la multiplication des unités d'exécution, ce qui permettra, sous certaines restrictions, d'exécuter en parallèle plus d'une instruction (typiquement une instruction de calcul flottant sur l'unité flottante et une instruction sur l'unité entière).

On parlera, dans ce cas, de *processeur superscalaire*. Ceux-ci sont reconnus dans la figure 3.13 par le nombre d'instructions par cycle supérieur ou égal à 1. Ces processeurs superpipelines et superscalaires posent des problèmes d'optimisation de code, et sont bien plus sensibles, aussi bien aux aléas d'instructions, qu'aux limitations technologiques rencontrées lorsque les périodes d'horloge frôlent la nanoseconde. On rencontrera une description de ces architectures de processeurs RISC dans [Eti91].

3.3.3.3 Etude du processeur RISC R3000

Nous détaillons un processeur RISC, qui intègre les principales caractéristiques communes à cette classe de processeurs. Nous verrons tout d'abord son environnement matériel, puis son architecture interne et détaillerons ensuite le fonctionnement de son contrôleur (figure 3.14).

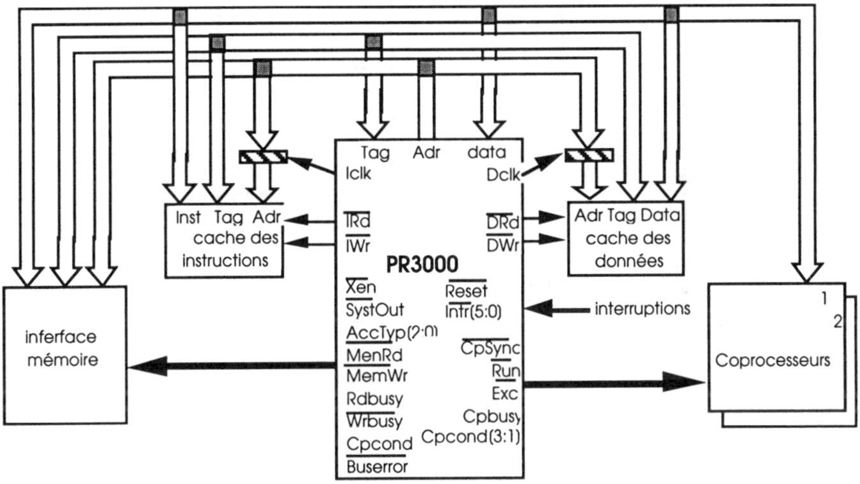

Figure 3.14 : Architecture du R3000 dans son environnement minimum. On note la présence de trois bus : bus d'adresses “Adr”, de Tag et de données Data.

On distingue :

— l'environnement classique d'un microprocesseur, composé d'un bus d'adresses et de données, des signaux de contrôle de la mémoire, des coprocesseurs et des signaux d'interruption (Reset et les 6 interruptions Intr[5 :0]),

— certaines caractéristiques propres au processeur RISC : la distribution d'un bus de TAG (le gestionnaire des mémoires caches est interne au processeur), une mémoire cache d'instructions et de données séparées. La séparation des transferts de données et d'instructions est assurée par un multiplexage temporel des bus.

Nous relevons les principaux signaux :

— *Bus d'adresses :* 32 bits plus 4 bits de parité,

— *Bus de Tag et d'adresses :* TAG[31 :12] bus de 20 bits pour le transfert des TAG ou des poids forts des adresses ; Adr[17 :0] bus de 18 bits pour le transfert des bits de poids faible des adresses ; TagV indique la validité d'un Tag, TagP[2 :0] sont les bits de parité,

— *AccTyp[2 :0]* indique la taille des données transférées.

L'adressage concerne un mot (32 bits), un demi-mot (16 bits) ou un Byte (8 bits). L'adresse sur 32 bits est constituée de 4 octets suivant 2 modes :

— *Mode 'big endian' :* l'octet de poids fort d'un mot correspond aux poids faibles de l'adresse que l'on désire former, ceci jusqu'à l'octet de poids faible du mot qui correspond aux poids forts de l'adresse,

— *Mode 'little endian' :* l'adresse est directement la correspondance du mot.

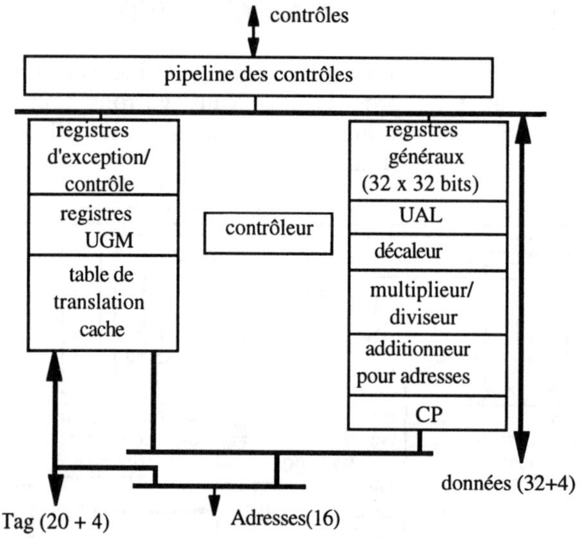

Figure 3.15 : Organisation interne du R3000, où l'on trouve des registres spécialisés et généraux autour de l'unité de gestion mémoire UGM, de l'unité arithmétique et logique UAL et du compteur de programme CP.

Le premier mode de formation des adresses permet une compatibilité avec les processeurs de la famille des 68000 ou IBM370, le second mode respecte les conventions iAPX x86, NS32000 ou DEC VAX.

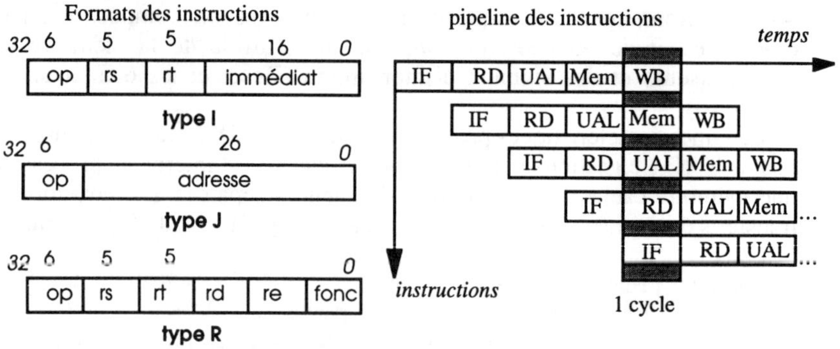

Figure 3.16 : R3000 : trois formats d'instructions(I,J,R) sur cinq niveaux de pipeline. — 1) IF : recherche d'une instruction ;— 2) Rd : Transfert d'un opérande à partir des registres de travail ;— 3) UAL : exécution de l'opération ;— 4) Mem : accès à la mémoire cache de données ;— 5) WB : écriture d'une donnée vers la mémoire, via le buffer d'écriture (composant R3020 sous-traitant les écritures 'lentes' et les codes de parité).

Le processeur fonctionne en mode utilisateur (2 adresses) ou en mode 'noyau' (il adresse 4 Goctets). L'organisation interne (figure 3.15) est régie par un contrôleur, autour duquel on notera d'un côté l'ensemble des registres et unités de traitement d'un processeur performant et de l'autre côté, les fonctions spécifiques aux gestions des mémoires et du contexte. Les registres généraux sont au nombre de 32, auxquels s'ajoutent deux registres pour la mémorisation des résultats de multiplication ou division microprogrammées. On notera aussi le compteur de programme sur 32 bits.

OP	
	TRANSFERTS
LB	lecture octet
LBU	//, offset non signé
LH	lecture 1/2mot
LHU	// , offset non signé
LW	lecture mot
LWL	//
LWR	//
SB	écriture octet
SH	// 1/2 mot
SW	// mot
SWL	//
SWR	//
	UAL immédiat (#)
ADDI	addition #
ADDIU	// non signé
SLTI	décrément #
SLTIU	// non signé
ANDI	ET #
ORI	OU #
XORI	XOR #
LUI	lecture MSB #
	UAL TYPE R
ADD	addition
ADDU	// non signé
SUB	soustraction
SUBU	// non signé
SLT	décrémente
SLTU	// non signé
AND	ET
OR	OU
XOR	XOR
NOR	NON OU

OP	
	Décalage
SLL	gauche logique
SRL	droite logique
SRA	droite arithmétique
SLLV	gauche log. variable
SRLV	droite log. variable
SRAV	droite arith. variable
	SPECIAL
SYSCALL	appel système
BREAK	STOP
	Multiple - divise
MULT	multiplie
MULTU	// non signé
DIV	divise
DIVU	// non signé
MFHI	lecture HI
MTHI	écriture HI
MFLO	lecture LO
MTLO	écriture LO
	SAUTS
J	absolu
JAL	// et lien
JR	absolu / registre
JALR	// + lien
BEQ	saut si égal
BNE	// non égal
BLEZ	// ≤ 0
BGTZ	// > 0
BLTZ	// < 0
BGEZ	// ≥ 0
BLTZAL	// < 0 et lien
BGEZAL	// ≥ 0 et lien

OP	
	Coprocesseur
LWCz	lecture mot du copr.
SWCz	écriture mot vers copr.
MTCz	transfert vers copr.
MFCz	transfert de copr.
CTCz	écriture contrôle
CFCz	lecture contrôle
COPz	opération copr.
BCzT	saut si z vraie
BCzF	saut si z fausse
	Contrôle système
MTC0	transfert vers reg. contr.
MFC0	transfert de reg. contr.
TLBR	lecture index table
TLBWI	écriture index table
TLBWR	écriture reg. aléatoire
TLBP	sonde table
RFE	restitue contexte

copr. : coprocesseur

Figure 3.17 : Jeu d'instructions du R3000.

Les registres de gestion du système et des mémoires sont formés de :

— une table de correspondance de 64 Tag de 20 bits, permettant de gérer une mémoire cache, ou une mémoire virtuelle par blocs de 4 koctets. Cette table est complétée par deux registres mémorisant les parties hautes et basses des entrées dans la table et de deux registres pointant dans cette table : un registre d'index programmable et un registre 'aléatoire',

— un registre de statuts, définissant le mode (utilisateur ou noyau), le masque des interruptions, les diagnostics,…,

— un registre 'cause' qui indique la dernière exception,

— un registre EPC contenant l'adresse en cas d'exception,

— un registre de contexte intéressant la mémoire virtuelle du noyau,
— badVA, registre contenant l'adresse virtuelle en défaut, la plus récente.

Les étapes de recherche, décodage et exécution d'instructions s'exécutent sur cinq niveaux de pipeline. De plus il n'existe dans ce processeur que trois types d'instructions (figure 3.16).

Les formats d'instructions sont :
— les instructions immédiates (type I), pour les opérations avec opérandes immédiats, les transferts de données entre mémoire et registre interne (les 16 bits d'adresse immédiats sont associés à un Tag), ou pour les sauts de programme (16 bits de LSB sont associés aux MSB du compteur de programme),
— les instructions de saut (type J), permettent des déplacements sur 26 bits, associés aux 4 bits de poids fort MSB du compteur de programme,
— les instructions sur les registres (type R), permettent les opérations arithmétiques et logiques, ou les sauts indirects.

La figure 3.17 résume le jeu d'instructions du processeur R3000. Les processeurs RISC de dernière génération exploitent le parallélisme de traitement des instructions. De même, la minimisation des aléas d'instructions entraîne la présence de matériel supplémentaire (par exemple les unités de prédiction de branchement). Nous détaillerons le fonctionnement et l'architecture d'un processeur RISC évolué, le processeur ALPHA de Digital au chapitre 5. Nous présentons à titre d'illustration à l'évolution des architectures la structure interne du PC601, le processeur RISC superpipeline (4 à 6 étages) et superscalaire (3 instructions par cycle) d'IBM et de MOTOROLA (figure 3.18).

3.3.4. Aléas de fonctionnement

Dans ce paragraphe, nous étudierons les aléas de fonctionnement, qui induisent des ralentissements au niveau du cycle pipe-line [Eti92]. Ces aléas proviennent de conflits, conflits de ressources, conflits liés au contrôle ou encore dépendance sur les données traitées, comme nous allons le voir dans les paragraphes suivants.

3.3.4.1. Aléa de fonctionnement : origines

On considère un processeur RISC, dont les instructions sont pipelinées sur quatre niveaux, comme indiqué sur la figure 3.19 [Eti92] :

Une instruction de calcul traite deux opérandes situés en registre interne durant la phase Ex, et peut ranger le résultat par un adressage indirect durant la phase Rr : dans le cas d'un transfert mémoire vers le microprocesseur, une instruction fera le calcul de l'adresse de l'opérande durant la phase Ex, et le transfert durant la phase Rr. Le nombre de cycles machines par instruction d'un processeur RISC est théoriquement égal à 1. On va étudier les trois cas caractéristiques qui aboutissent à l'allongement du nombre de cycles pour l'exécution d'une instruction sur un processeur RISC.

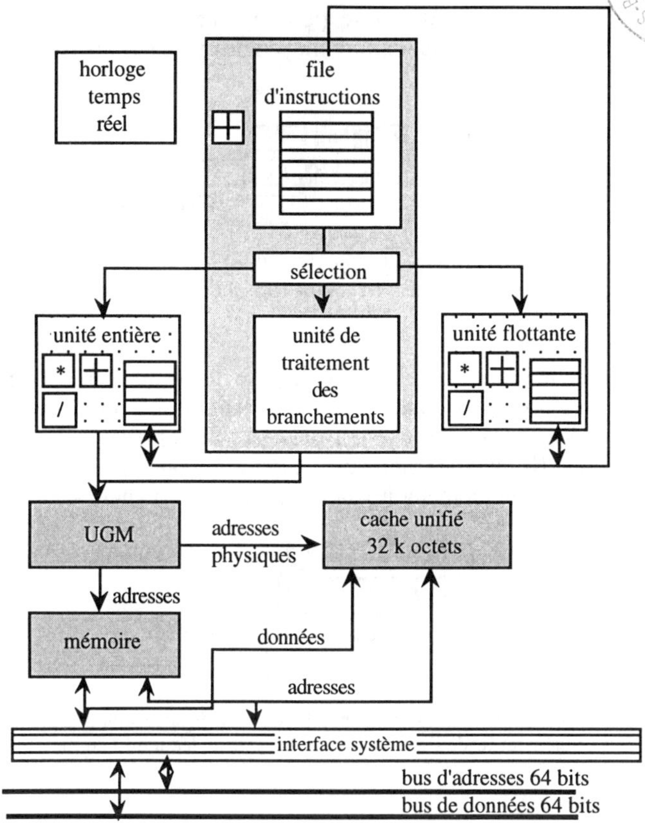

Figure 3.18 : Structure interne du RISC PC601 d'IBM et de MOTOROLA [Gep93].

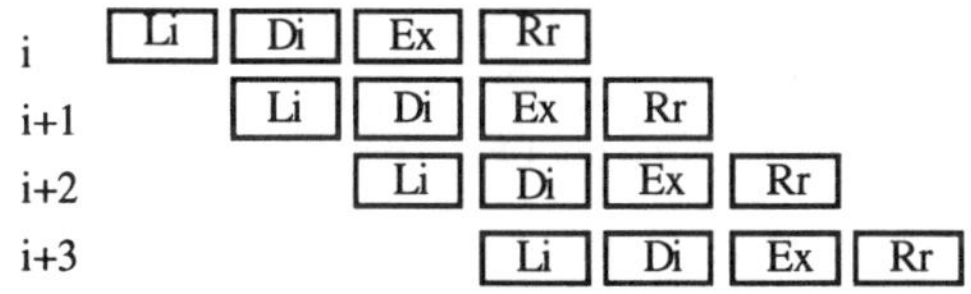

Figure 3.19 : Pipeline d'instructions d'un processeur RISC. — Li : Lecture d'une instruction en mémoire,— Di : Décodage d'une instruction et sélection des opérandes, en registres internes, s'il y a une opération à exécuter, — Ex : Exécution de l'instruction sur l'UAL du microprocesseur, — Rr : Rangement du résultat (transfert d'un registre de ou vers la mémoire).

Aléa de contrôle

Une instruction i-1 positionne les drapeaux de l'UAL à la fin d'une exécution, l'instruction qui suit en mémoire i est une instruction de débranchement conditionnel à la valeur de ces drapeaux. Dans le cas où l'instruction succédant à i en mémoire est i+1, on n'aura pas d'allongement de cycle pour son exécution.

Dans le cas où l'instruction à exécuter à la suite de i (débranchement) est j, l'exécution pipeline de j sera retardée (figure 3.20) d'un cycle (par rapport à l'exécution de i+1). Si Ac% est le pourcentage d'instructions entrainant un débranchement conditionnel, le nombre moyen de cycle par instruction, CPI est égal à 1+Ac%.

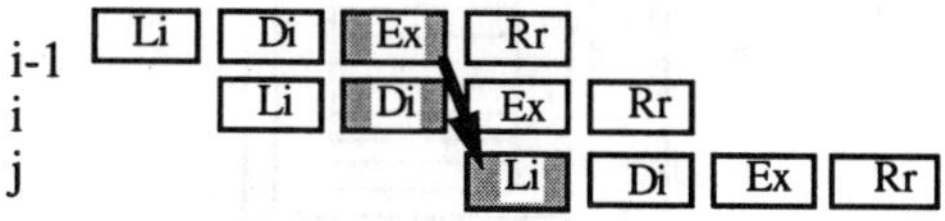

Figure 3.20 : Dépendance du cycle d'exécution Ex de l'instruction i-1 et du cycle de décodage Di de l'instruction 'i' sur le cycle de lecture Li de l'instruction j.

Aléa structurel
On considère que le processeur RISC ne dispose que d'une seule mémoire, pour les instructions et les données. Considérons une instruction i qui accède à la mémoire durant sa phase Rr, et les instructions i+1 à i+4 qui ne présentent pas de rangement en mémoire (cycle Rr inactif) (figure 3.21). Pour un pourcentage As% d'instructions effectuant un rangement en mémoire, la valeur de CPI est égale à 1 + As%.

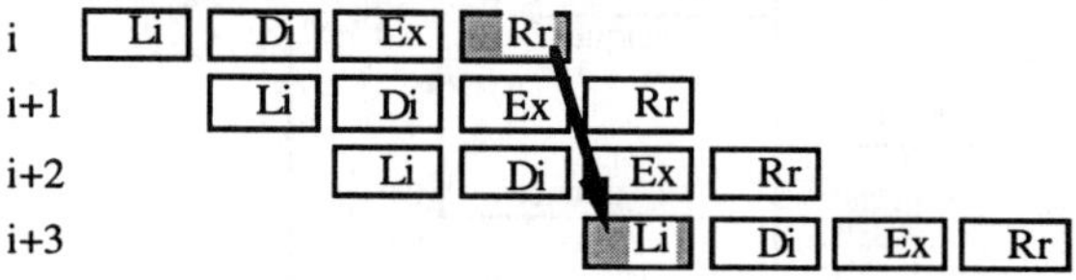

Figure 3.21 : Allongement du temps d'exécution du à un aléa structurel d'accès mémoire entre le cycle de rangement Rr de l'instruction i et le cycle de lecture Li de l'instruction i+3.

Dépendance de données
On considère deux calculs successifs, s'opérant entre contenus de registres :

instruction i	R5 <— R1 + R2
instruction i+1	R4 <— R5 + R1

Pour ces calculs, on détaille les cycles d'exécution des instructions (figure 3.22). Si Ad% est le nombre d'instructions successives et indépendantes, on a une valeur de CPI = 1 + Ad%.

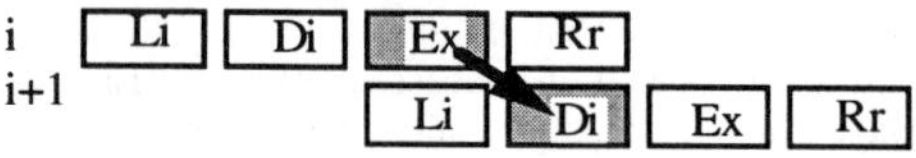

Figure 3.22 : Dépendance de donnée entre le cycle d'exécution Ex de l'instruction 'i' et le cycle de décodage et sélection des opérandes Di de l'instruction 'i+1'.

3.3.4.2. Aléa de fonctionnement : quelques solutions

Afin de ne pas retarder le pipeline dans le cas d'une instruction de saut conditionnel, on pourra, par exemple lors de la compilation, réordonnancer le programme afin de mettre en œuvre le branchement retardé (voir chapitre 5). Afin d'améliorer le traitement des branchements conditionnels qui conduisent à retarder le pipeline, on pourra implanter un tableau contenant un historique de branchement.

On pourra améliorer le traitement des dépendances entre données, en mettant en place des mécanismes de dérivation dits de "bypass". Par exemple on pourra relier les registres d'entrées et de sortie de l'UAL.

On pourra également utiliser une table de réservation (*scoreboarding*). Celle ci pourra comprendre l'état des unités fonctionnelles, par exemple leur disponibilité, l'identification des registres sources et destination, ainsi que la disponibilité de ces registres. Ainsi chaque instruction, en fonction des ressources dont elle a besoin et de leur disponibilité, pourra ou non être exécutée. De même lors des différentes phases de son exécution, on positionnera les marqueurs des ressources et des registres utilisés (cf microprocesseur 21064, chapitre 5).

3.3.5. Exemple d'optimisation de code pour un processeur RISC

Allongement de code et dépendances de données
Nous reprenons le même calcul que précédemment, mais en utilisant cette fois des instructions d'adressage indirect pré-incrémenté. Les calculs sont :

(R5+1) <— (R1+1) + (R2+1)
(R4+1) <— (R5) + (R1).

Le déroulement des calculs se fait par l'ajout de code et l'ajout de cycles (figure 3.23). Cette seconde programmation s'exécute en 12 cycles qui viennent des deux instructions et de leur allongement de code (égal à un facteur 4) et des cycles de retard dus aux dépendances de données (2 x 2 cycles) (12 = 2 x 4 + 2 x 2).

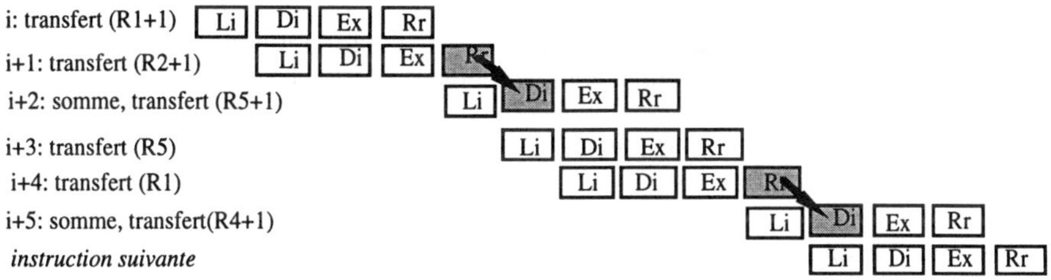

Figure 3.23 : Dépendance de données et allongement de code.

Optimisation de code
On s'intéresse aux calculs d'un filtre adaptatif du gradient, l'algorithme de filtrage adaptatif LMS dont les équations sont [Hay86] :

$y = H^T.X$; (produit de convolution)
$e = mu.(d - y)$; (erreur)
$H = H + e.X$. (adaptation)

Considérons une première écriture du programme, où l'on commence par le calcul du produit de convolution, avant d'entreprendre le produit de l'adaptation.

a°) Calculs séparés du produit de convolution et de l'adaptation.

le coeur du produit de convolution s'écrit : y = y + h(i) . x(i)

le coeur de l'adaptation s'écrit : h(i) = h(i) + e.x(i).

Nous représentons sur le schéma 3.24 le déroulement des instructions durant le calcul du coeur du produit de convolution et de l'épandage sur la figure 3.25. De l'examen des figures 3.24 et 3.25 on peut conclure que lorsque les tailles de vecteurs X et H sont importantes, on peut négliger le temps nécessaire au calcul de l'erreur et donc il faut environ 20 cycles par échantillon des vecteurs.

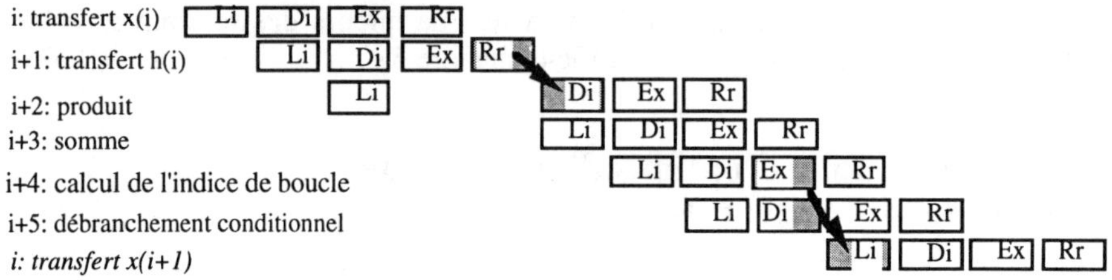

Figure 3.24 : Calcul d'un point du produit de convolution en 9 cycles.

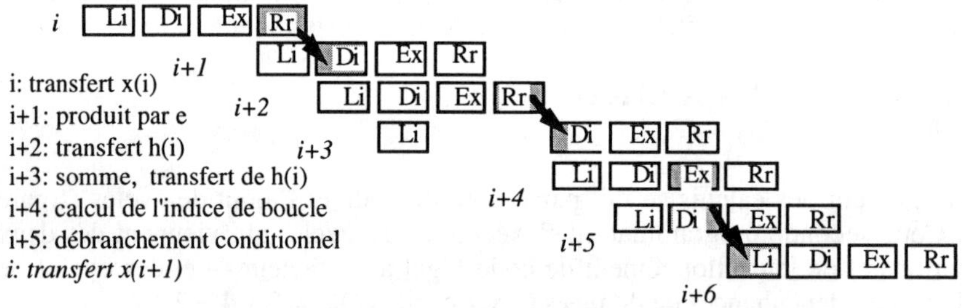

Figure 3.25 : Calcul d'un point de l'adaptation en 11 cycles.

b°)Calculs simultanés du cœur de l'adaptation et du cœur du produit de convolution. Les calculs du filtre se renouvellent continuellement dans le temps et donc on peut les réécrire :

h(i) = h(i) + e.x(i) ;

y = y + h(i).x(i).

On exécute dans le coeur de boucle l'adaptation du coefficient h(i) et immédiatement, on utilise ce résultat pour calculer le terme partiel du produit de convolution (figure 3.26).

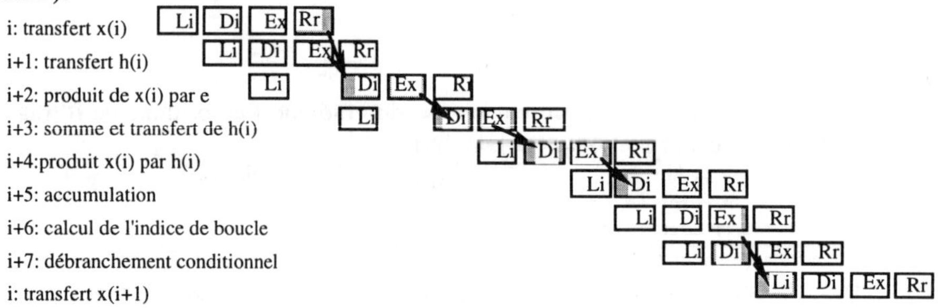

Figure 3.26 : Cœur du calcul : adaptation plus convolution en 13 cycles.

On montre que l'optimisation de code aboutit à la réduction du nombre de cycles de calcul, puisque seuls 13 cycles par échantillon suffisent. Cette réduction du nombre de cycles est obtenu :

— par une maîtrise de l'allongement de code (dans le second cas, seules 7 instructions sont exécutées, à la place de 10 dans le premier programme),

— par une réduction des aléas de contrôle (un seul débranchement par échantillon, à la place de deux),

— par une réduction des aléas de dépendance de données (par exemple le transfert de h(i) avant le produit x(i) par e).

On peut refaire une étude d'optimisation identique dans le cas d'un processeur de traitement du signal, qui devrait être modélisé par un fonctionnement à cinq niveaux de pipeline (figure 3.27).

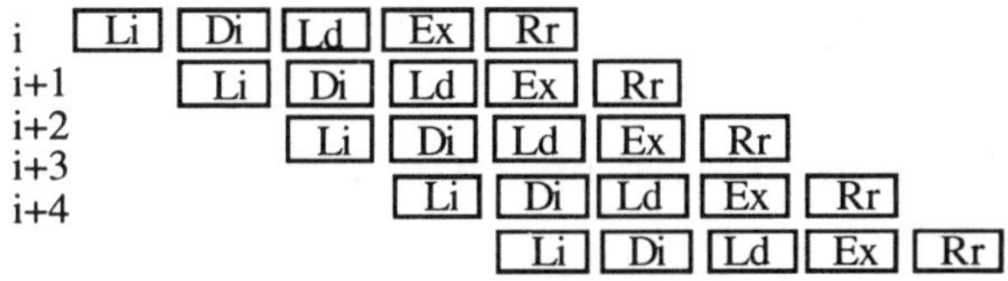

Figure 3.27 : Pipeline d'un processeur RISC formel adapté au traitement du signal, comprenant 5 niveaux de pipeline des instructions : Li, Di, Ld, Ex, Rr.

Les cinq niveaux de pipeline sont :

— Li : lecture d'une instruction en mémoire,

— Di : décodage d'une instruction et sélection des opérandes, en registres internes, s'il y a une opération à exécuter,

— Ld : transfert des opérandes de la mémoire vers les registres internes (plusieurs transferts simultanés dans les processeurs de traitement du signal),

— Ex : exécution de l'instruction sur l'UAL du microprocesseur,

— Rr : rangement du résultat (transfert d'un registre vers la mémoire).

Ces différentes optimisations peuvent être reprises pour la programmation des processeurs de traitement du signal qui intègrent tous des contrôleurs RISC.

3.4. Pipeline et parallélisme

3.4.1. Introduction

La recherche de performances accrues conduit à l'utilisation de fonctionnements concurrents des différents organes d'un système numérique complexe. Ce fonctionnement concurrent est réalisé soit en dédoublant les traitements et les éléments de la machine, on parlera de parallélisme spatial, soit en utilisant le recouvrement des traitements réalisés sur un même système, on parlera alors de parallélisme temporel, ou de pipeline.

Le problème généralement posé est celui de la recherche du meilleur compromis temps-complexité dans la conception d'une architecture concurrente : comment concevoir une architecture à moindre complexité et à vitesse de traitement maximale. Nous montrerons qu'une solution pipeline et parallèle peut aussi répondre au meilleur compromis vitesse-complexité. Ce choix dépend de différentes considérations, liées à l'algorithme à mettre en oeuvre, à la granularité du parallélisme et aux ressources utilisées.

Nous étudierons la conception d'une architecture pipeline en quatre points.

— 1. Présentation du fonctionnement pipeline des architectures,

— 2. Limites du fonctionnement pipeline lors de rupture de flots de traitement. Nous présentons le cas particulier des filtres récursifs,

— 3. Contraintes des architectures pipelines exploitées à une faible granularité de parallélisme,

— 4. Optimisation des ressources par réutilisation.

3.4.2. Parallélisme et pipeline des processeurs élémentaires

Notre approche se place dans le cadre de l'augmentation de performances de systèmes numériques complexes. On supposera qu'il existe un système numérique primitif réalisant le traitement souhaité. Celui-ci sera nommé système primitif. Pour accroître les performances de ce système primitif, on est amené à exploiter soit le parallélisme spatial, soit le parallélisme temporel, soit une combinaison des deux solutions. Nous rappellerons tout d'abord les avantages et contraintes du parallélisme spatial. Nous présentons ensuite le concept du parallélisme temporel.

3.4.2.1. Parallélisme spatial

Considérons un traitement T exécuté sur un système primitif PEseq à la rapidité Tseq (temps de traitement séquentiel). Le parallélisme peut être exploité à un niveau matériel, soit lorsque le traitement peut être parallélisé en plusieurs tâches, soit lorsqu'il est parallélisable sur les données qu'il traite. Considérons que le système primitif qui effectue le traitement complexe T, puisse être décomposé en N traitements élémentaires Ti. On note le traitement d'une donnée dn.

Cas 1 : Le traitement contient du parallélisme de tâches
Le traitement T est constitué de deux traitements Ta et Tb séparés.

T(dn) = T(Ta(dn),Tb(dn)), où

Ta(dn) = TaL o … o Ta2 o Ta1 (dn) ; traitement séquentiel

Tb(dn) = TbM o … o Tb2 o Tb1 (dn) ; traitement séquentiel

et L + M = N.

Alors, il est possible de réduire le temps de traitement en réalisant de manière concurrente les traitements Ta et Tb sur deux processeurs PEa et PEb. Suivant la nature des traitements élémentaires Tij (i = a,b,… ; j = 1,2,…), il est possible d'optimiser le matériel mis en oeuvre, en comparant les coûts des processeurs PEa + PEb à celui du système primitif PEseq. Si tous les traitements élémentaires sont de natures différentes, alors le coût du système parallèle est proche de celui du système primitif. Si tous les traitements sont de même nature, alors les processeurs PEa, PEb et PEseq sont de même nature, et le coût du système parallèle est proche du double de celui du système primitif.

Cas 2 : Le traitement contient du parallélisme de données
L'expression d'un tel traitement est le suivant :

$$T(dn) = TN \circ \ldots \circ T2 \circ T1(dn).$$

et il est possible de traiter plusieurs données dn simultanément. Alors, on accélère la cadence de traitement en exploitant le parallélisme spatial en doublant le système primitif réalisant le traitement T(dn) autant de fois que nécessaire pour atteindre la cadence désirée. On se retrouve alors avec P systèmes primitifs, où chaque système traite les données en un temps Tseq. La cadence de traitement du système parallèle est égale à Tseq/P. Le coût du système parallèle est multiplié par P, le produit temps-coût est donc constant, quelle que soit la solution parallèle adoptée. Nous aurons l'occasion de comparer les solutions pipelines aux solutions parallèles.

3.4.2.2. Parallélisme temporel

On définit le parallélisme temporel, ou pipe-line d'une architecture, par le recouvrement de traitements réalisés simultanément sur un système numérique n'exploitant pas le parallélisme spatial.

Soit un traitement T décomposable en une suite séquentielle de sous-tâches Ti. Le traitement d'une donnée dn s'écrit :

$$T(dn) = TN \circ \ldots \circ T2 \circ T1(dn)$$

Ce traitement peut être mis en oeuvre sur une architecture constituée de N processeurs élémentaires PE1 à PEN, chacun réalisant une tâche particulière T1 à TN. Au temps t = 0, la donnée dn est présentée en entrée du réseau, au temps Tseq, où $Tseq = \sum_i T(PEi)$, le résultat sn du traitement de dn est valide (figure 3.28).

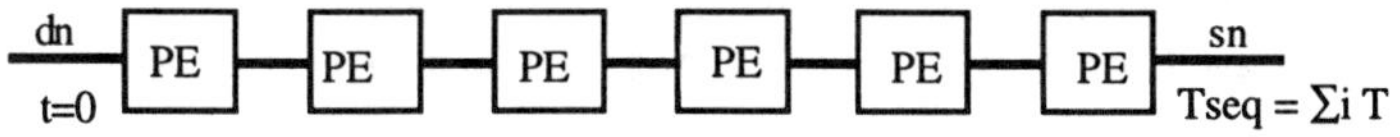

Figure 3.28 : Structure combinatoire de traitement et temps de fonctionnement associé.

Les processeurs élémentaires PEi peuvent aussi bien réaliser les différents traitements Ti d'un contrôleur RISC (séquenceur, mémoire, décodeur,...), que les parties élémentaires d'un traitement arithmétique complexe. On constatera qu'il est nécessaire de stabiliser l'entrée dn durant l'ensemble des temps de fonctionnement des processeurs élémentaires combinatoires : en effet, chaque PEi positionne correctement ses sorties en un temps compris entre 0 et T(PEi). Une modification de dn avant Tseq pourrait fausser le résultat de sn.

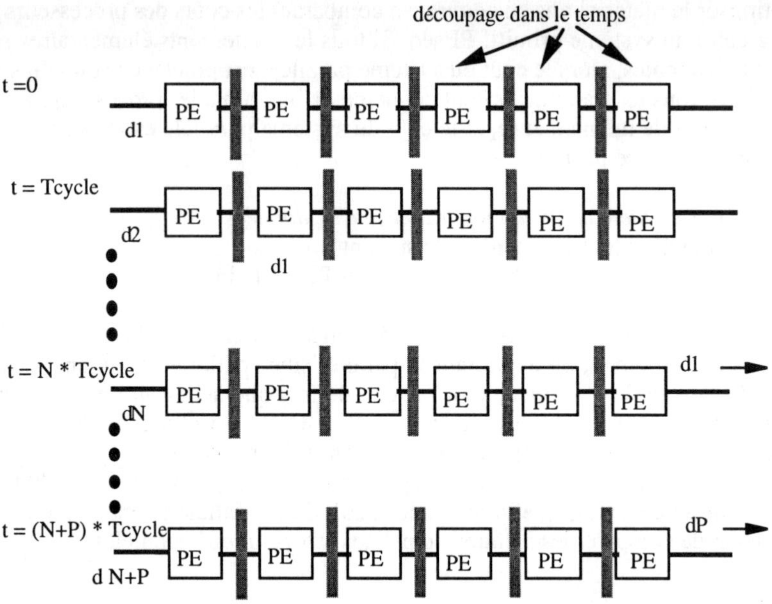

Figure 3.29 : Structure pipeline et description du recouvrement des traitements.

Chaque processeur est réellement utilisé avec un rendement d'autant plus faible que son temps de fonctionnement T(PEi) est faible devant Tseq. L'augmentation du rendement d'un processeur élémentaire pourra se faire par la stabilisation des calculs intermédiaires en entrée du PE, permettant au PE amont de modifier sa sortie. La stabilisation s'effectue en introduisant un registre de pipeline, comme nous le symbolisons sur la figure 3.29. Tous les registres de pipeline sont chargés à la cadence Tcycle. Cette architecture pipeline permet le recouvrement des traitements de différentes données sur le même système numérique primitif :

— au temps t = 0, la donnée dn est présentée à l'entrée de PE1,
— au temps t = Tcycle, dn+1 est présentée à l'entrée de PE1, tandis que le résultat du traitement partiel de dn par PE1 est présenté à l'entrée de PE2,
— au temps t = N.Tcycle, sn = T(dn) sort du réseau,
— au temps T = (N+B-1)Tcycle, s(n+b) = T(d(n+b)) est le résultat du B ième traitement.

L'architecture pipeline permet B traitements successifs en un temps :

$$T(B) = (N+B-1).Tcycle.$$

Le temps de cycle doit être recherché de manière à s'assurer que chaque partie concurrente de l'architecture puisse exécuter son traitement élémentaire en un temps inférieur ou égal à Tcycle. En conséquence, on choisira pour l'architecture présentée figure 3.29 :

$$Tcycle\ minimum = SUP_i\ (T(PEi)).$$

Comme nous l'avons déjà évoqué pour les architectures parallèles utilisant la duplication des PE, il n'est pas possible d'utiliser une solution pipeline lorsque les traitements sont récursifs. En effet, la récursivité entraînant l'attente des résultats d'un traitement précédent empêche le recouvrement temporel de leur exécution. Nous verrons cependant comment résoudre le problème de la récursivité pour l'implantation pipeline de filtres RII.

3.4.3. Influence des flots finis de données

Le temps de cycle précédemment défini est encore appelé cadence des traitements. Il représente le temps minimum d'attente entre le renouvellement de deux traitements successifs. Généralement les traitements s'opèrent sur B données successives, indépendantes entre elles. Par exemple, un contrôleur RISC traite B instructions séparées par un débranchement. Dans ce cas, la valeur de B peut varier en fonction de la séquence d'instructions à exécuter. Par contre, en traitement du signal, B tend vers l'infini lorsque les traitements d'un filtre s'opèrent sur une suite infinie d'échantillons. Dans ce dernier cas, la cadence est le critère qui sera privilégié, puisque T(B) tend vers l'infini lorsque B tend vers l'infini. La cadence se définit alors comme :

$$\text{Cadence} = \lim_{B\to\infty} \frac{T(B)}{B}.$$

Généralement, la cadence n'est pas le seul critère intervenant dans le temps de traitement d'un nombre B de données, puisque N le nombre de tranches de l'architecture pipeline, intervient aussi. Ainsi, le temps de B traitements successifs est minimum lorsque T(B) = (N+B-1) x Tcycle est minimum. Malheureusement, N et Tcycle varient généralement de manière opposée, puisque N augmente lorsque Tcycle diminue. La solution pipeline amenant à un temps de B traitements successifs minimum n'est pas triviale. Ainsi, nous pouvons comparer les temps de B traitements successifs, lorsque l'architecture est pipeline, ou lorsqu'elle ne l'est pas (figure 3.30).

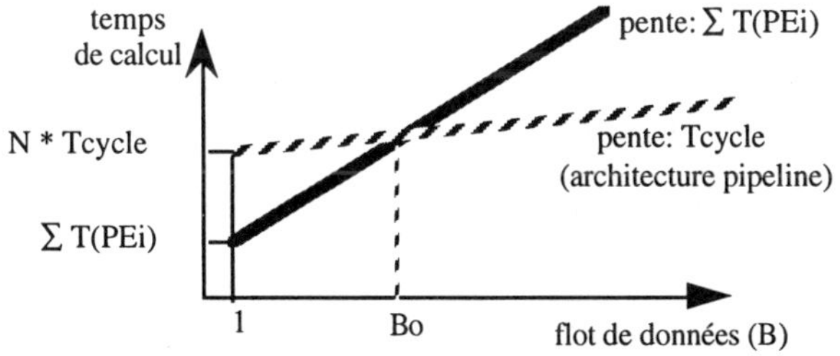

Figure 3.30 : Influence des longueurs de flot de traitement sur le temps de calcul d'une architecture.

B traitements sont effectués en :

$T(B) = B \times \sum_i T(PEi)$ pour le système primitif,

$T(B) = (N+B-1).Tcycle,$

$Tcycle = SUP_i\,(T(PEi)),$ architecture pipeline.

Il existe donc une valeur minimale de Bo qui vérifie

$$Bo.\Sigma_i\ T(PEi) = (N+Bo-1).Tcycle$$

au-dessous de laquelle il n'est pas intéressant de "pipeliner" l'architecture.

Bo décroît vers 1 lorsque l'on peut s'assurer que pour tout processeur leur temps de fonctionnement s'égalise : T(PEi) = T(PEj), et dans ce cas on a :

$$\Sigma_i\ T(PEi) = N\ Tcycle, \text{ pour tout i } Tcycle = T(PEi).$$

On parlera dans ce cas d'architecture pipeline à étages équilibrés. Ainsi on justifie l'approche des contrôleurs RISC, pour lesquels il s'agit de ramener le temps de fonctionnement pour chaque traitement (séquenceur, mémoire des instructions, décodeur, exécution,...) à une même unité de temps. On pourrait vérifier qu'un contrôleur CISC "pipeliné" sans précaution n'amènerait une augmentation de performances qu'à la condition de ne rencontrer que très peu de débranchements.

Nous pouvons illustrer nos propos sur l'exemple suivant.
Soit le traitement réalisé à l'aide des six processeurs élémentaires PE1 à PE6, pour lesquels nous notons les temps de fonctionnement t1 à t6 en unité de temps. Il est possible de "pipeliner" cette architecture en cadençant le fonctionnement de chaque processeur élémentaire sur Tcycle = SUP_i (T(PEi)) = 4. On effectue donc le découpage (1) de l'architecture pipeline, comprenant 6 tranches. Un seul processeur est inséré dans chaque tranche. Le temps de B traitements successifs est :

(1) : T(B) = (N+B-1) Tcycle = 4 B + 20.

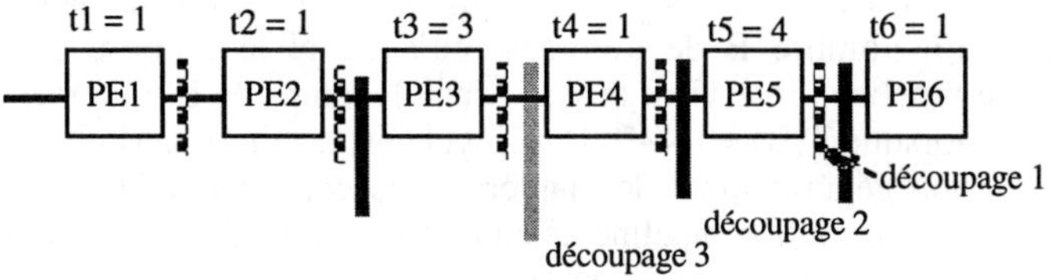

Figure 3.31 : Différentes solutions pour "pipeliner" une architecture.

On remarque qu'il est possible d'exécuter séquentiellement les traitements T1 et T2 exécutés par PE1 et PE2 sans dépasser le temps de cycle trouvé précédemment. Il en est de même pour PE3 et PE4. Ainsi, on propose le découpage 2, architecture pipeline comprenant 4 tranches et ayant un même temps de cycle que précédemment, pour lequel le temps de B traitements est :

(2) : T(B) = (N+B-1) Tcycle = 4 B + 12.

Cette solution sera toujours plus performante en temps, quelle que soit la valeur de B. Ainsi, il est toujours souhaitable de rechercher une architecture pipeline en équilibrant les temps de fonctionnement des processeurs élémentaires contenus dans les différentes tranches.

On peut continuer à étudier les propositions de découpage, et ainsi obtenir une solution quasi équilibrée lorsque Tcycle = 6, où PE1, PE2, PE3 sont regroupés d'une part, PE4 à PE6 d'autre part. Les premiers processeurs traitent les données en 5 unités de temps, les seconds en 6 unités de temps. On obtient alors :

(3) : T(B) = (N+B-1)Tcycle = 6 B + 6.

Les solutions sont comparées dans un plan performance - nombre de traitements, où l'on trouve en abscisse la taille du flot de données à traiter et en ordonnée le temps de calcul (figure 3.32).

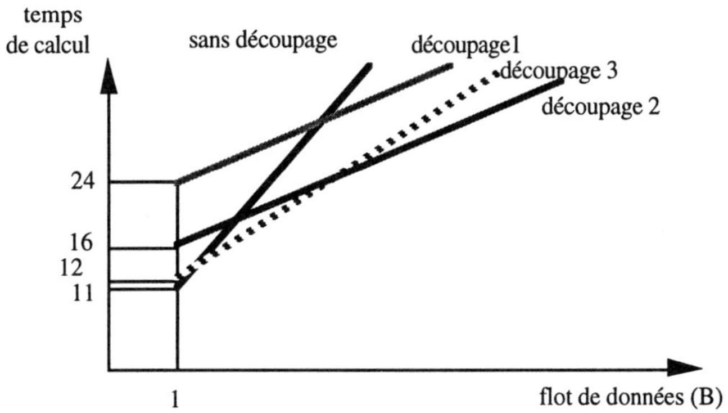

Figure 3.32 : Temps de calcul de différentes solutions architecturales en fonction de la longueur B du flot de données à traiter. Les valeurs initiales sont obtenues par les formules (1) à (3) pour B = 1.

On compare les performances des différentes architectures, en définissant la meilleure d'entre-elles par le temps de calcul minimum pour un flot de B données. Nous constatons ainsi qu'il n'existe pas d'architecture pipeline optimale, mais un ensemble d'architectures qui seront optimales en fonction du nombre de traitements acceptant un recouvrement dans leur exécution. Cet ensemble d'architectures optimales est défini par leur couple (N,Tcycle) tel que à N donné Tcycle est minimum, ou réciproquement.

3.4.4. Influence des registres de pipeline

Le recouvrement temporel de l'exécution des traitements est possible dans la mesure où on ajoute des registres de pipeline, qui séparent en plusieurs tranches l'architecture initiale. Si ceux-ci sont fréquemment négligés dans une première approche, ils peuvent présenter une limitation importante à l'efficacité du pipeline d'une architecture, particulièrement lorsque les PE sont de faible complexité (granularité). En effet, leur présence doit être considérée non seulement au niveau de l'ajout de temps, pour leur temps d'accès, mais aussi au niveau du coût qu'ils représentent. Nous ne définirons précisément pas l'unité de grandeur mesurée par le coût, celui-ci pouvant représenter des paramètres aussi bien concrets (nombre de portes) que plus difficilement mesurable (puissance, francs,...). Nous supposons que la fonction coût est linéaire en fonction du nombre de composants mis en oeuvre. Considérons qu'un traitement complexe T est infiniment divisible en des traitements élémentaires de complexité infime. Pour une valeur donnée de N, le temps de réalisation de B traitements est

$$T(B) = (N+B-1)\ \text{Tcycle}.$$

Si le partage de T suit une loi linéaire, on pourra faire l'approximation que l'équilibrage des tranches de pipeline est réalisé, et que chacune d'entre-elles fonctionne en un temps Tps(T)/N. Tps(T) est le temps de traitement séquentiel de T. A ce temps de fonctionnement, il est nécessaire d'ajouter le temps d'accès aux données contenues dans le registre Treg. Ainsi

$$Tcycle = Treg + Tps(T)/N.$$

B traitements sont réalisés en :

$$T(B) = (N+B-1).(Tps(T)/N + Treg).$$

Le temps d'un traitement, qui représente la cadence de traitement, est réalisé en :

$$\frac{T(B)}{B} = \frac{Tps\,(T)}{B} + \frac{Tps\,(T)}{N} + \frac{Treg}{B} - \frac{Tps\,(T)}{N.B}.$$

Si le découpage est infiniment petit, N -> ∞, et pour B -> ∞, la cadence de traitement T(B)/B tend vers une limite asymptotique Treg. Dans ce cas, l'effort réalisé en augmentant la finesse du découpage devient sans rapport avec un gain de temps infiniment petit. On peut tracer approximativement les quatre courbes de T(B)/B (figure 3.33).

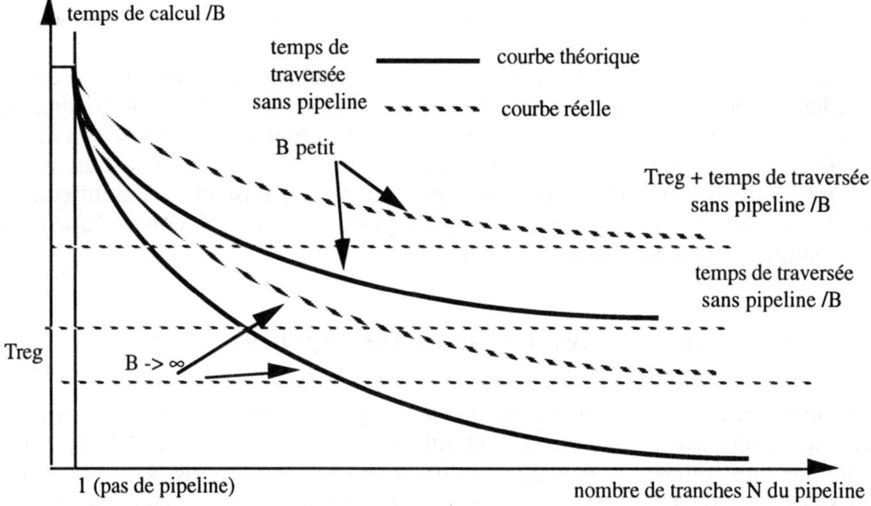

Figure 3.33 : Cadence de traitement pour des flots de B données, B petit ou B tendant vers l'infini, tenant compte ou non de l'influence des registres (Treg = 0 ou Treg ≠ 0).

On ajoute (N-1) registres sur une architecture découpée en N tranches. On notera ainsi le coût de l'architecture pipeline :

coût(N) = coût(primitif, sans les registres) + coût(N registres).

On mesure un compromis coût - performance temporelle d'une architecture pipeline par son facteur de mérite F(N,B) = T(B)/B x coût(N). Les architectures optimales sont celles qui présentent un facteur de mérite minimal. Elles seront retenues pour la recherche du temps de traitement minimum :

$$F(N,B) = \left[\frac{Tps(T)}{B} + \frac{Tps(T) + Treg}{N} - \frac{Tps(T)}{N.B}\right].[Co\ t(pr) + N.Co\ t(Reg)]$$

Coût(pr) : coût primitif de l'architecture ; Coût(Reg) : coût d'un registre.

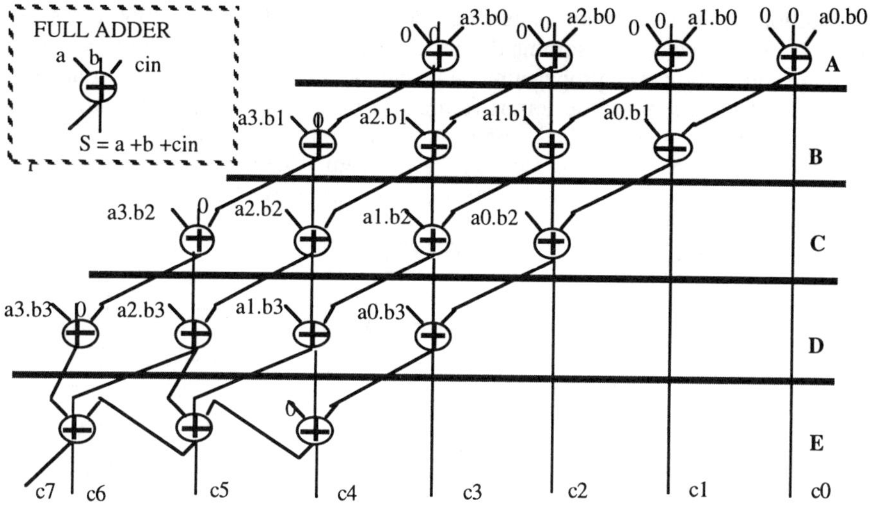

Figure 3.34 : Structure interne d'un multiplieur parallèle composé d'additionneurs complets 'full adder'.

Cette fonction dépend de paramètres fixes, tels les coûts et temps de fonctionnement des registres et du traitement primitif. La variable considérée est le nombre N de tranches de pipeline. On remarque donc que cette fonction accepte un minimum en N= No et qu'elle croît au delà de No. L'utilisation du facteur de mérite est à ramener à la comparaison des solutions pipelines aux solutions parallèles. En effet, dans une première approximation, nous pouvons considérer que ces dernières solutions présentent un facteur de mérite constant, c'est-à-dire que la diminution du temps de calcul d'un facteur k entraîne une augmentation du coût de l'architecture parallèle dans un même facteur k. En conséquence, il apparaît qu'une solution pipeline doit être recherchée, pour répondre à des contraintes de temps réel de traitement, tant que le facteur de mérite décroît, c'est à dire pour $N \leq No$. Si pour $N = No$ le temps de calcul de l'architecture obtenue n'est pas satisfaisant, il s'agit alors de "paralléliser" cette solution pipeline, jusqu'à obtention du temps de calcul désiré.

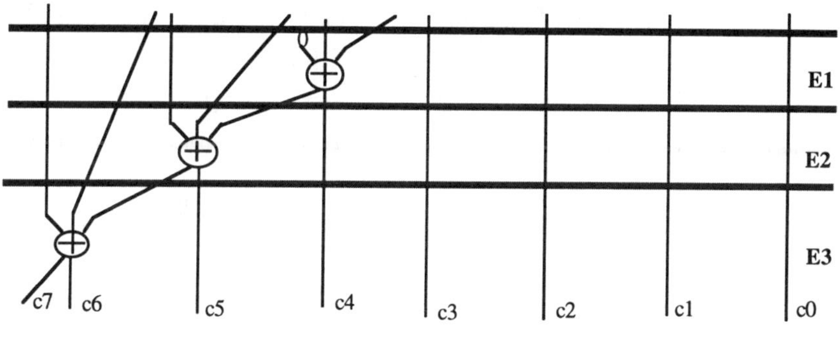

Figure 3.35 : Décomposition de la somme finale en trois étages.

Le multiplieur dont la structure interne est donnée figure 3.34, est composé des sous-tâches A à D effectuant la somme des produits partiels. La sous-tâche E effectue la dernière sommation avec propagation de la retenue. Les quatre premières sous-tâches s'exécutent en une unité de temps (temps de fonctionnement d'un additionneur complet ou FULL ADDER), la dernière s'exécute en trois unités de temps. Elle peut être décomposée en trois sous-tâches E1 à E3 (figure 3.35). A partir du multiplieur primitif, nous pouvons faire les deux propositions de découpage que montre la figure 3.36

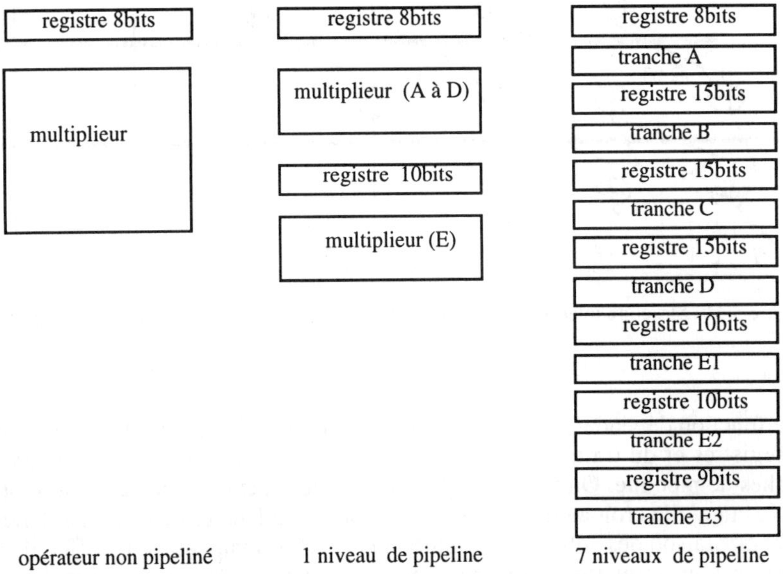

Figure 3.36 : Propositions de découpage du multiplieur parallèle.

Nous évaluons le temps d'accès au registre Treg = 0,6 fois le temps de fonctionnement de l'additionneur complet (unité de temps) ; le coût de mémorisation d'un bit élémentaire est égal au coût de l'additionneur complet (1 unité de coût).
Nous allons donc calculer les temps, coûts et facteurs de mérite des quatre solutions architecturales. Celle qui présente le meilleur facteur de mérite est l'architecture pipeline découpée en quatre tranches (figure 3.37).

découpage [numéros des tranches]	sans découpage	[A,B,C,D] - [E]	[A,B]-[C,D],[E]	[A,B] - [C,D] - [E1,E2] - [E3]	[A]-[B]-[C]-[D]-[E1]-[E2]–[E3]
Tcycle ; N	- ; -	4,6 ; 2	3,6 ; 3	2,6 ; 4	1,6 ; 7
nombre de bits x registre	8	18	33	42	82
cadence	7,6	4,6	3,6	2,6	1,6
coût	18 + 8	18 + 18	18 + 33	18 + 42	18 + 82
facteur de mérite F(N,B)	197,6	165,6	183,6	**156**	160

Figure 3.37 : Comparaisons de quatre solutions architecturales du multiplieur pipeline.

3.4.5. Optimisation des ressources

Jusqu'à maintenant nous avions recherché la meilleure solution pipeline en vue de satisfaire la contrainte de temps d'exécution d'un algorithme. Les problèmes de coût ont été évoqués à travers l'évaluation du coût des registres mis en oeuvre dans les architectures pipelines. Un autre coût peut être considéré lorsqu'une solution architecturale permet la réutilisation des opérateurs. En effet si deux opérations sont exécutées séquentiellement, dans une même tranche de pipeline, alors un seul opérateur est nécessaire. Nous allons formaliser ce problème d'évaluation des coûts pour les architectures pipelines optimisées.

Considérons le cas d'une architecture pipeline pour laquelle figurent plusieurs PE par tranche de pipeline. Le choix d'une telle architecture est par exemple lié à la recherche du temps de calcul minimum pour le traitement d'un flot de B données. Nous supposerons qu'un traitement T se compose de M sous-tâches :

$$T(dn) = TM \text{ o } \ldots \text{ o } T2 \text{ o } T1(dn)$$

où l'ensemble des sous-tâches Ti sont identiques. Nous pouvons considérer un ensemble de solutions architecturales, de l'architecture primitive (combinatoire) à celle composée de N=M tranches. Pour chaque solution, nous pouvons évaluer le coût et le temps de traitement T(B), comme précédemment.

Cependant, si pour une architecture, il y a plusieurs tâches identiques à exécuter séquentiellement par tranche, il est possible de ne mettre en oeuvre qu'un seul PE réalisant tour à tour ces L tâches. En conséquence, le coût de l'architecture pipeline pourra être approximé comme égal au coût de l'architecture primitive divisé par L (on néglige dans ce cas les registres, et on suppose que le nombre de tâches de traitement T est divisible par L).

Ainsi, en associant L tâches par tranche de pipeline, pour N tranches de pipeline, on note :

$$\frac{T(B)}{B} = \left[\frac{(B+N-1).\ Tcycle}{B}\right] \quad \text{où } Tcycle = \frac{Tsp\ (T).L}{M}, \text{ et } L\ \ N = M.$$

Le coût de l'architecture est :

$$\text{coût}(N) = N.\text{coût}(PE)$$

Le facteur de mérite est :

$$F(N,B) = \frac{[Tps\ (T).\ \text{Coût}(PE)].(B+N-1)}{B}$$

Pour un nombre de traitements infini, le facteur de mérite devient :

$$\text{Lim } B\text{->}\infty\ \ [F(B,N)] = [Tps(T).\text{coût}(PE)] \text{ est constant.}$$

Si B est petit, le facteur de mérite diminue lorsque N diminue, donc la solution optimale est l'architecture non pipeline.

Cette approche est simpliste et il faudra tenir compte de plusieurs facteurs :

— lorsque L ne divise pas le nombre de sous-tâches de T, le facteur de mérite augmente,

— lorsque l'on considère les temps et coût des registres, plus la solution est pipeline, plus le facteur de mérite augmente,
— lorsque les sous-tâches ne sont pas identiques, et ne peuvent être réalisées par un même PE, le facteur de mérite augmente pour les solutions faiblement pipelinées.

Exemple : optimisation des ressources
Nous considérons les calculs décrits par le graphe flot de la figure 3.38. Cette architecture primitive est composée de trois additionneurs, deux multiplieurs et un opérateur d'arrondi. Son temps de cycle est minimum et est égal ici au temps de fonctionnement du multiplieur (soit 1,8). Différentes variantes architecturales peuvent être envisagées, et consisteront à rechercher pour différents temps de cycle le nombre minimum de tranches de l'architecture. Nous avons noté sur la figure 3.39 les solutions architecturales optimisées (au sens du § 3.4.3) pour différents temps de cycles.

équations: y = a +b+c; z = y X d X e; s = arrondi(z) + f;

graphe flot correspondant: seul le chaînage des opérations est représenté

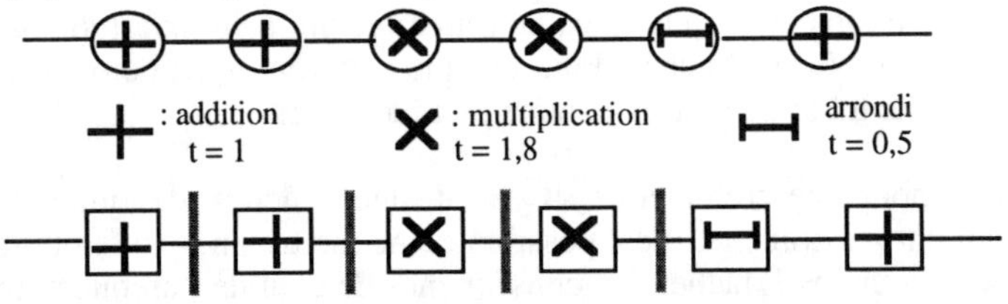

Figure 3.38 : Graphe de calcul et architecture pipeline à temps de cycle minimum associée.

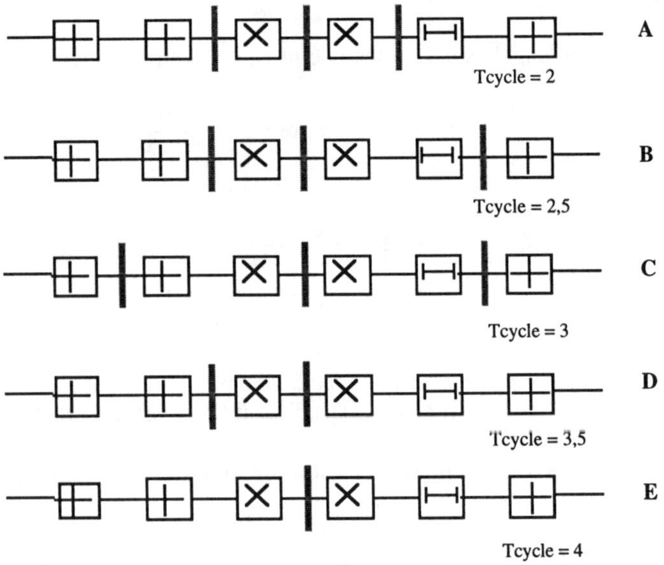

Figure 3.39 : Architectures pipelines optimisées pour différents temps de cycle.

Les différentes architectures A à E correspondent, pour chaque valeur de temps de cycle, à minimiser le nombre de tranches de pipeline. Nous constatons que dans plusieurs architectures, des opérateurs identiques sont utilisés séquentiellement dans une même tranche de pipeline. Il est donc possible de rechercher une solution optimisée cette fois-ci en coût, qui conduira à n'utiliser qu'un seul additionneur pour la première tranche des architectures A, B, D et E.

Cependant pour la dernière solution architecturale E, il est possible de proposer pour un même temps de cycle une solution qui n'est pas optimale en temps, comme le montre la figure 3.40. Cette solution architecturale peut être optimisée en coût de manière bien plus importante que dans le cas E précédent, puisqu'il est maintenant possible de supprimer dans la première tranche un additionneur et dans la seconde un multiplieur.

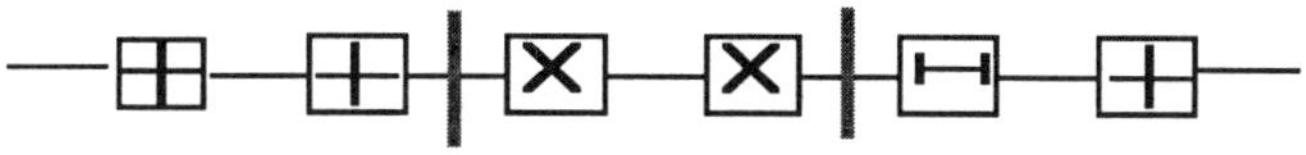

Figure 3.40 : Architectures pipelines non optimisée en temps.

Le problème que l'on fait apparaître ici est celui de l'optimisation globale d'une architecture. Raisonner uniquement sur l'optimisation en temps, conduit à réduire le nombre de tranches de pipelines pour un temps de cycle donné. Cette optimisation peut se révéler contradictoire avec la recherche de l'optimisation en coût. Le meilleur compromis temps - coût peut être obtenu par l'évaluation du facteur de mérite des différentes solutions. Ainsi les deux variantes de la solution architecturale E seront comparées par leur facteur de mérite.
Le temps de calcul d'un flot de B données est

$$T(B) = (N+B-1)x\ [Tcycle + (N-1)\ Treg],$$

Pour la solution 1,

le coût est : coût = 2 x coût(Add) + 2 x coût(Mult) + coût(Reg) + coût(arrondi).

Le facteur de mérite est : F(2,B) = (B+1)x [Tcycle + Treg] x [2 x coût(Add) + 2 x coût(Mult) + coût(Reg) + coût(arrondi)]

Pour la solution 2,

le coût est : coût = 2 x coût(Add) + coût(Mult) + coût(Reg) + coût(arrondi)

Le facteur de mérite est : F(3,B) = (B+2)x [Tcycle + Treg] x [2 x coût(Add) + coût(Mult) + coût(Reg) + coût(arrondi)]

En utilisant par exemple les valeurs numériques :

coût(Add) = coût(Reg) = coût(arrondi) = 1/2 coût(Mult) et Treg = 0,5, on trouve :

F(2,B) = 36 x (B+1) et F(3,B) = 27 x (B+2).

La solution F(2,B) présente le meilleur compromis temps — coût lorsque B est inférieur ou égal à 2.

3.4.6. Pipeline et récursivité

Lorsqu'un algorithme de traitement du signal est récursif, il présente la particularité d'avoir des données en entrée dépendantes des résultats de calcul. On peut considérer

dans ce cas que B vaut 1, et que la meilleure architecture est celle qui est combinatoire.
Il est possible de transformer l'expression d'un algorithme récursif de manière à faire évoluer la longueur B du flot de données. Il s'agit généralement d'exprimer une dépendance entre les entrées et les résultats, non pas itération à itération, mais sur un ensemble d'itérations successives.

Un exemple complet de cette approche a été traité sur le cas des filtres à réponse à impulsion infinie [Par89]. Nous ébaucherons ici la principale caractéristique de ces transformations.

Considérons un filtre à réponse à impulsion infinie :

$$y(n) = \sum_{i=0}^{M} a(i).x(n-i) + \sum_{j=1}^{N} b(j).y(n-j). \quad (1)$$

Pour traiter les calculs de y(n), il faut attendre le résultat de l'itération juste précédente qui a fourni le calcul de y(n-1). Dans ce cas, le flot de données traitées est de taille B =1, pour une architecture pipeline. Il est possible de transformer cette expression, en remplaçant y(n-1) par son expression. L'écriture du filtre nécessite l'utilisation de nouveaux coefficients $a^1(i)$ et $b^1(j)$, et devient :

$$y(n) = \sum_{i=0}^{M+1} a^1(i).x(n-i) + \sum_{j=B}^{N+1} b^1(j).y(n-j). \quad (2)$$

Pour cette nouvelle expression, on notera que B = 2, mais aussi que le nombre de calculs à opérer est augmenté du fait de l'augmentation de l'ordre de l'expression directe du filtre. L'étude de cette seconde formulation doit donc aboutir à une solution architecturale dont le facteur de mérite est inférieur à celui de l'architecture combinatoire, et ceci malgré l'augmentation du nombre d'opérations à traiter.

La formulation précédente peut être développée pour une valeur quelconque de B :

$$y(n) = \sum_{i=0}^{M+B-1} a^{B-1}(i).x(n-i) + \sum_{j=B}^{N+B-1} b^{B-1}(j).y(n-j). \quad (3)$$

Le nombre d'opérations s'accroît quand la longueur du flot de données traitées B croît.

Nous proposons ci-dessous un calcul des temps, coûts et facteurs de mérite des différentes solutions, qui sera conduit moyennant certaines hypothèses simplificatrices. La première d'entre-elles est que la présence des registres est négligée. Ensuite, nous considérons qu'il est possible d'optimiser en coût les processeurs élémentaires (d'une part les additionneurs, et d'autre part les multiplieurs). Nous n'envisageons que le cas d'architectures pipelines particulières, où le processeur élémentaire est constitué d'un multiplieur et d'un additionneur. Enfin, nous n'envisagerons pas d'exploiter le parallélisme de l'application.

Il y a M+N additions à exécuter et M+N+1 multiplications. Nous noterons L ce nombre d'opérations.

La formulation (1) s'implante sur une architecture combinatoire.

— Le temps de traitement d'une donnée (cadence de calcul) est égal à

$$L.(T(Add) + T(Mult)).$$

— Cette architecture met en oeuvre un additionneur et un multiplieur.

— Le facteur de mérite est :

$$F = [L.(T(Add) + T(Mult))].[co\hat{u}t(Add) + co\hat{u}t(Mult)].$$

La formulation (3) peut s'implanter sur une architecture à N tranches. On considère maintenant qu'il y a (L+B-1) opérations à traiter sur les processeurs.

— Le temps de cycle est égal à (L+B-1)x(T(Add)+T(Mult))/N et la cadence de traitement par donnée, pour un bloc de B données est égal à

$$\frac{(L+B-1).(N+B-1)}{N.B}(T(Add)+T(Mult)).$$

— Le coût de cette architecture pipeline est directement proportionnel au nombre de tranches de pipeline, où il est nécessaire de mettre en oeuvre un additionneur et un multiplieur par tranche,

— Le facteur de mérite vaut donc

$$F = \frac{(L+B-1).(N+B-1)}{B}(T(Add)+T(Mult)).(Co\ (Add)\ +Co\ t(Mult)).$$

On constate donc que la formulation (3) présente toujours un facteur de mérite supérieur à celui de la formulation (1), mais permet cependant de réduire la cadence de calcul par donnée à traiter.

Différentes transformations peuvent être opérées en traitement du signal, par exemple les calculs blocs et fréquentiels de la convolution, qui permettent de diminuer les quantités de multiplication à opérer. Cependant, les nouvelles structures de calcul ne conduisent pas obligatoirement à des solutions architecturales pipelines de même qualité que celles directement obtenues à partir de la formulation originale. Des efforts de recherche ont été menés dans le cas bien particulier des architectures systoliques [Qui90]. Celles-ci exploitent au maximum les parallélismes d'espace et de temps pour la mise en oeuvre d'algorithmes de traitement. Cependant, la formulation de ces algorithmes doit respecter certaines règles (mise sous forme récurrente par exemple), ce qui conduit à privilégier quelques règles de transformations adaptées plutôt à l'architecture, au sens classe des architectures systoliques, qu'à l'architecture au sens classe des architectures séquentielles pour lesquelles seul le volume des opérations importe.

CHAPITRE 4

Processeurs de traitement du signal

Nous avons étudié les architectures Harvard et les contrôleurs RISC, qui permettent une augmentation de la vitesse de traitement des processeurs, par rapport à celle de la machine Von Neumann, sans augmenter dans une même proportion le coût de l'architecture. Il est possible de poursuivre un raisonnement identique, notamment dans un domaine bien cerné comme le traitement du signal. En effet, les besoins en traitement de cette classe d'applications sont extrêmement importants, et ils nécessitent la mise en œuvre de systèmes de calcul spécialisés (aux données et aux adresses), que l'on sait définir avec précision. C'est cette étude que nous allons présenter, en trois étapes : une présentation des concepts généraux des processeurs de traitement du signal (PTS) nous conduira ensuite à une présentation détaillée d'un processeur particulier. Nous conclurons cette étude par la présentation d'une démarche méthodologique de programmation de cette classe de processeurs.

4.1. Contraintes temporelles et limitations des processeurs standards

Le traitement du signal fait appel à un certain nombre de primitives algorithmiques telles le filtrage, la convolution, les transformations (Fourier,...) les produits et inversions de matrices, etc. Ces primitives reposent sur l'utilisation d'un nombre limité d'opérations arithmétiques simples, notamment la multiplication-accumulation. A ces différents calculs est associée une gestion des mémoires plus ou moins complexe suivant les algorithmes à réaliser, qui repose principalement sur la manipulation de vecteurs. Les applications de traitement du signal impliquent la mise en œuvre d'un grand nombre de tâches de calcul à réaliser en un temps relativement bref ; elles entraîneront généralement le rejet d'une solution à base de processeur standard, au profit de l'utilisation d'un processeur spécialisé.
A titre indicatif, considérons le cas d'un traitement simple de la parole, échantillonnée à 8 kHz, réalisé à l'aide d'un filtre non récursif sur 128 points. La période d'échantillonnage est de 125 µs, temps durant lequel il sera nécessaire de faire 128 multiplication-additions, 2 x 128 lectures mémoire accompagnées de la gestion de leur adresse. On voit donc que l'on dispose d'un temps très réduit pour accomplir chaque calcul élémentaire, inférieur à 1 µs. Ce temps est largement supérieur au minimum réalisable par un processeur standard, sur lequel le temps

nécessaire à accomplir une multiplication microprogrammée dépasse la microseconde (MOTOROLA 68000 à 10 MHz réalise la multiplication de deux mots de 16 bits entiers en 6 µs).

4.2. Caractéristiques générales des processeurs de traitement du signal

Avant de détailler le fonctionnement précis d'un processeur de traitement du signal, nous allons caractériser cette classe de processeurs par leurs points communs qui sont au nombre de trois.

A) Contrôleur RISC

Ces machines sont généralement dotées de contrôleurs RISC, permettant de paralléliser les séquencements des instructions et leurs exécutions. La majeure partie des instructions seront exécutées en un seul cycle machine. Bien entendu cette règle souffre de quelques exceptions, tant pour les instructions de débranchement que pour les instructions nécessitant de nombreux transferts de données (exemple de l'instruction MACD : multiplication, accumulation et déplacement d'une donnée, sur le TMS320C25). La bonne utilisation d'un contrôleur RISC nécessite de réduire au maximum les instructions de contrôle (débranchement), ce qui est vrai autant au niveau du code assembleur, qu'à celui d'un langage de haut niveau. En effet, on pourra constater que les compilateurs employés se contentent trop souvent de recopier la structure d'une description de haut niveau, sans optimisation en vue de minimiser le nombre d'instructions de contrôle.

B) Architecture Harvard

Les processeurs sont dotés d'architectures HARVARD, sur lesquelles on notera l'existence de mémoires d'instructions et de données séparées. Ces dernières sont elles-mêmes fréquemment multiples, permettant un accès simultané à plusieurs données par instruction machine. Pour certains processeurs, la multiplicité des données auxquelles on accède à chaque instruction, repose sur un multiplexage temporel des accès à une même mémoire au cours d'un cycle machine ; on notera une caractéristique fréquemment utilisée, consistant à effectuer une lecture en mémoire et une écriture durant un même cycle machine, néanmoins sans modification de l'adresse sélectionnée entre ces deux phases. Bien souvent les mémoires accessibles sont multiples tant que les données sont stockées en interne au processeur. Par contre, ces mémoires internes étant de taille limitée (quelques kmots au maximum), on aura recours à une mémoire externe au processeur pour étendre les capacités de mémorisation. L'utilisation de stockages externes entraînera généralement l'apparition de deux handicaps : 1) la mémoire externe accessible est généralement unique, mais de taille importante (jusqu'à 4G mots) ; 2) cette mémoire peut difficilement suivre la cadence maximale du processeur (souvent de l'ordre de 100 ns) et ralentira le fonctionnement du processeur.

C) Unités de traitement spécialisées

Nous aurons l'occasion de voir à travers l'étude de primitives en traitement du signal, que les tâches d'adressage et de calcul sont nettement distinctes.

Cependant elles forment un jeu d'instructions facile à cerner. Devant être réalisées rapidement, elles ne seront plus confiées à une unité de traitement banalisée, comme c'est le cas sur les processeurs standards. Les processeurs de traitement du signal intègrent généralement deux types d'unités de traitements, l'une spécialisée dans les calculs arithmétiques à accomplir, l'autre spécialisée dans les gestions d'adressage. La première est généralement constituée d'un multiplieur et d'une UAL câblés. Ces opérateurs traitent les données en format fixe (virgule cadrée à gauche, en complément à 2, sur 16 bits), ou en format flottant, généralement celui de la norme IEEE 754 (32 bits). Le deuxième type d'unité de traitement gère l'évolution de l'adressage parallèlement au déroulement des calculs. Elles peuvent être aussi nombreuses que le nombre de mémoires de données que l'on peut accéder simultanément (typiquement de 1 à 3). Ces unités de traitement sont composées d'un additionneur - soustracteur auquel sont associés plusieurs registres de travail. Cet opérateur intègre quelques fonctions spécifiques (comparaison, remise à zéro,...) que l'on utilisera à travers des "macro" d'adressage spécifiques (adressage circulaire, bit-renversé,...). Nous reviendrons sur ceux-ci à travers l'étude de quelques primitives de traitement du signal.

Nous entendons par processeur de traitement du signal, un circuit intégré complet intégrant les trois principales unités fonctionnelles : le contrôle, le traitement et la mémorisation. Cette dernière peut éventuellement être entièrement externe au circuit intégré.

En complément à cette solution intégrée, on remarque l'émergence de circuits de plus en plus nombreux, nommés *coeur de processeurs de traitement du signal.* Ces circuits doivent être assemblés entre eux ; ils permettent de réaliser des unités de traitement complexes très spécialisées pour une application donnée.

4.3. Etude d'un processeur : le TMS320C25

Le choix d'un processeur de traitement du signal, qui permette une approche représentative de ce type de composant spécialisé n'est pas aisé. Notre choix est basé sur des critères de représentativité technologique, mais aussi de diffusion. En effet, à ce jour l'ensemble des documentations décrivant cette famille de processeurs ne correspond pas toujours à un produit commercialisé.

Le processeur de Texas Instrument, le TMS320C25 [Lin87] que nous présentons appartient à une famille de processeurs de traitement du signal diffusés parmi les premiers ; ils restent de génération en génération des produits suivis. D'un autre côté, on peut leur reprocher plusieurs faiblesses quant à leurs performances, faiblesses sur lesquelles nous reviendrons dans un deuxième temps.

Nous aurons alors l'occasion d'approfondir notre connaissance des processeurs de traitement du signal par une approche méthodologique et comparative de leurs performances.

4.3.1. La famille des TMS : résumé des caractéristiques

Le processeur TMS320C25 est conçu en technologie CMOS et est le second d'une suite de trois générations de processeurs. Par rapport à la génération précédente, il présente plusieurs améliorations du jeu d'instructions, surtout au niveau de la rapidité. L'ensemble de ces générations admet une compatibilité ascendante (figure 4.1).

	Techno	Tcycle (ns)	Nombre instructions	Mémoire interne RAM / ROM	Mémoire externe	Périphériques : série / parallèle / timer / DMA
TMS 32010	NMOS	200	60	144 / 1,5 kmots	4 kmots	- / 8*x16bits / - / -
TMS 320C10	CMOS	160	//	//	//	//
TMS 320C14	CMOS	//	//	256 / 4 kmots	//	1 / (7*+1) x 16 bits / 4 / -
TMS 320C15	CMOS	//	//	//	//	- / 8*x16bits / - / -
TMS 320C17	CMOS	200	//	//	-	2 / 6*x 16bits/ codec+ interface Coprocesseur
TMS 32020	NMOS	200	109	544	64K / 64 kmots°	1 / 16^x16bits / 1 / DMA**
TMS 320C25	CMOS	80	133	544 / 4 kmots	//	1 / 16^x16bits/ 1 / DMA
TMS 320C30	CMOS	60	114	2x1K / 4 kmots	16 Mmots	2 / - / 2 / DMA
TMS 320C40	CMOS	40		//	2048 Mmots	//

* seuls les contrôles de ports sont intégrés

^ ports mappés en mémoire externe ; seules les instructions existent

** le contrôleur DMA n'est pas intégré.

Figure 4.1 : Caractéristiques principales des trois générations de processeurs

Le tableau de la figure 4.1 récapitule les principales caractéristiques des trois générations de processeurs de traitement du signal de Texas Instrument ; ces générations reflètent bien les évolutions actuelles de cette classe de processeurs spécialisés.

— Génération 1 : définition d'une architecture Harvard dédiée au traitement du signal : séparation des unités de traitement des adresses et des données : le format de ces dernières est généralement en virgule fixe sur 16 bits.

— Génération 2 : améliorations technologiques (CMOS, temps de cycle réduit) ; renforcement du jeu d'instructions cernant mieux les primitives de calcul et d'adressage liées au traitement du signal : augmentation des capacités de stockage.

— Génération 3 : traitement des données sur un format flottant 32 bits (la norme la plus reconnue est l'IEEE 754, bien que ATT et TEXAS ne l'aient pas retenue). Modification de l'architecture de l'unité de traitement par la présence de registres généraux et la multiplication des chemins de transfert. La complexité des adressages croît, ainsi que le nombre de périphériques utilitaires : ports séries, timers, DMA, mémoire cache, et amélioration de la communication pour les systèmes multiprocesseurs, le tout intégré sur le circuit. Cette dernière caractéristique rejoint les évolutions de microprocesseurs à usage général.

— Génération 4 : support du parallélisme multiprocesseurs. Nous présenterons la TMS320C40 qui illustre cette dernière génération dans le chapitre.

4.3.2. Architecture interne du processeur TMS320C25

4.3.2.1. Broches et signaux

Le processeur peut être considéré, vu de l'extérieur, comme présentant une architecture Von Neumann. Il présente un bus d'adresse et un bus de données séparés, tous les deux sur 16 bits (*A0-15 et D0-15*). Cette remarque est importante, car on perdra tous les avantages de la rapidité d'une architecture Harvard, dès lors que l'on sera en état de saturation des mémoires de programme et de données internes. Les mémoires adressables sont séparées à l'aide des broches *DS,PS* et *IS* en des zones de programme, de données ou d'interface, respectivement. On reconnaîtra les broches de lecture/écriture, de stabilisation des adresses et d'accès synchrone, classiques aux microprocesseurs (*R/W, STB, READY*).
Ce processeur dispose de facilités pour un accès en *DMA* à ses mémoires. On notera donc la présence des signaux de demande de bus, de mise en haute impédance (avec acquittement) : *BR, HOLD et HOLDA*. Il est aussi possible de resynchroniser les horloges du PTS par la broche *SYNC*.
Les débranchements contrôlés par les signaux sont au nombre de 5 : le signal Reset, trois niveaux de débranchements masquables et un signal pour débranchement conditionnel (utilisé avec l'instruction BIOZ) : *RS, INT2, INT1, INT0, et BIO, XF*. Enfin, on notera les signaux nécessaires aux échanges séries : horloges, données et synchronisation, en entrée et en sortie (respectivement *CLKR, DR, FSR, CLKX, DX et FSX*).

4.3.2.2. Architecture interne : vue d'ensemble

Nous avons représenté sur la figure 4.2 l'architecture interne du processeur TMS320C25. L'architecture Harvard se reconnaît nettement par l'existence d'un bus d'instructions et d'un bus de données séparés. La partie supérieure est exclusivement réservée au contrôle du processeur ; y sont associés les registres nécessaires au fonctionnement des périphériques.

La partie inférieure est constituée des mémoires de données internes et des unités de traitement ; ces dernières sont séparées en une unité de traitement des données (multiplieur, UAL, décaleur et registres T, Pr et Acc) et une unité de traitement des adresses (UAL et registre ARxx).

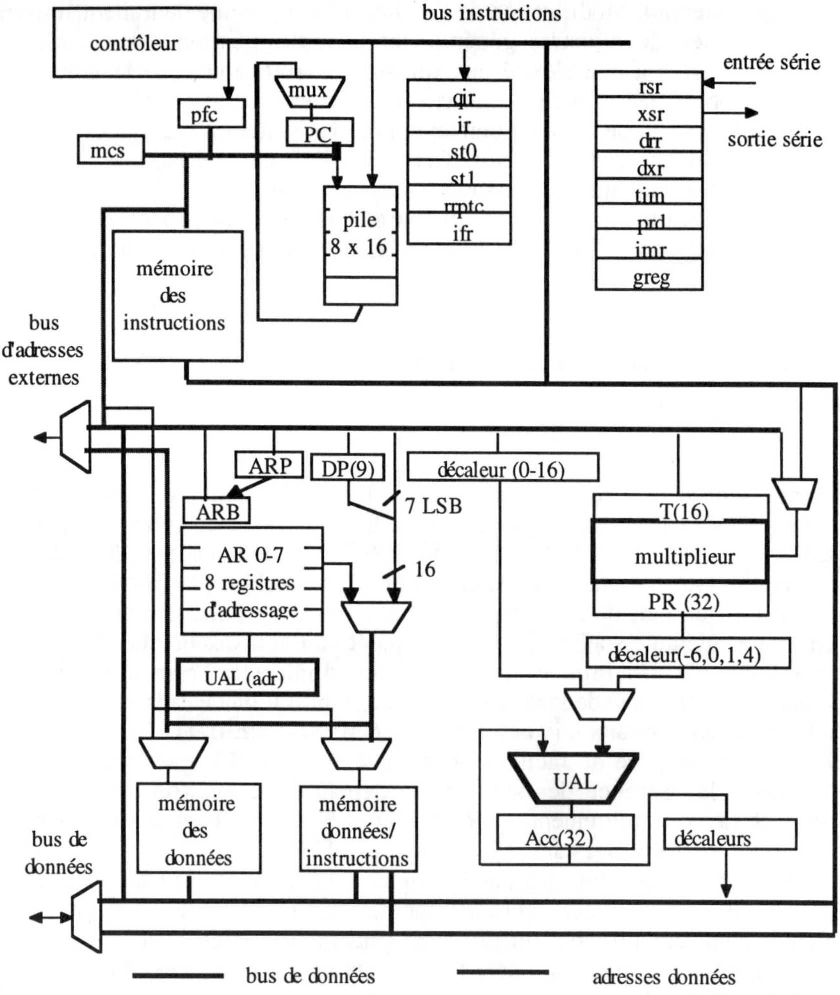

Figure 4.2 : Architecture interne du processeur TMS320C25. UAL unité arithmétique et logique, Acc accumulateur, les autres symboles représentent des registres.

4.3.2.3. Organisation des mémoires

Les mémoires internes sont au nombre de trois : une mémoire ROM ou EPROM de programme, de 4k mots de 16 bits, une mémoire RAM de données composée d'un bloc B2 de 32 mots et d'un bloc B1 de 256 mots et enfin une mémoire RAM configurable en données ou programme B0 de 256 mots.

On accède aux mémoires externes suivant trois modes : programme, données ou interface (voir §4.3.2.1.). Les zones mémoires dans lesquelles figurent ces différentes mémoires dépendent de deux conditions, qui sont d'une part le mode microprocesseur (broche MP=1) ou microcalculateur (MP=0) et, d'autre part l'indicateur B0 spécifiant si la mémoire est une mémoire donnée ou programme : cette condition dépend des instructions CNFD et CNFP respectivement. Après un RESET, B0 est considérée comme une mémoire de données.

On aura donc les organisations des mémoires de données et de programme comme le montre la figure 4.3.

	Programme **MP = 1** **CNFD**			Données **MP = 0** **CNFP**	
0	interruptions registres		0	registres	
31	externe	ROM-EPROM	6	interdit	interdit
32	//	//	95	B2	B2
4016	//	interdit	128	interdit	interdit
4096	//	externe	512	B0	interdit
65280	externe ou B0 (si CNFP)		768	B1	B1
65535	fin de la mémoire adressable		1024	externe	externe
			65535	fin de la mémoire adressable	

Figure 4.3 : Configuration des mémoires du processeur TMS 320C25.

Un certain nombre de registres du processeur sont mappés en mémoire de données. Nous reviendrons ultérieurement sur le rôle de ces registres ; seule leur adresse sera citée figure 4.4.

Registre	Adresse	utilisation
DRR (15-0)	0	réception port série
DXR (15-0)	1	transmission port série
TIM (15-0)	2	registre du timer (compteur)
PRD (15-0)	3	registre du timer (chargement)
IMR (5-0)	4	registre des masques d'interruption
GREG(7-0)	5	taille de la mémoire globale

Figure 4.4 : Registres adressés en mémoire des données.

4.3.2.4. Unité de traitement des données

L'unité de traitement des données exécute des opérations arithmétiques (y compris la multiplication) et logiques sur des données codées [Mul89] suivant différents formats :

— en virgule fixe complémentée à 2, cadrée à gauche,

— en format Q15 : un bit de signe plus un offset : +0,999... à -1.

Elle est composée des éléments suivants :

— Un décaleur d'entrée : permet de cadrer une donnée de 16 bits parmi les 32 bits traités par l'UAL. Ce décaleur travaille instantanément lorsqu'une donnée est transférée entre le bus de données et l'UAL. Suivant le décalage, la donnée est multipliée par 2^0 (pas de décalage) à 2^{-16}. Les bits

de poids faible qui manquent sont mis à 0. Les bits de poids fort complémentaires sont mis à 0 ou ils étendent le signe (mode SXM, nécessaire au complément à 2).
— Un décaleur en sortie du multiplieur : qui permet d'opérer un transfert du produit vers le bus de donnée ou l'UAL avec une multiplication par 2^0 (00), 2^1 (01), 2^4 (10) ou 2^{-6} (11). Le chiffre entre parenthèses représente la valeur du champ PM dans le registre de statuts ST1 (instruction SST1) qui programme ce décaleur.
— Un décaleur de sortie de l'accumulateur : qui permet de sortir les poids faibles ou les poids forts de l'accumulateur, en les multipliant par 2^0 à 2^7. Les poids faibles sont complétés, soit par les bits de poids faible de l'accumulateur, soit par des 0.
— L'UAL traite les opérations logiques et arithmétiques que l'on peut rencontrer couramment. Les données sont traitées sur 32 bits en virgule fixe. Cependant on remarquera la possibilité de traiter les nombres flottants, grâce à l'instruction LACT, qui permet de charger l'accumulateur avec un décalage dépendant du contenu de T (mantisse dans l'accumulateur, exposant dans T). Un mode saturation permet de bloquer les valeurs des nombres traités à la représentation la plus positive ou la plus négative (instruction SOVM/ROVM). On trouvera aussi des débranchements conditionnels aux résultats traités par l'UAL : débranchement en cas de dépassement (BV), en cas de résultat nul (BZ), sur l'état d'un bit (BIT, BITT), sur la retenue (BC, BNC) et débranchement à l'adresse présente dans l'accumulateur ; cette dernière est très pratique pour des calculs spécifiques d'adresses.

Tous les opérateurs figurant dans l'unité de traitement des données peuvent travailler en même temps. Cependant, le multiplieur et l'UAL sont pipelinés et il faudra prévoir dans tous les cas les instructions nécessaires à la gestion de l'amorçage et du désamorçage du pipeline.

4.3.2.5. Unité de traitement des adresses

Les calculs d'adresse de la mémoire de données sont supportés par neuf registres et une UAL. Celle-ci traite les additions et les soustractions, ainsi que l'opération 'bit renversé'.
Les adressages sont de quatre types : immédiat, direct, indirect et indexé.

Adressage immédiat : l'adressage immédiat ne concerne qu'un nombre limité d'instructions ; les données fournies dans l'instruction ne sont codées que sur 8, 13 ou 16 bits. Le premier cas (8 bits) correspond à des indications spécifiques (nombre de répétitions,...), le second cas (13 bits) implique que la donnée soit dans un intervalle $[-4096/2^{15} ; +4095/2^{15}]$, dans le dernier cas (16 bits) l'instruction est codée sur deux mots et s'exécutera en deux cycles au moins.
Exemple : MPYK 506 : multiplication de T par $506/2^{15}$.

Adressage direct : cet adressage est improprement nommé direct dans les documentations, puisqu'il est, en fait, de type relatif. L'adresse sur 16 bits est

formée par les 7 bits de poids faible dans l'instruction et 9 bits de poids forts contenus dans le registre DP(chargé par LDP ou LDPK).
Exemple : ADD 9,5 : 5 indique le décalage et 9 la partie basse de l'adresse (LSB).

Adressage indirect : il existe trois types d'adressage indirect, utilisant l'un des huit registres d'adresse (AR0-AR7) et le registre pointeur ARP. On n'utilisera un registre d'adresse que s'il est pointé par ARP (donc un seul registre d'adresse utilisable par instruction). Les adressages sont :

- * : Adressage indirect ; ARP indique le registre utilisé.
- *- : Adressage indirect, post-décrémenté.
- *+ : Adressage indirect, post-incrémenté.

Exemple : ADD *+,8,3 : 8 indique le décalage, *+ l'adressage indirect post-incrémenté, et 3 indique que ARP pointera ensuite AR3 (les deux derniers champs sont optionnels).

Adressage indexé : cet adressage suit le même mode que l'adressage indirect pour l'utilisation des registres ; un seul registre d'index (AR0) est utilisable, tous les autres registres peuvent former la base.

- *0- : (ARP) -> adresse ; puis (ARP) - AR0 -> (ARP)
- *0+ : idem, mais on a ici une post-addition.

*BRO- : (ARP) -> adresse ; puis (ARP) -- ARO -> (ARP) où '--' est une opération de soustraction avec propagation inverse de la retenue. Cet adressage est utilisé pour la *TFR* (Transformée de Fourier Rapide).

- *BRO+ : comme le précédent, mais en remplaçant -- par une addition avec propagation inverse de la retenue.

Exemples : ADD BRO-,6,7 : significations similaires à l'exemple précédent.

En examinant attentivement le jeu d'instructions d'adressage, on notera plusieurs optimisations qui permettent de minimiser le temps nécessaire à leur exécution. Celles-ci sont de deux catégories et se rapportent à l'optimisation des contrôleurs RISC et des architecture Harvard. Pour les premiers, il s'agit de coder l'ensemble des instructions sur un seul mot, afin d'assurer la cadence maximale de leur exécution. On privilégiera donc les formats d'adressage immédiat court (sur 8 ou 13 bits), permettant un codage des instructions sur un seul mot. De même, l'adressage direct ne code qu'une partie de l'adresse (les bits de poids faible). L'autre optimisation repose sur l'utilisation des deux bus de transfert pour le déplacement simultané de données. Le bus d'instructions est libéré temporairement par la répétition d'une instruction qui est conservée dans le séquenceur et donc qui libère le bus de transfert des instructions (utilisation de la répétition RPT/RPTK avec l'instruction MACD)

4.3.2.6. Contrôleur RISC et pipeline

Nous aborderons le fonctionnement du contrôleur en deux points : l'un se réfère aux explications classiques, relatives aux registres de contrôle, l'autre insiste sur les conséquences du pipeline du contrôleur sur sa programmation.

	15 14 13 12 11 10 9 8 7 6 5 4 3 2 1 0
ST0 :	- ARP - OV OVM 1 INTM ----- DP ---
ST1 :	- ARB - CNF TC SXM C 1 1 HM FSM XF FO TXM - PM

ARP	registre pointeur des registres d'adresses
ARB	ancienne valeur de ARP
C	bit de retenue
CNF	configuration de B0 en données/programme
DP	pointeur 9 bits pour adressage relatif des données
FO	format des données séries : 0 -> 16 bits, 1-> 8bits
FSM	synchronisation du port série sur frames (ignoré si = 0)
HM	mode HOLD : si =0, l'exécution peut continuer en interne, les bus externes sont mis en haute impédance.
INTM	=1, toutes les interruptions masquables sont masquées
OV	dépassement en sortie de l'UAL.
OVM	mode de saturation : =1 entraîne la saturation automatique
PM	registre pour piloter le décalage en sortie du multiplieur
SXM	mode d'extension du signe si = 1
TC	flag résultant du test d'un bit (instructions BIT,BITT,...)
TXM	configure la frame d'émission en sortie (=1) ou en entrée.
XF	positionne l'état logique de la broche XF, en sortie du processeur.

Figure 4.5 : Registres de statut du processeur TMS 320C25.

Registres du contrôleur

Le contrôleur utilise le traditionnel compteur de programme, une pile de 8 mots, et 8 registres nécessaires aux contrôles. Ce contrôleur est pipeliné (de type RISC) et on devra donc minimiser le nombre d'instructions de débranchement qui, en provoquant des ruptures de pipeline, augmentent le nombre de cycles machine. On reconnaîtra le travail de recouvrement de la recherche et du décodage des instructions illustré par l'utilisation des registres PC et PFC, IR et QIR : PC contient l'adresse de l'instruction en cours de décodage, celle-ci se trouvant dans IR, PFC contient l'adresse de l'instruction suivante, qui est transférée temporairement dans QIR, puis PFC->PC et QIR->IR. On distinguera la pile de 8 mots, utilisée pour les appels de débranchement avec retour, de la micro-pile formée par le registre MCS. En effet, ce dernier n'est utilisé que lors des répétitions (instructions agissant sur des blocs,...). Il est chargé par le contenu de PFC avant exécution et PFC servira de registre d'adressage indirect post-incrémenté pour les données. Les instructions de répétition utilisent le compteur RPTC, qui sera chargé par une valeur immédiate N de 8 bits, pour N+1 exécutions (RPT). On notera les registres de statuts ST0 et ST1 (figure 4.5).

Pipeline du contrôleur

Le contrôleur est pipeliné sur quatre niveaux ; une instruction sera donc traitée sur un maximum de quatre cycles consécutifs. Le pipeline du contrôleur fait qu'une nouvelle instruction peut être traitée à chaque cycle, mais l'enchaînement des instructions n'est pas toujours régulier. Nous insisterons donc sur les instructions de débranchement (implicites, explicites, conditionnelles ou non).

Les quatre niveaux du pipeline du contrôleur sont :

niveau 1 modification du compteur de programme, adressage et transfert de l'instruction
niveau 2 décodage de l'instruction, traitement du registre d'adresse
niveau 3 recherche de l'opérande, mise à jour des registres d'adressage, traitements arithmétiques, chargement des registres de l'unité de traitement des données
niveau 4 modification des indicateurs dans les registres ST0 et ST1.

Dans le cas particulier où le programme est situé en RAM interne au processeur, les niveaux 1 et 2 sont confondus. Tout débranchement, implicite ou explicite, non conditionnel entraînera la perte de deux cycles supplémentaires ; l'instruction de débranchement s'exécutera en trois cycles. Lorsque le débranchement est implicite, cas d'une interruption, le débranchement ne commence à s'exécuter que quatre cycles après. L'acquittement IACK est signalé au moment où l'on adresse l'instruction de l'interruption. Lorsque le débranchement est conditionnel, la condition doit être positionnée durant le cycle de décodage de cette instruction. Il faut donc que le niveau 4 d'une instruction arithmétique positionnant la condition coïncide avec le niveau 2 d'une instruction de saut conditionnel. Cependant, cette dernière présente deux niveaux 1 (le code comprend 2 mots), ce qui implique que ces deux instructions peuvent se suivre. Nous donnons un exemple sur la figure 4.6: ADD, suivi de BC (addition, suivie de saut si retenue à 1), de l'instruction yy exécutée après le saut (ou xx si le saut n'a pas lieu)

	instruction ADD	*instruction BC*	*instruction xx ou yy*
temps 1 :	ADD niveau 1		
temps 2 :	ADD niveau 2 ;	BC niveau 1	
temps 3 :	ADD niveau 3 ;	BC niveau 1'	
temps 4 :	ADD niveau 4 ;	BC niveau 2 ;	xx niveau 1
temps 5 :		BC niveau 3 ;	xx niveau 2; yy niveau 1

Figure 4.6 : Chaînage d'une opération arithmétique et d'un débranchement conditionnel.

On retrouvera donc les chiffres de deux cycles si le saut n'a pas lieu et de trois cycles si le saut a lieu. Ce résultat doit être considéré lors du codage des instructions : les instructions les moins fréquemment exécutées doivent provoquer le débranchement. Ceci permet d'optimiser le temps d'exécution d'un algorithme de traitement du signal.

4.3.2.7. Périphériques

Timer

Ce périphérique utilise les registres TIM (compteur) et PRD (période). Ce premier est chargé par le second, et est décrémenté à la cadence de CLKOUT1 (broche d'horloge). A chaque fois que TIM contient 0, il crée une interruption TINT et est rechargé par le contenu de PRD.

Interruptions

Les interruptions matérielles et logicielles sont au nombre de sept, que nous citons par priorité décroissante (avec les adresses contenant les sauts et adresses de saut).

RS : reset (0) ; INT0(2), INT1(4), INT2(6) (broches externes), TINT(24) (timer), RINT(26) (réception série), XINT(28) (émission série). Seul le reset RS est non masquable. Les interruptions sont notées dans le registre d'interruptions IFR, et ne sont autorisées que sous condition que le bit de masque associé, qui se trouve dans le registre de masque IMR, soit à 0.

Port série

Les transmissions de données par le port série seront vues par l'utilisateur comme se résumant simplement à la lecture du registre DXR, ou l'écriture du registre DRR. Ces deux registres sont 'mappés' en mémoire des données, aux adresses 1 et 0 respectivement.

Le port série du processeur TMS320C25 est tamponné par des registres d'entrée et de sortie, qui doublent les registres à décalage RSR et XSR (réception et transmission). En alliant ce tampon à la génération d'interruption (RINT et XINT), on peut utiliser la transmission sans perte de temps entre deux données.

Notons encore que les émissions peuvent être synchronisées par un signal bidirectionnel FSX généré en interne, ou reçu de l'extérieur.

Nous résumons les principaux signaux et contrôles du port série :

— Bits de contrôle dans ST1 : F0, TXM et FSM
— Signaux : CLKX, CLKR, DX, DR, FSX, FSR
— Registres : DXR, DRR, XSR, RSR.

Accès direct mémoire DMA

On remarquera deux cas distincts nécessitant un échange de contrôle pour l'accès à la mémoire du processeur. Le DMA classique (système extérieur prenant le contrôle des bus) et la configuration multiprocesseur. Le contrôleur DMA n'est pas intégré sur le processeur ; cependant, l'existence des signaux HOLD et HOLDA permet à un périphérique (type DMA) de prendre la maîtrise des bus externes. HOLD indique au processeur de se mettre en haute impédance (bus et signaux de contrôle des bus), cet état est validé après la réponse HOLDA du processeur. Durant cet état, le processeur peut être autorisé à poursuivre l'exécution de ses calculs par accès à ses mémoires internes (bit HM de ST1). Certaines facilités sont offertes en vue d'une utilisation du processeur dans un environnement multiprocesseur à mémoire partagée (figure 4.7). On pourra donc déclarer dans le registre GREG la taille de la mémoire globale (partagée). En conséquence, tout accès à cette zone mémoire déclenchera de la part du processeur une demande de bus (sortie BR), qui sera autorisée sous contrôle d'un MAC (contrôleur d'accès mémoire). Ce composant doit alors indiquer par le signal READY si l'accès est autorisé (=1) ou non. Notons enfin la présence du signal SYNC qui permet de synchroniser les horloges de différents processeurs.

Contenu de GREG	mémoire locale	mémoire globale
000000xx	64K	0K
10000000	0-7FFF : 32K	8000-FFFF : 32K
11000000	0-BFFF : 48K	E000-FFFF : 16K
...		
11111111	0-FEFF : 63,8K	FF00-FFFF : 256 mots

Figure 4.7 : Partage de la mémoire du processeur pour la construction d'un système multiprocesseur à mémoire partagée.

4.3.2.8. Résumé des instructions

Nous avons résumé sur la figure 4.8 les opérations arithmétiques, les plus directement utilisées par le traitement du signal.

	UAL : opérations sur l'accumulateur (accu)		
ABS	valeur absolue	SACH	sauve accu 'HAUT', et décale
ADD	addition avec décalage	SACL	sauve accu 'BAS', et décale
ADDC	add plus retenue, sans décalage	SBLK	soustrait de accu #16bits, //
ADDH	add partie haute de l'accu	SFL	décalage accu à gauche
ADDS	// partie basse	SFR	décalage accu à droite
ADDK	addition valeur # 13bits	SUB	soustrait de accu, et décale
ADDT	add décalage spécifié par T	SUBB	// avec retenue
ADLK	add valeur # 16 bits + décalage	SUBC	soustraction conditionnelle
AND	ET logique (accu et mémoire)	SUBH	soustrait de accu HAUT
ANDK	ET (accu et # 16bits) et décalage	SUBS	// BAS, pas ext. signe
CMPL	complémentation accu	SUBK	soustrait de accu # 13 bits
LAC	charge accu avec décalage	SUBT	//, mém, décalage donné par T
LACK	charge accu avec # 13bits	XOR	OU exclusif
LACT	// décalage spécifié par T	XORK	OU exclusif #16bits, décalage
LALK	// avec # 16 bits + décalage	ZAC	mise à zéro de l'accu
NEG	valeur négative	ZALH	//, et charge accu HAUT
NORM	normalise accu	ZACR	//, et charge accu BAS
OR	OU logique	ZALS	//, // et extension du signe.
ORK	OU (accu et # 16bits) et décalage		
ROL	rotation accu à gauche		
ROR	rotation accu à droite		
	Opération concernant les registres T et PR (et accu) (figure 4.2)		
APAC	accu + PR	MPYK	multiplie #13bits
LPH	charge PR partie haute	MPYS	multiplie et soustrait
LT	charge T	MPYU	multiplication non signée
LTA	APAC + LT	PA	PR dans accu
LTD	LTA + déplacement adresse suivante de la donnée chargé en T		
LTP	charge T et transfert PR dans accu	SPAC	soustrait PR de accu
LTS	charge T et soustrait PR de accu	SPH	sauve PR partie haute
MAC	multiplie et accumule SPL		sauve PR partie basse
MAC	// + déplacement adresse suivante de la donnée multiplicande		
MPY	multiplie	SPM	positionne le décaleur de PR
MPYA	// et accumule produit précédent	SQRA	élève au carré et accumule
SQRS	élève au carré et soustrait le produit précédent		

Figure 4.8 : Jeu d'instructions arithmétiques du processeur TMS 320C25.

Exemple : Nous allons considérer les calculs d'un filtre RIF (les problèmes spécifiques à l'adressage seront considérés ultérieurement). Les calculs s'écrivent : $y(n) = \sum h(k)*X(n-k)$; on pourra considérer que le filtre est de longueur 5 (de Xn à X(n-4).

Les instructions assembleur s'écriront comme le montre la figure 4.9.

IN Xn,PA0	lecture sur le port parallèle 0 de la donnée Xn
ZAC	remise à zéro du contenu de l'accumulateur
LT Xn-4	charge Xn-4 dans le registre T
MPY H4	multiplie Xn-4 par H4, résultat dans P
LTD Xn-3	charge Xn-3 dans T, et accumule P avec accu
MPY H3	multiplie Xn-3 par H3, résultat dans P
LTD Xn-2	charge Xn-2 dans T, et accumule P avec accu
MPY H2	multiplie Xn-2 par H2, résultat dans P
LTD Xn-1	charge Xn-1 dans T, et accumule P avec accu
MPY H1	multiplie Xn-1 par H1, résultat dans P
LTD Xn	charge Xn dans T, et accumule P avec accu
MPY H0	multiplie Xn par H0, résultat dans P
APAC	additionne P avec l'accu
SACH Yn	sauve le résultat Yn
OUT Yn,PA1	sort sur le port parallèle 1 le résultat Yn
B 'IN Xn,PA0'	saut inconditionnel vers l'instruction IN Xn,PA0

Figure 4.9 : Programmation du filtre RIF sans exploitation du parallélisme

On notera que ce programme assembleur n'est pas complet car il manque :
— l'adresse de chaque donnée, qui n'est pas spécifiée : il faut déclarer le registre d'adresse à utiliser et le mode d'adressage. On pourra par exemple utiliser le registre AR0 pour les données X et AR1 pour les données H. Si ces vecteurs sont mémorisés suivant l'ordre des indices, on devra incrémenter AR1 et décrémenter AR0. Les instructions deviendront par exemple : LTD *-,AR1 ; MPY *+,AR0 : chaque instruction prépare l'adressage nécessaire à la suivante (registre à utiliser et évolution du registre en utilisation).
— les initialisations (registres, états de la mémoire, interruptions,...)
— la gestion des dépassements de codage lors des accumulations successives.

CNFP	configuration de la mémoire
déb LRLK AR1>3FF	le registre AR1 pointe la fin du bloc B1
LARP AR1	AR1 est utilisé en adressage indirect
IN Xn,PA0	entrée de Xn par le port parallèle 0
MPYK 0	remise à 0 du registre P
ZAC	remise à zéro de l'accumulateur
RPRK 4	l'instruction suivante sera exécutée 5 fois
MACD >FF00,*-	multiplication et accumulation : les données seront adressées pour H à partir de l'adresse FF00 et suivantes, pour X par AR1 et adresses précédentes (post décrémentation) ; les données X seront déplacées d'une adresse, de manière à laisser ce vecteur en place dans la mémoire.
APAC	
SACH Yn1	
OUT Yn,PA1	
B déb	saut à l'adresse programme repérée par déb (label)

Figure 4.10 : Programmation du filtre RIF exploitant le parallélisme.

Nous détaillons sur la figure 4.10 le même programme utilisant des instructions plus performantes du processeur TMS320C25 (le précédent était compatible avec le processeur TMS32010).

L'étude de ce processeur de traitement du signal s'arrêtera à ce stade. Nous allons aborder dans la suite de ce chapitre deux étapes fondamentales de la programmation d'un processeur de traitement du signal : nous étudierons les problèmes d'adressage spécifiques au domaine du traitement du signal, puis nous exposerons une approche méthodologique de cette classe de processeurs.

4.4. Problèmes d'adressage des données dans le domaine du traitement du signal

Le traitement du signal est utilisé dans de nombreux domaines d'applications, qui diffèrent principalement sur les contraintes de temps et de 'qualité' des traitements à mettre en oeuvre. On pourra cependant remarquer qu'un certain nombre de ces traitements repose sur les mêmes primitives arithmétiques. Nous avons décidé de retenir l'analyse d'un certain nombre de ces primitives qui sont de complexité suffisamment faible pour être la base d'un certain nombre d'algorithmes, et cependant suffisamment complexes pour représenter les problèmes typiques de calcul et de manipulation de données qu'impose une bonne utilisation de l'unité de traitement.
Ces primitives sont au nombre de trois :

— filtre à réponse impulsionnelle finie : convolution,
— adaptation des coefficients d'un filtre : épandage,
— transformée de Fourier rapide.

Cette dernière primitive sera étudiée plus loin, comme illustration de la méthode d'implantation optimale des algorithmes que nous présentons.
Chaque expertise portera sur les deux étapes fondamentales qui sont l'analyse du calcul le plus répétitif (cœur de la primitive) pour la définition de l'unité de traitement réalisant ces calculs et la gestion des données et fonctions d'adressage à mettre en œuvre.

4.4.1. Filtre RIF

Les calculs de ce filtre reposent sur le produit de convolution :

$$y(n) = \Sigma\, a(i) * x(n-i) \qquad 0 \leq i < N.$$

Le graphe flot de données correspondant au traitement du coeur du produit de convolution est schématisé figure 4.11.

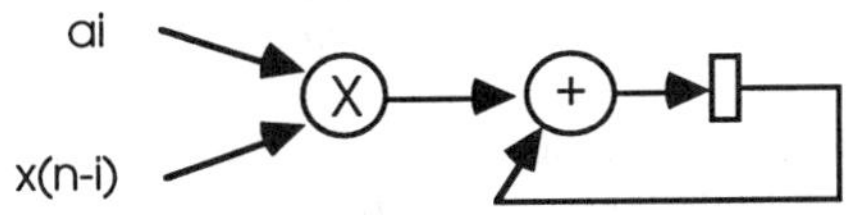

Figure 4.11 : Graphe flot de calcul pour le produit de convolution.

Nous définissons une architecture idéale par les opérateurs, registres et bus de transfert des données devant y figurer afin d'atteindre des performances de traitement optimales.

a) Opérateurs. Un multiplieur et un additionneur câblés fonctionnent à la même cadence.

b) Registres. Les opérateurs fonctionnent en pipeline; il faut un registre à chaque entrée du multiplieur (sauf si la lecture en mémoire et la multiplication sont effectuées dans un même cycle machine) ; il faut un registre en sortie du multiplieur et un registre en sortie de l'additionneur (ce dernier est généralement nommé registre d'accumulation ou accumulateur).

c) Transfert des données. Ces transferts sont internes ou externes à l'unité de traitement : deux bus de transfert des données, pour un accès simultané des mémoires vers les entrées du multiplieur, un bus reliant la sortie du multiplieur connectée à l'entrée de l'UAL et un bus pour le rebouclage de la sortie de l'UAL sur son entrée. On ajoutera la possibilité de mémoriser les résultats; il faudra donc multiplexer la sortie de l'accumulateur sur l'un des bus de transfert vers la mémoire (bus des ai ou des x(n-i)). Il faut noter que généralement les communications vers l'extérieur se font à l'aide d'un transfert entre la mémoire et un registre de transfert (série ou parallèle), rarement entre l'accumulateur et un registre de transfert.

d) Organisation des mémoires. Il est nécessaire de mettre en oeuvre deux mémoires, l'une pour les coefficients ai, l'autre pour les données x(n-i).

Nous détaillons maintenant la gestion des données en mémoire ; les coefficients ai ne sont accédés qu'en lecture et peuvent éventuellement être placés en EPROM ou ROM (dans le cas des applications de grande série). Par contre les échantillons x(n-i) évoluent au cours du temps ; la partie utile du vecteur X se déplace en mémoire comme nous l'indiquons sur la figure 4.12.

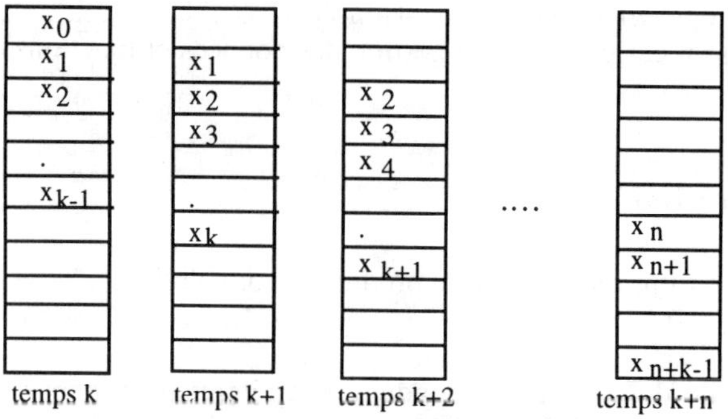

Figure 4.12 : Déplacement du vecteur échantillon dans le calcul des convolutions successives, d'un filtre RIF, dans la mémoire des données.

Le problème qui se pose est double. Au cours du temps le vecteur X va occuper toute la mémoire adressable, qui peut être de taille bien supérieure à la zone mémoire utile pour les calculs. Il faut gérer non seulement l'adresse en cours de calcul (gestion résolue par un simple compteur), mais aussi la position de la partie utile du vecteur X au cours du temps : présence d'un second registre et d'un additionneur.

On rencontrera deux solutions classiques permettant la gestion du vieillissement des échantillons de X : gestion par recopie, ou gestion par adressage circulaire.

Gestion par recopie
On utilise la possibilité d'effectuer une lecture et une écriture à la même adresse mémoire durant un même cycle machine. En disposant en plus d'un registre temporaire dans l'unité de traitement, les cycles d'appel des échantillons de X sont complétés par un cycle d'écriture à la même adresse de l'échantillon précédemment appelé (figure 4.13). Les appels des échantillons doivent évoluer suivant les indices décroissants ; dans l'exemple exposé, l'adresse décroît. Cette gestion est certainement la meilleure vis-à-vis de tout problème de reprise des calculs après interruption, puisque la partie utile du vecteur X se situe constamment à des adresses bien définies.

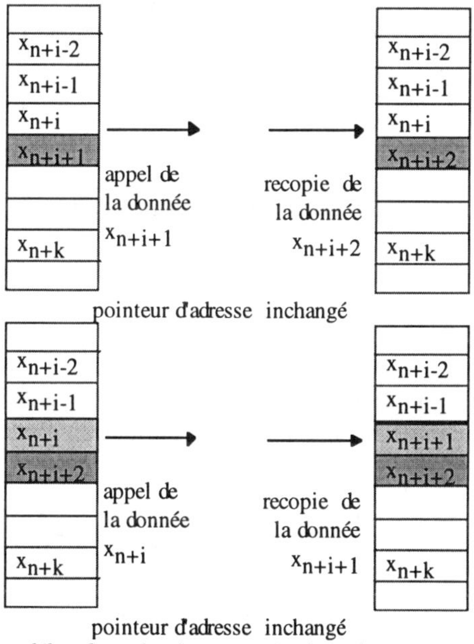

<- début de cycle : lecture, , fin de cycle : écriture->

Figure 4.13 : Evolution du contenu de la mémoire des échantillons dans un cycle de calcul du coeur du produit de convolution.

Gestion par adressage circulaire
L'adressage circulaire présente un intérêt étendu au delà de la seule gestion du vieillissement des échantillons. Il consiste à limiter artificiellement les zones d'évolution des adresses à un intervalle [adresse basse, adresse haute] :
si l'adresse évolue par incrémentation, alors on trouvera la logique d'évolution :

adresse = adresse + 1 ;
si adresse > adresse haute, alors adresse = adresse basse.

La partie utile du vecteur X se situera en mémoire suivant un ordre dépendant du temps (figure 4.14).

Par rapport à la méthode précédente, l'adressage circulaire présente une amélioration et deux inconvénients. Il n'y a plus besoin d'ajouter un cycle d'écriture artificiel du à la recopie des échantillons ; nous verrons ultérieurement que cette contrainte fera de l'adressage circulaire le seul mode de gestion valable dans le cas des calculs de l'épandage. Par contre, le générateur d'adresse voit sa complexité augmenter (au minimum deux registres et un comparateur) ; au cours de l'évolution des calculs des yn, il y a perte de l'information sur la position exacte de début de la partie utile de X. La reprise des calculs s'avérera difficile.

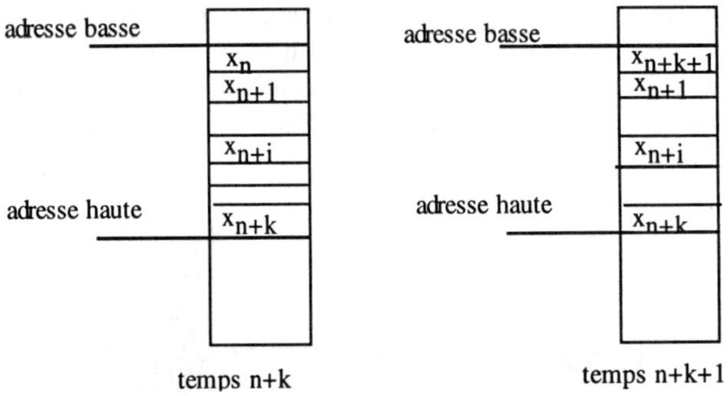

Figure 4.14 : Contenu de la mémoire des échantillons entre deux itérations de calcul du filtre *RIF*.

4.4.2. Epandage

L'épandage est une primitive généralement utilisée dans le cadre des filtrages adaptatifs [Hay86]. Ce calcul consistera à réactualiser les coefficients d'un vecteur, en lui ajoutant une quantité dépendant d'une estimation globale adaptée à chaque coefficient du vecteur (fig. 4.15).

hi = e*gi + hi

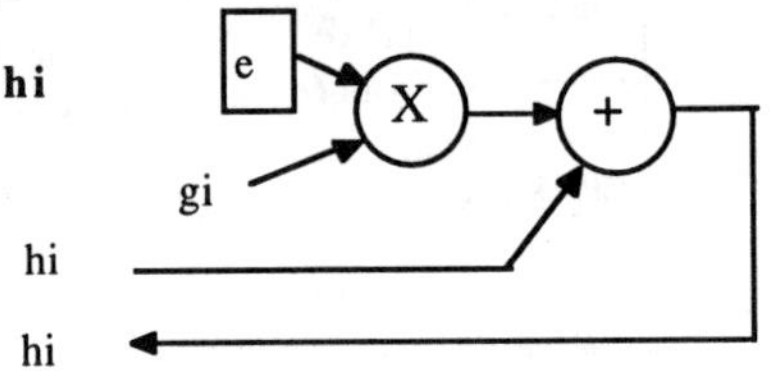

Figure 4.15 : Graphe flot de calcul pour l'adaptation d'un coefficient.

Nous définissons une architecture idéale par les opérateurs, registres et bus de transfert des données devant impérativement y figurer.

a) Opérateurs. Un multiplieur et un additionneur câblés fonctionnent à la même cadence.

b) Registres. Les opérateurs fonctionnent en pipeline; il faut un registre à chaque entrée du multiplieur (sauf si la lecture en mémoire et la multiplication sont effectuées dans un même cycle machine) ; il faut deux registres, un par entrée de l'additionneur. Suivant le nombre de niveaux de pipeline, il sera nécessaire d'ajouter un registre en sortie de l'additionneur, sauf si le retour vers la mémoire est intégré dans le même cycle que l'addition.

Ajoutons enfin la nécessité pour le processeur de posséder un registre indépendant sur l'autre entrée du multiplieur, dont le chargement est explicitement contrôlé au début de chaque épandage et au début seulement. Cette propriété n'est pas vérifiée sur certains processeurs de traitement du signal, obligeant le programmeur à quelques artifices complexes qui entraînent généralement une perte de rapidité des calculs.

c) Transfert des données. Trois bus de transfert des données, pour les accès simultanés des mémoires vers une entrée du multiplieur et une entrée de l'additionneur et un bus connectant la sortie de ce dernier vers la mémoire. Souvent les deux derniers bus sont confondus en un seul, grâce à un multiplexage temporel de ce bus, en lecture puis écriture durant un même cycle à la même adresse mémoire. La sortie du multiplieur est connectée à l'entrée de l'UAL.

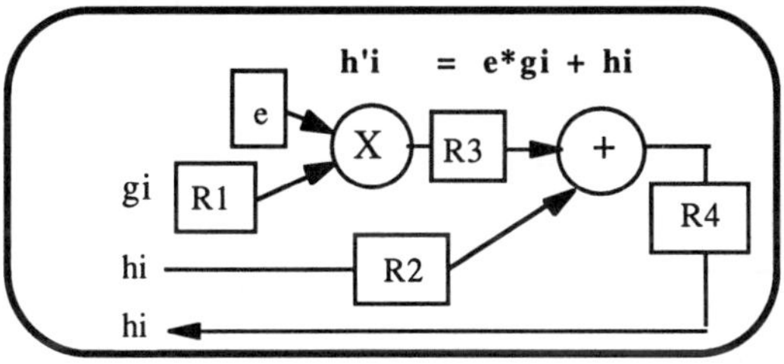

R1	gi	g(i+1)	g(i+2)
R2		hi	h(i+1)
R3		e.gi	e.g(i+1)
retour mémoire			h'i
cycles →	1	2	3

Cas 1: 3 niveaux de pipeline sur hi: lecture et addition.

R1	gi	g(i+1)	g(i+2)	g(i+3)
R2		hi	h(i+1)	h(i+2)
R3		e.gi	e.g(i+1)	e.g(i+2)
R4			h'i	h'(i+1)
retour mémoire				h'i
cycles →	1	2	3	4

Cas 2: 3 niveaux de pipeline sur hi: lecture, addition et écriture

Figure 4.16 : Nombre de cycles séparant la lecture et l'écriture en mémoire d'un coefficient du filtre, en fonction du nombre d'étages de pipeline.

d) Organisation des mémoires. Il est nécessaire de mettre en oeuvre deux mémoires, l'une pour les coefficients h_i, l'autre pour les coefficients gi.

Détaillons les points b) et c). Bien souvent l'utilisateur du PTS est dans l'obligation d'utiliser une même mémoire pour le vecteur de filtrage (H), avant et après l'adaptation. De plus on ne peut pas, en général, modifier l'adresse mémoire lorsque la lecture et l'écriture sont multiplexées sur un même bus, dans un même cycle. La position des différents coefficients du filtre varie en mémoire, en fonction du nombre d'étages de pipeline (et donc du nombre de cycles durant lesquels l'adresse a évolué) de l'unité de traitement (figure 4.16). Dans le premier cas, le vecteur H se déplace d'une adresse mémoire après chaque épandage ; dans le second cas il se déplace de deux adresses mémoire, comme nous le détaillons sur la figure 4.17.
Comme pour le vieillissement de X que nous évoquions dans l'étude du filtre RIF, il est nécessaire de gérer l'évolution de H au cours du temps, sous peine de voir l'ensemble de la mémoire disponible utilisé au cours du temps. La gestion par recopie s'avère inefficace, car elle ne pourrait entraîner qu'une accentuation du déplacement de H en mémoire, liée à l'augmentation du retard d'écriture. Seule la gestion par adressage circulaire est efficace pour gérer le vecteur H durant les calculs successifs des épandages.

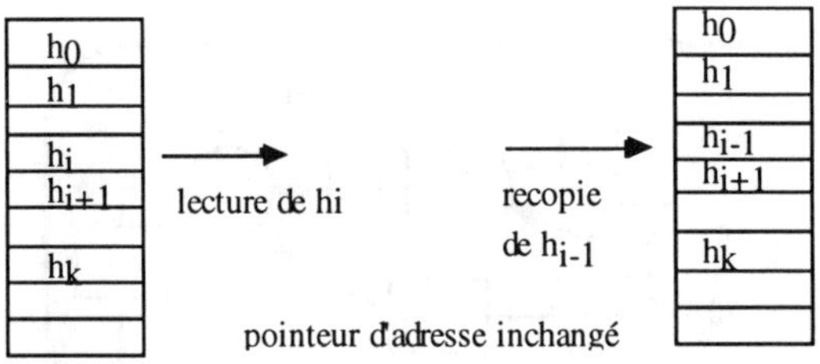

Figure 4.17 : Deux niveaux de pipeline : déplacement de l'échantillon h(i-1) en mémoire ;

4.5. Etat de l'art et évolution des processeurs de traitement du signal

Les processeurs de traitement du signal ont connu une évolution spectaculaire depuis 1978, année d'apparition de leur ancêtre l'AMI S2811. On peut noter trois grandes tendances de leur évolution.

- — Amélioration de la technologie : la rapidité croît (NMOS 300 µm au CMOS 1,2 µm 25ns), le nombre de transistors aussi. Ce dernier point se traduira par l'intégration de mémoires de données plus importantes (128 mots de 16 bits en 1980 à plusieurs kilomots de nos jours). L'utilisation des mémoires de données internes est généralement le seul moyen d'employer au mieux l'unité de traitement : en effet les mémoires externes sont généralement plus lentes (à cause de leur taille) et sont uniques (pour les instructions et les données). L'augmentation de la densité d'intégration permet aussi la présence de services plus nombreux,
- — Amélioration des services : on constatera la présence de périphériques intégrés de plus en plus complexes, identiques à ceux que l'on rencontre autour des processeurs classiques (Ports, Timers, DMA, Caches,...), mais aussi spécifiques au besoin du traitement du signal (convertisseurs,

CODEC, microcontrôleurs,...). Les capacités de communication des processeurs de traitement du signal permettent leur mise en oeuvre parallèle (multiprocesseurs),

— Amélioration de l'architecture interne : la présence de quelques chemins de transferts de données et de registres supplémentaires, mieux adaptés aux calculs critiques du traitement du signal, a entraîné de nettes améliorations de performances des processeurs. C'est ainsi que l'on pourra constater que si l'architecture interne de l'unité de traitement des processeurs de Texas Instrument varie peu d'une génération à l'autre, les modifications mineures apportées permettent cependant de réduire le nombre de cycles nécessaires aux calculs d'un filtre, d'un facteur de 2 à 3.

Selon la nature de l'application et les classes de contraintes associées, le choix du modèle architectural qui optimise l'implantation varie. Les processeurs optimisent l'implantation d'applications de traitement du signal, pour une large gamme de contraintes de temps réel (figure 4.18).

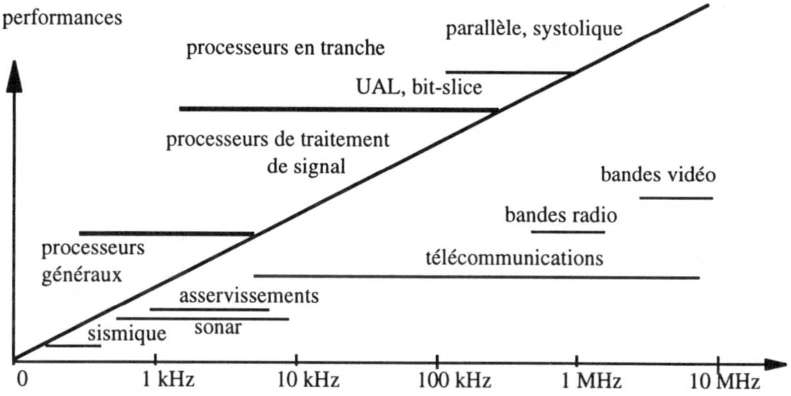

Figure 4.18 : Domaines d'applications des différentes classes d'architectures de processeurs.

Nous avons noté dans le tableau de la figure 4.19 les caractéristiques principales de plusieurs processeurs de traitement du signal : la rapidité du cycle d'horloge, les caractéristiques des mémoires et les capacités d'adressage. A titre d'exemple, nous avons schématisé sur la figure 4.20 les évolutions principales de deux familles de processeurs de traitement du signal. On remarquera, dans l'évolution des familles de processeurs de traitement du signal, les différentes caractéristiques que nous avons déjà annoncées en tête de ce chapitre : capacités des traitements des données et des adresses accrues, traitement des données en virgule flottante, etc.

La présence de bancs de registres généraux est aussi un concept nouveau. En effet, les processeurs présentaient auparavant des registres en entrée des opérateurs combinatoires (multiplieur, UAL), éventuellement dédoublés à la sortie de l'UAL. Leur présence répondait alors à une étude fine des structures de calcul des traitements de base en traitement du signal. L'apparition des registres généraux est liée au concept des processeurs RISC, qui possèdent un nombre important de registres internes à l'unité de traitement du processeur, afin de réduire les transferts entre registre et mémoire, coûteux en temps de cycle (voir les aléas structurels du

§3.3). Il est permis alors de faire bénéficier aux processeurs de traitement du signal des performances de compilateurs de processeurs RISC, qui savent généralement réduire au mieux les pertes de temps dues aux transferts entre mémoire et registres.

PRINCIPAUX PROCESSEURS DE TRAITEMENT DU SIGNAL					
Processeurs 16 bits, virgule fixe	Temps de cycle	Format en sortie l'UAL	Mémoire de données interne / externe	Générateur d'adresses	FIR / FFT (tailles)
NEC 7720 1980	NMOS 3 µm 250 ns	16 bits	64 ram + 510x13 rom / -	a, b	- / 700 µs (32)
NEC 77C25 1986	C MOS 122 ns	//	256 ram + 1k rom / -	a,b	19,7µs (32) / -
Analog Devices	CMOS 1 µm 80 ns	UAL16 bits, MAC 40 bits	1k ram / 14k	f & g, h	3 µs (32) / 280 µs (64)
AT&T DSP16	CMOS 25 ns	36 bits	2k ram / -	a,b,d,g.	1,9 µs (64) / 150 µs (64)
Philips PCB5010	CMOS 2 µm 125ns	UAL16 bits, MAC 40 bits	2x128 ram + 512 rom / 64k	(a,b,d)& g[mod2^n],h	9,25 µs (64) / 28 µs (16)
Texas instrument Tms 320C25	C MOS 80 ns	32 bits	672 ram / 64k	a,b,d,h	
Thomson ST18940	CMOS1,2µm 100 ns	32 bits	2x256 ram + 512 rom /-		3,2 µs(32) / 600 µs (256)
OKI MSM7520	CMOS1,5µm 110ns	24 bits	2x128 ram+256x8 bits + 1k rom / -		3,8 µs (32) / -
National S. LM32900	C MOS 2µm 100ns	32 bits	-	a,b, i&g[mod2^n]	
Processeurs 24 bits, virgule fixe	Temps de cycle	Format en sortie l'UAL	Mémoire interne de données	Générateur d'adresses*	filtre FIR / FFT (tailles)
NEC 77220 1987	C MOS 122 ns	47 bits	2x256 ram + 1k rom / 8k mots	a,b,c,e,f	
Motorola DSP56000	CMOS1,5µm 75 ns	56 bits	2x256 ram + 2x256 rom / 128k mots	a,b,c,d,g,h,	2,9 µs (32) / 39,7 µs (32)
Processeurs en virgule flottante	Temps de cycle	Format données/UAL	Mémoire interne de données	Générateur d'adresses*	filtre FIR / FFT (tailles)
NEC 77230	C MOS 150 ns	32(24M+8E) 55 (47M+8E)	2x512 ram + 1k rom / 8k mots	a,b,c,e,f	4,8 µs (32) / 150 µs (32)
Texas Instrument Tms32030	CMOS 1µm 60 ns	32(24M+8E) 40 (32M+8E)	2x1k ram + 4k rom / 16 M mots	a,b,c,d, g,h,i	
AT&T DSP32C	C MOS 80ns	IEEP754,32/ 32M+8E	2x512 ram + 4k rom / 16 M mots	a,b,d,g.	2,56 µs (32) / 3,2 ms (1024)

Figure 4.19 : Principales caractéristiques des processeurs de traitement du signal. Modes d'adressage parallèles aux calculs : ce sont des adressages indirects ; on trouvera les différentes variantes :

a) indirect (référencé à un registre de base)

b) indirect post ou pré-incrémenté ou décrémenté

c) indexé (registre de base additionné à un registre d'index)

d) indexé, base = base + index

e) indexé post ou pré incrémenté ou décrémenté (registre index)

f) indexé, et index = base + index

g) circulaire (adresse évoluant entre adresse basse et adresse haute) ; [mod2n] signifie que la taille de la zone mémoire adressable est de dimension égale à une puissance de 2

h) adressage 'bit renversé' (cf transformée de Fourier rapide)

i) indirect post ou pré additionné d'une valeur immédiate

j) relatif (compteur de programme,...)

Les temps indiqués correspondent aux versions de processeurs les plus rapides. Des versions similaires à mémoire effacable (EPROM) peuvent remplacer les versions masquées (ROM).

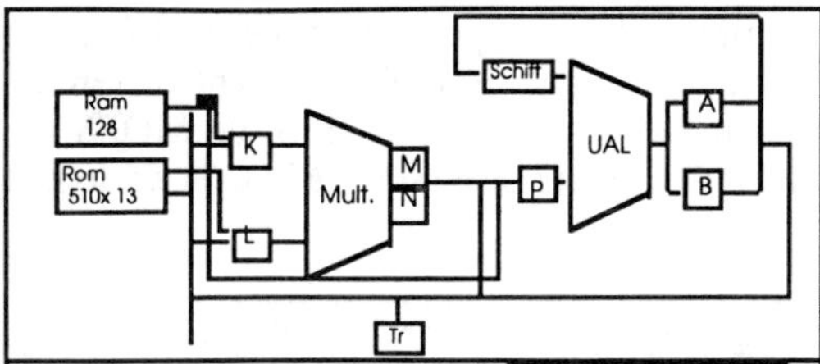	NEC 7720 * unité de traitement : 1 bus général permettant 1 lecture et 1 écriture dans un même cycle ; 3 bus particuliers pour transfert parallèle de données. * adressage : a,b. (voir figure 4.19).
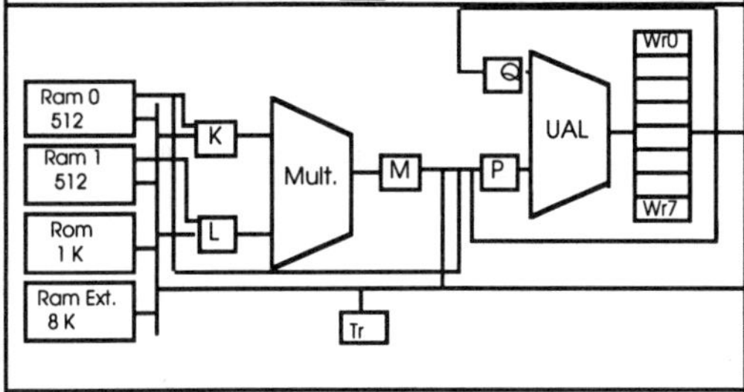	NEC 77230 * unité de traitement : 1 bus général permettant 1 lecture et 1 écriture dans un même cycle ; 3 bus particuliers pour transfert parallèle de données. * adressage : a,b,c,e,f, (voir figure 4.19).
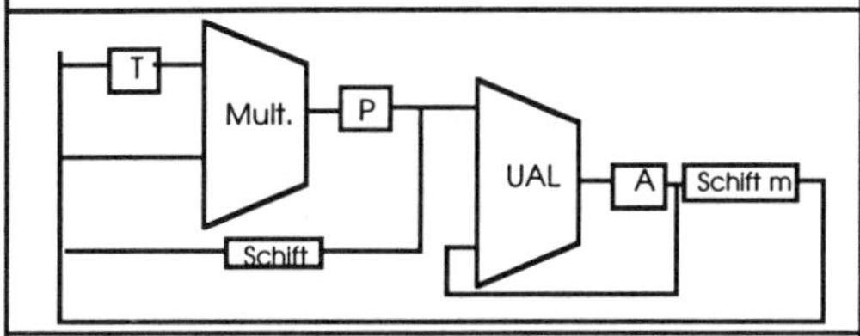	Texas instrument TMS 32010 * unité de traitement : 1 bus général permettant 1 lecture et 1 écriture dans un même cycle ; * adressage : a,b,c,e,f, (voir figure 4.19).
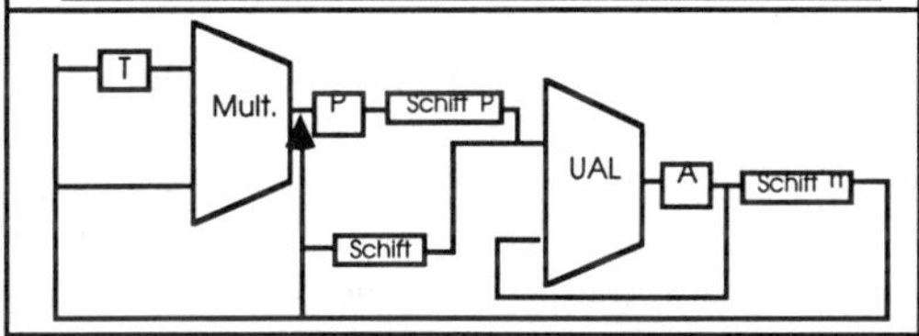	Texas instrument TMS 320C25 : * unité de traitement : 1 bus général permettant 1 lecture et 1 écriture dans un même cycle ; * adressage : a,b,c,e,f, (voir figure 4.19).
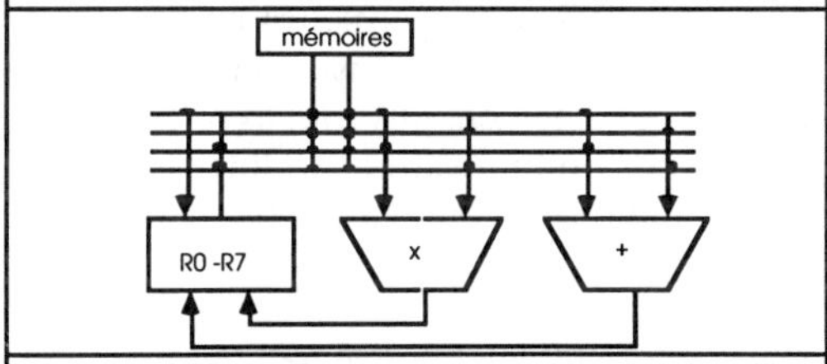	Texas instrument 320C30 * unité de traitement : 4 bus généraux : deux transferts de ou vers la mémoire, et deux transferts de et vers le banc de registres. * adressage : a,b,c,g,h,i. (voir figure 4.19).
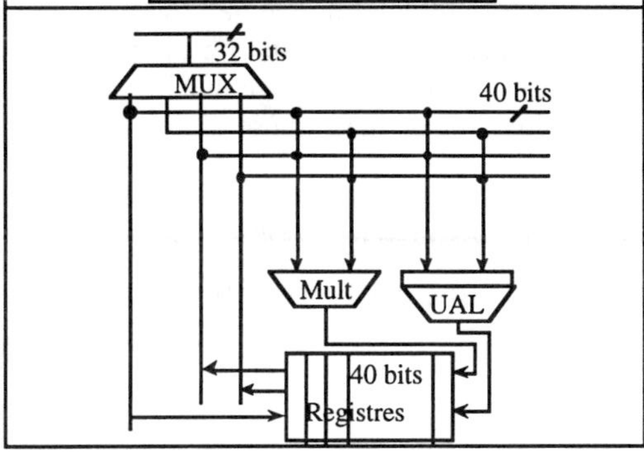	Texas instrument 320C40 * unité de traitement : 4 bus : deux transferts de ou vers la mémoire, et deux transferts de et vers le banc de registres. Opérateurs traitant des nombres flottants. * adressage : a,b,c,g,h,i. (voir figure 4.19).

Figure 4.20 : Evolution de deux familles de processeurs de traitement du signal. Mult : multiplieur, Schift : décaleur, UAL unité arithmétique et logique.

Nous avons noté dans le tableau de la figure 4.21 les performances de différents processeurs, PTS et RISC. Ces performances sont mesurées suivant différents critères, tels que le temps de cycle machine, le nombre de MIPS, de MOPS, de MFLOPS de Méga multiplication-accumulation par seconde MMAC et de temps de traitement d'une FFT à base 2 sur 1024 points.

Processeur	Tcycle (ns)	MIPS	MOPS[1]	MFLOPS[2]	M.MACS/s	FFT (ms) 1024 pts
TMS 320C25*	80	10	30	-	10	15,6
TMS 320C30*	50	16,7	-	33,3	16,7	1,97
TMS 320C40*	40	25	75	50	25	1,54
DSP 56001†	25	20	60	-	20	1,68
DSP 96002†	25	20	-	60	20	1,55
DSP 32®	50	12,5	-	25	12,5	2,8
i860*,®	25	-	-	40®	35,7	0,97/0,74
MC88100*	30	97,7	-	68	9,52	4,70
Sparc*	50	60	-	-	5,71	6,66
AMD29050*	25	-	-	-	40	3,08
DEC alpha©	5	400	-	200	100	0,48

*Ref: [SMI 92], ®Ref: [Atk 91], ©Ref: [Ste 92], †Ref [Mot 91]

[1]Calculs d'adresses et de données; [2]Calculs de données seulement

Figure 4.21 : Performances de processeurs RISC et de processeurs de traitement du signal.

L'analyse des performances montre que les processeurs de traitement du signal permettent de conserver l'équivalence entre le nombre de MIPS et le nombre de MMAC (lignes 1 à 6), ce qui n'est pas le cas des processeurs RISC (lignes 7 à 11). Cette caractéristique est la conséquence d'une parfaite adaptation de l'architecture des PTS. Cependant, on pourra constater que le temps de cycle des processeurs RISC est généralement inférieur à celui d'un PTS. Ceci permettra au processeur ALPHA d'être de loin le plus performant, en temps, sur l'ensemble des critères étudiés. La discussion PTS versus RISC est certainement ouverte, avec en idée de fond soit l'optimisation technologique, soit l'optimisation architecturale. La première privilégie le temps de cycle tandis que la seconde privilégie le domaine d'application.

Nous allons présenter maintenant une approche méthodologique de programmation des processeurs de traitement du signal, qui propose l'exploitation optimisée des parallélismes offerts par ces processeurs. Cette approche repose sur les principes d'optimisation qui ont été élaborés dans le domaine de la synthèse d'architectures.

4.6. Sélection et programmation optimale de processeurs de traitement du signal : approche méthodologique

4.6.1. Introduction

La mise en oeuvre d'une application de traitement du signal nécessite de choisir un processeur adapté, puis de le programmer en exploitant au mieux les parallélismes

de son architecture. Ces parallélismes sont spatiaux ou temporels (pipeline), et permettent des traitements de données ou d'adresses, ainsi que des transferts de données simultanés. L'exploitation de ces parallélismes conduit généralement à des choix multiples pour la génération d'un code assembleur, avec une optimisation du code plus ou moins performante. A l'heure actuelle, les compilateurs C offerts pour la programmation à un haut niveau de ces processeurs ne garantissent pas la meilleure optimisation de code. En effet le problème est complexe, puisqu'il s'agit de régler simultanément l'optimisation des traitements de données, l'optimisation de leurs transferts entre mémoire et registres, l'optimisation de leur placement en mémoire et enfin l'optimisation de la génération des adresses.
L'approche que nous proposons permet l'optimisation du code assembleur pour l'exécution d'un algorithme de traitement du signal. Elle ne remplace pas la programmation de haut niveau d'algorithmes complexes, mais se positionne comme un complément permettant l'optimisation des calculs critiques de l'application (coeur du produit de convolution, adaptation, papillon de la TFR, etc.).

4.6.2. Approche méthodologique pour la mise en œuvre d'un algorithme de traitement du signal

4.6.2.1. But du problème

Cette approche est descendante et cible deux objectifs complémentaires.

1°) La programmation optimale des calculs critiques d'un algorithme de traitement du signal.

2°) La sélection qualitative de processeurs de traitement du signal.

Cette méthode opère en deux temps. Le premier cible la définition d'une architecture formelle de PTS adaptée à l'algorithme de traitement du signal que l'on désire implanter et le second consiste à dégénérer les performances de ce processeur formel en vue d'implanter les calculs de l'algorithme sur un processeur réel. La dégradation de performances doit être minimale. Cet objectif permet la sélection de processeurs dont les architectures sont les plus appropriées aux calculs requis.

Cette approche méthodologique suivra les cinq étapes que nous allons détailler et que présente la figure 4.22.

— *étape 1* : cette approche permet la détermination d'une architecture formelle d'un PTS à travers les spécifications de ses unités fonctionnelles : l'unité de traitement des données, l'unité de mémorisation et l'unité de traitement des adresses. La conception de l'architecture formelle est dédiée aux seuls calculs critiques d'algorithme de traitement du signal considéré. L'optimisation de l'implantation de ces calculs critiques est prépondérante pour celle du traitement de l'algorithme complet. L'efficacité de l'approche repose sur le choix d'une primitive de calcul dont la complexité est bornée, en valeur inférieure, par sa représentativité des calculs critiques et en valeur supérieure, par la possibilité d'appliquer en un temps raisonnable cette méthode. La primitive retenue est représentée sous sa forme parallèle, en un graphe flot de données.

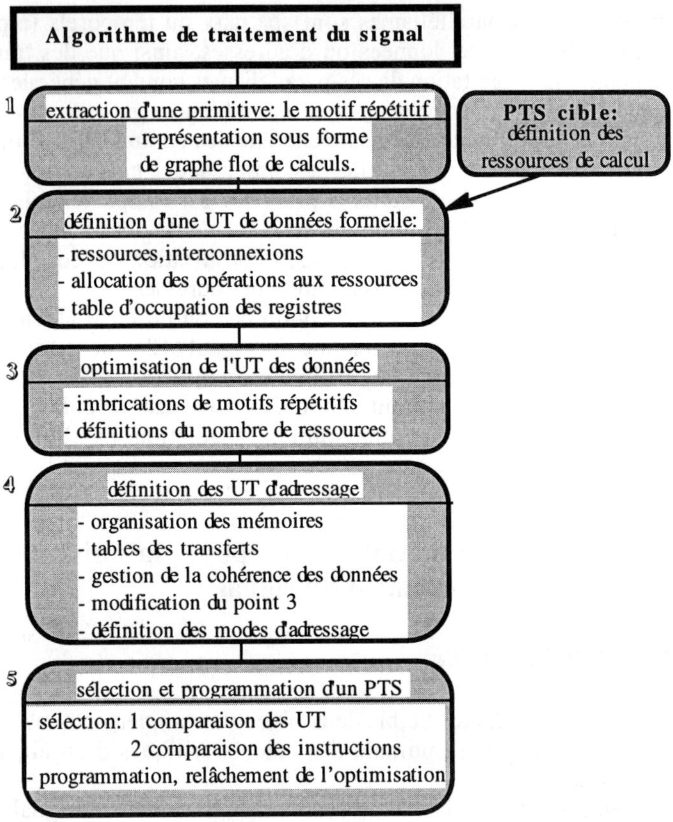

Figure 4.22 : Programmation optimisée des processeurs de traitement du signal en cinq étapes.

— *étape 2* : les différentes unités fonctionnelles interagissent entre elles. Ainsi leur optimisation doit être coordonnée. De manière à réduire la complexité de l'approche, il s'agit d'ordonner leur étude. Nous avons retenu une hiérarchie dans la conception du processeur formel, qui implique la conception en premier de la partie la plus critique : l'UT des données. L'UT des adresses sera ensuite conçue à partir des spécifications de l'algorithme et du fonctionnement de l'UT des données.

— *étape 3* : l'UT des données sera conçue en deux étapes ; la première aborde l'exploitation optimale des parallélismes pour les calculs d'une primitive, tandis que la seconde partie s'intéresse à l'enchaînement optimisé des calculs de cette primitive.

— *étape 4* : l'unité de traitement des adresses est définie ensuite, conjointement à l'allocation en mémoire des données. Il s'agit de tenir compte des contraintes de cohérence des données liées d'une part à l'algorithme et, d'autre part, au fonctionnement de l'UT des données. Nous définirons l'architecture formelle de cette unité par les modes d'adressage à mettre en oeuvre.

— *étape 5* : le PTS optimal qui a été précédemment conçu définit non seulement les UT de données et d'adresses, mais aussi la séquence d'instructions devant les piloter. Ces caractéristiques seront confrontées avec celles de processeurs que l'on sélectionnera. Le relâchement minimal de l'optimisation de la séquence d'instructions doit conduire à la programmation optimale du PTS sélectionné.

4.6.2.2. Graphe flot de données

Afin de mettre en correspondance les calculs d'un algorithme complexe et une UT formelle présentant une complexité matérielle souvent limitée à quelques opérateurs câblés, il est impératif d'extraire de cet algorithme un (ou des) motif(s) de calcul répétitif basé sur des opérations simples. Traitant généralement des vecteurs ou des matrices, un algorithme de traitement du signal repose fréquemment sur un calcul scalaire de base que l'on itère un grand nombre de fois, sur l'ensemble des coefficients des vecteurs. A côté de ce calcul répétitif, figurent d'autres traitements (calculs ou contrôles) dont l'exécution est bien plus marginale. Les PTS sont programmables et on peut être assuré de pouvoir implanter ces traitements, même si leur optimisation peut s'avérer moins poussée.
Les calculs du motif répétitif ne sont pas toujours séquentiels et il est important d'en exhiber les parallélismes qui pourront être exploités en accord avec les parallélismes matériels de l'unité de traitement. Une représentation usuelle du parallélisme de calcul est le graphe flot de données [Gaj93]. Il est constitué de noeuds et d'arcs orientés. Un noeud est une opération scalaire, tandis qu'un arc orienté représente une dépendance de donnée entre l'opération amont et l'opération aval liées par cet arc. Une donnée est attachée à chaque arc. Un exemple de graphe flot de données est montré sur la figure 4.23.

4.6.2.3. Définition de l'unité de traitement des données formelle

Le calcul répétitif est représenté sous la forme du graphe flot de données et il s'agit maintenant de le séquentialiser en fonction du parallélisme offert par la structure de l'architecture ciblée. Pour cela on opère en trois étapes.

Allocation
Cette étape définit les opérateurs utilisables. Généralement, pour le processeur de traitement du signal, il s'agit de définir si l'on cible une architecture comprenant un multiplieur et une UAL, ou une architecture intégrant un multiplieur-accumulateur et une UAL (voir les caractéristiques principales de PTS sur la figure 4.19). L'allocation définit la classe d'architectures ciblées.

Ordonnancement
Cette étape définit les temps auxquels sont traités les différents calculs figurant sur le graphe flot de données. Durant l'ordonnancement [Car88], on cible la minimisation du temps nécessaire à traiter l'ensemble des calculs, par une utilisation maximale des différents opérateurs alloués dans la phase précédente. L'ordonnancement, ne permet pas généralement de définir une solution unique, et on ne pourra généralement en retenir une qui soit optimale qu'à l'issue des étapes suivantes. Afin de traiter l'ordonnancement de nombreuses techniques peuvent être employées, toutes issues du domaine de la synthèse d'architecture : techniques heuristiques reposant sur l'établissement de listes de priorité (urgence ou mobilité), algorithme glouton, technique de recherche exhaustive (Branch and bound,...).

Exemple
Sur le graphe flot de données de la figure 4.23 on affecte à chaque opération une mesure quantifiant le nombre d'opérations lui succédant (c'est une mesure de l'urgence).

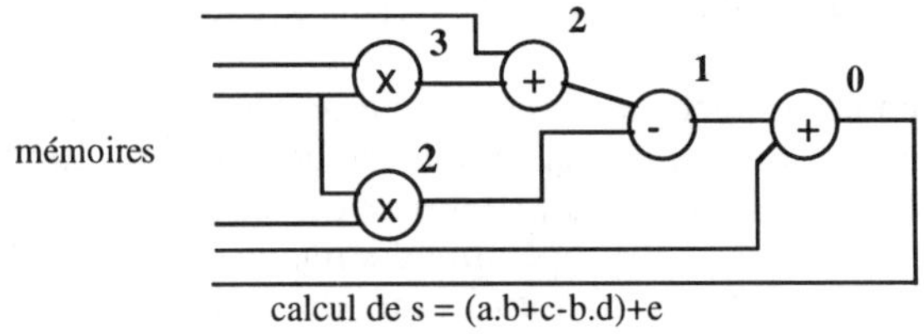

Figure 4.23 : Graphe flot de données et ordonnancement sur l'urgence.

Cette mesure permettra de rendre prioritaire la multiplication ayant trois successeurs par rapport à la multiplication qui n'en a que deux, bien que celles-ci puissent être immédiatement réalisées.

Connexions
Cette dernière étape définit les chemins de transferts des données et optimise les registres. Les chemins de données permettent les transferts entre opérateurs, ou entre opérateurs et mémoires. Ces derniers nécessitent une attention particulière, car ils peuvent être utilisés en multiplexant temporellement une lecture et une écriture de donnée dans un même cycle. Dans le modèle formel, nous associons un registre formel à l'entrée de chaque opérateur. Il aura pour rôle de présenter une donnée stable durant la phase de traitement de l'opérateur. Dans les processeurs présentant des bancs de registres généraux, l'ensemble des registres réels ont un rôle indépendant des opérateurs auxquels ils sont connectés durant les traitements. La durée exacte de temps de mémorisation des variables dans les différents registres formels est obtenue en dressant la table d'occupation.

Table d'allocation
Les calculs sont complètement décrits par une table d'utilisation des registres, opérateurs et bus (chemins de données entre registres et la mémoire formelle) [Kog81]. A partir de cette table seront déduits le nombre de registres réels liés à chaque registre formel, ainsi que le nombre de bus. Chaque registre formel est composé d'autant de registres réels qu'il mémorise simultanément de données. Chaque bus réel accomplit les transferts d'autant de bus formels que possible, sans conflit de transfert simultané de données.
Nous aurons ainsi la connaissance du nombre de cycles machine nécessaires à accomplir l'ensemble des calculs, mesurés entre le premier et le dernier cycle figurant dans la table d'utilisation.

4.6.2.4. Optimisation de l'unité de traitement

Nombre théorique minimum de cycles
Le nombre minimum de cycles nécessaires à la mise en oeuvre optimisée des calculs correspond à l'utilisation maximale des opérateurs. On obtient ce nombre de cycles simplement en comptant les opérations que doit faire chaque opérateur.

Le nombre minimum de cycles est généralement inférieur au nombre de cycles machine comptabilisés à l'étape 2.
Il s'agit alors d'optimiser l'enchaînement des calculs du motif répétitif de l'algorithme par entrelacement des motifs. Cet entrelacement, ou pipeline des motifs, doit permettre une cadence de renouvellement des calculs égale au nombre de cycles minimum. Cependant, afin d'enchaîner les calculs à une cadence optimale, on peut être amené à redéfinir l'ordonnancement et la table d'occupation.

Ordonnancement et table d'occupation
La nouvelle table d'occupation est définie en considérant non plus les calculs d'un motif, mais l'enchaînement de plusieurs motifs de calculs. Un nouvel ordonnancement de plusieurs motifs de calculs s'enchaînant est défini et cible une cadence de traitement de chaque motif égale au nombre minimum de cycles trouvé précédemment. Ce nouvel ordonnancement conduit à la définition d'une nouvelle table d'occupation des registres.

Organisation des mémoires et adressage
La table définie précédemment permet, à travers l'occupation des bus, de définir le cadencement d'appel et d'écriture des données en mémoire, qui est nécessaire à l'exécution des calculs d'un motif répétitif. On peut en déduire la présence d'un nombre de mémoires simultanément adressables correspondant au nombre de données simultanément transférées. Ce nombre dépend d'une hypothèse de fonctionnement des bus. Certains PTS gèrent un multiplexage temporel sur le transfert des données au cours d'un même cycle. Ce multiplexage réduira le nombre de mémoires adressées au cours d'un cycle machine. Généralement le multiplexage consiste à pouvoir effectuer un transfert en lecture suivi d'un transfert en écriture, à la même adresse mémoire. Il faut alors tenir compte de la cohérence des données en mémoire lors de l'utilisation d'un tel multiplexage. Les problèmes de cohérence apparaissent lorsque les algorithmes de traitement du signal reposent sur des calculs itératifs ou récursifs. Dans ces deux cas, les données traitées par les calculs d'un motif répétitif sont les entrées des calculs à l'itération du motif suivant ou à l'itération suivante de l'algorithme. On doit donc assurer que le placement en mémoire des données ainsi que l'adressage définis assurent la cohérence des données tout au long des répétitions de calcul du motif répétitif.
Ce problème de cohérence peut entraîner une modification de la table d'occupation de l'UT définie à l'étape précédente. Les modifications peuvent être de deux niveaux de complexité : locale et ne concernant que la mémorisation d'un registre à la fois (niveau 1), elle s'opère sur la table d'occupation des registres, ou globale et entraînant une refonte des calculs (niveau 2), elle s'opère alors sur l'ordonnancement des calculs. La modification de niveau 1 porte sur des anticipations de lecture ou des retards d'écriture des données, et aura pour conséquence de modifier éventuellement le nombre de registres réels à intégrer dans l'UT formelle. La modification du niveau deux portera sur une remise en cause de l'ordonnancement des calculs du graphe flot de données et entraînera une complète redéfinition de la table d'occupation de l'UT.
Afin de réduire le nombre d'appels simultanés effectués à un cycle donné, il est possible d'effectuer une modification de niveau 1 de la table d'occupation de l'UT.
Après modifications éventuelles de la table d'occupation de l'UT, on dressera une nouvelle liste de cadencement des lectures et écritures en mémoires, qui respectera

cette fois les problèmes de cohérence des données lorsque les motifs répétitifs sont itératifs ou récursifs. Cette liste permettra l'étude du mode d'adressage à mettre en oeuvre, conjointement à la définition des emplacements mémoires où seront contenues les données.
Le bilan de cette étape sera effectué par la définition de la séquence d'instructions formelles gérant les calculs et l'adressage nécessaires à accomplir les calculs d'un motif répétitif à une cadence optimale.

Sélection et utilisation d'un PTS
La sélection d'un PTS optimal pour l'algorithme considéré se fait en deux étapes : l'une consistera en une étude comparative de l'UT du PTS avec l'UT formelle décrite précédemment. Cette approche est rapide, et ne peut conduire qu'au rejet de PTS dont l'architecture s'avère bien trop éloignée des caractéristiques de celle de l'UT formelle. La seconde étude, plus longue, consiste après étude du jeu d'instructions du PTS, à confronter celui-ci avec la séquence d'instructions formelles décrite précédemment. Cette étude portera sur le PTS ciblé ou sur les PTS retenus après l'étude des UT.

4.6.3. Algorithme de transformée de Fourier rapide TFR

4.6.3.1. L'algorithme de TFR

Nous illustrons la programmation optimale des processeurs de traitement du signal à travers un exemple qui reflète toute la complexité de cadencement des motifs répétitifs et de gestion de la cohérence des données.
L'algorithme de transformée de Fourier rapide TFR à base 2 et entrelacement temporel se calcule sur N échantillons temporels, où N est une puissance de 2. Les calculs sont décomposés en $\log_2 N$ étapes, elles-mêmes comprenant N/2 papillons. Le papillon de la TFR est donc le motif répétitif pour lequel il s'agit d'optimiser les calculs (figure 4.24).

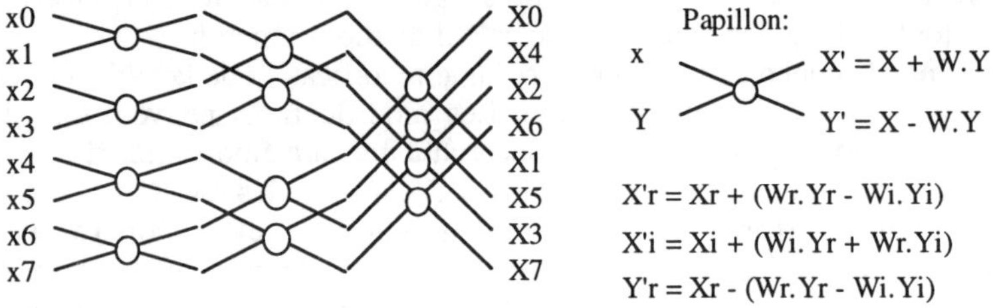

$$X'r = Xr + (Wr.Yr - Wi.Yi)$$
$$X'i = Xi + (Wi.Yr + Wr.Yi)$$
$$Y'r = Xr - (Wr.Yr - Wi.Yi)$$
$$Y'i = Xi - (Wr.Yi + Wi.Yr)$$

Figure 4.24 : Graphe de calcul de la transformée de Fourier rapide et détail des calculs du papillon.

4.6.3.2. Graphe flot de calculs

Les calculs d'un papillon élémentaire peuvent être représentés sous la forme d'un graphe flot de données (figure 4.25).

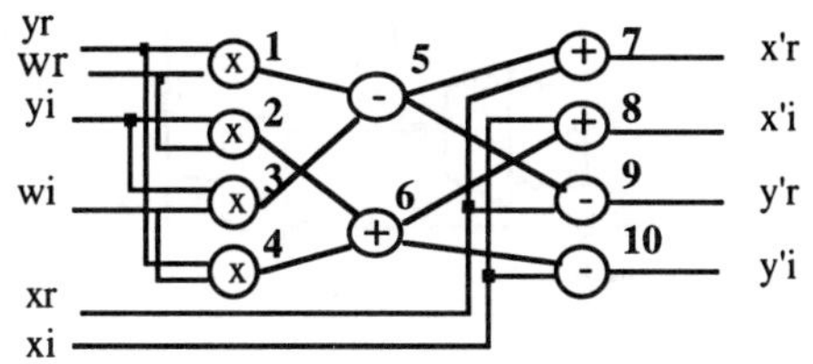

Figure 4.25 : Graphe flot de données du papillon de la TFR.

On notera que le papillon nécessite quatre multiplications et six additions ou soustractions. L'enchaînement de papillons doit se faire à la cadence idéale de six cycles machines.

4.6.3.3. Unité de traitement formelle

Nous partirons de cette hypothèse pour définir le *processeur idéal.*
— *Allocation.* Un multiplieur et un additionneur câblés fonctionnant à la même cadence.
— *Ordonnancement.* Plusieurs ordonnancements permettent un temps minimum de traitement des calculs du papillon. La figure 4.26 en représente deux. Le premier ordonnancement correspond à une exécution au plus tôt des différentes opérations. On constatera que les résultats des produits "3" et "4" devront être mémorisés durant un temps supérieur à ce que propose le second ordonnancement.

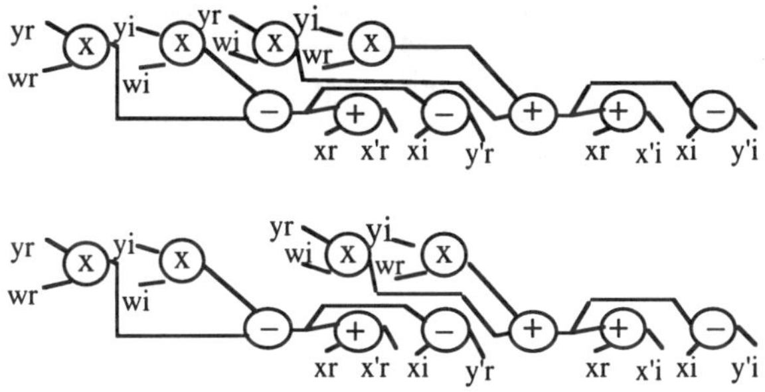

Figure 4.26 : Deux exemples d'ordonnancement du papillon de la TFR.

— *Unité de traitement formelle.* On définit tout d'abord sa structure. Celle-ci est organisée autour de quatre bus de transfert des données permettant un accès simultané des mémoires vers les entrées du multiplieur, une entrée de l'additionneur et de la sortie de ce dernier vers la mémoire. La sortie du multiplieur est aux deux entrées de l'UAL. La sortie de l'UAL est connectée à une de ses entrées, celle qui n'est pas reliée à la mémoire. Concernant l'utilisation des bus, nous ferons l'hypothèse que les transferts en lecture amènent des données immédiatement utilisables pour le calcul ; de plus les transferts en écriture s'effectuent dans le même cycle que celui générant le résultat à transférer. L'unité de traitement formelle est représentée sur la figure 4.27.

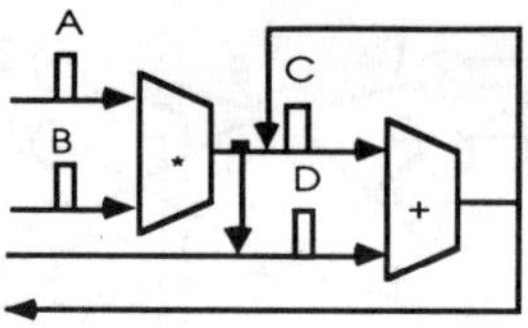

Figure 4.27 : Structure de l'unité de traitement formelle pour les calculs du papillon de la TFR.

— *Table d'occupation des registres.* On dresse la table d'occupation des registres, opérateurs et bus (le contenu des registres est considéré juste avant chaque calcul). Chaque registre est annoté durant chaque cycle de l'ensemble des données qu'il contient, afin de réaliser les calculs. Lorsqu'une donnée est mémorisée durant plus d'un cycle dans un même registre, nous indiquons son nom au cycle où elle est mémorisée pour la première fois, puis une flèche jusqu'au dernier cycle de sa mémorisation. Lorsque la donnée est le résultat d'un calcul intermédiaire, nous indiquons le calcul correspondant (figure 4.28).

cycle	1	2	3	4	5	6	7	8
A	Yr	-> Yi	Yr ->	 Yi				
B	Wr	-> Wi	-> Wi	Wr				
C		Yr.Wr	->	yrwr-yiwi	-> Yi.Wr	 ->	yrwi+yiwr	->
D			Yi.Wi	Xr Yr.Wi	-> ->	 ->	Xi	->
Mult	x(1)	x(2)		x(3)	x(4)			
UAL			-(5)	+(7)	-(9)	+(6)	+(8)	-(10)
bus A	Yr	Yi						
bus B	Wr	Wi						
bus D				Xr			Xi	
écriture				X'r	Y'r		X'i	Y'i

Figure 4.28 : Table d'occupation des registres pour le premier ordonnancement

Cycle	1	2	3	4	5	6	7	8
A	Yr	-> Yi	-> ->	Yr ->	 Yi			
B	Wr	-> Wi	-> ->	-> Wi	Wr			
C		Yr.Wr	->	yrwr-yiwi	->	Yi.Wr	yrwi+yiwr	->
D			Yi.Wi	Xr	-> Yr.Wi	 ->	Xi	->
Mult	x(1)	x(2)		x(3)	x(4)			
UAL			-(5)	+(7)	-(9)	+(6)	+(8)	-(10)
bus A	Yr	Yi						
bus B	Wr	Wi						
bus D				Xr			Xi	
écriture				X'r	Y'r		X'i	Y'i

Figure 4.29 : Table d'occupation des registres pour le second ordonnancement.

On évaluera le nombre de registres réels à mettre en oeuvre, qui est fonction du nombre de registres formels et des recouvrements des mémorisations de données. On note ainsi que les registres A,B,C et D doivent être dédoublés, ce qui correspond à la mise en oeuvre de huit registres réels (figure 4.28).

Nous avons dressé la table d'occupation des registres, bus et opérateurs pour le second ordonnancement sur la figure 4.29. Comme précédemment, on compte les registres à mettre en oeuvre. Cette fois, on note que C n'est pas dédoublé. En conséquence, le nombre de registres de cette seconde architecture est égal à sept.

Parmi ces deux solutions, la seconde est donc la meilleure. Nous allons maintenant étudier l'enchaînement des calculs du papillon de la TFR.

4.6.3.4. Optimisation de l'UT pour calculs imbriqués

La cadence d'exécution des papillons de la TFR est égale à six cycles, correspondant aux six utilisations de l'UAL. Nous avons détaillé les calculs du papillon qui s'accomplissent en huit cycles, ce qui est supérieur à la cadence optimale de six cycles. Afin de considérer l'exécution pipelinée des différents papillons, nous devons étudier une nouvelle table d'occupation des registres. Celle-ci est issue de la précédente, à partir de laquelle on considère que tous les cycles sont comptés modulo 6. Ainsi, les cycles 7 et 8 se recouvrent sur les cycles 1 et 2 respectivement.

Considérons le second ordonnancement, la nouvelle table d'occupation est celle que montre la figure 4.30 où sont représentés en italique les recouvrements des cycles 7 et 8 sur les cycles 1 et 2. On constatera sur cette nouvelle table d'allocation des registres que C doit maintenant être dédoublé. En conséquence l'étude du premier ordonnancement pourrait être poursuivie. On notera sur les bus A, B, D et d'écriture les cycles où les différentes variables sont transférées. Ces transferts concernent maintenant l'unité de mémorisation.

Cycle	1	2	3	4	5	6
A	Yr	-> Yi	-> ->	Yr ->	 Yi	
B	Wr	-> Wi	-> ->	-> Wi	Wr	
C	 *yrwi+yiwr*	Yr.Wr ->	->	yrwr-yiwi	->	Yi.Wr
D	*Xi*	->	Yi.Wi	Xr	-> Yr.Wi	 ->
Mult	x(1)	x(2)		x(3)	x(4)	
UAL	*+(8)*	*-(10)*	-(5)	+(7)	-(9)	+(6)
bus A	Yr	Yi				
bus B	Wr	Wi				
bus D	*Xi*			Xr		
écriture	*X'i*	*Y'i*		X'r	Y'r	

Figure 4.30 : Table d'occupation des registres pour les calculs pipelinées du second ordonnancement.

4.6.3.5. Gestion des mémoires

Le premier travail concerne l'étude de la cohérence de données. Les données lues ou écrites dans les différentes mémoires correspondent soit à des données d'un vecteur coefficient W, soit au vecteur de calcul (vecteurs des échantillons temporels au début des calculs, ou vecteur des échantillons fréquentiels en fin de calculs). Les données X ou Y appartiennent donc à un même vecteur ; elles doivent être adressées à la même mémoire et ne peuvent être transférées simultanément en lecture. C'est le problème qui apparaît au cycle 1 lorsque Yr et Xi sont transférées simultanément.
Le second problème soulevé par la cohérence est celui de la correspondance entre lecture et écriture. Si l'on utilise un bus multiplexé temporellement pour lire, puis écrire dans une même mémoire durant un même cycle, on ne modifie pas généralement l'adresse. En conséquence, les données lues et écrites dans un même cycle doivent être de même nature, de manière à assurer la validité de l'adressage mémoire durant les itérations successives des calculs des papillons de la TFR. Nous noterons sur la table précédente que la cohérence de lecture-écriture est respectée.

Pour résoudre les problèmes de cohérence, on peut soit anticiper une lecture de donnée, soit retarder une écriture. Ces deux solutions aboutissent à allonger l'occupation des registres et elles doivent être étudiées de manière à éviter l'augmentation des registres à mettre en oeuvre.

A partir de la table d'allocation des registres précédente, on pourra conclure que l'anticipation de la lecture de Yr, du cycle 1 vers le cycle 6 (modulo 6) permet de résoudre les problèmes de cohérence (figure 4.31).

Cycle	1	2	3	4	5	6
A	->	-> Yi	-> ->	Yr ->	 Yi	**Yr**
B	Wr	-> Wi	-> ->	-> Wi	Wr	
C	 *yrwi+yiwr*	Yr.Wr ->	->	yrwr-yiwi	->	Yi.Wr
D	*Xi*	->	Yi.Wi	Xr	-> Yr.Wi	 ->
Mult	x(1)	x(2)		x(3)	x(4)	
UAL	+*(8)*	-*(10)*	-(5)	+(7)	-(9)	+(6)
bus A		Yi				**Yr**
bus B	Wr	Wi				
bus D	*Xi*			Xr		
écriture	*X'i*	*Y'i*		X'r	Y'r	

Figure 4.31 : Table d'occupation des registres respectant la cohérence des données.

L'architecture optimale de l'unité de traitement ne comporte plus qu'un minimum de deux bus, puisque les bus A, D et le bus d'écriture peuvent être multiplexés.

On peut maintenant étudier la relation entre le placement des données en mémoire et la génération des adresses. On ne s'intéressera ici qu'aux données X et Y, résultats partiels du calcul de la transformée de Fourier rapide. La séquence de

lecture des entrées d'un papillon de la TFR est : yr, yi, xr, xi ;la séquence d'écriture est : x'r, y'r, x'i, y'i. Cette séquence d'écriture du papillon traité en position i s'opère lors de la lecture des entrées du papillon suivant i+1. Les données écrites le sont aux adresses des données lues de même type (écriture de x'r lors de la lecture de xr,...).
En conséquence, il y a "déplacement" des papillons en mémoire de données (figure 4.32). Ce déplacement des données d'un papillon pose deux problèmes : lors de la mémorisation des données du dernier papillon et lors de la sortie des échantillons du vecteur fréquentiel. Dans le premier cas, il faut s'assurer que les résultats du dernier papillon traité au cours d'une étape de la TFR ne soient pas écrits à la place de résultats précédemment calculés. Ce problème intervient lorsque les données des papillons sont entrelacées. Il s'agira alors de gérer un adressage séparé des données de type X et de type Y et de placer les derniers résultats de manière à placer correctement les données pour les calculs des papillons de l'étape suivante.

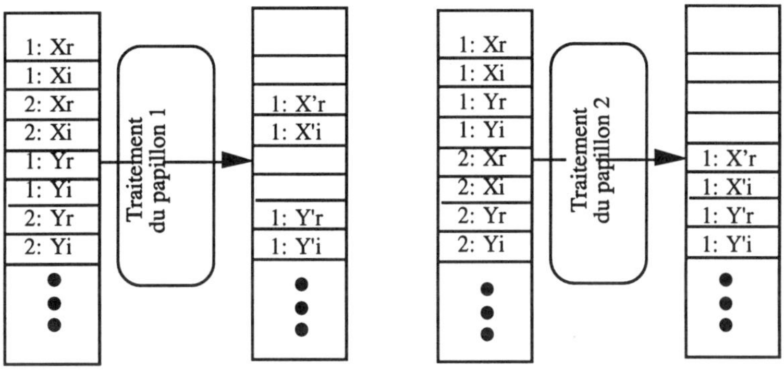

Figure 4.32 : Déplacement des papillons en mémoire de données : a°) lorsque les données des papillons sont entrelacées ; b°) lorsque les données des papillons sont consécutives.

Le second problème consiste à mettre en oeuvre l'adressage 'bit renversé', modifié en fonction des options prises précédemment pour la gestion du déplacement en mémoire des papillons. On en conclut que les données peuvent être adressées à l'aide d'un adressage indirect post-incrémenté (pour adresser Xi à la suite de Xr), et indexé (pour adresser Xr du papillon suivant après Xi), pour les X et de même pour les Y. L'index est identique en X et en Y.

Les données de la TFR sur N points occupent 2N places mémoires (pour les parties réelles et imaginaires de chaque donnée) plus 4log2N places mémoire supplémentaires pour les déplacements des adresses à la fin des traitements de chaque étape de la TFR. On peut définir l'architecture optimale du processeur de traitement du signal comme le montrent les figures 4.33 et 4.34.

Ces architectures optimisées de processeurs vont être comparées à celles de deux processeurs de traitement du signal, le Motorola DSP 56000 et le TMS 320C40. Nous vérifierons par la programmation du papillon de la TFR les performances attendues et procéderons à la comparaison de leur architecture par rapport à l'architecture optimisée.

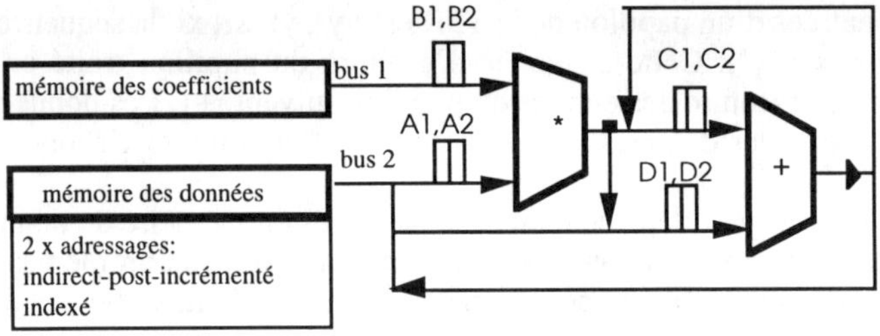

Figure 4.33 : Architecture du processeur optimal : modèle à registres dédiés.

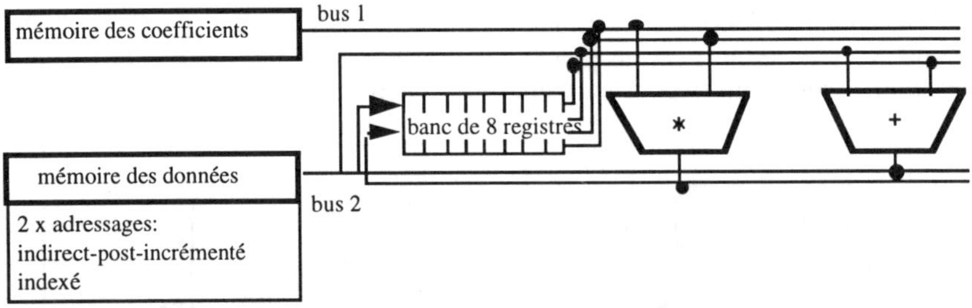

Figure 4.34 : Architecture du processeur optimal : modèle à registres généraux.

4.6.3.6. Validation sur le processeur DSP 56000 de Motorola et le TMS 320C40 de Texas instrument

Pour établir la validation de notre démarche, nous proposons un examen critique des architectures des unités de traitement de deux processeurs de traitement du signal, le processeur DSP 56000 de MOTOROLA (figure 4.35) et le processeur TMS 320C40 de TEXAS INSTRUMENT (figure 4.38).

— *Sur le processeur DSP56000*

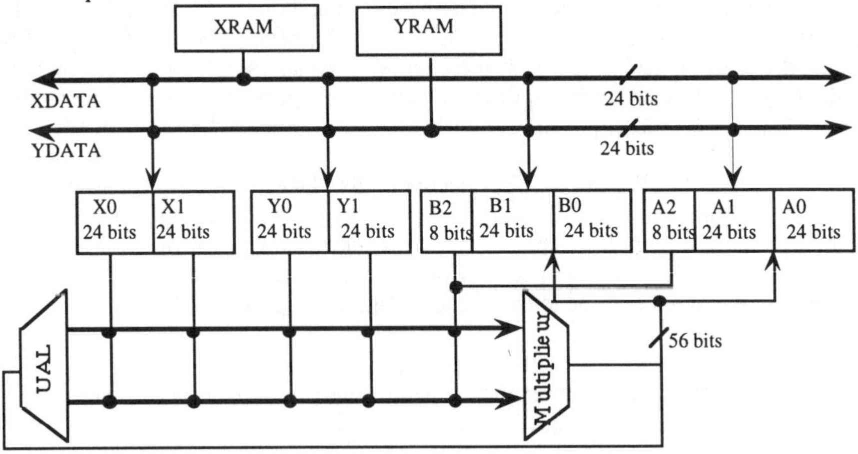

Figure 4.35 : Architecture de l'unité de traitement du DSP 56000.

Les parties réelles sont en mémoire XRAM, les parties imaginaires sont en mémoire YRAM ; cinq registres d'adresse pointent respectivement sur X,Y,Y',X',W. Le calcul d'adresse n'est pas pris en compte (figure 4.36).

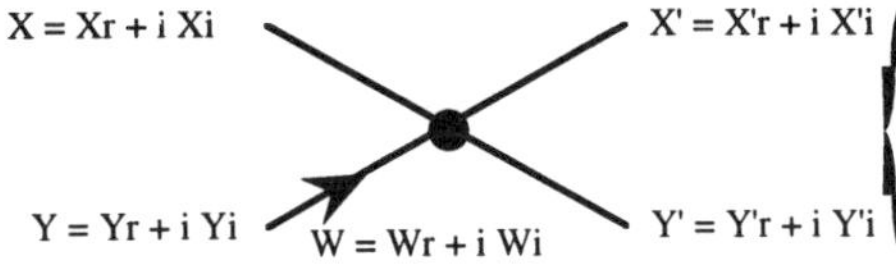

$$\begin{cases} X'r = Xr + (Wr.Yr - Wi.Yi) \\ X'i = Xi + (Wi.Yr + Wr.Yi) \\ Y'r = Xr - (Wr.Yr - Wi.Yi) = 2.Xr - X'r \\ Y'i = Xi - (Wi.Yr + Wr.Yi) = 2.Xi - X'i \end{cases}$$

Figure 4.36 : Papillon de la TFR et calculs sur le processeur DSP 56000 [Mot91].

cycle	X0	X1	Y0	Y1	A	B	MEM X	MEM Y	opération
amorçage									
t = 0		Yr	Wi				--> X1	-->Y0	
t = 1						Xi		-->B	
papillon									
t = n	Wr			Yi		RES			Xi + YrWi
t = n+1					Xi	RES	A-->*Y'r*	-->A	B+ WrYi
t = n+2					RES	Xr	-->B	B-->**X'i**	2A - B
t = n+3					A	RES	-->A	A-->**Y'i**	Xr+WrYr
t = n+4		Yr	Wi			RES	-->X1	-->Y0	B - WiYi
t = n+5					RES	Xi	B-->**X'r**	-->B	2A - B
désamorçage									
t = Tfin							A-->**Y'r**		

Figure 4.37 : Exécution du papillon de la TFR en six cycles sur le processeur DSP 56000.

Le déroulement des calculs optimisés sur le DSP 56000 s'effectue en 6 cycles machines (figure 4.37). On pourra cependant constater que la comparaison de l'architecture du DSP 56000 avec l'architecture formelle (figure 4.33) fait apparaître une déficience en nombre de transferts simultanés registres vers opérateurs (en effet, seuls trois transferts simultanés sont autorisés sur le DSP 56000). Cette lacune est compensée par une structure particulière des calculs du papillon de la TFR, comme le fait apparaître la figure 4.36.

— *Sur le processeur TMS320C40*

Les données traitées ont un format sur 32 bits en virgule flottante (partie imaginaire et partie réelle), quatre registres d'adresse pointent respectivement sur X,Y,Y',X' :

Ar0 --> Xr, Xi; Ar1 --> Yr, Yi

Ar2 --> X'r, X'i; Ar3 --> Y'r, Y'i

deux registres contiennent les Wr et Wi (R7 et R6) (le calcul d'adresse n'est pas pris en compte). L'organisation des calculs est précisée figure 4.39.

L'exécution en huit cycles du papillon de la TFR (figure 4.40) peut s'expliquer par une différence de structure entre le TMS 320C40 et l'architecture formelle (figure 4.34). En effet nous constatons sur cette dernière qu'il est nécessaire d'accéder simultanément aux quatre registres du banc de registres et aux quatre entrées des deux opérateurs, ce que ne permet pas le TMS 320C40.

La démarche que nous présentons ne prétend pas permettre d'étudier tous les cas particuliers de spécification d'algorithmes, ni de structures de processeurs. Cependant, elle offre un palliatif à la déficience des compilateurs de langages, qui sont loin de générer du code optimisé pour les architectures de processeurs de traitement du signal. Il s'agit alors de disposer d'une démarche méthodologique de sélection et programmation de processeurs de traitement du signal en vue d'optimiser l'implantation de primitives de calcul critiques des applications.

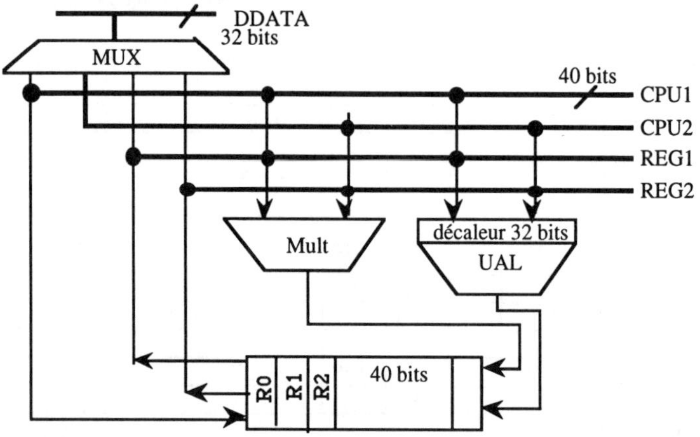

Figure 4.38 : Architecture de l'unité de traitement du TMS 320c40.

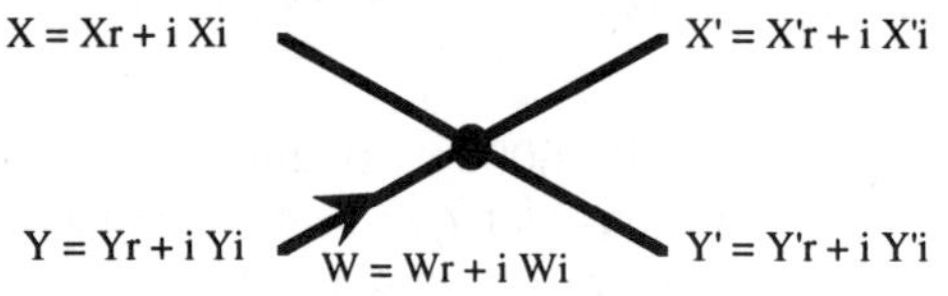

$$\begin{cases} Tr = (Wr.Yr - Wi.Yi) \\ Ti = (Wi.Yr + Wr.Yi) \\ X'r = Xr + Tr \\ X'i = Xi + Ti \\ Y'r = Xr - Tr \\ Y'i = Xi - Ti \end{cases}$$

Figure 4.39 : Structure du papillon de la TFR et calculs opérés sur le processeur TMS 320C40.

cycle	R0	R1	R2	R3	R4	R5	R6	R7	accès mémoire	mult	UAL
initialisation											
t = 0,1							SIN	COS			
papillon											
n						Yi.R6			R5-->*X'r*	x	
n+1			Ti : R1+R0								
n+2	Yr.R7			Xi+R2						x	+
n+3					Xi-Ti				R3-->**Y'i**		-
n+4				Tr : R0-R5							
n+5	Yr.R6		Xr-Tr							x	-
n+6		Yi.R7							R4-->**X'i**	x	
n+7						Xr+Tr			R2-->**Y'r**		+
fin											
t=Tfin									R5-->**X'r**		

Figure 4.40 : Exécution du papillon de la TFR en 8 cycles sur le processeur TMS 320C40.

CHAPITRE 5

Panorama de quelques processeurs

5.1. Introduction du panorama

Nous allons nous intéresser dans ce chapitre à quelques processeurs récents qui sont représentatifs des tendances architecturales actuelles. Nous avons ainsi choisi le processeur Alpha de Digital pour son architecture RISC superpipeline superscalaire et sa capacité à s'intégrer dans des environnements multiprocesseurs fortement interconnectés. Dans cette gamme de composants nous présenterons également le RISC 80i860 d'Intel. Le Transputer d'Inmos, l'Iwarp d'Intel et le TMS 320C40 de Texas Instrument ont été choisis pour leurs capacités à permettre la construction de multiprocesseurs faiblement couplés. Le Gapp nous permettra de présenter un processeur manipulant des informations codées sur un bit. Pour chacun de ces processeurs, nous nous intéresserons, après une présentation générale, à montrer leur architecture interne, leur expression du parallélisme.
Pour conclure cette introduction, revenons sur la distinction RISC/CISC décrite dans le chapitre 3. Le temps nécessaire à l'exécution d'une tâche peut s'écrire sous la forme du produit suivant :

$$T = C \ t \ n$$

formule dans laquelle C représente le nombre de cycles par instructions, t la durée du cycle et n le nombre d'instructions par tâche.

Les processeurs RISC actuels, tout en ayant une valeur de n supérieure (de l'ordre de 30 %), tendent vers une valeur de C voisine de 1 et permettent par des architectures moins complexes, d'avoir des valeurs de t inférieures à celles des machines CISC. Ceci leur permet d'atteindre des performances supérieures aux machines CISC. Nous pouvons alors nous poser la question suivante : quel est l'avenir des processeurs CISC ?

Les processeurs RISC ont eu l'énorme avantage de montrer tout l'intérêt d'une architecture simple et régulière permettant des échanges rapides de données par l'utilisation de registres, de lectures anticipées. D'un autre coté on se rend compte de la difficulté d'utiliser efficacement les architectures complexes et leurs modes d'adressage évolués.

Ces constatations ne doivent pas nous faire arriver à la conclusion que les machines RISC s'opposent aux machines CISC mais plutôt que les processeurs très complexes de demain devront intégrer des principes qui ont été illustrés par les processeurs RISC et ne pourront pas se contenter d'être des évolutions des processeurs 8 bits du passé.

5.2. Le processeur Alpha de Digital

5.2.1. Présentation générale

Digital a introduit une nouvelle famille de processeurs RISC : la famille de processeurs Alpha [Dec92-a], [Mcl93]. Ce concept Alpha a été conçu dans le but de permettre une très grande longévité (25 ans), un accroissement prévu des performances, ainsi que le support de différents systèmes d'exploitation. Ce dernier point repose essentiellement sur la possibilité offerte à l'utilisateur d'intégrer une librairie dédiée à un système d'exploitation particulier. Les routines de ce système d'exploitation sont facilitées grâce à des instructions systèmes : CALL_PAL (*Privileged Architecture Library code*). Cette famille de processeurs doit permettre aussi bien la réalisation de stations de travail que celles de calculateurs parallèles. Ceci se traduit par une architecture à 64 bits permettant le support de systèmes multiprocesseurs. Les instructions ont une taille de 32 bits ; les traitements portent sur des nombres entiers ou flottants, codés sur 32 ou 64 bits. Les adresses sont codées sur 64 bits. Le premier processeur de cette famille, le 21064 [Sez92], est un processeur RISC superscalaire (deux instructions par temps de cycle), superpipeline disposant d'un temps de cycle de 150 MHz. Il intègre une unité de calcul flottant, 8 koctets de mémoire cache pour les données et 8 koctets pour les instructions, ainsi qu'une gestion de mémoire virtuelle (taille des pages : 8 koctets).

5.2.2. Architecture interne

Le processeur 21064 de Digital [Dec92-b] est composé de quatre unités fonctionnelles indépendantes (fig. 5.1) :
— L'unité d'exécution sur les nombres entiers : EBOX. Elle contient un additionneur, un multiplieur, un registre à décalage ainsi qu'une file de 32 registres de 64 bits.
— L'unité d'exécution sur les nombres flottants : FBOX. Elle contient un additionneur, un multiplieur, un diviseur ainsi qu'une file de 32 registres de 64 bits.
— L'unité de gestion des adresses : ABOX. Elle gère la translation d'adresses, le cache de données. Elle contient également un tampon d'écriture à quatre entrées (32 octets par entrée). Celui-ci permet, entre autres, de tamponner les données avant de les copier dans la mémoire cache extérieure. En effet, le 21064 peut produire des mots avec une fréquence crête de 4 quadruples mots à chaque cycle, ce qui est très largement inférieur au temps d'accès de la mémoire cache extérieure. Cette unité fonctionnelle comprend également un buffer de translation des adresses de données comprenant 32 entrées pour des pages pouvant comprendre 8 koctets, 64 koctets, 512 koctets ou 4 Moctets.

— L'unité de contrôle : IBOX. Elle est chargée, entre autres, lorsque l'instruction est une instruction de branchement conditionnel, de prévoir la prochaine adresse en utilisant soit le signe du déplacement, soit la table d'historique des branchements. Cette unité fonctionnelle est également chargée de détecter les éventuels conflits de données ou de ressources. En outre elle contient un buffer de translation des adresses des instructions disposant de 4 entrées pour des pages de 4 Moctets et huit entrées pour des pages de 8 koctets.

Les caches instructions et données comprennent 8 koctets avec des tailles de bloc de 32 octets. Ces caches sont en correspondance directe avec la mémoire (*direct mapped*). Pour le cache de données, le processeur 21064 utilise une mise à jour immédiate (*write through*) qui incitera fortement à utiliser une mémoire cache secondaire afin de ne pas trop ralentir le processeur lors des accès à la mémoire. Le cache d'instructions mémorise un mécanisme d'historique des branchements permettant la prédiction de ceux ci. Cet historique est matérialisé par un bit du cache instruction. Ce bit indique si lors de la dernière exécution de l'instruction, le branchement a été pris ou non. La prédiction dynamique de branchement sera également possible en utilisant le signe de déplacement du branchement. Si le déplacement est négatif, la stratégie décide de prendre le branchement, si le déplacement est positif, le branchement ne sera pas pris.

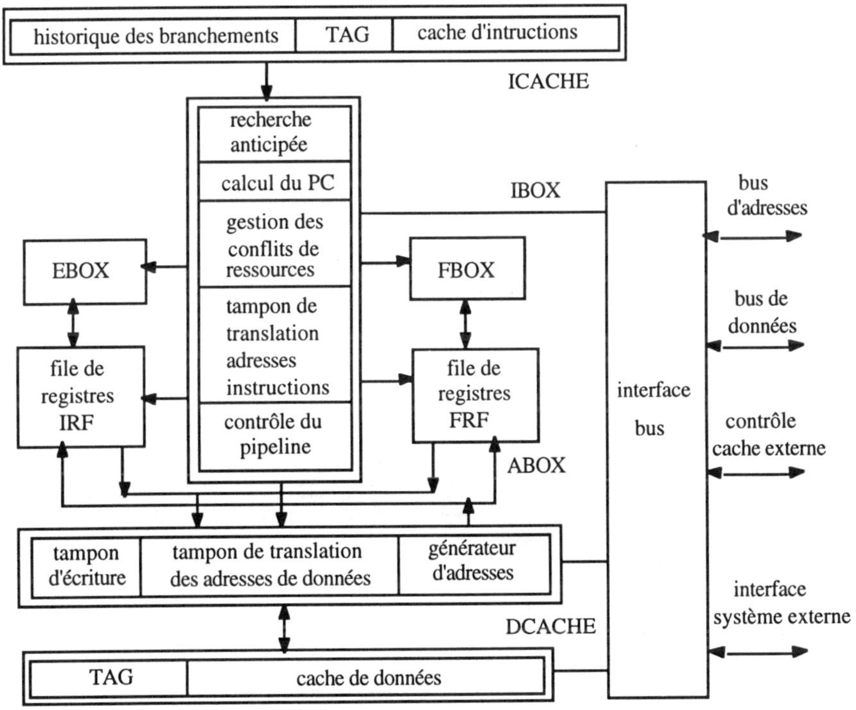

Figure 5.1 : Architecture bloc diagramme du processeur alpha.

Un gestionnaire de bus externe (BIU) gère le bus extérieur du processeur. Le cache externe peut avoir une taille variant de 128 koctets à 8 Moctets. Certains accès sont gérés directement par le composant, par exemple le succès en lecture. D'autres seront sous-traités à de la logique présente sur la carte, par exemple l'échec en lecture, en écriture.

Le processeur 21064 dispose de sept étages de pipe-line pour les opérations sur les entiers ainsi que pour celles d'accès à la mémoire. Les instructions portant sur des nombres flottants disposent d'un pipe-line à dix étages. Les quatre premiers cycles sont communs à ces trois pipe-lines et sont exécutés par l'unité fonctionnelle IBOX. Les derniers étages sont spécifiques aux unités fonctionnelles impliquées (EBOX, FBOX, ABOX, IBOX). Les figures 5.2 à 5.5 présentent le pipe-line pour les quatre types d'instructions : instructions sur les nombres entiers, de transfert, sur les nombres flottants et de branchement.

Enfin un mécanisme de chaînage des instructions (bypass) permet au résultat d'une opération d'être utilisé en tant qu'opérande d'une instruction suivante, sans attendre son écriture dans le registre destination.

constitution du cycle	IF | SWAP | I0 | I1 | A1 | A2 | WR
signification des différents étages	IF (*Instruction Fetch*) : Recherche de l'instruction dans le cache d'instructions. Celui ci retourne 64 bits soit 2 instructions de 32 bits (mode superscalaire). SWAP : Vérification de la possibilité d'exécuter simultanément les deux instructions chargées. Pour une instruction de branchement, calcul de l'adresse de branchement par prédiction. I0 : Première partie du décodage de l'instruction, l'unité fonctionnelle IBOX décode les instructions et les distribue aux unités fonctionnelles adéquates si elles sont disponibles. Dans le cas contraire le flot d'instructions est bloqué. I1 : Deuxième partie du décodage de l'instruction, gestion des éventuels conflits de données ou de ressources par consultation des tables de réservation (*scoreboard*) des opérandes sources impliquées par l'instruction. Accès registre A1 : Calcul UAL cycle 1 (addition, soustraction, opérations logiques, ...). A2 : Calcul UAL cycle 2 (détection de zéro, masquage, ...). WR : Ecriture registre.

Figure 5.2 : Cycle pipe-line, instruction de calcul sur des nombres entiers.

constitution du cycle	IF | SWAP | I0 | I1 | AC | DTB | HM
signification des différents étages	IF, SWAP, I0, I1 : même signification que pour une instruction de calcul sur des nombres entiers. AC : Calcul de l'adresse virtuelle des données pour l'accès au cache de données. DTB : Le cache de données est accédé parallèlement au cache de traduction d'adresses,. HM : Vérification de l'identité entre adresse physique générée et l'étiquette du cache données afin d'être sur que les données manipulées étaient non erronées. Dans le cas d'un stockage, s'il y a de la place dans le cache, la donnée y sera chargée, on accédera au cache de données et on chargera le buffer d'écriture. Dans le cas d'un chargement, si on n'a pas de défaut cache alors on écrira dans le registre, sinon on enverra la requête au BIU.

Figure 5.3 : Cycle pipe-line pour les instructions sur les transferts.

<table>
<tr><td colspan="10">constitution du cycle</td></tr>
<tr><td>IF</td><td>SWAP</td><td>I0</td><td>I1</td><td>F1</td><td>F2</td><td>F3</td><td>F4</td><td>F5</td><td>FWR</td></tr>
<tr><td colspan="10">signification des différents étages
IF, SWAP, I0, I1 : même signification que pour une instruction de calcul sur des entiers.
F1- F5 : les 5 étapes du pipe-line de calcul portant sur des nombres flottants.
FWR : écriture dans les registres de nombre flottant.</td></tr>
</table>

Figure 5.4 : Cycle pipe-line d'une instruction de calcul sur des nombres flottants.

<table>
<tr><td>constitution du cycle</td><td>IF</td><td>SWAP</td><td>I0</td><td>I1</td><td>A1</td><td>A2</td><td>WR</td></tr>
<tr><td>signification des différents étages</td><td colspan="7">IF, SWAP, I0, I1 : même signification que pour une instruction de calcul sur des nombres entiers.
A1 : L'adresse cible est calculée. On sait alors si le choix d'adresse fait à l'étage SWAP est correct.
A2 : On accède au cache de traduction d'adresses instruction.
WR : Vérification de l'identité entre adresse physique de l'instruction et l'étiquette du cache instructions afin d'être informé du succès ou de l'échec de l'accès au cache.</td></tr>
</table>

Figure 5.5 : Cycle pipe-line d'une instruction de branchement.

5.2.3. Instructions et parallélisme

Les instructions sont toutes codées sur 32 bits et utilisent cinq formats différents. Les codes opérations sont codés sur six bits (fig. 5.6). Les instructions d'appel à la librairie privilégiée permettent la réalisation, par exemple, de la prise en compte des interruptions, des exceptions, des changements de tâches, de la gestion de la mémoire virtuelle, ...
Les branchements conditionnels testent le registre A ; le déplacement est codé sur 21 bits signés. Les branchements inconditionnels utilisent soit un adressage relatif au PC, soit un adressage absolu utilisant la valeur contenue dans un registre.

<table>
<tr><td>OP</td><td colspan="4">nombre</td><td>CALL_PAL</td></tr>
<tr><td>OP</td><td>RA</td><td colspan="3">déplacement</td><td>saut</td></tr>
<tr><td>OP</td><td>RA</td><td>RB</td><td colspan="2">déplacement</td><td>transfert</td></tr>
<tr><td>OP</td><td>RA</td><td>RB</td><td>fonction</td><td>RC</td><td>opération entière</td></tr>
<tr><td>OP</td><td>FA</td><td>FB</td><td>fonction</td><td>FC</td><td>opération flottante</td></tr>
</table>

Figure 5.6 : Format de codage des instructions alpha.

Certaines paires d'instructions peuvent être exécutées en un temps de cycle (fonctionnement superscalaire). Ainsi, les instructions figurant dans la première colonne du tableau de la figure 5.7 peuvent être exécutées simultanément avec celles contenues dans la deuxième colonne. Ceci ne sera possible que si les deux instructions ne sont pas dépendantes l'une de l'autre et si elles occupent le même groupe de quatre mots en mémoire. On aura également comme contrainte de n'avoir dans une paire d'instructions qu'une seule instruction de type chargement, stockage ou encore branchement.

colonne 1	colonne 2
opération entière chargement/stockage flottant branchement flottant	opération flottante chargement/stockage entier branchement entier

Figure 5.7 : Association d'instructions permettant le fonctionnement superscalaire.

Une séquence de lectures et d'écritures, lors de l'exécution sur une architecture multiprocesseur, peut être différente de celle spécifiée par le développeur. Si on veut garder un certain ordre sur les accès à la mémoire afin, par exemple, de satisfaire des problèmes de dépendance, on insère dans le code des instructions prévues à cet usage (*Memory Barrier*, *Instruction Memory Barrier*). Afin de permettre l'implantation d'un processeur dans un environnement multiprocesseur à mémoire partagée, il faut disposer d'instructions de synchronisation. On trouvera à cet effet des instructions permettant d'accéder à des places en mémoire partagée, de manière indivisible (*instruction load locked/store conditionnal*).

On pourra avoir également une gestion précise ou non des exceptions. Dans le cas de la gestion imprécise, la détection des exceptions se fait à la fin de l'étape d'exécution. On peut alors avoir des situations dans lesquelles une instruction commencée à un instant t_1, ayant provoqué une exception à l'instant t_3, voit des instructions postérieures à elle-même et ayant un temps de latence inférieur à la première, se terminer avant la détection de l'exception. Cette gestion imprécise est acceptable pour certains types d'exception : erreur de bus, instruction interdite, ... La gestion des défauts cache instruction se fait quant à elle de manière précise. On peut également décider de gérer, explicitement, les exceptions de manière précise. Cela se fera à travers une instruction *Trap Barrier*. Cette instruction ne permet le lancement de l'instruction suivante que si aucune des instructions précédentes n'a provoqué d'exception.

5.3. le processeur I860 d'Intel

5.3.1. Présentation générale

L'idée de départ de ce microprocesseur a été de mettre sur le marché un microprocesseur 64 bits inspiré des super calculateurs, ayant des performances très élevées et à un prix sans commune mesure avec celui des super-calculateurs. Utilisant les principes RISC, l'I860 [Int89], [Atk91] processeur pipe-line superscalaire d'Intel intègre une unité flottante une unité de gestion de mémoire virtuelle et une unité graphique. L'intégration de l'unité graphique repose sur un étroit couplage avec l'unité flottante et utilise ses ressources pour l'exécution des primitives graphiques. La puissance de ce processeur ainsi que ses possibilités graphiques le destine à être le coeur des stations de travail à vocation scientifique. Les performances pour une version fonctionnant à 40 MHz sont : 33 Vax Mips, 85000 Drystones, 24 MWhestones et 13 Mflops.

5.3.2. Architecture interne

Ce processeur RISC superscalaire possède plusieurs unités fonctionnelles, pipe-line, pouvant fonctionner en parallèle. Ainsi, le mode d'instruction, appelé mode dual, permet, sous certaines contraintes de non-dépendance entre les opérations, d'exécuter une opération flottante et une opération de contrôle, de transfert, de calcul entier, ... Les unités pipelines comprendront un multiplieur (2 ou 3 étages en fonction de la précision des opérandes), un additionneur (3 étages), une unité graphique (1 étage), le chargement de nombres flottants (3 étages). On peut enfin noter l'existence d'un mode d'opération dual permettant l'exécution chaînée de deux opérations flottantes (addition et soustraction, soustraction et multiplication).
L'espace adressable comprenant 2^{32} octets, intègre également une mémoire cache de 4 koctets pour les instructions et 8 koctets pour les données. Le mécanisme de gestion de la mémoire virtuelle est paginé, compatible avec celui des autres processeurs Intel et inclut des mécanismes de protection d'accès. La protection de chaque page sera en fonction (fig. 5.8) du niveau d'accès, superviseur ou utilisateur, et des droits d'accès, lecture ou écriture.

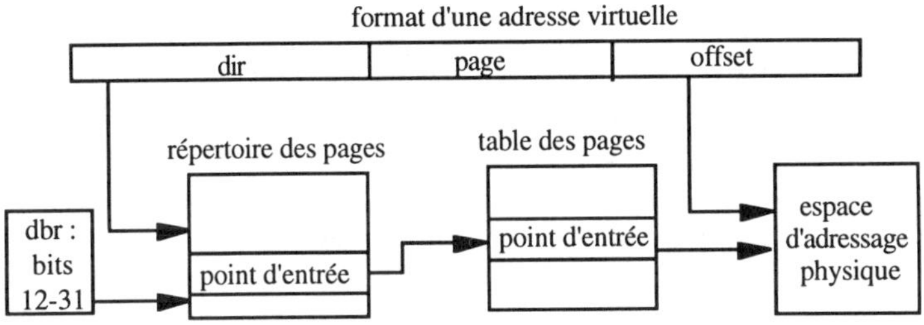

Figure 5.8 : Système mémoire hiérarchisée du processeur I860.

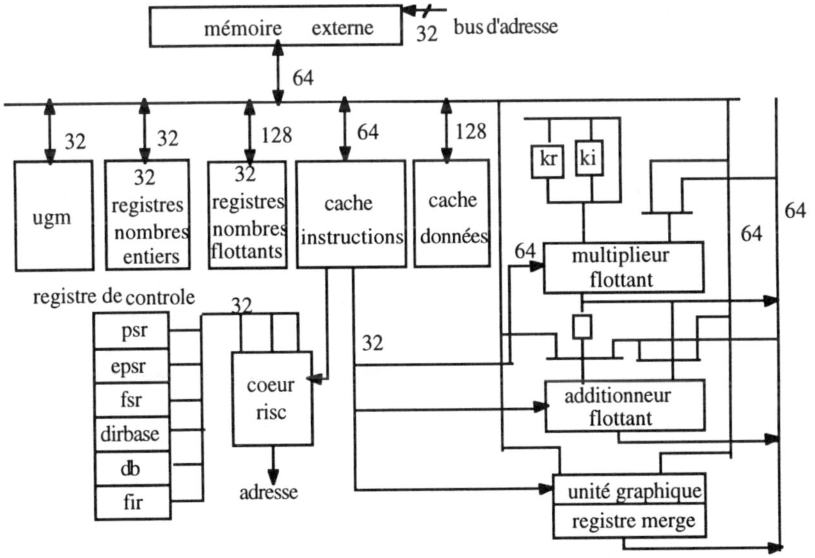

Figure 5.9 : Architecture bloc diagramme du processeur I860.

La table des pages comprend 1024 entrées tandis que le répertoire de tables permet d'adresser jusqu'à 1024 tables de pages. Le registre DTB permet d'avoir ou bien un répertoire de tables pour l'ensemble des processus, ou bien un répertoire de tables par processus, ou encore toute solution intermédiaire. Un mode superviseur permet l'exécution des routines d'exception. Enfin notons l'existence de registres : 32 registres généraux de 32 bits, 16 registres de 64 bits, ou 32 registres de 32 bits pour la partie calcul flottant et 6 registres de contrôle (2 registres d'état : *psr* et *epsr*, *fsr* : registre d'état associé au calcul flottant, *dirbase* : registre permettant le contrôle de la translation d'adresse, du cache, et de certaines options du bus, *db* registre utilisé pour générer une exception quand le processeur fait un accès à l'adresse contenue dans le registre, *fir* : qui contient l'adresse de déroutement quand une trappe est validée). A ces registres sont associés des registres d'un usage spécifique : *KR, KI, T* : registres utilisés dans les opérations en mode dual permettant de stocker les résultats d'une opération et de les communiquer en tant qu'entrées à l'instruction suivante, ainsi que le registre *Merge,* registre utilisé par les instructions graphiques et permettant de stocker des résultats d'additions multiples. La figure 5.9 présente un schéma bloc de l'architecture du processeur 80I860.

5.3.3. Langage et parallélisme

La gestion du parallélisme de ce processeur superscalaire est à la charge de l'utilisateur. Ainsi, le développeur doit dire si les opérations de calcul sont exécutées en mode pipeline ou non. Il existera donc des instructions scalaires et d'autres vectorielles. Exemple, on utilise l'instruction *fmul.p* pour une multiplication flottante pour un scalaire, et l'instruction *pfmul.p* pour une multiplication flottante pour des vecteurs.

Le développeur doit également spécifier à l'aide de directives assembleur (*.dual, .endual*) si deux instructions, par exemple une de calcul flottant et une de transfert, s'exécutent en parallèle ou non : instructions mode dual. Dans un même ordre d'idées il doit préciser si deux instructions, une addition et une multiplication, se font en parallèle ou non : mode opération duale. Par exemple, l'instruction *pfam.p,* modélise l'instruction en mode pipeline d'une addition suivie d'une multiplication. Le schéma de la figure 5.10 représente l'utilisation que fait le 80860 de son chemin de données afin de réaliser les opérations en mode dual. Cette particularité permet au processeur d'avoir de très bonnes performances pour les applications de traitement du signal.

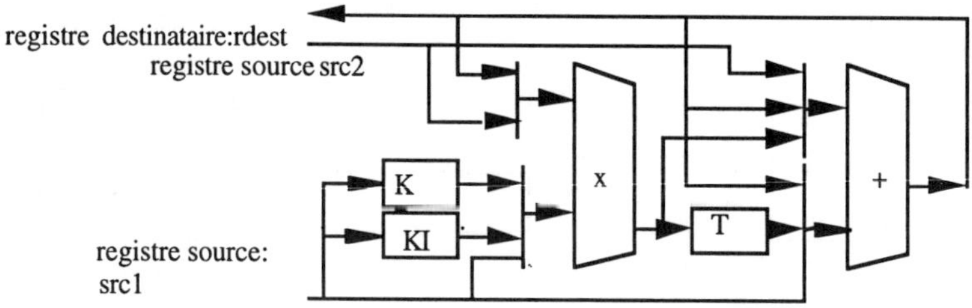

Figure 5.10 : Architecture du chemin de données du processeur I860.

Le microprocesseur 80860 dispose de quatre modes d'adressage : registre plus offset, registre plus registre, registre, décalage. De plus, les opérations de

chargement et de stockage peuvent utiliser un mode auto incrémenté. Lors d'un déroutement les branchements se feront en mode retardé ; le processeur exécutera systématiquement l'instruction suivant celle de déroutement permettant ainsi au microprocesseur de recharger le pipeline avec les instructions présentes à l'adresse de déroutement.
Le jeu d'instructions de ce processeur RISC comprend les instructions suivantes :

- — de stockage,
- — de transfert de registres entre les registres entiers et flottants,
- — logiques et arithmétiques,
- — de contrôle,
- — de calcul flottant pipe-liné ou non,
- — d'opération duale,
- — de calcul sur des entiers longs, pipe-liné ou non,
- — graphiques en mode pipeline ou non.

Le codage des instructions est sur 32 bits et a trois formes différentes :

- — instructions registres (fig. 5.11),
- — instructions de contrôle (fig. 5.12),
- — instructions flottantes (fig. 5.13).

Dans le mode relatif aux instructions de contrôle, on trouve les instructions de saut direct, d'appel de sous-programme, de saut lorsque l'indicateur CC vaut 1, de saut lorsque l'indicateur CC vaut 0. Dans le mode relatif aux instructions flottantes, scr1, scr2, dest sont relatifs à des registres flottants sauf pour l'une d'entre elles pour laquelle dest est un des 32 registres entiers.

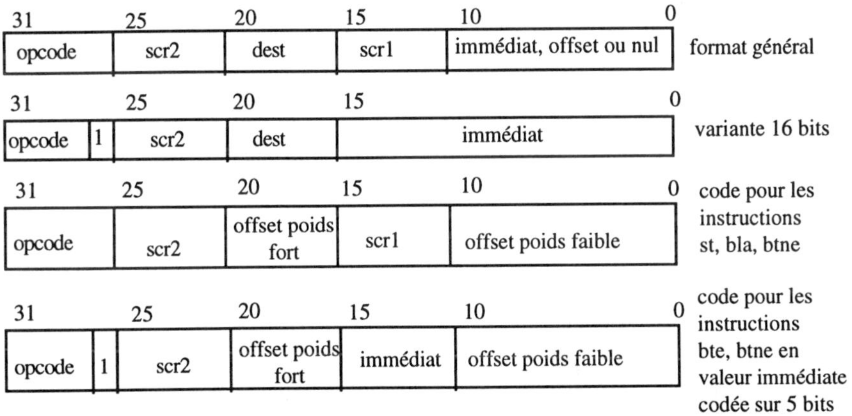

scr2 sélectionne l'un des 32 registres entiers ou l'un des registres de contrôle.
dest sélectionne un des 32 registres entiers ou un des 32 registres flottants.
scr1 est optionnel et, utilisé à la place d'une valeur immédiate, sélectionne un registre entier.

Figure 5.11 : Format d'instructions du processeur 80 i860, instructions registre : existence de quatre sous-modes.

Figure 5.12 : Format d'instructions du processeur 80 i860, instructions de contrôle.

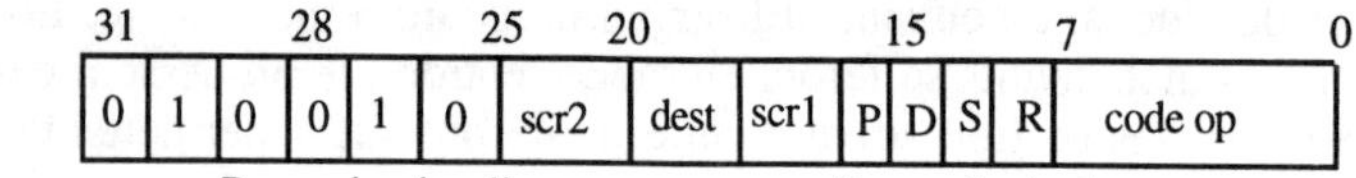

P : mode pipe-line ou non.; D : mode dual ou non.
S : opérandes simple ou double précision.; R : résultat en simple ou double précision.

Figure 5.13 : Format d'instructions du processeur 80 i860, instructions flottantes.

5.3.4. Unité graphique

L'unité graphique permet le traitement de pixels codés sur 8, 16 ou 32 bits en fonction de la résolution désirée. Le traitement se faisant sur 64 bits on pourra ainsi traiter plusieurs pixels simultanément. L'Intel 80860 définit trois types de formats de pixels (fig. 5.14) :

— sur 8 bits : N bits pour l'intensité de chaque couleur, 8-N bits pour d'autres attributs tels que par exemple la texture,
— sur 16 bits : 6 bits pour l'intensité de deux couleurs, 4 bits pour la couleur restante,
— sur 32 bits : 8 bits pour l'intensité des couleurs, 8 bits pour d'autres attributs.

taille des pixels en bits	nombre de bits couleur1	nombre de bits couleur2	nombre de bits couleur 3	nombre de bits pour d'autres attributs (texture)
8				8-N
16	6	6	4	
32	8	8	8	8

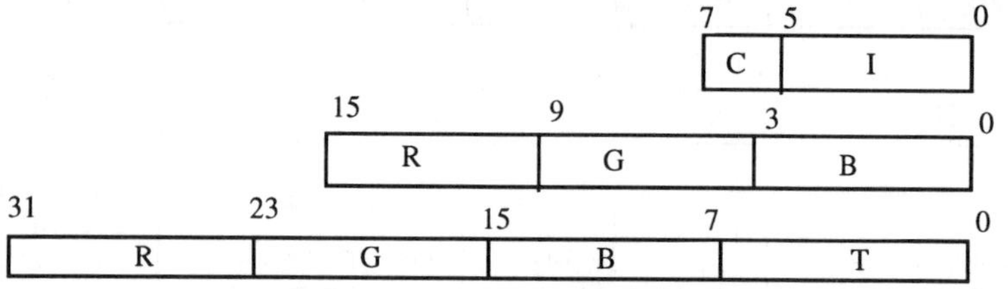

Figure 5.14 : Format de codage des pixels.

Le processeur 80860 intègre des instructions permettant la matérialisation de primitives graphiques comme par exemple le Zbuffer (instruction *fzchkl*), ou encore des instructions d'interpolation permettant de faire les calculs sur les différents champs des deux pixels.

5.4. Le Transputer d'Inmos

5.4.1. Présentation générale

Présenté en 1983 par la société Inmos, le Transputer était prévu pour être la base des nouveaux systèmes parallèles. Il intégrait en effet sur la même puce une unité

centrale de 32 bits, deux kilos octets de mémoire, quatre liens de communication série permettant de connecter les Transputer entre eux, ainsi qu'un gestionnaire de tâches. Le Transputer était donc présenté comme le processeur élémentaire, la base des multiprocesseurs de la même façon que le transistor était la base des microprocesseurs. Ceci a d'ailleurs été à l'origine de son nom Transputer : Trans pour transistor, puter pour *computer*. De plus, en même temps que le composant, Inmos présentait un langage développé pour ce composant, Occam. Ce dernier, dérivé du langage CSP, est parfaitement adapté au modèle de parallélisme supporté par le Transputer. En ce sens le Transputer s'inspirait du concept machine langage. Ceci explique les excellentes performances mesurées sur des algorithmes développés en Occam, par rapport aux performances de ces mêmes algorithmes développés en assembleur.
Depuis, des extensions ont été réalisées au processeur initial nommé T212. On peut noter l'ajout de coprocesseur flottant, l'extension à 4 kilos octets de la mémoire interne, la fréquence de fonctionnement plus élevée et récemment un nouveau produit le T9000.

La société fait aujourd'hui partie du groupe SGS Thomson. D'autres sociétés proposent des environnements de développement ainsi que la possibilité de travailler avec d'autres langages plus standards qu'Occam (C, Fortran, Ada).

Mais de grands noms du composant commencent à regarder vers ce marché et si le Transputer a eu l'énorme avantage de permettre un grand nombre d'études sur le parallélisme, s'il est aujourd'hui encore le seul processeur réellement disponible, il serait très risqué de dire que demain il n'aura pas beaucoup de concurrents ou n'aura pas totalement disparu.

5.4.2. Architecture interne

Le Transputer T800 [Inm89] associe sur un même boîtier (fig. 5.15) :

- une unité centrale 32 bits ayant une performance de 15 MIPS ,
- un processeur flottant ayant une performance de 1,5 MFLOPS ,
- quatre koctets de RAM de temps d'accès de 50ns,
- quatre liens séries bidirectionnels fonctionnant en DMA et permettant de transférer des informations jusqu'à 20 Mbits/s,
- un espace adressable de 4 Goctets à travers un bus de 32 bits,
- un interface mémoire programmable,
- deux niveaux de priorité et deux horloges.

Il dispose par ailleurs de quelques particularités, parmi lesquelles on peut citer :

- la possibilité à l'initialisation d'aller lire le programme en mémoire mais aussi de l'attendre en réception sur un des liens,
- la possibilité de créer diverses configurations de signaux lui permettant de s'adapter à des circuits périphériques différents. Certaines de ces configurations sont enregistrées en mémoire tandis que d'autres peuvent être définies par l'utilisateur,
- la possibilité de générer des signaux d'erreur permettant à un Transputer de contrôle, à l'aide des signaux Reset et Analyse, de corriger le Transputer ayant créé l'erreur.

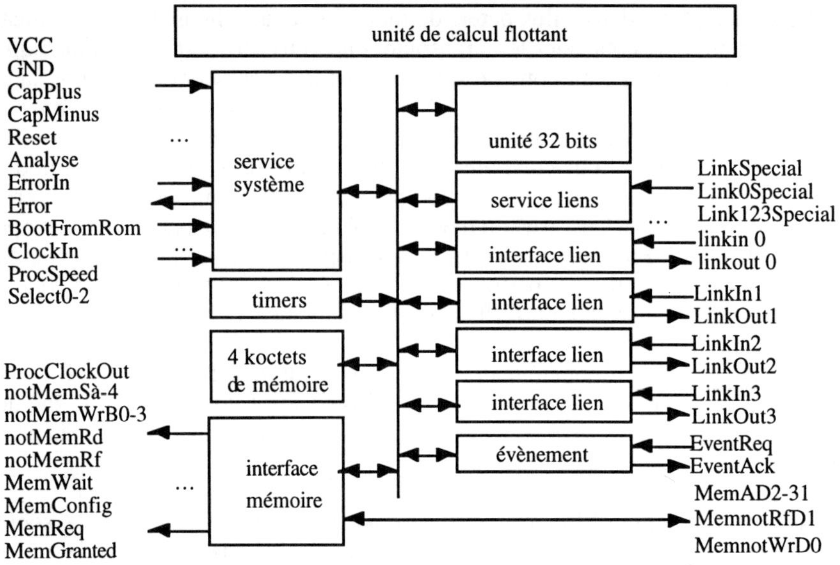

Figure 5.15 : Architecture bloc diagramme du Transputer T800.

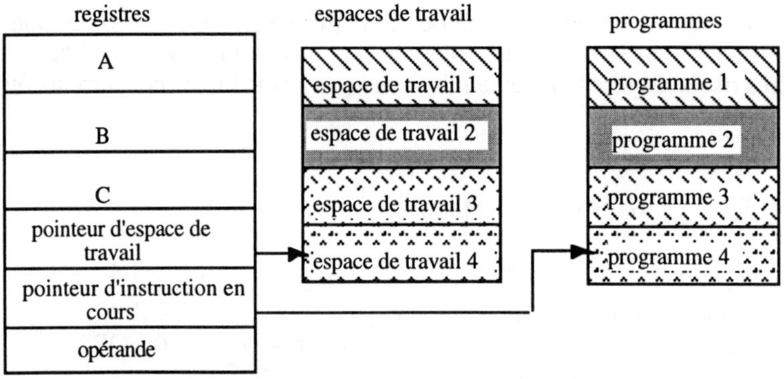

Figure 5.16 : Organisation mémoire du Transputer.

Le Transputer s'inspire du concept RISC. Par rapport à celui-ci, on peut constater que pour le Transputer, parmi environ 110 ou 160 instructions, selon l'intégration (T800), ou la non intégration (T414) de l'unité de calcul flottant), 8 s'exécutent en un cycle machine. Il ne dispose par ailleurs que d'un nombre réduit de registres : un pointeur d'espace de travail, un pointeur d'instruction en cours, un registre opérande, trois registres A, B, C fonctionnant en pile d'évaluation (fig. 5.16). Le gestionnaire de tâches, intégré au Transputer, permet de distinguer deux niveaux de priorité.

Les instructions seront codées sur 8 bits (fig. 5.17). Les 4 bits de poids fort servent au code fonction, tandis que les 4 bits de poids faible servent à l'opérande. Pour le code, parmi les 16 possibilités autorisées par les 4 bits, 13 sont utilisées pour le codage des instructions les plus fréquentes, 2 permettent d'atteindre des tailles de données de 32 bits (par concaténation des différents champs dans un registre opérande) et une permet de considérer le champ opérande comme des bits de code fonction supplémentaires. Ceci permet d'étendre les capacités en code opératoire, et donc en instructions, ainsi que d'avoir des opérandes d'une taille supérieure à 4 bits.

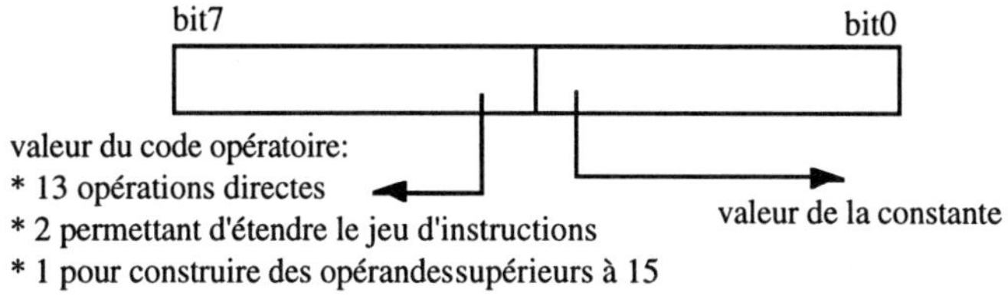

Figure 5.17 : Codage des instructions du Transputer.

Enfin ce processeur dispose de deux timers de 32 bits. L'un est incrémenté toutes les microsecondes et effectue un cycle complet en 4295 secondes ; il est utilisé par les processus de priorité haute. L'autre est incrémenté toutes les 64 microsecondes et effectue un cycle complet en approximativement 76 heures ; il est utilisé par les processus de priorité basse.

5.4.3. Langage et parallélisme

Le Transputer et le langage qui lui est associé, Occam, ont été prévus pour supporter un certain mode de parallélisme que l'on peut caractériser de la manière suivante : parallélisme à gros grain, contrôle asynchrone, mémoire distribuée, communication asynchrone bloquante.

Ce composant est donc prévu pour la classe des machines multiprocesseurs MIMD (*Mutiple Instruction Multiple Data*) à passage de messages.

Considérons le schéma de la figure 5.18 présentant, d'une part, l'allure d'un programme Occam constitué de quatre processus communiquant et s'exécutant de manière parallèle et, d'autre part, l'implantation de ce même programme en mémoire après compilation. Sur ce schéma on suppose qu'à l'instant courant, le processus1 occupe la CPU, les 3 autres étant en attente. Lorsque le processus1 sera terminé ou suspendu par le gestionnaire de tâches, ce dernier utilisera les deux registres *Fptr1*, *Bptr1* pour, d'une part, décider quel est le nouveau processus élu (celui en tête de liste pointé par le registre *Fptr1*) et, d'autre part, afin de réorganiser la liste des processus en attente. Dans ce cas le processus1 viendra en queue de file (pointé par le registre *Bptr1*), le processus3 en tête de file.

On voit également apparaître sur ce schéma deux autres registres *Fptr0* et *Bptr0*. Leur utilisation est similaire à celles des registres *Fptr1* et *Bptr1* à ceci près que ces registres servent à la gestion des processus de priorité haute.

Les processus de priorité haute peuvent être actifs ou non. S'ils sont actifs, ils pourront être soit en cours d'exécution, soit en attente de CPU. S'ils sont inactifs, ils pourront être soit en attente de réception ou d'émission de données, soit en attente de temporisation.

Les processus de priorité basse peuvent être en plus suspendus périodiquement afin de partager le temps CPU entre les différents processus de priorité basse actifs. Ce n'est pas le cas pour les processus de priorité haute.

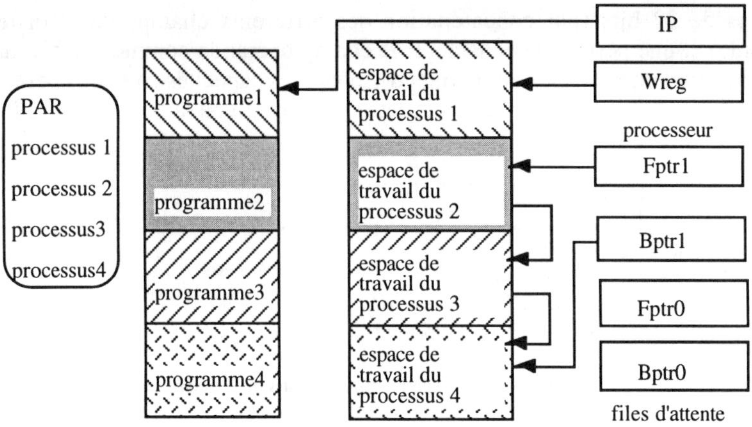

Figure 5.18 : Occupation mémoire du Transputer.

En supposant qu'un programme contienne cinq processus s'exécutant en priorité basse et trois en priorité haute, nous constituerons deux listes chaînées. La première de deux processus de priorité haute en attente de la CPU, la deuxième de cinq processus de priorité basse en attente de la CPU.

Le troisième processus de priorité haute occupera la CPU jusqu'à ce qu'il se termine, ou qu'il soit en attente d'un événement (temporisation ou communication). Un autre processus de priorité haute sera alors activé. Les processus de priorité basse ne pourront se voir allouer la CPU que lorsque tous les processus de priorité haute seront terminés ou inactivés.

Le Transputer peut être considéré comme le processeur élémentaire permettant l'élaboration de système MIMD. Il dispose pour cela de caractéristiques intéressantes.
— Facilité d'extension des performances. En théorie, si l'on a une performance N pour un processeur, pour n processeurs on aura une performance n*N.
— Facilité de mise en oeuvre. L'intégration du processeur permet d'envisager des multiprocesseurs sous la forme d'association de Transputer sans aucun boîtier périphérique.
— L'intégration du gestionnaire de tâches dans le Transputer lui permet de supporter le multitâche en temps partagé. Ceci permet de mettre au point l'application multitâche sur un seul processeur. Lors de l'implantation, les différentes tâches tournant en temps partagé seront réparties sur les différents processeurs en fonction des directives spécifiées par l'utilisateur.
— L'intégration du gestionnaire des communications.

5.4.4. Conclusions

Le Transputer a été pendant longtemps , et est peut être encore, le seul processeur disponible pour valider les études théoriques réalisées sur le parallélisme. Les principales réalisations ont permis le développement de super calculateurs, de cartes accélératrices, etc. utilisées dans des domaines d'application tel que le traitement d'images, la synthèse d'images, l'intelligence artificielle, les machines graphiques, le calcul numérique, etc.

Cependant, différents points ont freiné le développement de ce processeur. Tout d'abord Occam, bien que disposant de constructeurs de haut niveau, présente des lacunes. Qui plus est, le Transputer n'est pas lui-même exempt de toute critique. Le composant lui-même péche par ses capacités de traitement arithmétique, ce qui fait que son utilisation dans le traitement du signal a souvent été comparé défavorablement au PTS (processeur de traitement du signal). Il faut toutefois pondérer cette dernière remarque par le fait que le Transputer est prévu pour être intégré dans des environnements multiprocesseur. Il n'a pas été prévu pour servir de support à un système d'exploitation : absence de mode protégé, de gestion de mémoire virtuelle, mémoire interne non gérée en mémoire cache, nombre de liens relativement limité.

Les réponses, partielles, à ces critiques résident dans l'utilisation de langage classique (C, Fortran) étendu pour supporter le parallélisme et pour lesquels existent aujourd'hui, des compilateurs efficaces, ainsi que dans l'apparition d'un nouveau processeur, le T9000.

5.4.5. Perspectives d'évolution : le processeur T9000 et le composant C104

Les caractéristiques principales de cette nouvelle version du Transputer, le T9000 [Inm91], sont les suivantes (fig. 5.19) :

- — même jeu d'instructions que le Transputer T805,
- — unité de traitement fonctionnant en mode pipeline,
- — 16 koctets de mémoire cache données et instructions pouvant être utilisés en mémoire locale ; bande passante crête de 100 Mmots/s,
- — interface mémoire gérant indépendamment quatre bancs de mémoire externe,
- — amélioration concernant la gestion des processus ; le programmeur peut accéder et contrôler les files d'attente, les mécanismes d'interruption. De plus on dispose de mécanisme de gestion des erreurs associé à chaque processus,
- — existence d'un mode utilisateur et d'un mode superviseur permettant l'exécution d'instructions privilégiées : communications, gestion des processus. Chaque processus aura accès à quatre espaces protégés, permettant par exemple de les utiliser pour du code, des données, une pile, et un tas. Ceci permet l'intégration de système d'exploitation type Unix,
- — amélioration de l'utilisation des liens ; existence d'un processeur de canaux virtuels multiplexant les canaux virtuels sur un même canal physique,
- — nouveau protocole de communication ; chaque lien comprend quatre liens, deux dans chaque direction. Deux liens servent à transporter les données, les deux autres sont des signaux d'écriture. Ainsi le débit réel des liens est de 20 Moctets/s,
- — horloge à 50 MHZ,
- — performances crêtes : 150 MIPS, 20 MFLOPS.

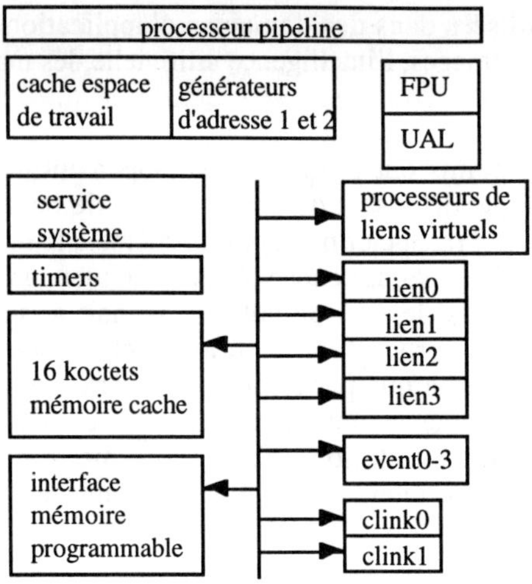

Figure 5.19 : Architecture bloc diagramme du Transputer T9000.

Revenons un peu plus en détail sur les améliorations concernant les communications. Les communications entre processus présents sur un même processeur se font à travers des liens logiciels par envoi de messages divisés en paquets. Lorsque les processus résident sur des processeurs différents on parlera de liens virtuels. Un lien virtuel est composé de deux canaux, un dans chaque direction. Si un paquet est transmis dans une direction sur le lien virtuel, l'autre direction est utilisée pour transmettre l'acquittement. Un lien virtuel peut transmettre simultanément des paquets de données et d'acquittement dans les deux directions par multiplexage sur chacun des deux canaux virtuels. Le processeur de liens virtuels assure le multiplexage, d'une manière transparente à l'utilisateur, des canaux virtuels sur les canaux physiques. On peut avoir ainsi sur un même lien physique différents paquets provenant de différents processus à travers différents liens virtuels. Ceci permet d'éviter d'avoir un processus monopolisant un lien physique.

Le protocole de communication distingue trois niveaux.
Le niveau paquet. Les messages sont constitués de séquences de paquets de 32 octets. Chaque paquet commence par un en-tête permettant l'identification du processus destinataire. Cet en-tête est suivi du corps du paquet puis est terminé par un caractère de fin de paquet (fig. 5.20).

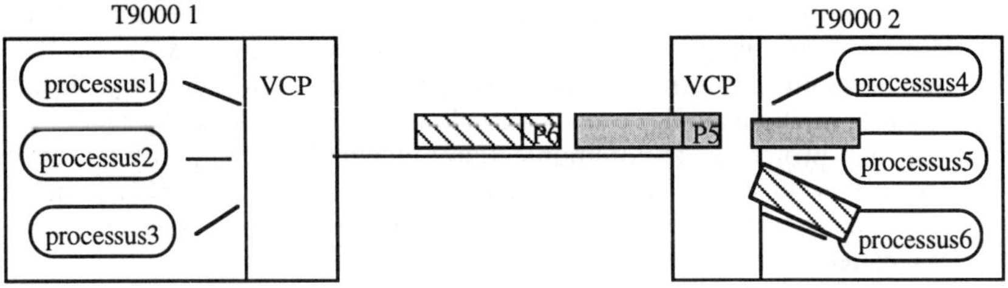

Figure 5.20 : Brassage temporel réalisé par le processeur de communication (VCP) du T9000 $_1$ à destination du T9000 $_2$; communication entre P1 et P6 d'une part, P3 et P5 d'autre part.

Quand ce paquet est le dernier d'un message, le caractère de fin de paquet est remplacé par un caractère de fin de message. Dès la réception du premier octet d'un paquet, si le processus destinataire a été identifié et qu'il est prêt à recevoir la communication, un acquittement sera envoyé à destination du processus émetteur sous la forme de l'envoi d'un paquet vide. Le processus émetteur n'enverra pas d'autres paquets tant que le paquet émis n'a pas été acquitté. Au cas où le processus destinataire n'est pas prêt à recevoir les données, le Transputer T9000 offre la possibilité de mémoriser un paquet pour chaque canal virtuel.

Un niveau jeton. Ce niveau permet le codage des informations qui peuvent être relatives à des données ou à du contrôle (fig. 5.21).

Le niveau bit. Les niveaux électriques sur le signal de données donnent la valeur des bits transmis. Le signal échantillonnage *strobe* change d'état chaque fois que le signal de données ne le fait pas (fig. 5.22).

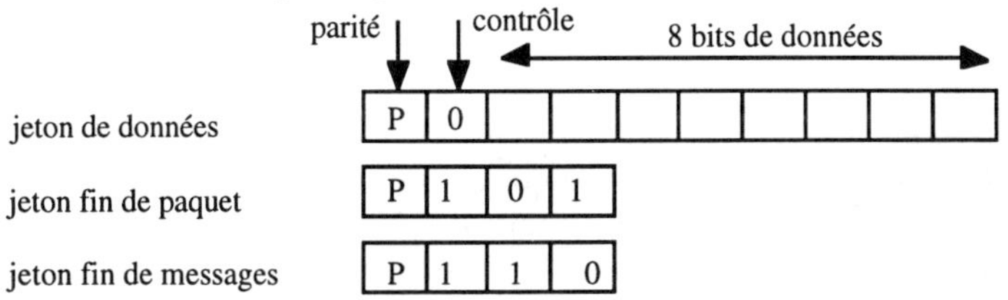

Figure 5.21 : Codage des jetons.

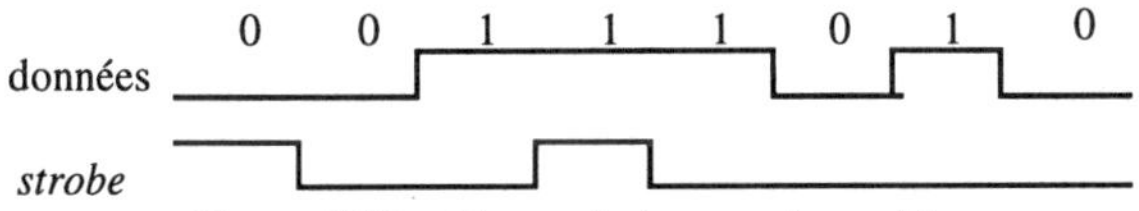

Figure 5.22 : Transmission au niveau bit.

De plus, Inmos a développé un composant, la matrice C104, supportant des communications à 100 Mbit/s et permettant le routage (fig. 5.23). Cette matrice crossbar programmable non bloquante permet le routage de 32 voies. En l'absence de contention sur la voie de sortie, le temps de latence est inférieur à 1μs. Les messages peuvent alors être communiqués d'un processeur à un autre à travers un nombre quelconque de composants de routage. Les liens de contrôle qui apparaissent sur ce schéma, permettent au composant de recevoir des informations de programmation et de contrôle, et d'être chaîné à d'autres C104.

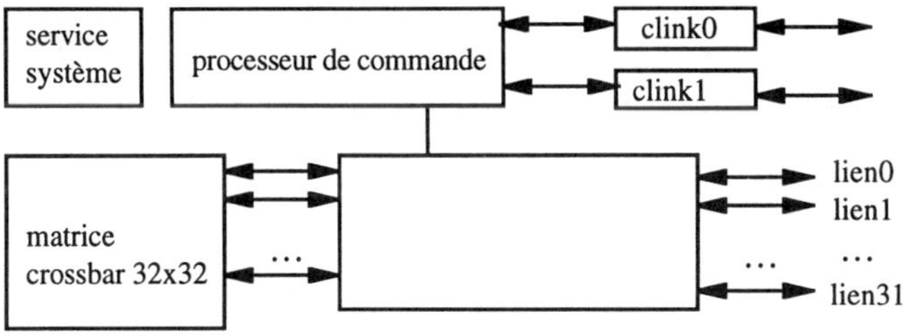

Figure 5.23 : Architecture schéma bloc du C104.

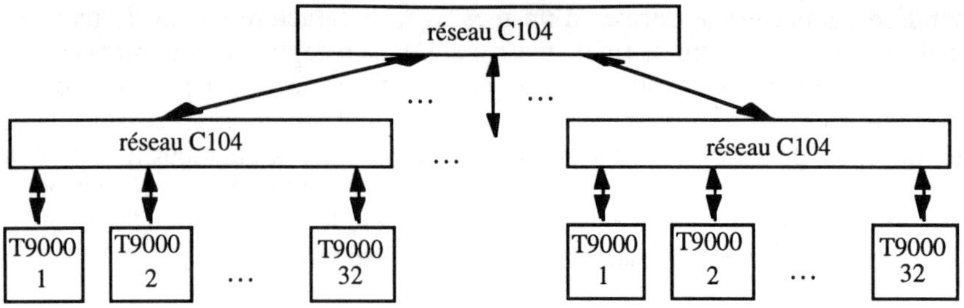

Figure 5.24 : Réseau organisé autour de la composition hiérarchique de plusieurs composants C104.

Ce composant permet différents types d'interconnexions, soit entre 32 processeurs par l'intermédiaire d'un lien pour chaque processeur, soit entre moins de processeurs interconnectés par plus d'un lien (exemple 8 Transputer interconnectés par leur 4 liens), ou encore entre plusieurs réseaux organisés, chacun, autour d'un composant C104 (fig. 5.24).

Lorsque le composant C104 reçoit un paquet, il décode l'adresse 'au vol' (technique du *wormhole routing*). Si le lien physique correspondant est libre, alors le paquet est émis sur ce lien ; sinon, le paquet est tamponné, et le processus demandeur est mis en attente sur le processeur exécutant ce processus. Le chemin de communication que crée ainsi un paquet se propageant à travers un réseau disparaît au fur et à mesure de la progression des données. En effet, dès que le jeton "fin de paquet" (ou fin de message) est émis, le point de connexion est libéré permettant ainsi d'écouler d'autres communications. L'algorithme de routage est de type labélisation d'intervalle (*interval labeling*). Chaque noeud (Transputer ou noeuds C104 permettant la connexion entre deux réseaux), reçoit un numéro (de 0 à n-1 pour un réseau à n noeuds). Chaque lien du C104 sera alors labelisé par un intervalle de valeurs correspondant aux numéros des noeuds accessibles à partir de ce noeud. Ainsi, un lien étiqueté [0, 2] signifie que les noeuds dont le numéro est supérieur ou égal à 0 et inférieur à 2 sont accessibles à travers ce noeud. Cet algorithme est complet (tous les paquets envoyés arrivent), exempt d'étreintes mortelles ; il ralentit le moins possible la transmission des paquets, s'adapte à n'importe quelle topologie de réseau, et il est performant et peu coûteux.

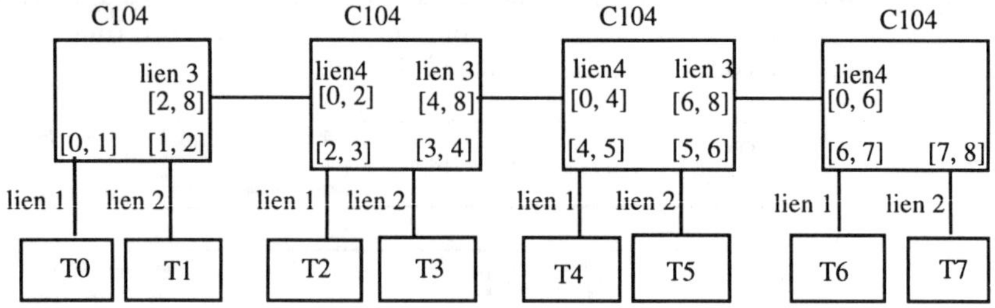

Figure 5.25 : Exemple de labelisation d'intervalles.

Ainsi, dans l'exemple montré dans la figure 5.25, le lien 3 du premier C104 est labelisé [2, 8] indiquant ainsi qu'il permet d'atteindre les noeuds numérotés de 2 à 7 inclus. Le lien 3 du deuxième C104 est labelisé [4, 8] indiquant qu'il permet d'atteindre les noeuds numérotés de 4 à 7 inclus, tandis que son lien 2 est labélisé [3, 4] indiquant qu'il permet d'atteindre le noeud numéroté 3. Des algorithmes existent permettant de choisir les différentes valeurs d'intervalles pour différents types de topologies de réseaux. Pour assister la composition modulaire de réseaux interconnectant différents C104, ceux-ci peuvent être programmés pour réaliser la destruction d'en-tête. Chaque lien en sortie d'un C104 peut être programmé de telle sorte qu'il enlève l'en-tête d'un paquet avant de transmettre le reste de celui-ci. Cette destruction d'en-tête fera apparaître un nouvel en-tête qui sera interprété au niveau inférieur comme l'identificateur du noeud à atteindre. Ce mécanisme permet de composer des réseaux hiérarchiquement et d'enlever la limite de 64 k canaux par système. Ainsi, dans un système constitué de plusieurs réseaux, un premier en-tête servira à identifier le réseau, un deuxième identifiera un processeur dans le réseau adressé, un troisième identifiera un processus dans le processeur adressé.

Dans l'exemple de la figure 5.26 (cas a) on considère deux cent cinquante-six processeurs T9000 reliés à travers un réseau de composants C104 ; tous les liens sur le réseau sont programmés pour recevoir un en-tête sur deux octets. Les tables de routage sont programmées pour autoriser 256 canaux virtuels pour chaque processeur. On considère maintenant (cas b) deux cent cinquante six processeurs T9000 reliés à travers un réseau de composants C104 ; tous les liens sur le réseau sont programmés pour recevoir un en-tête sur un octet ; le dernier composant C104 (celui sur lequel est connecté un processeur T9000) est programmé pour faire la destruction d'en-tête. Ainsi, les informations nécessaires au routage sont séparées de celles permettant l'identification des canaux virtuels.

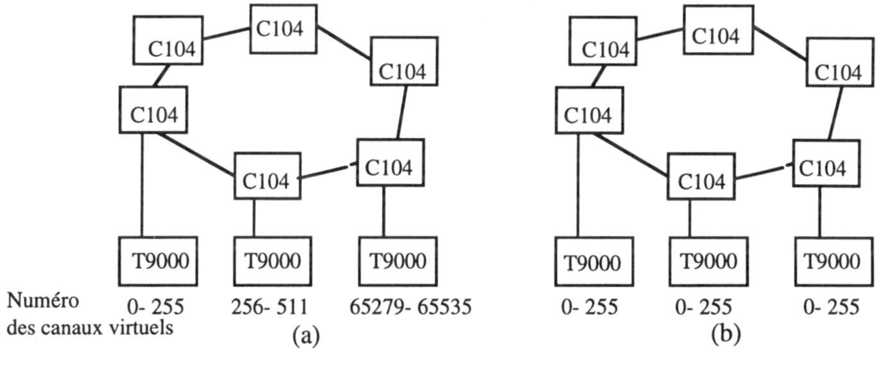

Figure 5.26 : Illustration du mécanisme de destruction d'en-tête dans un système hiérarchisé.

5.5. le système Iwarp d'Intel

5.5.1. Introduction

Le système Iwarp est développé par Intel en collaboration avec l'Université Carnegie Mellon. Ce système est une évolution du réseau systolique Warp développé à l'Université Carnegie Mellon. Le bloc de base de ce système, appelé cellule, est constitué par un VLSI comprenant un composant Iwarp et sa mémoire locale. Les premiers systèmes développés permettaient d'atteindre 1,2 Gflops et était constitué d'un réseau de 8x8 cellules connectées en tore. La figure 5.27 présente un réseau 4x4 cellules. La principale originalité de ce processeur est de supporter deux modes de communication.

Dans le premier mode, communication par envoi de messages, ceux-ci transitent à travers le réseau sans aucune influence sur les calculs exécutés par les processeurs traversés. Arrivés à destination, ils seront stockés dans la mémoire du processeur destinataire. Celui-ci accèdera aux données, les traitera avant de stocker le résultat en mémoire et, éventuellement, avant d'acheminer le résultat vers une autre cellule.

Dans le deuxième mode, communication systolique, le composant Iwarp considère les données comme faisant partie d'un flot continu et les traite directement : les données sont transmises dès qu'elles sont produites et utilisées dès qu'elles sont reçues, sans transition par la mémoire.

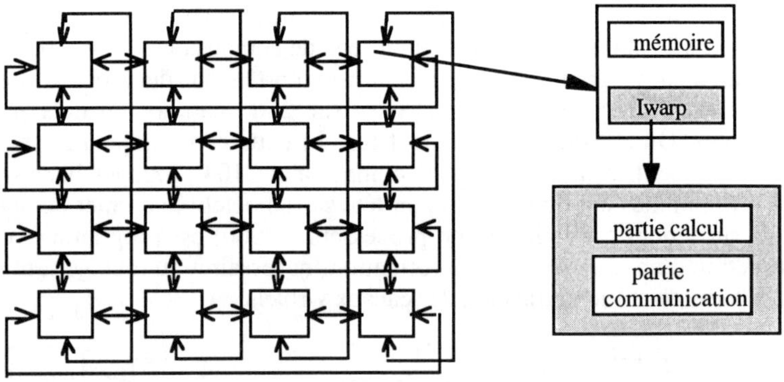

Figure 5.27 : Architecture d'un système Iwarp.

5.5.2. Architecture interne

Le processeur Iwarp [Bor90], [Pet91] est un processeur VLIW (*Very Long Instruction Word*). Il peut se représenter sous la forme de l'association de trois primitives, les unités fonctionnelles de calcul, de mémorisation et de communication (fig. 5.28).

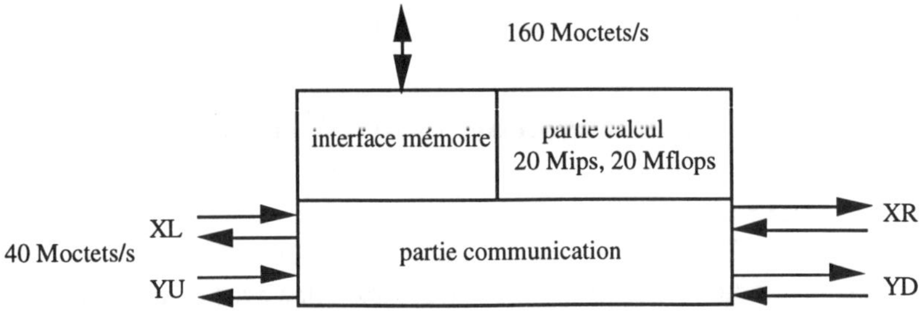

Figure 5.28 : Organisation de l'Iwarp autour de trois unités fonctionnelles.

Chacun des liens est bidirectionnel. Les échanges se font sous forme d'émission et de réception de messages. Les fonctionnalités incluent le multiplexage temporel, le routage et la possibilité de distribuer et de collecter des informations nécessaires à plusieurs cellules dans le réseau.

Le message est constitué d'un en-tête identifiant le destinataire (bit 0 à 19) et contenant des informations de contrôle (bit 20 à 23). Si le message reçu par un processeur est à destination de celui-ci, la partie communication enlève ce message, sinon le message est dirigé vers la prochaine cellule : vers le sud si le message vient du nord, vers l'ouest si le message vient de l'est. Dans un réseau à deux dimensions il peut être nécessaire de changer la direction d'un message, c'est-à-dire de passer par exemple d'une propagation NS à une propagation EO, ou inversement d'EO à NS. Pour ce faire dans les bits de contrôle nous aurons les informations nécessaires à ce mécanisme. Si nous détaillons ce schéma, nous obtenons le schéma bloc de la figure 5.29.

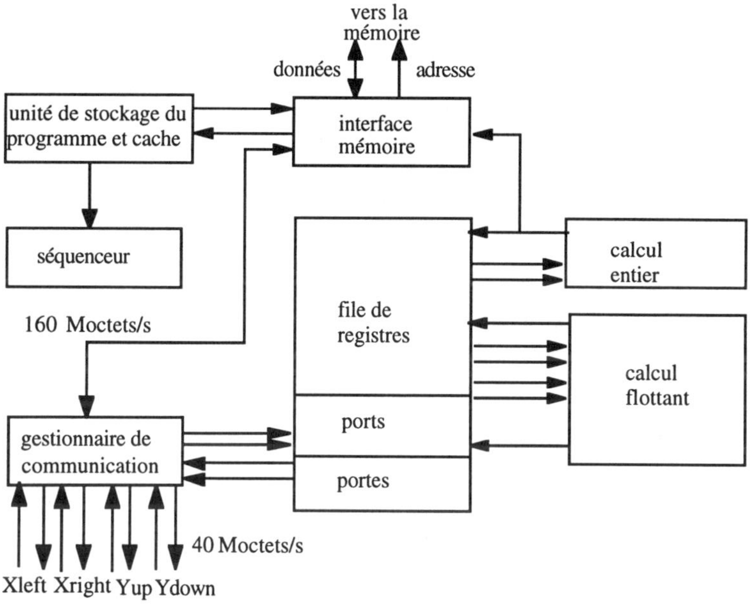

Figure 5.29 : Schéma bloc de la cellule Iwarp.

Sur ce schéma bloc nous voyons apparaître les éléments suivants :
— 8 bus de communication monodirectionnels (Xleft, Xright, Yup, Ydown) à 40 Moctets/s. Chacun de ces bus est composé de 8 lignes de données et 5 lignes de contrôle,
— une file de registres : c'est une mémoire multi-points d'accès de 128 mots de 32 bits acceptant 9 opérations de lecture et 6 d'écriture en un cycle de 50 ns. Les ports permettent de positionner des données provenant des unités de communication ou de la mémoire, à des emplacements prédéterminés dans la file de registres. Ces ports comprennent 4 portes systoliques (2 en entrée, 2 en sortie), permettant la liaison de l'unité de communication avec les unités de traitement et 2 portes pour la liaison avec l'unité de mémorisation,

— un gestionnaire de mémoire : il gère un bus d'adresses de 24 bits et un bus de données de 64 bits permettant ainsi d'avoir une capacité d'adressage de 64 Moctets et d'avoir des performances de 160 Moctets/s,
— une unité de stockage du programme et cache : elle recherche les instructions dans la mémoire locale, les stocke dans une mémoire cache comprenant 1 koctet de données et 8 koctets d'instructions et les communique au séquenceur,
— un séquenceur : il décode le flot d'instructions et distribue les signaux de contrôle vers les autres unités fonctionnelles,
— une unité de calcul entier : ce processeur de calcul traite des données codées sur 8, 16 ou 32 bits. En 50 ns l'unité de calcul accède à deux opérandes, exécute le calcul et fournit le résultat dans la file de registres,
— une unité de calcul flottant : elle contient une UAL et un multiplieur. En 100 ns l'additionneur et le multiplieur peuvent chacun accéder à deux opérandes dans la file de registres, exécuter un calcul et stocker le résultat dans la file de registres. Pour des opérations en double précision ce temps sera de 200 ns,
— un gestionnaire de communication : il contient 20 files de 8 mots de 32 bits chaque, ainsi que des informations permettant, pour chaque file, de mémoriser la source ainsi que la destination des communications. La file ayant une longueur limitée, lorsque des données arrivent sans être consommées, la file pourra être étendue en utilisant des emplacements de la mémoire. Ces 20 files seront multiplexées temporellement sur les 8 bus de communication en définissant 20 bus logiques. Si les 20 files sont multiplexées sur le même bus, on aura pour chaque canal de communication une bande passante de 2 Moctets/s. Le multiplexage de bus logiques sur un bus physique se fera selon une priorité tournante. Le gestionnaire de communication est relié à l'interface mémoire par l'intermédiaire d'un bus de 160 Moctets/s, et à la partie calcul par l'intermédiaire de 4 bus monodirectionnels, deux en entrée deux en sortie, de 40 Moctets/s chaque.

5.5.3. Instruction et parallélisme

Le processeur Iwarp est un processeur VLIW qui est donc contrôlé par des instructions longues contenant le code des opérations s'exécutant sur les différentes unités fonctionnelles. Deux formats d'instructions existent. Le premier de 96 bits comprend une instruction se décomposant en différents champs, un par unité fonctionnelle. On peut ainsi, à partir d'une même instruction, exécuter en parallèle une addition flottante, une multiplication flottante, des calculs d'adresse, des accès à la mémoire, des opérations de "décrément" de boucle et branchement, des lectures écritures sur l'unité de communication. Cette instruction permet également de coder des opérations de décomptage sur des compteurs de boucle avec évaluation de la condition de saut.

Le deuxième format est codé sur 32 bits. Les instructions utilisant ce format ne permettent de contrôler qu'une seule unité fonctionnelle (instructions de branchement, ou de calcul entier, ou de calcul flottant, ou de transfert, ...).

La grande originalité du processeur Iwarp par rapport, par exemple au processeur T9000, est de disposer en plus d'une méthode de communication par envoi de messages, d'un mécanisme qui l'oriente vers le support de système systolique.

Lors d'un envoi de message, ce dernier est mémorisé avant émission dans la mémoire interne du processeur-émetteur, de même qu'il sera reconstitué en mémoire interne dans la mémoire du processeur-récepteur, avant d'être communiqué à la partie calcul pour traitement. On peut donc dire que la partie communication est découplée de la partie calcul ; lorsqu'un message est en cours de réception, la partie calcul peut opérer sur ses données propres.

Dans le cas d'une application systolique, on peut considérer que le système réalise des traitements sur un long flot de données circulant dans le système, les données étant traitées par les cellules au fur et à mesure de leur disponibilité. On peut donc voir les données échangées comme un seul message, chaque cellule du système traitant les données au fur et à mesure de leur arrivée sans attendre que le message soit complet. La mémoire est ainsi moins utilisée, les synchronisations entre les cellules se faisant au niveau du mot et non plus du message.

Afin d'intégrer ces communications systoliques, la partie calcul utilise des portes systoliques situées dans la file de registre (2 en entrée, 2 en sortie). Sous le contrôle du programme ces portes pourront être liées aux files situées dans l'unité de communication. Ainsi, une lecture dans une porte revient à recevoir des données de la file de messages associée au canal logique. Ecrire une donnée dans un canal reviendra à l'empiler dans la file qui lui est associée. Le gestionnaire des communications garde en permanence en mémoire le nombre de places qu'il y a dans chaque queue destinataire dans les cellules voisines. A chaque envoi d'une donnée sur un lien logique ce nombre est décrémenté de 1. A chaque fois que le récepteur enlève une donnée de sa file d'entrée, cette information est signifiée à la cellule émettrice qui incrémente ce nombre de 1.

Sur la figure 5.30 nous illustrons cette notion de files de registres entre quatre processeurs.

Parmi ces vingt files on pourra en allouer un certain nombre de manière statique et les autres de manière dynamique. Celles qui se verront allouer de manière statique auront une source et une destination une fois pour toute. Les autres pourront voir leur attribution évoluer au fur et à mesure du temps. Les communications entre deux cellules peuvent se dérouler selon deux mécanismes : le mécanisme de chemin qui permet de transporter des données avec une bande passante garantie et le mécanisme classique de passage de message dans lequel les canaux sont dynamiquement acquis et libérés lors du transport des messages.

Le mécanisme de chemin suit trois étapes :
— étape 1 : réservation des canaux logiques afin de constituer le chemin,
— étape 2 : envoi des données sous la forme de messages sur le chemin ainsi constitué,
— étape 3 : libération du chemin.

Lors de l'étape 1, la source crée un en-tête contenant l'adresse du destinataire ainsi que des informations de routage. Au fur et à mesure que l'en-tête se propage de la source vers le destinataire, les files d'attente vont être configurées afin de constituer le chemin. Lorsqu'un en-tête arrive sur une cellule, l'adresse figurant dans cet en-tête est comparée à l'adresse de la cellule. S'il n'y a pas correspondance, la cellule propage le marqueur vers l'Est (respectivement l'ouest) s'il provient de l'Ouest (respectivement l'Est) ou vers le Nord (respectivement le Sud) si celui-ci provient du Sud (respectivement le Nord). Dans le cas contraire, soit le marqueur a atteint sa destination, et dans ce cas un nouveau chemin vient d'être créé, soit le marqueur doit faire une rotation de 90 ° (par exemple Nord/Sud vers Est/Ouest), avant de poursuivre sa propagation. Une cellule qui est à la fois source et destination de deux ou plusieurs chemins, est une cellule passerelle permettant à un message de passer d'un chemin à un autre.

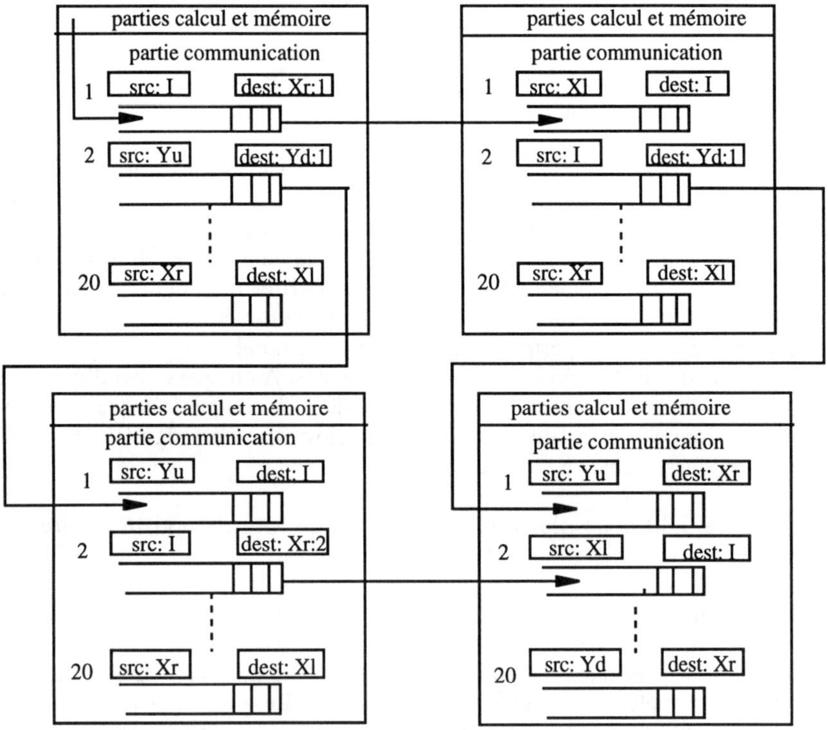

Figure 5.30 : Illustration de canaux logiques et physiques.

L'étape 2 peut commencer dès que l'en-tête a quitté la cellule : on n'est pas obligé d'attendre que le chemin soit créé. Enfin lors de l'étape 3, la cellule source émet un marqueur de fin de chemin. Ce marqueur se propageant sur le chemin remettra à l'état libre les files d'attente dans chacune des cellules.

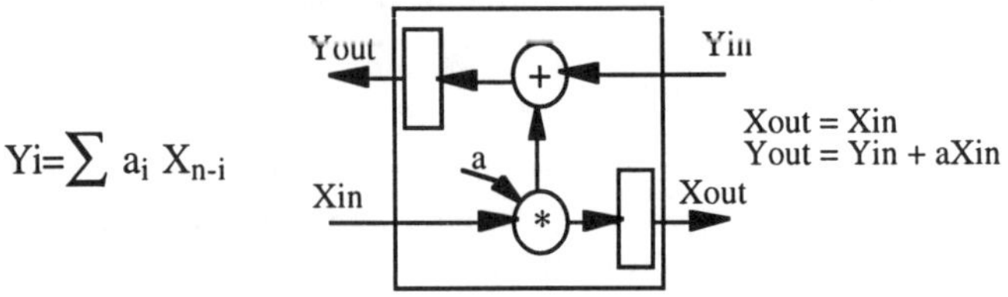

Figure 5.31 : Calcul élémentaire du produit de convolution.

Ce mécanisme de chemin sera utilisé lorsqu'on désirera pouvoir échanger des informations avec une bande passante garantie, ou pour la création d'un réseau systolique. Considérons le produit de convolution que nous allons implanter de manière systolique sur un réseau dont une cellule aurait l'architecture suivante [Qui89] (fig 5.31).

Les échantillons du signal X sont envoyés sur le réseau tous les deux cycles d'horloge. Si nous implantons cet algorithme sur un réseau systolique constitué autour du processeur Iwarp, nous aurons comme architecture des parties calcul et communication celle présentée sur la figure 5.32.

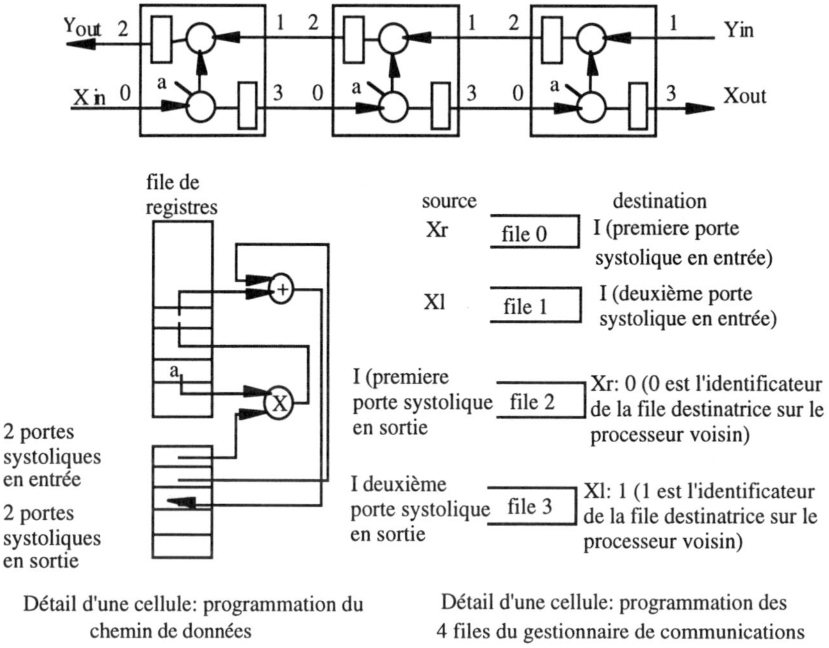

Figure 5.32 : Constitution d'un réseau systolique pour le produit de convolution.

On pourra également utiliser un mécanisme type passage de message. Les données seront alors comprises dans des paquets disposant de leurs propres informations de routage. Le routage se fait de manière similaire à celui utilisé dans le cadre du routage par chemins.

5.6. Le processeur Gapp de NCR

5.6.1. Présentation générale

Le Gapp (*Geometric Arithmetic Parallel Processor)* est un processeur un bit, ou plutôt une association de processeurs selon une grille de 6x12, de processeurs élémentaires un bit. On pourra associer plusieurs grilles de 72 processeurs afin d'atteindre des tailles de réseau pouvant être a priori très importantes. Pris individuellement chaque processeur offre une puissance de calcul très modeste. Cette puissance se trouve très nettement accrue quand il est utilisé dans des réseaux de processeurs.

Dans le cas du traitement d'images où le volume de données à traiter est très important, le fait d'associer à chaque pixel d'une image 512x512 un processeur élémentaire, pour exécuter par exemple un algorithme de seuillage, demanderait la construction d'une machine 43x86 Gapp.

5.6.2. Architecture interne

Un processeur Gapp est composé de 72 processeurs élémentaires comprenant chacun : des chemins de communication lui permettant de dialoguer avec ses voisins Nord, Sud, Est, Ouest ainsi qu'avec l'extérieur ; une UAL ; une RAM de 128 bits ; quatre registres de 1 bit ; un jeu d'instructions élémentaires : arithmétiques, logiques et transfert de données.

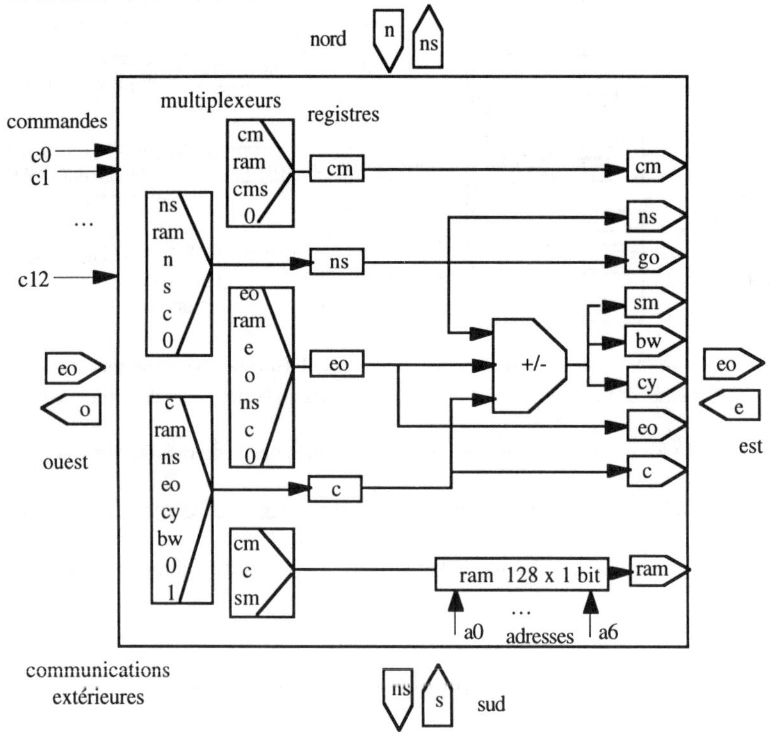

Figure 5.33 : Architecture schéma bloc d'une cellule 1 bit du processeur Gapp.

Sur la figure 5.33 est représentée l'architecture d'un processeur 1 bit. On voit apparaître 7 lignes d'adresse (a_0 à a_6) et 13 lignes de contrôle (c_0 à c_{12}). Celles-ci auront un contenu identique pour les 72 processeurs du réseau. Ainsi tous les processeurs exécuteront la même instruction, et dans le cas où celle ci est une opération de stockage en mémoire, cette mémorisation se fera pour tous les processeurs à la même adresse. Vu du processeur de contrôle, le réseau de Gapp est vu comme de la mémoire dans laquelle il écrit des données, à qui il envoie des signaux de contrôle et dans laquelle il ira lire les données.

5.6.3. Langage et parallélisme

Le jeu d'instructions est bien évidemment très réduit. On a ainsi des instructions permettant le chargement des registres cm, ns, eo, c ainsi que la mémoire à partir de ces mêmes registres, des opérations d'addition et de soustraction, des opérations logiques permettant l'inversion, les et logique, ou logique, ou exclusif ainsi que le ou exclusif complémenté, etc. La figure 5.34 présente les associations entre quatre processeurs élémentaires d'un réseau Gapp.

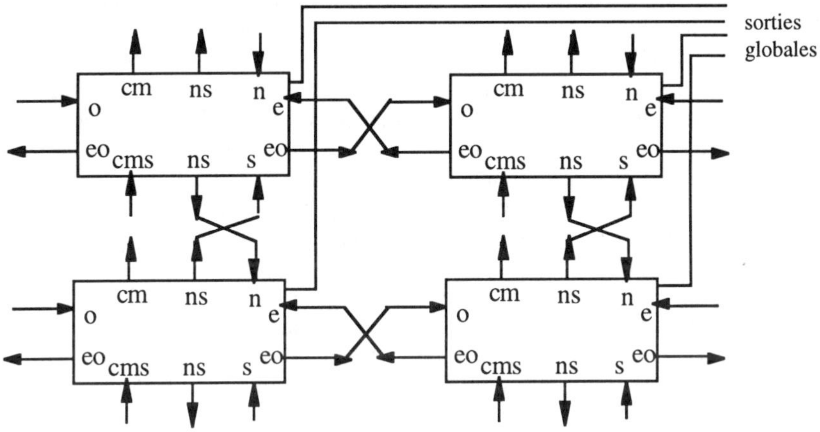

Figure 5.34 : Association de 4 cellules 1 bit.

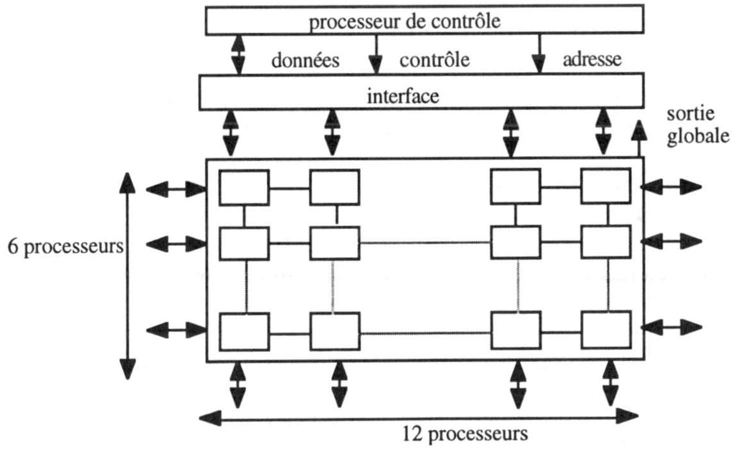

Figure 5.35 : Association d'un processeur de contrôle, et d'un réseau de 72 cellules 1 bit.

Un schéma présentant les 72 processeurs montre que seuls les processeurs de la périphérie communiquent avec l'extérieur (fig. 5.35). Ceci explique que pour amener des données sur des processeurs autres que ceux de la périphérie, il faudra assurer la diffusion des données à travers des phases de dialogue. Pour les mêmes raisons, lors de la phase de centralisation de mesures, le processeur de contrôle devra gérer le routage nécessaire à la récupération des données contenues dans les processeurs élémentaires internes.

5.7. Le processeur TMS320C40 de Texas Instrument

5.7.1. Présentation générale.

Le processeur TMS320C40 [Sim92] fait partie de la famille TMS320 de processeur de traitement du signal, développé par Texas Instrument. Il a été annoncé en octobre 1990 et se distingue des autres processeurs de la famille (TMS 320C1x, TMS 320C2x TMS 320C5x : processeurs 16 bits, TMS 320C3x : processeur 32 bits) par l'intégration dans le composant, de matériel permettant d'assurer des communications sans dégrader les performances de la CPU. Cette fonctionnalité facilite son intégration dans un environnement multiprocesseur. Si un processeur de traitement du signal permet d'atteindre des performances de l'ordre de la centaine de MFLOPS, il s'agit là de pouvoir atteindre, par des systèmes parallèles, des performances 1000 fois plus grandes. Le processeur lui-même a des performances supérieures à 200 MOPS . Sa capacité à s'intégrer dans un environnement parallèle est double. D'une part à travers six liaisons à 20 Moctets chacune, il peut s'intégrer dans un environnement à mémoire distribuée. D'autre part, à travers deux bus externes à 200 Moctets chacun, il peut permettre la constitution d'un environnement à mémoire partagée. On peut donc lui reconnaître comme avantages d'allier la performance des DSP, avec les mécanismes permettant son intégration dans des environnements, aussi bien à mémoire partagée, qu'à mémoire distribuée.

5.7.2. Architecture interne

Le TMS320C40 en tant que processeur de traitement du signal est orienté vers le calcul scientifique. Son architecture est représentée figure 5.36.

Ce processeur possède une unité arithmétique et logique traitant des nombres entiers codés sur 32 bits et des nombres flottants codés sur 40 bits, un multiplieur traitant des nombres entiers codés sur 32 bits et des nombres flottants codés sur 40 bits, un registre à décalage (fig. 5.37). Deux unités arithmétiques auxiliaires (ARAU0 et ARAU1) peuvent générer deux adresses à chaque cycle et fonctionnent en parallèle avec le multiplieur et l'UAL. Elles supportent l'adressage avec déplacement, des registres d'index, ainsi qu'un adressage circulaire et *bit reversed*.

Une partie de la fonction mémoire est intégrée dans le processeur. On peut ainsi noter une file de registres multiports comprenant 32 registres. Ces derniers comprennent : 12 registres pour le calcul sur entier et flottant, 8 pour le calcul d'adresse qui

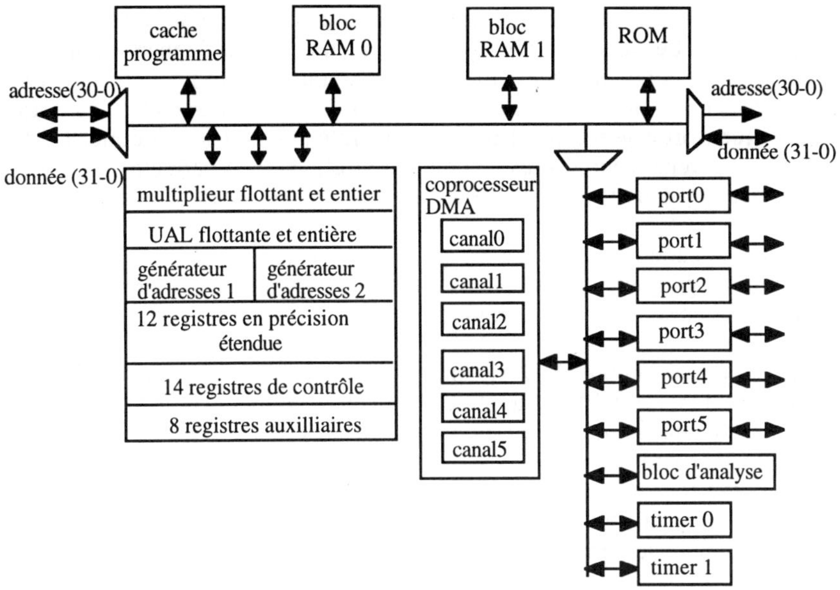

Figure 5.36 : Architecture schéma bloc du 320C40.

peuvent également servir de compteurs de boucle ou de registres 32 bits d'usage général, 14 pour diverses fonctions de contrôle. On notera aussi que la mémoire cache instruction de 512 octets est décomposée en blocs de 32 mots et gérée par un algorithme de type LRU. Notons enfin une ROM contenant un programme d'amorçage et pouvant supporter deux accès à chaque cycle, et deux blocs de RAM de 4 koctets, pouvant supporter chacun deux accès à chaque cycle. Ainsi, dans un même cycle, la CPU peut par exemple accéder à deux données dans un des blocs internes, aller chercher une instruction dans la mémoire externe avec en parallèle un chargement par le DMA du deuxième bloc.

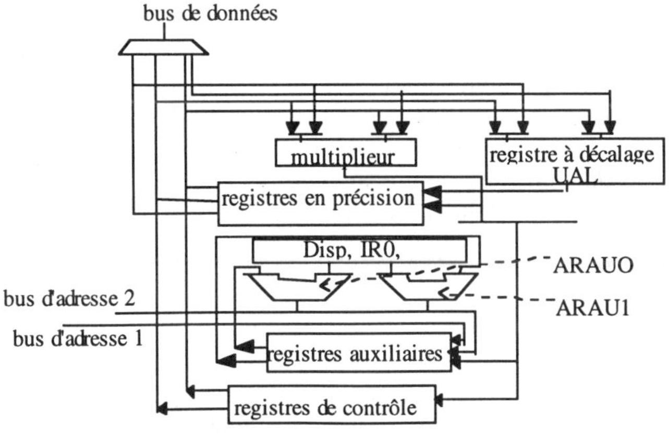

Figure 5.37 : Organisation du chemin de données du 320C40.

D'autres fonctionnalités sont intégrées comme deux fonctions horloges et une fonction analyse. Les fonctions horloges peuvent être utilisées de manière interne ou externe pour compter des intervalles de temps ou des événements. Elles sont associées chacune à une broche qui peut être utilisée aussi bien en tant qu'horloge externe, que sortie gérée par l'horloge ou qu'entrée/sortie générale. Le bloc d'analyse comprend des registres de points d'arrêt, une pile permettant la trace de l'exécution du programme, un compteur d'événements ainsi qu'une interface JTAG.

La principale caractéristique de ce processeur est de disposer de différents mécanismes lui permettant de s'intégrer dans un environnement multiprocesseur : 6 ports, et deux bus supportant la mémoire partagée (fig. 5.38).

Chacun des ports comprend 12 signaux, 8 de données et 4 de contrôle et peut transférer des données à 20 Moctets/s. Ces liaisons sont bidirectionnelles. A chaque port est associée une logique de gestion des arbitrages (PAU : Port Arbitration Unit) permettant, aux processeurs reliés par cette liaison bidirectionnelle, de dialoguer. Cet arbitrage se fait sous la forme d'un jeton que s'échangent les deux maîtres. A chaque port sont également associées deux files de 8 mots de 32 bits, une en entrée et une en sortie permettant de tamporiser les transferts.

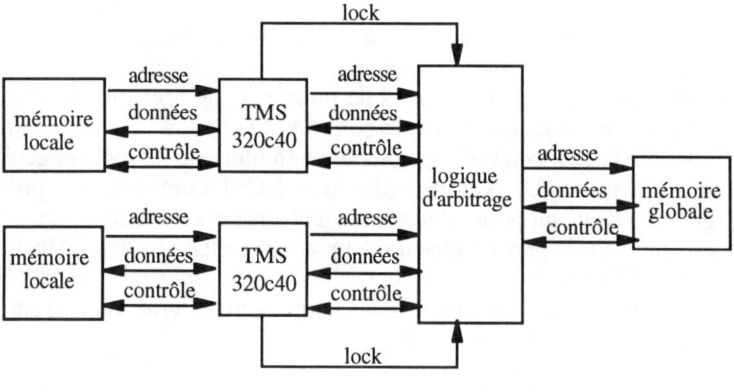

Figure 5.38 : Illustration de l'utilisation des bus, en environnement mémoire partagée.

De plus, le processeur dispose de 6 canaux d'accès direct à la mémoire (DMA) permettant de réaliser des transferts de/vers la mémoire vers/depuis les ports de communication. Ceci permet de découpler la partie calcul de la partie communication. Le coprocesseur DMA contient son propre générateur d'adresses, ses registres de source et de destination, ainsi qu'une logique de comptage. Un transfert DMA peut être relatif à un mot ou à un bloc. Le coprocesseur DMA est capable de réinitialiser automatiquement chaque canal après un transfert. Afin de réaliser cette fonctionnalité, le coprocesseur peut accéder à des listes chaînées, archivées en mémoire, et contenant les programmations des canaux.

Afin de gérer le concept de mémoire partagée, le processeur dispose d'instructions permettant de positionner deux signaux de verrouillage, un par bus (lock, llock). Ces signaux sont positionnés si ces instructions font référence à des emplacements mémoire externe. Dans un environnement multiprocesseur à mémoire partagée, si une instruction présente dans la mémoire cache d'un processeur est modifiée en mémoire globale par un autre processeur, le contenu de la mémoire cache n'est pas remis à jour.

5.7.3. Instructions et parallélisme

On peut considérer deux niveaux de parallélisme, celui présent dans le fonctionnement pipe-line du processeur et celui induit par le fonctionnement parallèle de la CPU et du coprocesseur DMA. Le rôle de l'accès direct à la mémoire a été décrit dans le paragraphe précédent. Le pipeline se décompose en 4 étages : recherche des instructions en mémoire et mise à jour du PC (F), décodage de l'instruction, génération des adresses (D), si nécessaire lecture des opérandes dans la mémoire (R), lecture des opérandes dans les registres, exécution du calcul, écriture du résultat dans les registres avec si nécessaire le stockage en mémoire du résultat d'une opération précédente (E).

Lorsqu'une instruction i est prête pour passer d'un étage i à un étage i+1, mais que celui-ci n'est pas disponible, un conflit se produit. Afin de gérer ce conflit une priorité est introduite, de la plus haute à la plus basse : E, R, D F, ce qui pourra nous conduire, à retarder des instructions. Le DMA sera quant à lui au plus haut ou au plus bas niveau selon sa programmation.

			PC	F	D	R	E
BRD adr			PC	F	D	R	E
	MPYF	; sera exécuté	n	BRD			
	ADD	; sera exécuté	n+1	MPYF	BRD		
	SUBF	; sera exécuté	n+2	ADDF	MPYF	BRD	
	AND	; ne sera pas exécuté	n+3	SUBF	ADDF	MPYF	BRD
	......		adr	MPYF	SUBF	ADDF	MPYF
adr	MPYF						

Figure 5.39 : Illustration du cycle pipeline et du branchement retardé.

	LDI 7, AR2	; 7 -> AR2	PC	F	D	R	E
next	MPYF *AR2, R0;	cette instruction	n	LDI			
		; sera retardée de	n+1	MPYF	LDI		
		; 2 cycles.	n+2	X	MPYF	LDI	
	instruction X		n+2	X	MPYF	nop	LDI 7,AR2
	instruction Y		n+2	X	MPYF	nop	nop
			n+3	Y	X	MPYF	nop

Figure 5.40 : Conflit sur l'accès au registre AR2 ; l'instruction MPYF *AR2,R0 sera retardée.

Ces conflits ont trois origines :

1) sur exécution d'une instruction de branchement. On a la possibilité d'effectuer ou non des branchements retardés, ceux ci pouvant être conditionnels, comme le montre l'exemple de la figure 5.39,

2) sur conflits lors de l'accès, en lecture ou écriture, de registres utilisés pour l'adressage. Par exemple si une instruction commande l'écriture d'une donnée dans

un registre, l'unité de décodage ne peut pas utiliser ce même registre jusqu'à ce que l'écriture soit achevée : on retardera donc l'accès (fig. 5.40),
3) lors d'un conflit sur l'accès à la mémoire. Si les recherches d'instructions et de données sont réalisées de telle manière que les ressources n'ont pas une bande passante suffisante, alors la recherche d'instructions est retardée jusqu'à ce que l'accès aux données soit achevé.

Considérons l'exemple suivant permettant d'illustrer ce genre de conflit (fig. 5.41). Les blocs de RAM et de ROM présents dans l'architecture ne peuvent supporter, dans le programme en cours d'exécution, que deux accès par cycle alors que sont demandés deux accès à des données dans un bloc interne ainsi qu'une recherche d'instructions dans le même bloc. Le conflit se produit à l'étape n+2 lorsque l'instruction ADDF3, à l'étape de lecture des opérandes présents en mémoire, utilise deux registres *AR0 et *AR1 qui pointent sur des données présentes dans le bloc RAM0, et que l'instruction MPYF, présente dans le bloc RAM0, ne peut commencer son étape de recherche avant que l'accès aux données ne soit terminé.

ADDF3 *AR0, *AR1, R0	PC	F	D	R	E
; *AR0 et *AR1	n	ADDF3			
; pointent sur les données	n+1	X	ADDF3		
; de la RAM 0	n+2	wait	X	ADDF3	
instruction X		; attente jusqu'à lecture des registres AR			
MPYF ; l'instruction MPYF est également	n+2	MPYF	nop	X	ADDF3 *AR0,
; à rechercher dans la RAM 0					*AR1, R0
instruction Y	n+3	Y	MPYF	nop	X
instruction Z	n+4	Z	Y	MPYF	nop

Figure 5.41 : Conflit provoqué par l'accès au bloc RAM1 pour deux données et une instruction.

STF R0, *AR1	PC	F	D	R	E
; R0 -> *AR1	n	STF			
LDF *AR2, R1	n+1	LDF//LDF	STF		
;*AR2 -> R1 en parallèle	n+2	X	LDF//LDF	STF	
//LDF *AR3, R2	n+3	Y	X	LDF//LDF	STF
; avec *AR3 -> R2				R0, *AR1	
instruction X	; écriture à terminer avant les deux lectures				
instruction Y	n+4	Y	X	LDF//LDF	nop
instruction Z	n+4	Z	Y	X	LDF//LDF

Figure 5.42 : Conflit provoqué par trois accès simultanés au cycle n+3.

Un autre exemple est donné par la figure 5.42. Dans ce cas on a une séquence d'instructions qui demande trois accès CPU en un seul cycle, par exemple une instruction effectuant un stockage suivie d'une instruction effectuant deux lectures.

On peut résumer dans deux tableaux les conditions qui ne produiront pas de conflit et qui permettront donc de garder un temps d'un cycle (fig. 5.43 et 5.44).

L'unité centrale peut exécuter jusqu'à huit instructions par cycle : deux accès mémoire, une multiplication, un calcul UAL, deux calculs d'adresse, un branchement ainsi qu'une mise à jour du compteur de boucle. Le jeu d'instructions est essentiellement orienté vers l'exécution de primitives et de modes d'adressage dédiés au traitement du signal (circulaire, 'bit reversed'). Ce jeu d'instructions comprend : des instructions permettant de répéter un bloc de code, des instructions de branchement retardé, des instructions de verrouillage, des instructions pouvant s'exécuter en parallèle : multiplication et addition, multiplication et stockage, etc.

cas	accès au bus global	accès à la mémoire interne double accès	accès au bus local
1	1	1	
2	1		1
3		2	
4		1	1

Figure 5.43 : Situations ne produisant pas de conflit si l'on désire effectuer une recherche de données et d'instructions simultanément.

cas	accès au bus global	accès à la mémoire interne double accès	accès au bus local
1	1	2	
2	1 instruction	1 donnée	1 donnée
3	1 donnée	1 donnée	1 instruction
4		2 d'un des blocs internes et une d'un autre	
5		3 de blocs internes différents	
6		2 de blocs internes	1
7	1 instruction	2 données	1 DMA
8	1 DMA	2 données	1 instruction

Figure 5.44 : Situations ne produisant pas de conflit si l'on désire effectuer deux recherches de données et d'instructions simultanément.

CHAPITRE 6

Machines parallèles

6.1. Introduction

Dans le domaine du calcul numérique, les algorithmes de traitement ont pour la plupart d'entre-eux un comportement régulier dans le temps et extrêmement répétitif. D'un autre côté les données à manipuler peuvent être très nombreuses. Cela nous conduit tout naturellement à nous demander si tout ou partie des instructions peuvent se faire concurremment et/ou si le traitement ne peut pas être opéré concurremment sur tout ou partie des données.

L'utilisation d'une de ces deux formes de parallélisme, parallélisme sur les données ou sur les instructions [Tsi93], [Ban91], aboutit à différents modèles de programmation. On peut ainsi citer pour le parallélisme de contrôle les langages OCCAM, ADA, et pour le parallélisme de données les langages FP90, C*. Ces modèles de programmation peuvent être mis en œuvre sur différentes structures d'exécution qu'elles soient MIMD ou SIMD [Hwa84].

L'utilisation de machines parallèles vise à atteindre une réduction du temps de traitement de l'algorithme que l'on espère proportionnelle au nombre de processeurs mis en œuvre. Les principaux problèmes de mise en œuvre sont la répartition harmonieuse des travaux sur les différents processeurs, la gestion des communications, les synchronisations, l'évitement des goulets d'étranglement que ce soit au niveau de la mémoire ou au niveau des bus, la gestion des exclusions mutuelles sur les ressources partagées, etc.

Il existe dans tous les cas un nombre critique de processeurs à mettre en œuvre, au delà duquel la réduction du temps de calcul de l'algorithme devient infime vis à vis du coût de la mise en œuvre de ces processeurs. Pour réduire au delà de cette limite le temps de calcul, d'autres solutions seront alors à envisager (technologie, processeur plus performant, transformation de l'algorithme, etc). La performance d'une architecture multiprocesseur dépend de trois facteurs principaux qui sont le choix du processeur élémentaire, ses capacités de calcul et de gestion des données (mémoire, communication), mais aussi l'algorithme à mettre en œuvre et sa propriété à être parallélisé, et enfin le réseau d'échange de données entre processeurs, ses propriétés de transfert et son coût. Trouver une solution multiprocesseur efficace et à moindre coût relève souvent d'un problème insoluble. En effet, chaque choix (processeur, réseau,...) conduit à imposer des contraintes supplémentaires sur le reste des problèmes à résoudre. Sans rétroaction sur la conception, on arrive alors à diverger rapidement de la solution optimale. Cependant la rétroaction est un facteur rendant le problème de la conception long voire impossible à résoudre. Dans la suite de ce chapitre nous allons présenter deux organisations de structure d'exécution : les multiprocesseurs à mémoire partagée, les multiprocesseurs à mémoire distribuée, en nous attachant à mettre en évidence les caractéristiques de chaque approche.

6.2. Les multiprocesseurs à mémoire partagée

6.2.1. Introduction

Mémoire locale/mémoire globale

Les machines que nous étudions dans ce paragraphe sont celles dont les processeurs ont un comportement asynchrone : chaque processeur exécute un flot d'instructions sur un flot de données, les processeurs communiquent entre eux à l'aide d'une mémoire partagée. Ce type d'architecture, qui peut être qualifiée de MIMD à processeurs fortement interconnectés ou encore de multiprocesseur à mémoire partagée, met généralement en œuvre un nombre relativement limité de processeurs (inférieur à quelques dizaines).

Le schéma 6.1 présente un exemple simple de ce type de machines dans lequel un réseau d'interconnexion relie les différents processeurs à la mémoire partagée. Sous le mot générique processeur, on entend l'association éventuelle d'un processeur et de sa mémoire locale. En effet les processeurs peuvent disposer d'une mémoire locale. Celle-ci sert de mémoire de travail au processeur considéré et permet la duplication de données contenues en mémoire centrale. Cette possibilité, et les avantages et inconvénients que cela implique, sont présentés dans les paragraphes suivants.

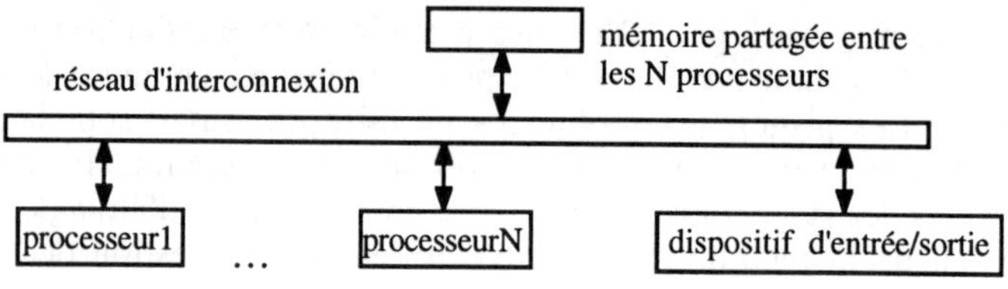

Figure 6.1 : Schéma d'une architecture à mémoire partagée.

6.2.2. Mise en évidence des problèmes

L'intérêt de ce type de machines réside dans la facilité de communication et de synchronisation de n'importe quel processeur vers n'importe quel(s) autre(s) (utilisation de drapeaux, de boîtes aux lettres, de sémaphores, de moniteurs) [Ben86], [Jac93]. Le problème que pose l'utilisation des multiprocesseurs fortement interconnectés réside tout naturellement dans l'utilisation des ressources partagées par l'ensemble des processeurs, c'est à dire le ou les chemins de communication leur permettant d'accéder à la mémoire partagée ou aux dispositifs d'entrées-sorties [Sto87]. Ce partage constitue un goulet d'étranglement lorsqu'on désire augmenter les performances du multiprocesseur en y ajoutant des processeurs.

Ce problème peut être illustré par l'exemple suivant. Considérons cinq processeurs exécutant des programmes pour lesquels il est nécessaire d'accéder à travers un bus, à une variable stockée en mémoire centrale, toutes les cinq instructions. On fera l'hypothèse que toutes les instructions ont le même temps d'exécution, que tous les accès mémoire nécessitent le même temps que l'exécution d'une instruction. On ne prendra pas en compte les mécanismes d'arbitrage d'accès au réseau d'interconnexion partagé. En supposant que l'on puisse gérer au mieux les accès mémoire, donc qu'aucun processeur ne fasse d'accès mémoire en même temps qu'un autre, on obtiendrait au mieux comme occupation temporelle des différents processeurs celle présentée sur la figure 6.2.

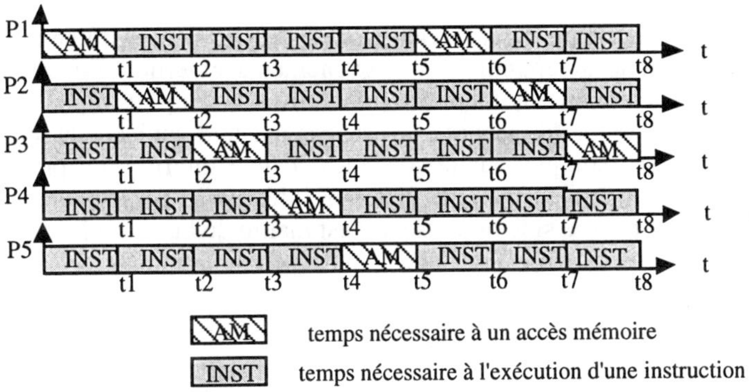

Figure 6.2 : Occupation temporelle des différents processeurs.

Sur cet exemple simple on voit que l'ajout d'un sixième processeur ayant par exemple la même occupation temporelle que P1, n'apporte pas un accroissement des performances de l'ensemble puisque son introduction impliquera désormais des cycles d'attente, aux processeurs 2, 3, 4, et 5, lors des accès mémoires suivants. En effet, lors de l'accès simultané de P1 et P6, en supposant qu'un arbitrage aboutisse à accorder l'accès mémoire à P1, P6 voyant son accès mémoire retardé, un nouveau conflit apparaît en t1 entre P2 et P6. Si P6 se voit alors accorder l'accès mémoire, en poursuivant l'exemple, en t7 on aura un conflit entre P4 et P5 ce qui se traduira au cycle suivant en un conflit entre P1 et P5 (fig. 6.3).

L'accélération, définie comme le rapport entre le temps séquentiel et le temps parallèle, reste constante et égale à cinq, tandis que l'efficacité, définie comme le rapport entre l'accélération et le nombre de processeurs, diminue [Hwa87].

On pourrait de la même façon mettre en évidence le goulet d'étranglement que constitue un réseau d'interconnexion partagé.

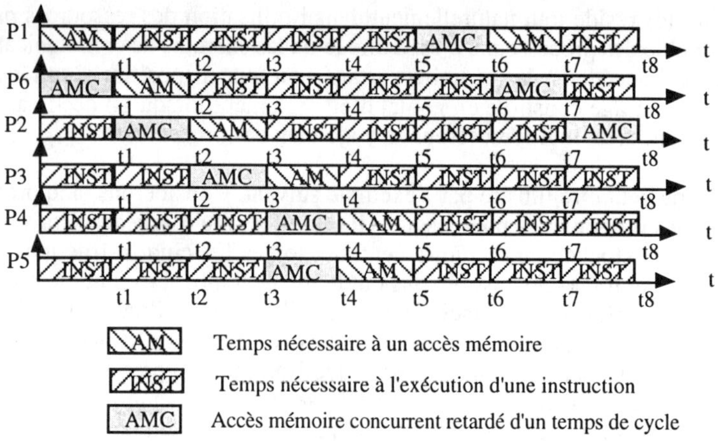

Figure 6.3 : Ajout d'un sixième processeur ; apparition de cycle d'attente.

Un autre problème est posé par l'évaluation des performances d'une telle machine quant à sa capacité à répondre à des événements externes. En effet, dans les applications dites temps réel, il faut pouvoir certifier le temps de réponse du système et donc, connaître les performances exactes de la machine sur laquelle sera implantée l'application. Par exemple, sur le schéma 6.4, une interruption produite par le périphérique devant être acquittée en un temps inférieur à t par le processeur 1, verra son acquittement retardé si le processeur 2 est maître du bus à cet instant et le garde durant un intervalle de temps T, tel que T soit supérieur à t.

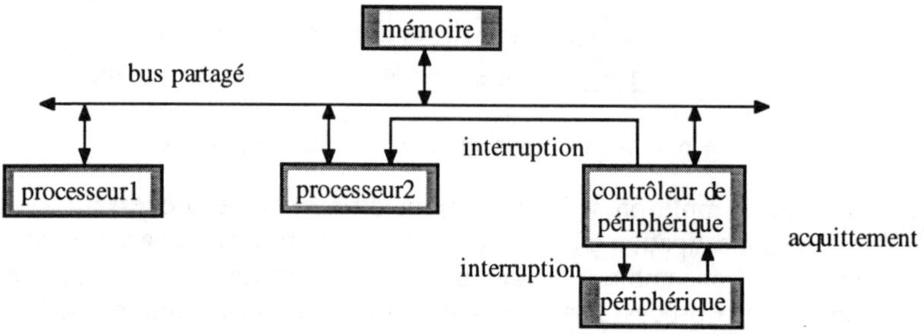

Figure 6.4 : Mécanisme de gestion des interruptions.

Le système d'arbitrage qu'il faut mettre en place doit éviter de manière générale d'avoir plusieurs maîtres simultanément sur le bus, et plus particulièrement dans le cas d'interruptions devant être acquittées rapidement, disposer de mécanismes permettant d'allouer le bus rapidement. Cet arbitre a donc pour rôle de partager l'accès au bus en fonction des niveaux de priorité des différents demandeurs. Il doit éviter naturellement qu'un demandeur monopolise le bus. Dans le cas qui nous intéresse, on disposera d'un temps t pour que le processeur 2 demande le bus, que le maître informe le processeur 1 de libérer le bus, que celui ci le libère, que l'arbitre alloue le bus au processeur 1, que ce dernier exécute le programme correspondant à l'acquittement de l'interruption.

6.2.3. Quelques solutions

6.2.3.1. *Mémoire hiérarchisée*

La plupart des multiprocesseurs existant complète le modèle dans lequel apparaît une mémoire centrale, avec de la mémoire locale à chaque processeur. Celle-ci peut être ou non accessible aux autres processeurs à travers le bus. Parfois cette mémoire incorpore sa propre logique d'arbitrage des conflits d'accès. Une partie de cette mémoire locale représente une copie d'informations présentes en mémoire partagée, tandis que le reste est utilisé comme mémoire propre. Le but de cette hiérarchisation de la mémoire [Hen92] est, par cet artifice de duplication, de faire diminuer le nombre d'accès à la mémoire globale. Cela reviendrait, sur l'exemple cité un peu plus haut, à ne plus avoir d'accès à la mémoire globale que toutes les dix instructions (au lieu des cinq précédemment nécessaires), les autres accès se faisant en mémoire locale. Ainsi, on peut utiliser plus de processeurs et donc accroître les performances.

Cette intégration est rendue possible par les progrès technologiques qui ont permis l'apparition de cartes très intégrées. Ainsi la figure 6.5 présente une carte Motorola dite *monoboard* intégrant toutes les fonctionnalités nécessaires à son utilisation en tant que carte autonome.

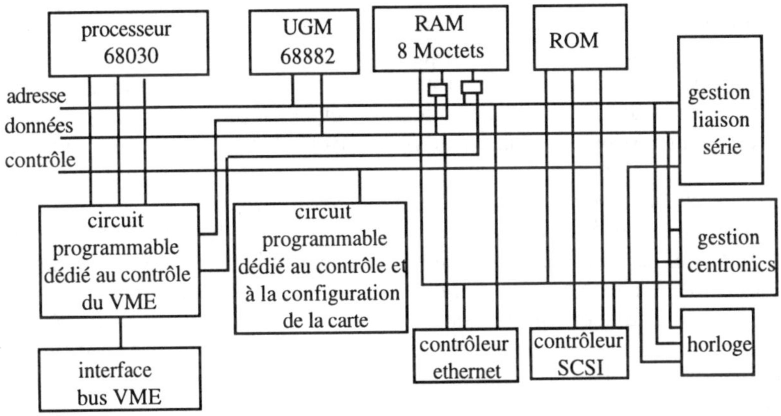

Figure 6.5 : Schéma d'une carte système.

La duplication d'une partie de la mémoire commune dans les mémoires locales pose le problème de l'alimentation des mémoires locales à partir de la mémoire globale ainsi que celui de la cohérence du contenu de cette zone. En effet, si un processeur modifie sa copie d'une information contenue dans d'autres mémoires locales on aboutit à une incohérence. A titre d'exemple considérons deux tâches résidant sur deux processeurs et voulant pour l'une (P1) accéder en lecture à un emplacement mémoire adr, et pour l'autre (P2) accéder en écriture à la copie de ce même emplacement mémoire dont une copie réside déjà dans sa mémoire locale. On constate qu'après l'accès il y a incohérence entre la mémoire partagée, sa copie dans la mémoire locale de P1 et sa copie dans la mémoire locale de P2 (fig. 6.6).

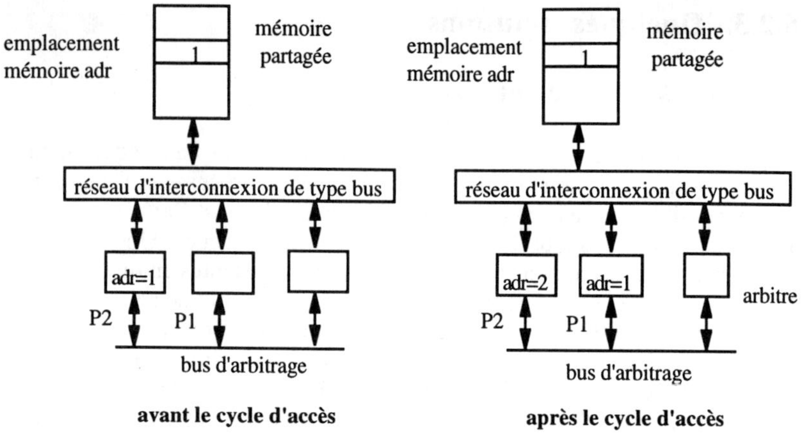

Figure 6.6 : Mise en évidence du risque d'incohérence dans un environnement de mémoire hiérarchisée.

Ce principe de mémoire hiérarchisée peut être étendu en considérant le multiprocesseur comme une association, à travers un réseau d'interconnexion, de grappes de processeurs. Chaque grappe de processeurs est elle-même considérée comme l'association, à travers un réseau d'interconnexion, de processeurs élémentaires. On peut construire ainsi des systèmes où le nombre de niveaux est supérieur à deux. On peut remarquer que cette approche est bien adaptée aux applications où les communications sont importantes à l'intérieur de certains regroupements de tâches de l'application, et beaucoup moins importantes entre différents regroupements. Chaque grappe recevra alors un de ces regroupements.

— *Gestion de la cohérence du contenu des mémoires locales*

On peut considérer deux classes de solutions, celles matérielles et celles logicielles [Lit90]. Parmi les solutions matérielles deux possibilités coexistent : la mise à jour et l'invalidation. La mise à jour (*write through*) consiste à répercuter toute modification faite par un processeur sur un bloc, au niveau des autres copies de ce bloc dans les autres mémoires locales et dans la mémoire centrale. En invalidation (*write back*), toute modification du bloc invalide les autres copies. Le processeur qui contrôle alors ce bloc peut y écrire librement.

Un exemple d'algorithme de mise à jour, ainsi qu'un algorithme d'invalidation sont donnés dans le paragraphe suivant. Ces algorithmes matériels pourront être réalisés à partir de mécanisme d'espion de bus ou de répertoire.

Les solutions logicielles consistent à déterminer les intervalles de temps où un bloc de données peut être chargé dans une mémoire locale sans risque d'incohérence. Un cas particulier de cette solution consiste à dire que toute variable partagée ne pourra pas être chargée dans les mémoires locales des différents processeurs. Celles ci ne pourront recevoir que des variables locales aux processus exécutés par les processeurs.

• *Mécanismes d'espion*

Une solution matérielle consiste à fournir un espion de bus, contrôlant d'une part les accès bus et, d'autre part, les activités d'accès à la mémoire réalisées par le processeur auquel il est associé [Lit90]. Un espion examinant ces accès mémoires informe les autres espions des transactions réalisées par son processeur. Tous les autres espions considèrent alors si cette transaction concerne un bloc présent dans leur propre mémoire locale et, le cas échéant, répercute au niveau du marquage du bloc présent dans la mémoire qu'il contrôle, les événements bus (fig. 6.7).

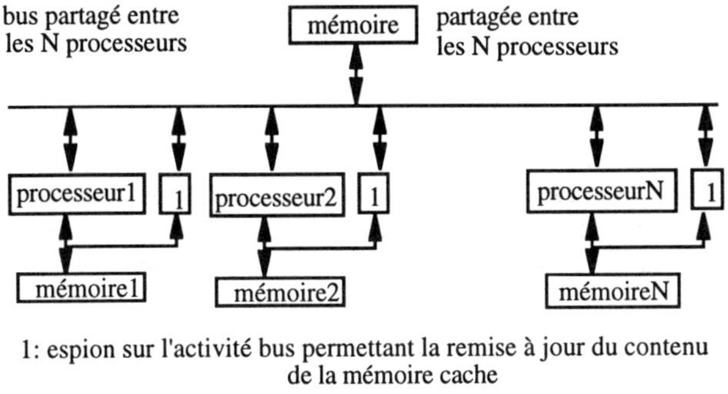

Figure 6.7 : Mécanisme d'espion : architecture matérielle.

Un exemple d'algorithme de gestion d'espion de bus par invalidation est présenté sur le schéma 6.8 (algorithme nommé *write once*). On suppose qu'un bloc j, en mémoire locale, est dans un de ces quatre états : invalide (I), (la place correspondant du bloc est libre), réservé (R), (le bloc a été modifié par une écriture, la mémoire globale a été mise à jour, les autres copies invalidées), valide (V), (le bloc n'a pas été modifié, d'autres mémoires locales possèdent peut être la même information dans le même état), modifié (M), (le bloc a été modifié par plusieurs écritures, c'est la seule copie à jour de cette information dans tout le système). Sur ce schéma, en gras apparaissent les transitions sur l'état du bloc en fonction d'événements bus, en maigre les transitions sur l'état du bloc en fonction d'événements locaux. Sur ce mécanisme on peut faire deux remarques.

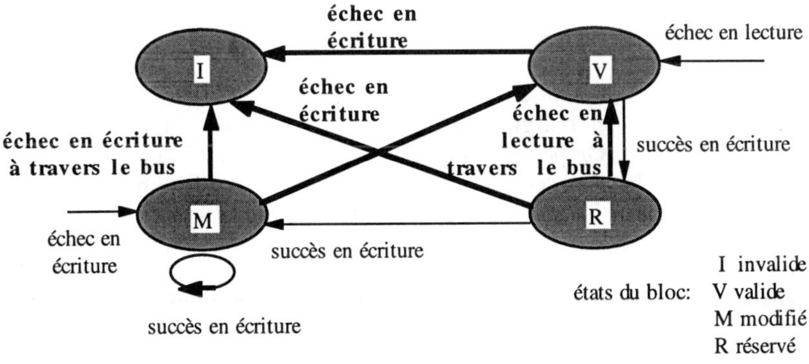

Figure 6.8 : Algorithme d'espion par invalidation : *write once*.

Lors du passage de l'état valide à l'état réservé, la demande d'écriture provoque une mise à jour de la mémoire. Lors d'une deuxième écriture, et pour les écritures suivantes, le passage du bloc de l'état réservé à l'état modifié ne s'accompagne pas d'une remise à jour de la mémoire centrale. On a donc situation d'incohérence entre le contenu d'un bloc de la mémoire locale et ce même bloc en mémoire centrale. Pour que ceci n'aboutisse pas à une vraie incohérence, toute demande de la part d'un autre processeur d'accès à ce bloc conduira à partir de ce moment la mémoire locale possédant le bloc à le fournir à la place de la mémoire globale et à le recopier dans la mémoire globale.

Un exemple d'algorithme de gestion d'espion de bus par mise à jour est présenté sur le schéma 6.9. On suppose qu'un bloc j, en mémoire locale, est dans un de ces 4 états : invalide (I), la place correspondant du bloc est libre, partagé (P), le bloc n'est pas modifié par l'accès et est diffusé dans d'autres mémoires locales, valide exclusif (V), le bloc n'est pas modifié par l'accès et n'est pas contenu dans d'autres mémoires locales, modifié (M), le bloc a été modifié par l'accès, c'est la seule copie à jour de cette information dans tout le système.

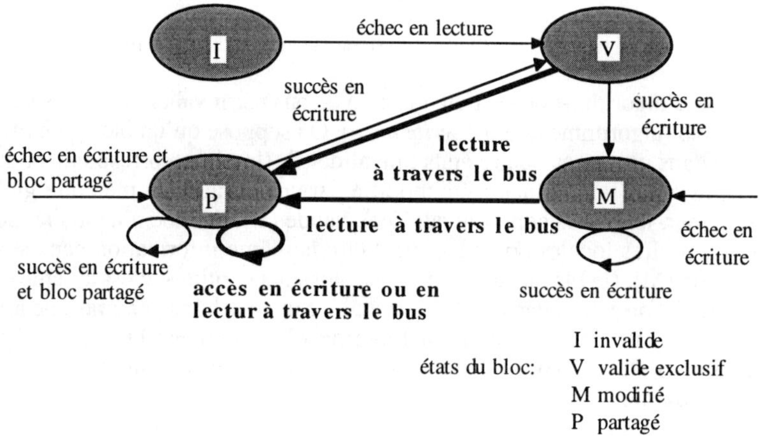

Figure 6.9 : Algorithme d'espion par mise à jour.

Sur ce schéma apparaissent en gras les transitions sur l'état du bloc en fonction d'événements bus, en maigre les transitions sur l'état du bloc en fonction d'événements locaux. On peut noter que lors d'une écriture sur un bloc diffusé dans d'autres mémoires locales, cette écriture sera répercutée sur la mémoire globale ainsi que sur ces mémoires locales. Lors d'une écriture sur un bloc non présent dans la mémoire locale impliquée par l'écriture, mais présent dans une autre mémoire locale, celle-ci fournira le bloc en positionnant une ligne bloc partagé. L'écriture se fera sur les deux blocs. Le bloc passe dans l'état partagé dans les deux mémoires locales.

• *Mécanisme de répertoire*

Dans le mécanisme d'espion, si l'on utilise un réseau de communication autre qu'un bus, la connaissance en permanence de l'état des blocs dans chaque mémoire locale devient rapidement complexe. En outre, ce mécanisme induit sur le bus un trafic supplémentaire qui croît avec l'augmentation du nombre de processeurs. On peut alors remplacer le mécanisme d'espion par un mécanisme de répertoire [Lit90]. Le répertoire associé à la mémoire globale contient une copie de tous les répertoires des mémoires locales. Supposons qu'un bloc puisse être diffusé en lecture dans plusieurs mémoires locales, mais diffusé en écriture dans une seule, alors on peut représenter le déroulement des lectures/écriture de la manière présentée figure 6.10.

Si écriture dans la mémoire locale alors
  Si le bloc est dans l'état modifié alors
  on procède à l'écriture
  sinon
  l'écriture ne se fera qu'après que le répertoire central ait inhibé les autres copies
  remise à jour du répertoire
Si défaut de lecture alors
lecture du répertoire central
Si la donnée est dans une autre mémoire locale alors
remise à jour de la mémoire globale
Sinon elle est en mémoire alors lecture depuis la mémoire globale.
mise à jour du répertoire
Si défaut d'écriture alors
  Si la donnée est diffusée en écriture dans une autre mémoire locale alors
  remise à jour de la mémoire globale,
  puis émission depuis la mémoire globale vers le demandeur.
Si la donnée est diffusée en lecture vers d'autres blocs alors
les copies sont invalidées, le bloc est émis vers le demandeur
le répertoire est mis à jour

Figure 6.10 : Exemple de fonctionnement d'un mécanisme de répertoire.

Pour réduire l'espace que nécessite la mémorisation de ce répertoire, on peut chaîner les blocs dans les mémoires locales. Ainsi le répertoire central ne contient alors qu'une entrée pointant vers la première mémoire locale ayant demandé le bloc. Les blocs suivants sont chaînés de mémoire locale en mémoire locale.

• *Autres solutions*

Les deux solutions matérielles précédentes conduisant à accroître la complexité de l'architecture, des solutions logicielles peuvent être mises en place. On peut ainsi faire disparaître ce problème en imposant que les données partagées ne puissent pas être implantées en mémoire locale.

Ces données seront alors systématiquement placées en mémoire globale, les mémoires locales servant à mémoriser des données non partagées. On peut améliorer cette solution en mettant en œuvre des mécanismes permettant à une donnée de voir son état évoluer au fur et à mesure du déroulement du programme. Le compilateur aura à analyser la structure du programme et à déterminer les intervalles de temps pendant lesquels les données peuvent être placées en mémoire locale. Par exemple, le compilateur détectera dans quel état parmi les quatre indiqués ci-dessous, se trouve une donnée partageable. En lecture pour un nombre quelconque de processeurs et, dans ce cas, on a aucun risque d'incohérence ; la donnée peut être chargée en mémoire locale. En lecture pour un nombre quelconque de processeurs et en lecture/écriture pour un processeur, on n'aura pas dans ce cas de problème si l'on utilise un algorithme de type mise à jour immédiate. En lecture/écriture pour un processeur, on pourra alors effectuer une mise à jour différée. En lecture/écriture pour un nombre quelconque de processeurs, la donnée sera alors déclarée comme ne pouvant pas être en mémoire locale.

— *Mise en place des mécanismes d'exclusion mutuelle*
La mémoire partagée pouvant être accédée par différents processeurs, il faut mettre en place des mécanismes de gestion des exclusions mutuelles afin d'assurer le bon déroulement de ces accès. Deux points sont abordés dans les lignes suivantes, les mécanismes logiciels permettant cette gestion et leur intégration dans un environnement multiprocesseur.

• *Mécanismes logiciels*
Les mécanismes que l'on rencontre pour régler les problèmes de communication et de synchronisation dans les multiprocesseurs fortement interconnectés sont principalement [Ben86] les mécanismes de boîte à lettres, drapeau, sémaphore, moniteur. Le mécanisme de boîte à lettres permet d'envoyer et de recevoir des messages. La connexion/déconnexion à la boîte aux lettres peut être statique ou dynamique à travers des primitives connecter/déconnecter. Le mécanisme de drapeau permet d'indiquer l'apparition de l'événement auquel il est associé. A l'aide de deux primitives V et P, le mécanisme de sémaphore permet la synchronisation par attente non active, l'exclusion mutuelle ainsi que le partage d'une ressource. Le mécanisme de moniteur est constitué par un ensemble de variables plus un ensemble de procédures utilisant ces variables. Des procédures externes sont accessibles aux utilisateurs permettant de libérer, bloquer des processus. Les variables ne sont plus directement partagées mais cachées à l'intérieur du moniteur.

• *Mécanismes matériels*
Dans un monoprocesseur supportant le multitâche en temps partagé, les exclusions mutuelles peuvent être gérées par un masquage des interruptions. En effet, une tâche voulant accéder à un emplacement mémoire commun avec d'autres tâches, pourra inhiber les interruptions au début du cycle d'accès à la mémoire, et les revalider à la fin. Ainsi, elle ne courra pas le risque d'être suspendue par d'autres tâches.
Dans un multiprocesseur, ce mécanisme doit être plus évolué : on introduit ainsi la notion de cycle indivisible. Lorsqu'une tâche exécutée par un processeur doit accéder à un emplacement en mémoire partagée, emplacement commun à d'autres tâches présentes éventuellement sur d'autres processeurs, elle le fait à l'aide d'une instruction dite cycle indivisible. Lors de l'exécution d'une telle instruction, un processeur ne peut se voir interrompu par une demande provenant d'un processeur même si celui-ci est de plus haute priorité au niveau de l'arbitre. On trouvera plus loin une description de quelques instructions cycle indivisible que l'on trouve dans certains processeurs : *Test And Set*, *Compare And Swap*, *Fetch And Add*, *incrément/décrément.*

L'instruction *Test And Set* permet le positionnement d'un indicateur. L'intérêt de l'instruction *Compare And Swap* est illustré par les figures 6.11 et 6.12. Considérons la file suivante :

```
TETE                                            QUEUE
P1------->P2------->P3------->           ------->Pfin
```

Supposons qu'un processus A veuille empiler dans cette file l'élément P_i et qu'un processus B veuille simultanément empiler l'élément P_j. L'algorithme d'empilement peut se représenter sous la forme décrite dans la figure 6.11. :

```
Empilement (X)
VAR point : pointeur
début
  lien(X)       <-- fin
  point         <-- QUEUE (1)
  QUEUE         <-- X
  lien(point) <-- X
fin
```

Figure 6.11 : Exemple de procédure d'empilement.

Supposons maintenant que le processus A, après avoir commencé son opération d'empilement, ait été interrompu au point (1), que B ait été exécuté et ait fait l'empilement de P_j. Lorsque A va de nouveau s'exécuter, il va redémarrer à l'instruction suivant le point (1), ce qui va entraîner que P_j sera involontairement oté de la pile. Ainsi au lieu d'avoir une liste dont l'avant-dernier élément est P_i qui pointe sur le dernier élément P_j, on a une liste où l'avant-dernier élément est P_n qui pointe sur le dernier élément P_i (fig. 6.12).

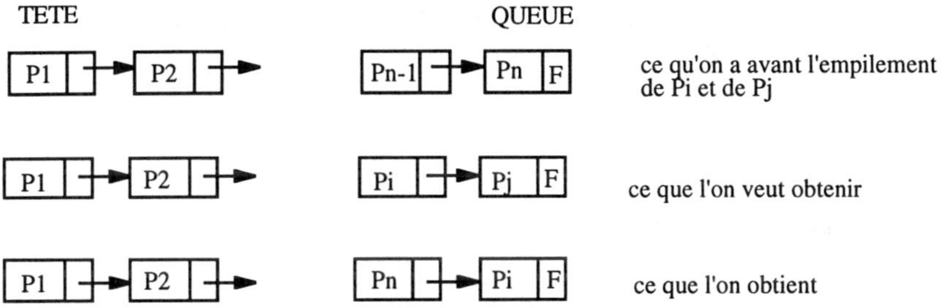

Figure 6.12 : L'empilement de Pj n'est pas inséré dans la file.

L'instruction *Compare And Swap* est fournie afin que ce cycle soit réalisé de manière indivisible.

L'instruction *Fetch And Add* est une instruction exécutée de manière indivisible et retournant, au processeur demandeur, la valeur du compteur sollicité avant son incrémentation. La valeur de ce compteur peut être interprétée par le processeur demandeur, comme une valeur de décalage donnant la valeur du point d'insertion dans une file.

D'autres instructions existent comme par exemple l'instruction d'incrément/décrément.

6.2.3.2. Mémoire entrelacée

Dans le pire des cas tous les processeurs présents dans l'architecture peuvent avoir besoin de solliciter simultanément la mémoire pour des instructions ou des données. Afin que le système mémoire ne soit pas un goulet d'étranglement à l'accroissement des performances, il faut que sa bande passante soit telle qu'elle permette l'accès simultané de tous les demandeurs. Lorsque le nombre de processeurs croît, cela conduit à une impasse technologique si nous utilisons un seul banc mémoire. Le principe de la mémoire entrelacée est d'utiliser plusieurs bancs mémoire pour réaliser cette bande passante et d'utiliser un placement judicieux des données en mémoire. Le multiplexage que cela impose au niveau des accès, pourra reposer sur un multiplexage spatial ou un multiplexage temporel. Le multiplexage spatial consiste à utiliser plusieurs chemins d'accès entre les processeurs et les bancs mémoire tandis que le multiplexage temporel utilise un seul chemin d'accès dont la bande passante est suffisante pour supporter les différents accès multiplexés dans le temps. Afin de montrer l'intérêt de la mémoire entrelacée, faisons l'hypothèse que les programmes à implanter aient un comportement régulier. Ceci signifie qu'un processeur exécutant l'$i^{ième}$ instruction d'un programme ou traitant la $j^{ième}$ donnée d'un vecteur, immédiatement après exécutera l'$i+1^{ième}$ instruction ou traitera la $j+1^{ième}$ donnée. Illustrons ceci sur un exemple de machine utilisant cinq bancs mémoire (fig. 6.13).

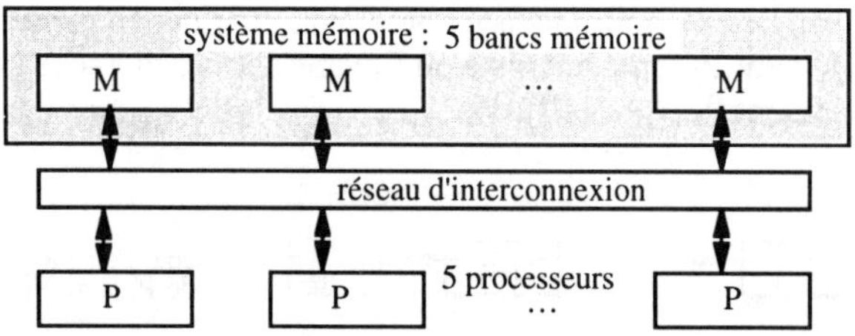

Figure 6.13 : Multiprocesseur à mémoire entrelacée.

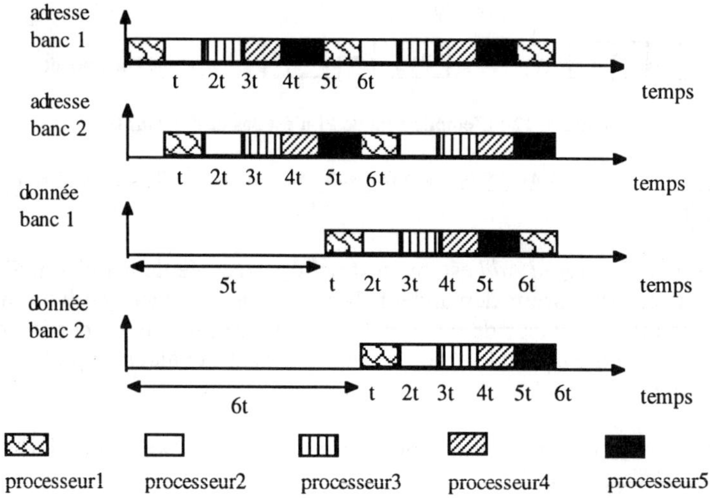

Figure 6.14 : Déroulement temporel des accès ; ne sont représentées que les occupations des bus adresses et données des deux premiers bancs mémoire.

Nous supposerons que les données sont placées dans les différentes mémoires de la manière suivante : dans la première mémoire les mots de rang i modulo 5, dans la seconde les mots de rang i+1 modulo 5 , dans la troisième les mots de rang i+2 modulo 5, dans la quatrième les mots de rang i+3 modulo 5, dans la cinquième les mots de rang i+4 modulo 5. Nous supposerons également que chaque processeur exécute la même séquence d'accès que les autres : donnée 1, donnée 2, ..., donnée 5, donnée 6, ... Enfin nous supposerons que les conflits que cela implique seront réglés de la manière suivante : le processeur de rang le plus faible est prioritaire. On aurait alors comme déroulement temporel des opérations, sur ce système mémoire, le déroulement présenté sur la figure 6.14. Cette technique d'entrelacement de la mémoire permet, en supposant que les différents processeurs répartissent harmonieusement leurs accès aux différents bancs mémoire, de considérer qu'en moyenne, après un temps d'amorçage, chaque processeur dispose de sa propre mémoire ayant un temps d'accès égal à t à partir de boîtier mémoire ayant un temps d'accès égal à cinq fois ce temps. Nous y reviendrons dans le chapitre consacré aux machines vectorielles.

6.2.3.2. Gestion des entrées/sorties

Si d'un point de vue technologique les composants des ordinateurs [Str86], [Bou84] ont énormément progressé et vu leurs coûts baisser, les organes périphériques sont quant à eux restés coûteux et il est très fréquent dans un multiprocesseur de n'avoir que quelques ressources périphériques dont l'accès est partagé par l'ensemble des processeurs. De la même façon que pour l'accès à la mémoire, les accès aux entrées/sorties constituent un goulet d'étranglement dans l'accroissement des performances d'un multiprocesseur du fait du nombre potentiellement faible de périphériques par rapport au nombre de demandeurs possibles. Quels sont donc les artifices que nous allons mettre en œuvre pour pallier à ce problème. Nous pouvons dégager deux grandes familles de solutions qui sont décrites dans les deux paragraphes suivants.

— Indépendance du contrôleur d'entrées/sorties
Dans un schéma classique, le processeur demandant l'entrée/sortie et l'obtenant, contrôle le transfert de bout en bout. On peut imaginer des solutions où le processeur après avoir initialisé l'échange, par exemple en donnant le nom du fichier à ouvrir, s'en désintéresse jusqu'à ce que cet échange soit terminé [Mon90]. Considérons un dispositif d'entrée/sortie dont le temps d'accès soit T. Ce temps est rarement compressible, du fait des caractéristiques mécaniques du périphérique. Donner de l'indépendance au contrôleur d'entrée/sortie implique de lui associer une mémoire tampon, mémoire au temps d'accès beaucoup plus court que le périphérique, permettant de mémoriser les demandes en cours. Le problème qui se pose alors est de savoir dimensionner la taille de la mémoire tampon à mettre dans le contrôleur. Celle-ci dépendra du temps d'accès au périphérique, du nombre de demandeurs et, pour chaque utilisateur, de la fréquence de ses demandes. Pour ce dernier point, si l'on considère que le périphérique est un disque servant à la mémoire virtuelle et que ces demandes sont consécutives à des défauts de page, ce problème nous ramène à l'évaluation de la taille de l'espace de travail d'un programme.

On obtient une architecture ayant la forme générale présentée sur la figure 6.15. Le contrôleur peut être plus ou moins indépendant des microprocesseurs pour la réalisation du transfert. On parlera d'accès direct à la mémoire, de canaux, de processeurs dédiés, de frontaux.

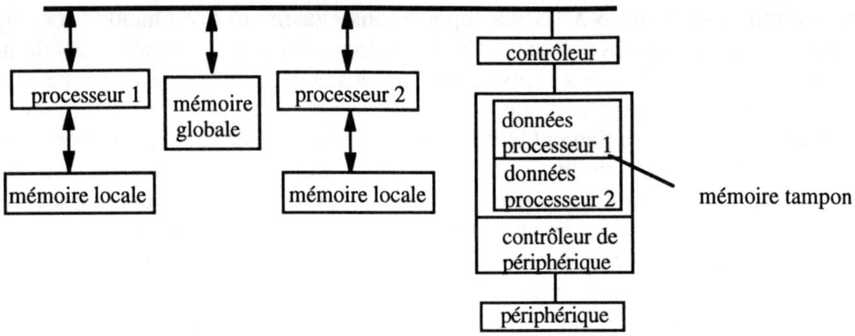

Figure 6.15 : Introduction d'un contrôleur d'entrées/sorties indépendant.

— *Chemins de communication spécialisés*
Le modèle précédent fait apparaître un chemin de communication entre les sous-systèmes centraux, mémoire et entrées/sorties. Ce chemin universel n'est pas par définition dédié à un type particulier d'échanges. On peut modifier le modèle en définissant un bus spécialisé dont les caractéristiques physiques (débit, lignes spécialisées, etc.) tout comme le protocole associé (technique d'arbitrage, mécanismes d'interruption, etc.) sont adaptés à la nature des échanges. On a ainsi des bus systèmes, des bus d'extension d'entrées/sorties, ...

Par exemple, l'ajout d'un bus d'entrées/sorties (fig. 6.16) décharge le bus système de ces transferts. Un autre avantage est de pouvoir changer le bus système sans remettre en cause les investissements réalisés pour les périphériques, si ce n'est la définition d'une nouvelle passerelle bus système/bus d'entrées/sorties.

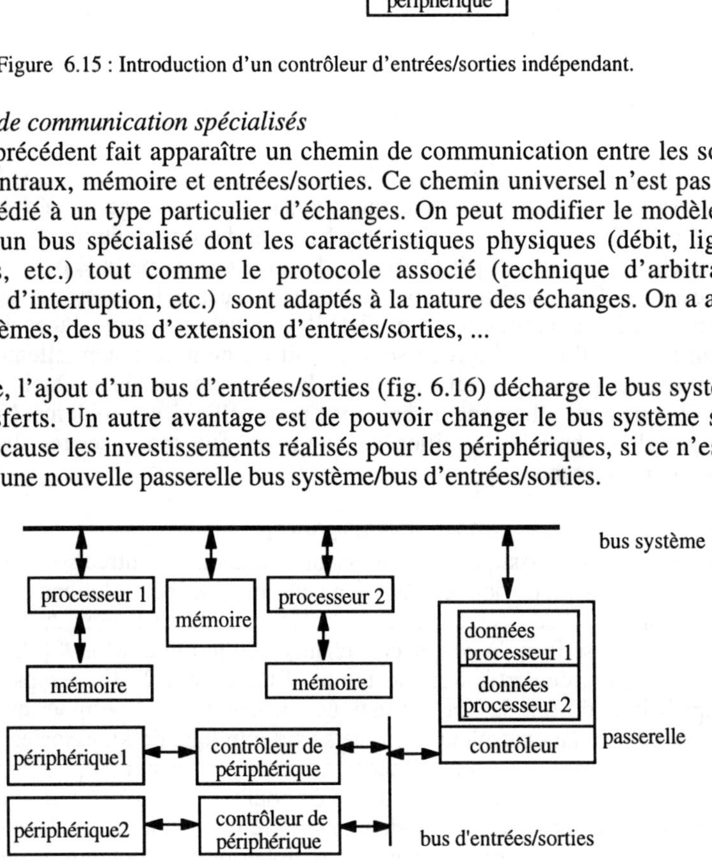

Figure 6.16 : Introduction d'un bus d'entrées sorties.

6.2.3.3. *Mise en place de techniques d'arbitrage élaborées*

Le premier problème à résoudre consiste à éviter les conflits d'accès qui résulteraient de demandes simultanées provenant de différents processeurs, et donc à un instant donné, de sélectionner parmi plusieurs demandeurs un maître. En effet, à un moment donné, un seul processeur peut être maître du bus même si l'instant précédent ils étaient plusieurs à le demander. Le deuxième problème consiste à éviter qu'on ait un engorgement des demandes dans un ou plusieurs processeurs, engorgement provoqué par une monopolisation exercée par les autres processeurs sur le bus. Cela nécessitera donc de la part d'un contrôleur de pouvoir planifier les demandes afin d'optimiser l'utilisation de la ressource partagée : le bus.

Considérons l'exemple suivant qui va nous permettre d'illustrer la nécessité d'avoir un bon mécanisme d'arbitrage. Supposons différents maîtres émettant des données avec un débit moyen constant sans s'occuper des autres maîtres. Afin de ne pas les ralentir par des demandes d'accès au bus, on pourrait accorder à chaque maître une file de type FIFO (*First In First Out*) lui permettant de tamponner ses émissions. Cette file serait vidée dès que son contenu aurait atteint une certaine valeur. Il est évident que si le bus ne lui est pas accordé suffisamment, on obtiendra un engorgement de cette file. Cet engorgement peut être évité si les différents maîtres émettent les données avec un débit variable et, dans le cas où le bus ne peut leur être accordé, peuvent attendre en ralentissant leurs performances.

Dans des périodes de pointe où tous les demandeurs veulent accéder simultanément au bus, on peut rapidement calculer que si la somme des différents débits moyens est supérieure au débit du bus, alors on aura globalement engorgement. Si nous sommes voisin de cet engorgement, nous voyons tout l'intérêt de bons mécanismes d'arbitrage permettant de planifier l'accès au bus.

— *Mécanismes d'arbitrage*
Du coté du demandeur, l'allocation du bus peut se traduire sous forme de l'octroi d'un jeton ; à un instant donné, le maître actuel du bus possède ce jeton. Le mécanisme permettant d'élire parmi plusieurs demandeurs celui qui aura le jeton s'appelle l'arbitrage [Str86], [Mon90]. Nous appellerons *arbitrage centralisé* le mécanisme dans lequel un arbitre central, processeur privilégié, reçoit toutes les demandes et décide en fonction de certains critères, d'allouer le bus à un certain demandeur. Nous appellerons *arbitrage décentralisé* le cas contraire, c'est-à-dire lorsqu'il n'y a pas de réponse centralisée à la question de savoir quel sera le prochain maître du bus.

— *Arbitrage centralisé*
L'arbitre examine les requêtes et parmi celles-ci sélectionne la plus prioritaire. Le demandeur à qui est associée cette ligne de demande sera informé que le bus lui est octroyé et pourra donc commencer à l'utiliser. Il l'utilisera pour une durée fixe, jusqu'à ce que l'échange soit fini, ou encore qu'un demandeur plus prioritaire que lui-même ne l'ait demandé à l'arbitre.

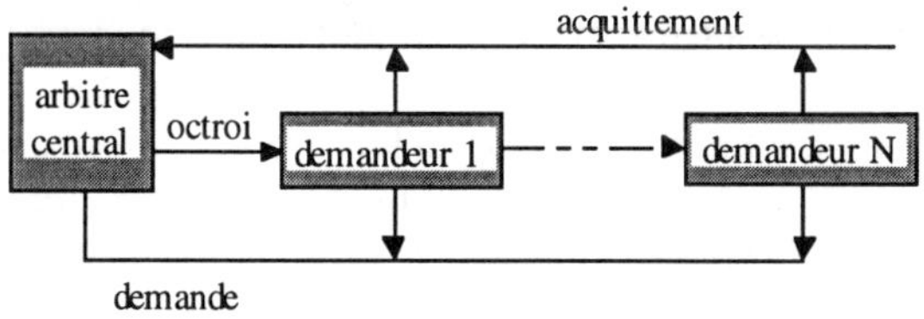

Figure 6.17 : Arbitrage centralisé : mécanisme à priorité fixe.

L'octroi du jeton peut se faire à l'aide de mécanisme d'arbitrage mettant en place un mécanisme de priorité fixe. Sur le schéma de la figure 6.17 le niveau de priorité est directement fixé à la proximité du demandeur par rapport à l'arbitre.

Celui-ci peut également se faire d'une manière tournante. On associera au processeur venant de se voir allouer le bus, la priorité la plus faible. L'arbitre peut encore mettre en place des algorithmes complexes pour décider quel est, en cas de conflit, le processeur le plus prioritaire en fonction de critères qui lui sont propres (ex : le passé de la machine) ou après sondage des différents demandeurs. Sur la figure 6.18 après comparaison des lignes de demandes actives, l'arbitre octroie le bus à un demandeur en positionnant une ligne d'octroi (fig. 6.18-a). Sur un niveau actif de la ligne de demande l'arbitre vient interroger les différents demandeurs, ceux-ci répondent en positionnant ou non la ligne d'acquittement (fig. 6.18-b).

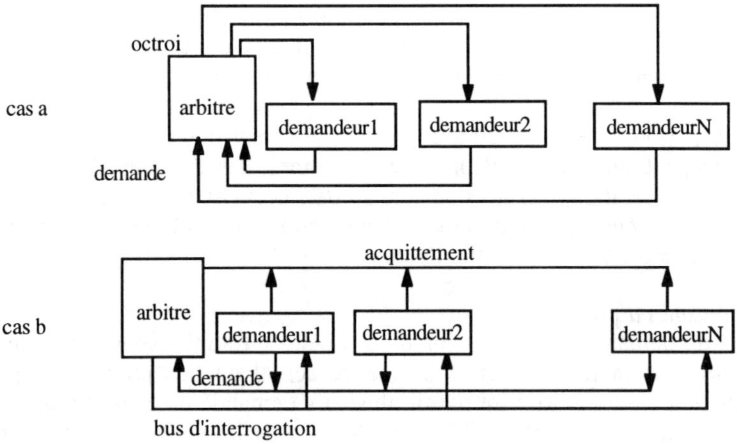

Figure 6.18 : Arbitrage centralisé : mécanisme à priorité non fixe, par ligne de demande (cas a), par bus d'interrogation (cas b).

— *Arbitrage décentralisé*
Lorsque le maître actuel du bus, qui est également l'arbitre actuel, a fini son échange ou bien a vu une demande provenant d'un autre demandeur plus prioritaire que lui même, il libère le bus et l'octroie au demandeur qui devient également le nouvel arbitre. Le maître actuel du bus joue ainsi le rôle d'arbitre pour décider quel sera le futur maître et arbitre. Celui-ci aura pour charge de réitérer ce processus. On trouvera dans le schéma 6.19 différents mécanismes d'arbitrage décentralisé. Dans le cas b, sur demande d'arbitrage, les demandeurs émettent leur numéro sur les lignes L_1, L_2, ..., L_N. On obtient ainsi sur ces N lignes le résultat de la fonction où entrent les numéros de tous les demandeurs. Dans un second temps ces demandeurs comparent leur numéro avec le numéro présent sur les lignes L_1, L_2, ..., L_N. Tous les demandeurs voyant un numéro supérieur au leur mettent à zéro certains bits de leur demande ; une nouvelle comparaison commence. Ce mécanisme est renouvelé jusqu'à ce que le demandeur identifie son numéro sur les lignes L_1, L_2, ..., L_N.

Il faudra également mettre en place des mécanismes assurant que l'on n'obtiendra pas de "famine". Ce cas pourrait se produire si des demandeurs de priorité élevée monopolisaient le bus, interdisant à un demandeur de priorité inférieure d'accéder au bus. On peut y remédier en gérant dynamiquement les priorités. Un demandeur non satisfait verra son niveau de priorité augmenter tandis qu'un demandeur servi verra le sien décroître. Dans un environnement où le temps de réponse est prépondérant, par exemple l'informatique temps réel, la gestion des priorités peut devenir un problème difficile à résoudre.

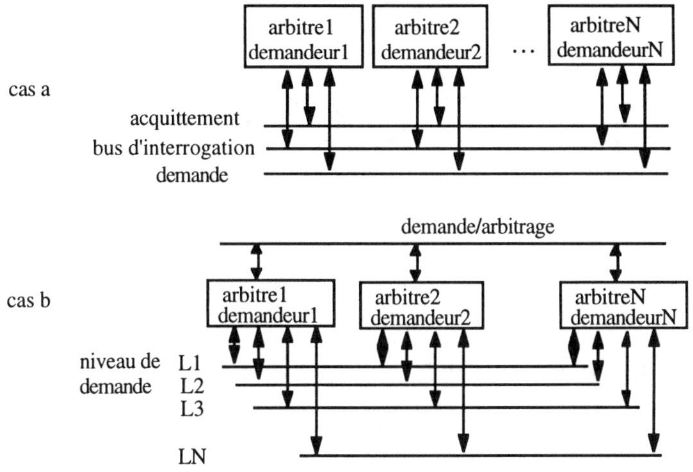

Figure 6.19 : Arbitrage décentralisé : mécanisme à priorité non fixe, par bus d'interrogation cas a, par lignes de demande cas b.

6.2.3.4. Les mécanismes d'interruption

On pourra classer ces mécanismes en deux grandes familles, les systèmes à contrôleur unique et les systèmes à contrôleur réparti.

— *Contrôleur d'interruption unique*
Un processeur de contrôle reçoit et traite toutes les interruptions du bus (fig. 6.20).

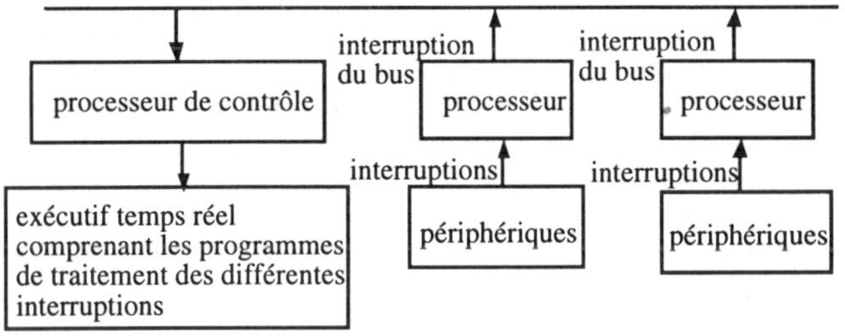

Figure 6.20 : Système à contrôleur unique.

— *Systèmes à contrôle réparti*
Plusieurs processeurs reçoivent et traitent toutes les interruptions du bus (fig. 6.21). Les différentes tâches activées lors de ces interruptions pourront être affectées au

premier processeur disponible. Dans la mémoire globale partagée on trouvera un descriptif de la tâche à exécuter. Chaque processeur exécutera une partie du logiciel exécutif et communiquera avec les autres processeurs. L'accès aux ressources communes du système demande la mise en place de mécanismes de type synchronisation, exclusion mutuelle.

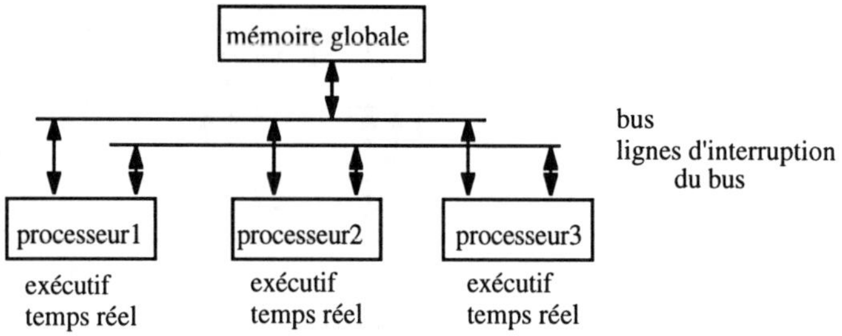

Figure 6.21 : Système à contrôleur réparti.

6.2.4. Choisir un bus

6.2.4.1. Critères

Nous allons essayer de faire une synthèse des critères permettant de choisir les caractéristiques d'un bus. Bien qu'étant un goulet d'étranglement à l'accroissement des performances dans un système multiprocesseur, la connexion de cartes par l'intermédiaire d'un bus partagé est une solution attractive, car moins coûteuse qu'une architecture où les différents processeurs sont reliés deux à deux. Ce type de liaison permet en outre l'adjonction de cartes de manière aisée. Cette méthode est d'autant plus intéressante que les bus de nouvelle génération ne sont pas uniquement une simple extension du bus d'un microprocesseur bien particulier, mais possèdent des caractères génériques leur permettant de supporter différents microprocesseurs.

Nous allons regrouper les critères de choix dans les rubriques suivantes, caractéristiques générales, sécurité de fonctionnement, existence d'une famille. Les caractéristiques générales comprennent différents critères comme la nature de l'arbitrage, le format des cartes et la taille de l'espace adressable, la taille des différents bus, la rapidité et la nature du transfert (synchrone/asynchrone), le temps de réponse du système à un événement extérieur (durée du mécanisme sélection/allocation), le nombre de sources d'interruption avec leurs mécanismes de gestion, etc. La sécurité de fonctionnement comprendra les mécanismes classiques de test, à savoir l'existence d'un mécanisme de parité sur les adresses, données et contrôle, l'existence de signaux d'erreur de transmission, l'existence d'un mécanisme, type bus série, permettant aux différents éléments d'échanger rapidement des messages système, mais aussi des aspects plus fonctionnels comme la possibilité de supporter ou non la panne d'un élément sans mettre tout le système en défaut. Pour ce qui est de l'existence d'une famille, des échanges entre processeurs, entre processeur et mémoire, ou entre processeur et entrées/sorties n'ont pas les mêmes caractéristiques (un ou plusieurs maîtres possibles, mécanismes d'interruption ou non, débit nécessaire plus ou moins important, ...), ce qui rend l'utilisation de bus spécialisé à la nature du transfert intéressant.

On peut alors considérer quatre familles de bus. Les bus du système série ont un débit peu important mais un nombre de fils très réduit permettant de mettre en œuvre des mécanismes physiques de protection de l'information, etc. Les bus du système parallèle ont des mécanismes d'arbitrage performants permettant à des systèmes de communiquer et de partager des ressources : mémoire, entrées/sortie, etc. Les bus mémoires ont des tailles de mots transférés programmables, des transferts en mode rafale, un débit important mais des capacités réduites en mode d'arbitrage ou d'interruption. Enfin les bus d'entrées/sorties dédiés sont des bus parallèles permettant essentiellement de faire communiquer un maître et plusieurs esclaves (ce dernier est un élément qui ne sait pas prendre le contrôle du bus) à l'aide d'un mécanisme d'interruption éventuellement élaboré.

6.2.4.2. Comparaison de quelques bus normalisés

Dans beaucoup de systèmes industriels, le premier pas consiste à choisir le bus, ou la famille de bus, sur lequel s'appuieront les cartes qui vont être utilisées pour servir de support à l'application.

Les critères ne sont pas uniquement techniques mais également économiques et sur ce marché un certain nombre de standards sont apparus du fait de l'importance de leur part de marché. Celle-ci peut varier en fonction du domaine d'application, du pays, etc. Nous citerons principalement Multibus (Intel), VME (Motorola), VBI (Digital), bus PC AT (IBM et les autres), Futurebus. Bien que ces bus soient principalement attachés à un fabriquant de processeurs, la normalisation des protocoles d'échanges permet de faire communiquer sur un même bus des processeurs d'origine différente. Ces bus d'un usage assez général sont complétés par des bus dont le domaine d'application est plus réduit : l'instrumentation programmable (IEEE 488), les entrées/sorties (SASI, SCSI, ESDI, SBUS, etc.).
Nous présentons deux familles de bus VME et Multibus et à travers ceux ci les fonctionnalités typiques de ce genre de bus.

— *Bus VME (Versa Module Eurocard)*
Sous cette appellation VME [Vme82], on trouve, outre le bus VME qui sert de bus système, le bus VMS qui sert de bus système série ainsi que le bus VMX servant de bus d'extension et permettant à un maître d'étendre son nombre d'esclaves. Les principales caractéristiques de ces trois bus sont données dans le tableau de la figure 6.22 ; un exemple de système est proposé figure 6.23.

Les cartes qui sont connectées au bus VME sont construites autour d'une partie applicative et d'une partie interface VME. Cette dernière est constituée à partir de différents modules fonctionnels. Le module maître est capable de déclencher des échanges de données sur le bus. Le module demandeur demande le contrôle du bus de transmission de données. Le module contrôleur d'interruption peut détecter des demandes d'interruption et transmettre les réponses. Le module esclave répond à des opérations de transmission de données déclenchées par un maître.

nom du bus	caractéristiques principales
VME	. bus parallèle asynchrone . 40 Moctets/s . arbitrage centralisé avec priorité fixe ou tournante sur 4 niveaux avec possibilité de chaînage . bus d'adresse et de données de 32 bits non multiplexés . 7 niveaux d'interruption . transferts en mode rafale possible . 20 cartes maximum
VMX	. bus parallèle asynchrone . 48 Moctets/s . adresse sur 24 bits, données sur 32 bits; bus non multiplexés . 2 maîtres possibles . 6 cartes maximum
VMS	. bus série synchrone . 3,2 Mbits/s . 2 broches

Figure 6.22 : Composition de la famille de bus VME.

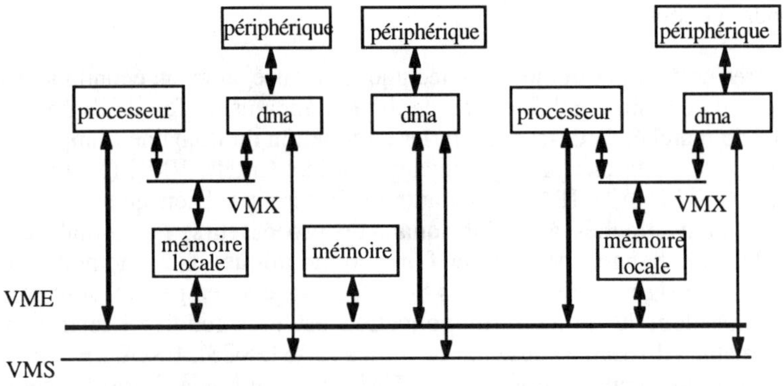

Figure 6.23 : Exemple de système VME constitué autour des bus VME, VMX, VMS.

Le bus VME a ses différents signaux regroupés en quatre classes : le bus de transfert d'informations (DTB) comprenant données, adresses et signaux de commande, les signaux d'arbitrage du DTB, les signaux permettant de générer et de contrôler les interruptions, différents signaux utilitaires regroupant une ligne horloge système, une ligne remise à zéro du système, une ligne de défaut système, une ligne de défaut d'alimentation.
On trouvera une présentation plus détaillée d'un système VME dans le chapitre 7.

— *Bus Multibus*
Sous cette appellation Multibus [Int89] on trouve un bus système IPSB (*Intel Parallel System Bus*), un bus appelé ILBX (*Intel Local Bus Extension*) qui est un bus d'extension pour la mémoire locale, un bus ISBX (*Intel system Bus Extension*) pour l'extension des entrées/sorties, un bus *Multichannel DMA bus*, pour les échanges DMA, un bus ISSB (*Intel System Bus*) qui est un bus système série. Le

tableau de la figure 6.24 présente plus en détail les caractéristiques principales de ces différents bus ; un exemple de système est proposé dans la figure 6.25.

Nom du bus	caractéristiques principales
IPSB	. bus parallèle asynchrone . débit : 40 Moctets/s . arbitrage décentralisé . bus d'adresses et de données 32 bits multiplexés . transfert mode rafale possible . 256 sources d'interruption . parité sur les adresses/données/contrôles . 20 maîtres maximum
ILBX	. bus parallèle synchrone. . débit : 48 Moctets/s . 1 maître . adresse 26 bits, données 32 bits non multiplexées . 6 cartes maximum
Multichannel DMA bus	. bus parallèle asynchrone. . débit 8 Moctets/s . données 16 bits, adresse . bit de parité
ISSB	. bus série asynchrone . 2 Mbits/s . 2 fils . protocole à détection de collisions (CSMA/ CD)
ISBX	. bus parallèle . débit : 10 Moctets/s

Figure 6.24 : Composition de la famille de bus Multibus.

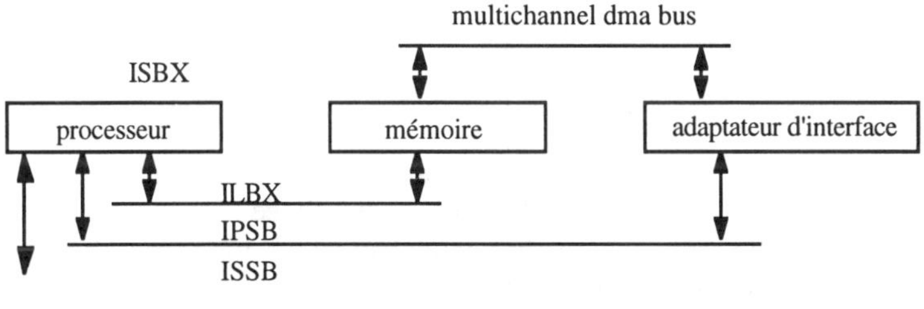

Figure 6.25 : Exemple de système Multibus constitué autour des bus IPSB, ILBX, ISSB, ISBX, multichannel DMA bus.

6.3. Les multiprocesseurs faiblement couplés

6.3.1. Origine du besoin

La limitation de la bande passante mémoire ou celle des chemins de communication fait apparaître un palier dans la courbe d'accroissement linéaire des performances d'un multiprocesseur à mémoire partagée (multiprocesseur fortement interconnecté). Ce palier peut être atteint pour un nombre relativement faible de processeurs (jusqu'à quelques dizaines). Ce goulet d'étranglement dans l'accroissement des performances peut disparaître si l'on s'autorise à ne plus avoir de mémoire partagée. En s'appuyant sur ce constat, les multiprocesseurs faiblement couplés ne possèdent que de la mémoire locale. Dans cet environnement distribué, les communications se font par échanges de messages. On trouve comme réalisation de multiprocesseurs faiblement couplés des machines mettant en œuvre quelques dizaines, quelques centaines, ou quelques milliers de processeurs voire plus. En fonction du type de contrôle choisi, des mécanismes de communication mis en place, de la complexité des processeurs élémentaires, on peut rencontrer sous ce nom générique des architectures fortement différentes. Dans ce type de machines, le choix du réseau de communication (topologie statique ou dynamique), la manière de l'utiliser (commutation de paquets ou de circuits) sont des facteurs prépondérants pour la réalisation d'une machine performante. Les différentes topologies existantes sont très nombreuses. La plus simple est l'anneau, la plus en vogue est peut être l'hypercube tandis que le plus performant est le réseau totalement maillé dans lequel chaque processeur est relié à tous les autres. Enfin les technologies pourront faire appel à des transmissions électriques série, parallèle, ou encore à des transmissions optiques. Ce grand nombre de modèles s'explique par le fait qu'il n'existe pas de réseau de communication optimum pour tous les schémas de communication. Le schéma 6.26 présente l'architecture type d'un multiprocesseur faiblement couplé.

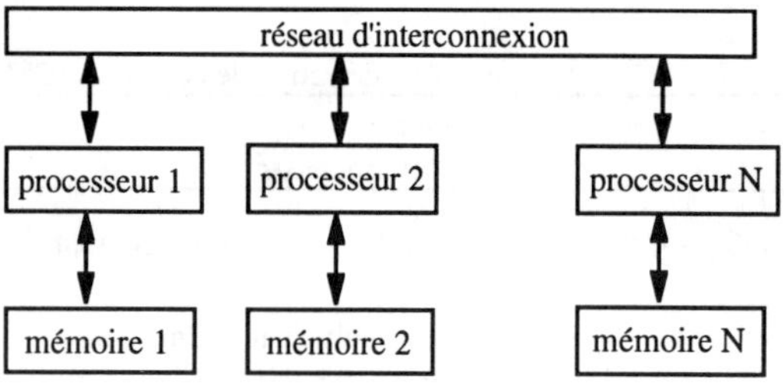

Figure 6.26 : Architecture d'un multiprocesseur faiblement couplé.

Dans la suite nous allons distinguer deux classes de machines faiblement couplées : les machines à contrôle centralisé, à mémoire distribuée : les machines cellulaires, ainsi que les machines à contrôle décentralisé, à mémoire distribuée : les multiprocesseurs à passage de messages.

6.3.2. Mise en évidence des problèmes

L'intérêt de ce type de machines réside dans la disparition des goulets d'étranglement que constituent la mémoire et le bus partagés en les remplaçant par de la mémoire locale et des échanges de messages sur des liaisons point à point. Si l'on s'attache à faire un calcul simple des performances et de la bande passante d'une telle machine, on peut dire que si tous les processeurs ont une performance de calcul P et, en terme de puissance de communication, une bande passante B, pour N processeurs on peut atteindre une performance N * P et une bande passante N * B. En fait, cette performance et cette bande passante sont inférieures car la mise en place de ce type de machines pose des problèmes de gestion système que l'on rencontre également pour la famille des multiprocesseurs fortement interconnectés et dont nous avons parlé au paragraphe 2. En plus, cette classe de machines présente des problèmes spécifiques comme la mise en place d'un réseau de communication performant et l'utilisation efficace du nombre de processeurs. En effet, il ne s'agit pas de réaliser des architectures mettant en œuvre, par exemple cent processeurs faiblement interconnectés alors que les mêmes performances pourraient être atteintes avec seulement dix processeurs autour d'un modèle fortement interconnecté. Ces architectures sont prévues pour supporter des applications fortement parallèles pour lesquelles le nombre de tâches est important et les dépendances entre celles-ci variant selon les applications. Le problème que l'on a à résoudre peut se résumer ainsi : comment inclure un graphe de tâches dans un graphe de processeurs, sachant que le nombre de tâches et de processeurs est quelconque, et que les dépendances inter tâches ainsi que le réseau de communication inter-processeurs sont également quelconques.

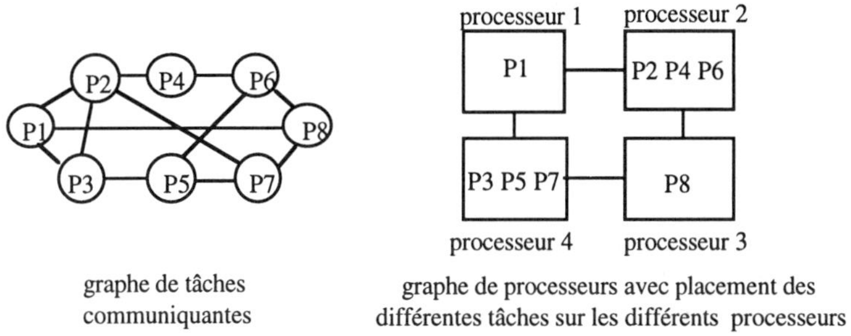

Figure 6.27 : Exemple d'intégration d'un graphe de processus sur un graphe de processeurs.

Pour répondre à cette question on peut remarquer que la machine idéale comprenant un nombre infini de processeurs, chacun d'entre eux étant connecté à tous les autres, n'existe pas. On sera donc conduit à regrouper plusieurs tâches dans chaque processeur, à faire communiquer deux tâches distantes éventuellement à travers des étages intermédiaires. Par exemple les communications entre P_1 et P_8 sur la figure 6.27 se feront à travers le processeur 1 ou le processeur 3.

Tout ceci aboutit à limiter les performances maximales de la machine en introduisant un facteur de dégradation : *l'overhead*. On peut aboutir à des situations où l'accroissement du parallélisme ajoute de la complexité à la machine sans participer efficacement à l'accroissement des performances.

6.3.3. Les réseaux de communication

6.3.3.1. Rôle

Ces réseaux ont pour rôle de permettre l'échange de données entre processeurs, suivant les besoins liés au placement de tâches communiquantes sur des processeurs différents. Il est nécessaire de mesurer d'une part le coût du réseau et d'autre part, sa capacité à réaliser l'ensemble des échanges demandés. La principale difficulté de conception de multiprocesseurs faiblement interconnectés réside dans la réalisation d'un réseau performant, ayant le temps de latence le plus faible possible, extensible, ne privilégiant pas une connexion plutôt qu'une autre, tout en étant d'un coût "raisonnable".

Cette mesure de coût est extrêmement difficile à évaluer car un réseau câblé aura un coût dépendant principalement du nombre de points d'interconnexion (ou noeuds) qui le composent. En outre, un réseau intégré aura un coût dépendant non seulement du nombre de noeuds, mais aussi de sa topologie représentée en deux dimensions : en effet, chaque bus intégré représente une certaine surface de silicium (longueur du bus non connue par largeur connue), mais le nombre de croisements est lui aussi gros consommateur de surface de silicium (fig. 6.28).

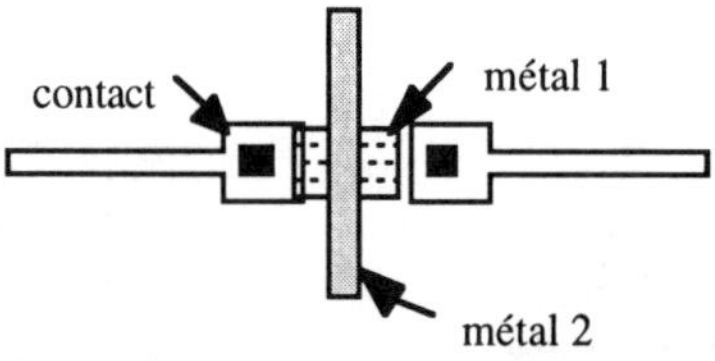

Figure 6.28 : Augmentation de la surface de silicium lors du croisement de deux fils conducteurs.

Les paramètres le plus souvent utilisés pour caractériser les réseaux sont le diamètre, la distance et la capacité d'extension. Le diamètre est la distance moyenne entre deux processeurs et le degré est le nombre de possibilités, en terme de chemins de communication, qu'a à sa disposition le processeur A quand il veut envoyer un message vers un processeur B.

Les réseaux se décomposent en réseaux statiques et dynamiques [Hwa84], [Jac93]. Sous l'appellation réseaux statiques, nous rencontrons tous les réseaux dont la topologie est fixe, c'est-à-dire ne pouvant pas être reconfigurée. Ces réseaux comprennent des réseaux à une dimension comme le tableau linéaire, des réseaux à deux dimensions tels que l'anneau et l'étoile, à trois dimensions (comme le cube), à N dimensions comme l'hypercube. La plupart des réseaux ne permettent pas la même facilité de communication quelles que soient les paires de processeurs communiquants mis en œuvre. La majorité des réseaux privilégient les communications avec un voisinage pour lequel les communications se font directement. Pour un processeur non compris dans ce voisinage, une communication nécessitera de passer par un processeur intermédiaire, ce qui aura pour conséquence de ralentir les échanges et d'encombrer le réseau de communication. On cherchera à minimiser les contraintes induites par ces échanges distants, par exemple en profitant du fait qu'une tâche n'échange pas la même quantité d'informations avec toutes les autres. On placera alors sur des processeurs le plus proche possible les tâches qui échangent le plus.

Sous l'appellation réseaux dynamiques nous trouvons des réseaux dont la topologie est réalisée par configuration d'un commutateur. Ces réseaux comprennent les réseaux à un étage et les réseaux à plusieurs étages, composés de plusieurs étages de commutateurs plus élémentaires. Dans les réseaux à un étage, pour éviter les blocages pouvant se produire si plusieurs paquets se dirigent vers la même sortie, nous pourrons rajouter, en entrée ou en sortie, des tampons. Dans les réseaux multi-étages ce risque de conflit existe sur chaque commutateur élémentaire : nous pourrons alors choisir d'ajouter une mémoire tampon au niveau de chacun des commutateurs. Ces commutateurs élémentaires peuvent être des commutateurs à deux entrées/deux sorties ou à n entrées/m sorties. Dans le cadre de commutateurs deux vers deux, on pourra les programmer pour réaliser diverses fonctions de routage, par exemple la transmission directe, la transmission croisée et la diffusion (fig. 6.29).

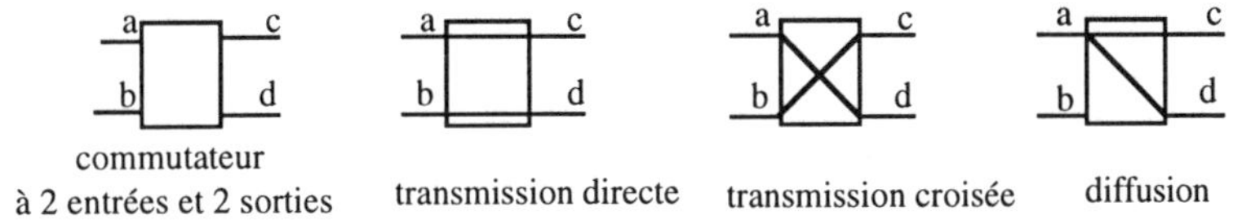

Figure 6.29 : Exemple de programmation d'un commutateur deux vers deux.

Ces commutateurs seront organisés selon des topologies définissant des classes de réseaux, par exemple réseau de Benes, réseau Oméga, réseau de Clos, etc (fig. 6.30).

Dans les réseaux à un seul étage les données peuvent avoir à circuler plusieurs fois à travers le réseau avant d'atteindre leur destinataire.
Les réseaux à plusieurs étages seront divisés en trois catégories. Les réseaux bloquants pour lesquels des connexions simultanées de certains couples peuvent aboutir à bloquer le réseau, par exemple le réseau Oméga. Les réseaux non bloquants pour lesquels on peut créer simultanément n'importe quel couple de connexion, par exemple le réseau de Clos. Enfin les réseaux réarrangeables qui peuvent créer n'importe quelle connexion entre entrées et sorties en réarrangeant les connexions existantes, par exemple le réseau de Benes.

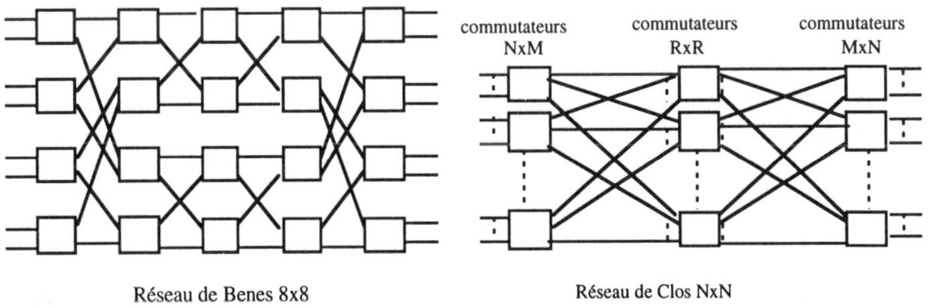

Figure 6.30 : Deux réseaux dynamiques multi-étages.

Ces réseaux dynamiques pourront être programmés soit une fois pour toutes afin de réaliser un réseau particulier, soit en fonction des schémas de dépendance de l'application exécutée sur la machine à un instant particulier. Dans ce dernier cas, nous pourrons, lors de la phase de développement du programme (compilation/partitionnement/placement), détecter les routes nécessaires à l'établissement d'une liaison entre deux tâches communiquantes et placées sur deux processeurs différents. Durant la phase d'exécution, en fonction des besoins, nous établirons des chemins liant ces processus communiquants par la programmation des commutateurs. Les mécanismes de communication que nous utiliserons sur ces réseaux pourront aussi bien faire appel à la commutation de paquets qu'à la réservation de circuits.

6.3.3.2. Les algorithmes de routage

On distingue deux grandes méthodes de commutation : la commutation par circuits et la commutation par paquets.

En commutation par circuits, un chemin doit être créé entre la source et la destination avant de pouvoir procéder à l'échange. Le circuit étant créé entre la source et le destinataire, le message sera échangé. Un circuit est libéré par la source lorsque la communication est achevée, ou bien, de manière forcée, afin de permettre l'écoulement d'autres communications. Sur un réseau multi-étage, la création de ce circuit va se traduire par la réservation, sur chaque commutateur, d'un couple entrée/sortie. La liste des couples définit le circuit.

En commutation par paquets, le message à transférer est découpé en paquets qui seront envoyés à travers le réseau sans avoir la nécessité de créer un chemin entre la source et le destinataire. On peut ainsi avoir, sur un même lien, un multiplexage temporel de paquets ayant des origines différentes. Les algorithmes pourront utiliser du routage adaptatif ou non. Pour les algorithmes de routage non adaptatif, pour une origine et un destinataire donné, le chemin suivi est toujours le même. Pour un algorithme de routage adaptatif, le chemin suivi peut dépendre des circonstances comme par exemple le trafic sur le réseau, ou la défaillance de certains noeuds. Sur un réseau multi-étage, ce mécanisme va se traduire au fur et à mesure de la progression du paquet par la programmation d'un couple entrée/sortie, couple qui sera libéré dès que le paquet aura quitté le commutateur. La programmation des éléments de commutation du réseau pourra être réalisée de manière centralisée, ou bien individuellement par les éléments eux mêmes. Cette programmation pourra être réalisée avant l'exécution du programme, programmation statique, ou bien durant l'exécution du programme, programmation dynamique. La connaissance par chaque processeur de la topologie du réseau permet de simplifier les algorithmes de routage.

6.3.4. Les machines cellulaires

Les machines cellulaires correspondent à des machines pour lesquelles tous les processeurs élémentaires exécutent un même flot d'instructions mais sur des flots de données différents. Le contrôle de ces processeurs est réalisé de manière centralisée par une unité de contrôle. Tous les processeurs exécutent la même instruction sur des opérandes préalablement chargés soit par l'unité de contrôle, soit directement à partir de l'extérieur. Durant un cycle d'instructions les processeurs pourront être soit actifs, soit inactifs. Lorsqu'un processeur est inactif durant une instruction, il le reste tant que les autres processeurs n'ont pas terminé l'exécution dc l'instruction. Les machines de ce type utilisent la plupart du temps des communications synchrones. La mise en place de communications synchrones permet, à travers des outils mathématiques, de prouver l'absence d'étreintes mortelles. La granularité des tâches est assez faible, c'est-à-dire que le temps de calcul entre deux communications est peu important. Les communications locales sont privilégiées. Le domaine d'utilisation de ce type de machine correspond aux applications où les algorithmes répondent à des schémas de contrôle régulier. Leur utilisation est souvent couplée à celle d'un système frontal (ou machine hôte : PC, station de travail) assurant l'interface avec l'environnement. Ceci permet d'utiliser des systèmes d'exploitation classiques (MSDOS, UNIX) ; la machine cible (ou cliente) ne reçoit qu'un système minimum lui permettant de s'interfacer avec le serveur et d'assurer le routage. Un exemple d'architecture est présenté dans le schéma 6.31.

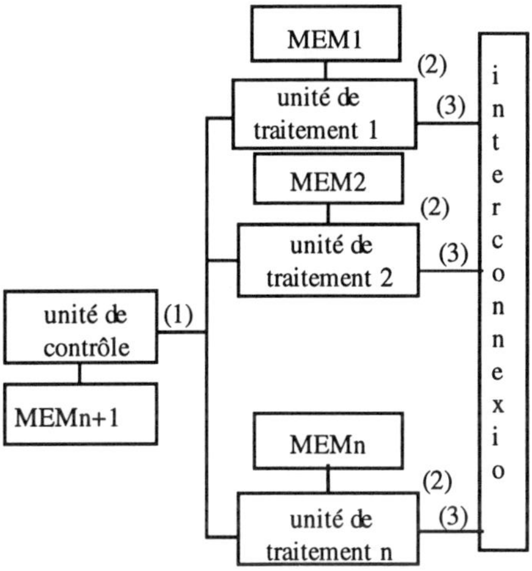

L'unité de contrôle accède à sa mémoire pour y chercher les instructions. Une instruction est diffusée simultanément sur les différentes unités de traitement (1). Celles ci exécutent l'instruction sur des données présentes dans leur mémoire locale (2). L'exécution d'une instruction peut conduire les unités de traitement à communiquer à travers le réseau d'interconnexion (3).

Figure 6.31 : Modèle d'architecture d'une machine cellulaire.

6.3.5. Les multiprocesseurs à passage de messages

Les multiprocesseurs à passage de messages résultent de l'association autour d'un réseau de communication, de processeurs disposant de leur propre unité de contrôle. Les différents processeurs exécutent leur propre flot d'instructions, sur leur propre flot de données. Cette autonomie des processeurs permet d'implanter sur ces machines des algorithmes à structure de contrôle complexe.

Généralement, les schémas de communication sont de type asynchrone (en mode rendez-vous ou bien en mode buffer), la granularité des tâches est importante (le nombre d'instructions exécutées entre deux communications est assez important). Si les communications locales sont privilégiées (nombre important de liaisons entre des processeurs proches), on rencontre dans ce type de machine généralement des mécanismes permettant de dialoguer avec des processeurs plus éloignés, ce qui permet l'implantation d'algorithmes dont les schémas de communication ne font pas apparaître que des communications locales. Un exemple d'architecture de ce type est donnée par la figure 6.32.

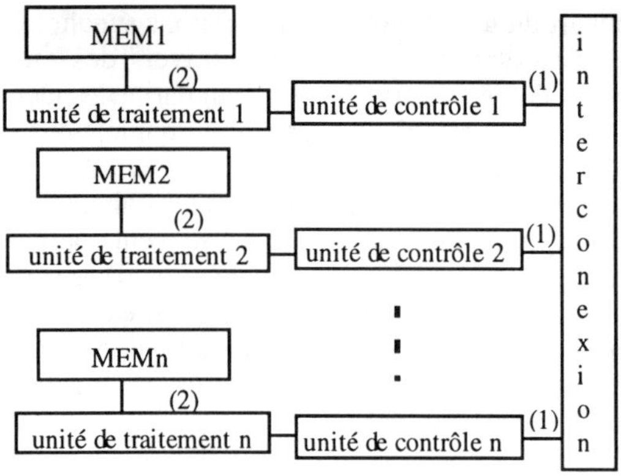

Chaque unité de contrôle accède à sa mémoire locale pour y chercher les instructions du programme qu'il doit exécuter. L'unité de traitement associée exécute chaque instruction sur des données présentes dans la mémoire locale (2). L'exécution des différents programmes sur les différents processeurs peut conduire ceux ci à dialoguer à travers le réseau d'interconnexion.

Figure 6.32 : Modèle d'architecture d'une machine à passage de messages.

6.3.6. Architecture hétérogène

6.3.6.1. Introduction

Dans les machines faisant appel à un modèle d'architecture hétérogène, au lieu de rencontrer une architecture répondant à un modèle de contrôle, un modèle de communications, un type de processeur élémentaire, etc., nous rencontrerons des architectures mélangeant les solutions. Ainsi nous pourrons rencontrer différentes architectures hétérogènes. Au niveau du contrôle, la machine peut être conçue de manière hiérarchique, par exemple à travers une association MIMD, SIMD. Au niveau des communications, nous pourrons avoir des multiprocesseurs pour lesquels les processeurs élémentaires mis en œuvre autour d'un modèle (par exemple multiprocesseur MIMD, communications par envoi de messages) pourront eux même être des multiprocesseurs communiquant par mémoire partagée. Enfin, cette hétérogénéité pourra aussi concerner les processeurs élémentaires qui pourront être des processeurs standards ou bien résulter, par exemple, d'associations processeur système/processeur de calcul.

6.3.6.2. Couplage MIMD/SIMD

L'architecture SIMD convient aux algorithmes ayant un comportement régulier (par exemple, en traitement d'images, lorsque le contenu de l'image n'influe pas sur le choix des opérations à réaliser), répétitif, dans lesquels la complexité des opérations est peu élevée et la granularité faible. Au niveau des communications, ces architectures sont bien adaptées aux communications locales. Par contre, le caractère local de ces communications rend difficile les communications avec des processeurs éloignés. De plus, l'inexistence d'unités de contrôle au niveau du processeur élémentaire n'oriente pas ces structures vers l'implantation d'algorithmes par exemple de type récursif.
L'architecture MIMD, quant à elle, convient aux algorithmes ayant un comportement irrégulier (on dispose d'un contrôle local au processeur élémentaire). Ces

algorithmes sont souvent caractérisés par une granularité plus élevée, les communications pouvant y être ou non locales.

Ces constatations, volontairement très schématiques, montrent tout l'intérêt qu'il y a à associer dans une même structure des sous-systèmes MIMD et SIMD afin de constituer des systèmes pouvant convenir à un large spectre d'applications. Le couplage de ces deux sous-systèmes pourra se faire d'une des trois manières suivantes.

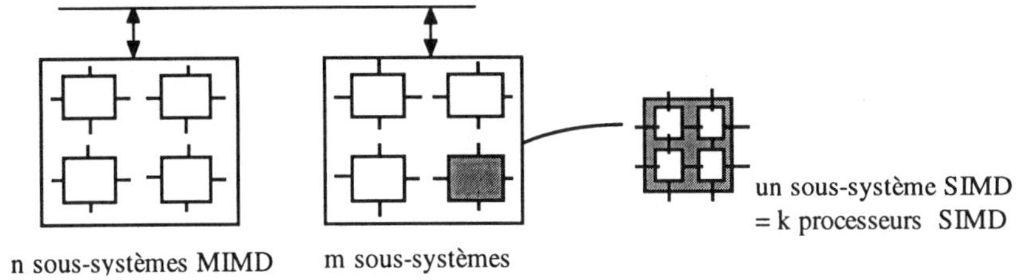

Figure 6.33 : Modèle d'architecture MIMD/SIMD : connexion centralisée.

— *Connexion centralisée*
Les deux sous-systèmes (SIMD, MIMD) sont reliés par un bus unique (fig. 6.33). Ce mode de connexion a comme avantage de mettre en évidence deux systèmes d'où une facilité de mise au point accrue. Il a comme inconvénient celui d'un multiprocesseur fortement couplé, à savoir le bus constitue un goulet d'étranglement. Toutefois, on a la possibilité d'établir des communications entre processeur SIMD d'un même sous-système, et on dispose également de quelques connexions permettant d'établir des communications entre processeurs de deux sous-systèmes SIMD différents sans avoir à passer par le processeur MIMD (exemple d'utilisation : le filtrage, cf. chapitre 8).

— *Connexion décentralisée serrée*
A chaque processeur du sous-système MIMD, on associe un sous-système SIMD (fig. 6.34). Ce mode de connexion a comme avantage la décentralisation qui augmente les possibilités d'échange ; on n'aura pas de goulet d'étranglement. Il a comme inconvénient de ne pas avoir de communications locales entre sous-systèmes SIMD.

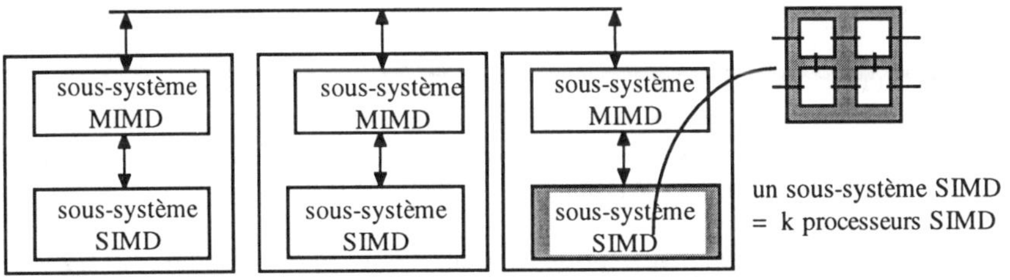

Figure 6.34 : Modèle d'architecture MIMD/SIMD : connexion décentralisée serrée.

— *Connexion décentralisée lâche*
Par rapport au cas précédent, les deux sous-systèmes ne sont plus imbriqués mais distincts. Chaque processeur de la partie MIMD est relié à un sous-système SIMD par un bus (fig. 6.35). Intermédiaire entre les deux solutions précédentes, cette solution aboutit à une augmentation de la bande passante sans trop de problèmes de réalisation.

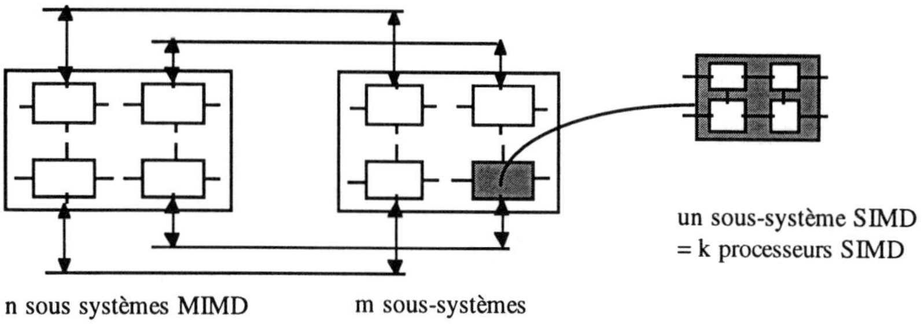

Figure 6.35 : Modèle d'architecture MIMD/SIMD : connexion décentralisée lâche.

6.3.6.3. Processeur de contrôle et processeur de calcul

Sous cette appellation nous classons les structures où des processeurs de contrôle sont associés à des unités de traitement dédiées ou programmables. Ces processeurs de calcul, selon les applications, pourront avoir une architecture orientée vers le traitement de données scalaires ou vers le traitement de données vectorielles. Le schéma 6.36 présente, par exemple, l'association d'un transputer et d'un coprocesseur vectoriel [Inm91].

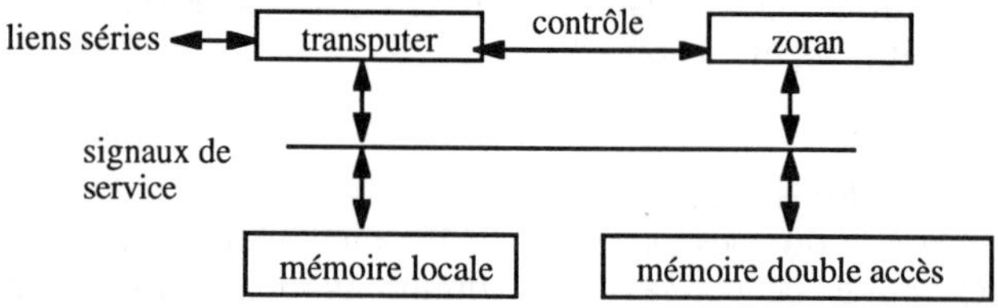

Figure 6.36 : Modèle d'architecture : association de processeur de calcul et processeur de contrôle.

Les échanges entre processeur système et processeur de calcul peuvent être de différents types, le processeur de calcul pouvant avoir plus ou moins d'autonomie par rapport au processeur système. On pourra avoir par exemple le processeur de calcul esclave recevant les données et le code de la fonction et fournissant le résultat au bout d'un temps t, ou bien le processeur de calcul utilisant le mode DMA pour aller chercher en mémoire les données à traiter et éventuellement l'instruction ou le programme de calcul à exécuter. Dans ce dernier cas les résultats pourront être écrits en mémoire partagée toujours à l'aide du transfert DMA.

L'association processeur de contrôle/processeur de traitement du signal est particulièrement tentante puisqu'elle permet d'utiliser des ressources de calcul

(Processeur de Traitement du Signal ou PTS) bien connues des développeurs de traitement du signal. Le PTS apporte des bibliothèques d'algorithmes de traitement du signal, développées et optimisées par des spécialistes, tandis que le processeur de contrôle apportera ses possibilités de gestion d'environnement par exemple multitâches, multiprocesseurs. Différents degrés d'association peuvent être imaginés, par exemple l'association du processeur de traitement du signal DSP 56000 de Motorola et du processeur Transputer d'Inmos (fig. 6.37). Les communications entre le Transputer et le DSP 56000 se font à travers des signaux de type bus request (le processeur qui n'a pas le bus le demande), bus granted (le processeur à qui on a demandé le bus le libère et l'accorde au demandeur).

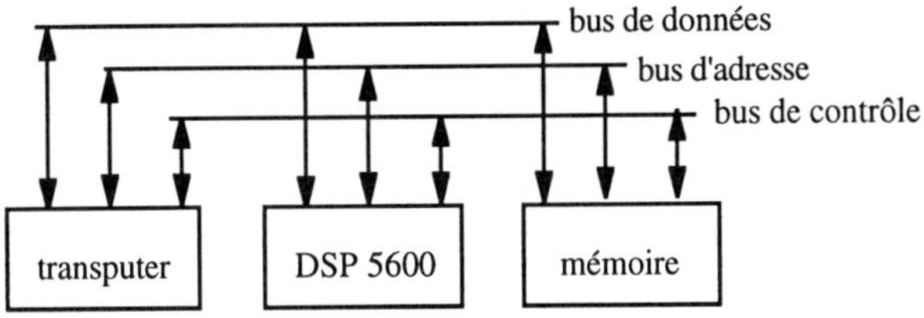

Figure 6.37 : Modèle d'architecture : association d'un processeur de contrôle et d'un PTS.

6.3.7. Comment choisir une architecture

L'architecture retenue doit calquer le mieux possible le modèle utilisé pour la parallélisation de l'algorithme à implanter. Pour répondre à cette question nous allons tout d'abord essayer de dresser dans le tableau de la figure 6.38 une liste de remarques permettant de guider le choix d'une architecture.

Cette succession de points montre qu'il est très difficile de définir a priori une bonne machine mais qu'il faut plutôt dire qu'une machine est en adéquation plus ou moins forte avec l'algorithme qu'il s'agit d'implanter.

Le travail que constitue l'implantation efficace d'un algorithme sur une machine peut alors se voir de trois manières différentes. A machine donnée, à travers un langage de programmation parallèle (Fortran parallèle, C parallèle, Pascal parallèle, Ada, Occam, etc.), ou bien à travers des outils d'extraction de parallélisme (ex : vectorisateur), l'implantation revient à placer l'algorithme parallélisé et partitionné sur l'architecture parallèle.

Autre point de vue à modèle de machine donné, à partir d'une évaluation prédictive des performances, le problème sera alors de dimensionner l'architecture, c'est-à-dire sélectionner un processeur, le nombre de processeurs nécessaires ainsi que la topologie du réseau nécessaire. Enfin, lorsqu'aucune des deux méthodes précédentes ne permet de satisfaire les contraintes, on aura recours aux outils de synthèse d'architectures.

Ce problème d'implantation pourra également conduire à redéfinir l'algorithme afin de l'adapter à l'architecture cible (cas du systolique).

1) Selon la granularité du programme, sa régularité, son homogénéité, ... le modèle d'architecture adéquat ne sera pas le même.
2) Quelle est la puissance de calcul nécessaire ? La puissance de calcul dépend de la complexité de l'algorithme et peut être imposée par des contraintes de temps réel liées à l'application, ou bornée par le coût que l'on est prêt à payer en terme de nombre de processeurs, de réseaux de communication, de temps de développement.
3) A-t-on besoin d'opérateurs flottants et quelle est la largeur du codage souhaité (beaucoup d'applications n'ont pas besoin de données codées en 32 bits flottants) ?
4) Quel est le temps d'accès mémoire souhaité ? Ce qui, confronté aux limites technologiques, nous amènera à sélectionner l'architecture du système de mémorisation ?
5) Quel est le volume d'échange inter-processeurs que l'on aura ? Ce critère confronté aux caractéristiques du support de communication conduira à sélectionner un bus par rapport à un autre, une topologie de réseau par rapport à une autre, ...
6) Quel est le débit d'entrées/ sorties souhaité ?
7) La topologie du réseau de communication doit-elle être fixe ou programmable ? Ce point permet d'adapter la topologie du réseau au schéma du graphe de tâches à implanter sur l'architecture.
8) Doit-on pouvoir rajouter ou retirer des processeurs du système en l'arrêtant ou non ? Ceci autorise le système à croître en fonction des besoins, et lui associe un caractère de tolérance aux fautes.
9) Doit-on avoir des chemins différents permettant d'accéder à un point à partir d'un autre ? Ce critère permet lui aussi de conférer au système une certaine robustesse, autorisant le cas échéant de remplacer un chemin par un autre.

Figure 6.38 : Critères de sélection d'une architecture parallèle.

6.4. Les machines vectorielles

6.4.1. Introduction

Les supercalculateurs, mais aussi les cartes accélératrices sur station de travail ou PC, utilisent depuis longtemps la nature vectorielle des données dans les applications scientifiques [Her86], [Hen92], [Hwa84]. En effet, les algorithmes rencontrés dans ce domaine d'application ont pour but le traitement, en temps réel ou en temps différé, de signaux numérisés et stockés très souvent sous forme d'une succession de données respectant un format de stockage, par exemple la norme IEEE 754.

Outre le grand flot de données à traiter, ces algorithmes sont caractérisés par la répétition, un grand nombre de fois, d'opérations élémentaires, comme par exemple la succession d'opérations multiplication, accumulation (MAC), avec éventuellement décalage (cf. le chapitre consacré aux processeurs de traitement du signal). L'exemple suivant présente un tel algorithme.

Pour i depuis 1 jusqu'à 512 faire
    a(i) := b(i)xc(i)
fait

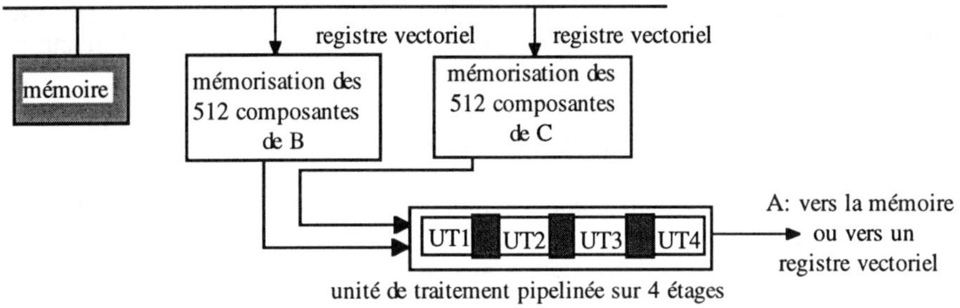

Figure 6.39 : Modèle d'architecture d'un cœur d'ordinateur vectoriel.

L'implantation d'une telle boucle sur un ordinateur vectoriel s'écrit sous la forme suivante :

A :=BxC, avec A, B et C de type vecteur de 512 composantes.

Le schéma 6.39 représente ce qui peut être considéré comme le coeur de toute machine vectorielle. La sortie de l'unité de traitement peut être envoyée vers le dispositif mémoire ou vers une autre unité de traitement. Dans ce dernier cas on dit alors qu'il y a chaînage des opérations. Des registres permettent d'assurer le découplage entre système de mémorisation et unités de traitement.

On peut bien évidemment en plus de la dimension pipe-line associée à un tel modèle d'architecture, avoir une dimension parallèle en associant plusieurs cœurs de machine vectorielle. Le schéma 6.40 présente une architecture avec N opérateurs, chaque vecteur ayant une longueur M, chaque unité de traitement ayant p étages de calcul.

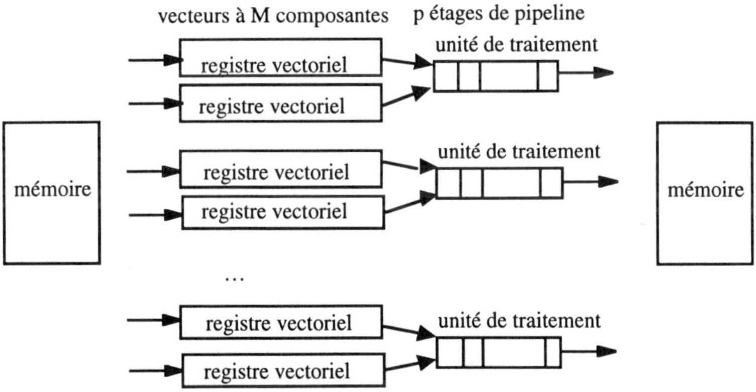

Figure 6. 40 : Modèle d'architecture d'un coeur d'ordinateur vectoriel ; utilisation conjointe du parallélisme spatial et temporel.

6.4.2. Accélération

Nous définirons l'accélération comme le rapport obtenu entre les temps de calcul avant et après vectorisation. Soit nb le nombre d'étages du pipeline et N la taille des vecteurs, en supposant qu'avant vectorisation le temps de calcul d'un vecteur à N composantes était N*nb*tycle où nb*tcycle est le temps de calcul de l'opérateur non pipeline, après vectorisation ce temps deviendra :

nb*tcycle+ (N-1)tcycle

où nb*tcycle représente le temps d'amorçage du pipeline.

L'accélération se définit alors comme le rapport entre le temps avant vectorisation et celui après vectorisation.

Accélération = N*nb/(nb+N-1)

Considérons un pipeline à cinq étages, l'intervalle de temps séparant l'arrivée de B(1) et C(1) du premier résultat C(1), est le temps d'amorçage du pipeline. Il sera égal à nb*tcycle si nb représente le nombre d'étages (ici cinq), et tcycle le temps de traversée d'un étage. Une fois le pipeline amorcé, on obtiendra un résultat à chaque tcycle.

6.4.3. Limitation des performances

6.4.3.1. Taille des vecteurs et non régularité du programme

La formule donnée précédemment exprime le facteur d'accélération d'une machine vectorielle en fonction du nombre d'étages et de la taille des vecteurs. Pour que l'accélération atteigne son asymptote nb il faut que la taille des vecteurs soit grande devant le terme nb-1. On voit également que cette accélération est égale au nombre d'étages du pipe-line (fig. 6.41). Pour une architecture utilisant la notion de chaînage de deux opérateurs, l'un ayant K étages et l'autre en ayant L, cette accélération maximale est égale à la somme des nombres d'étages de pipe-line dans chaque opérateur, soit K + L.

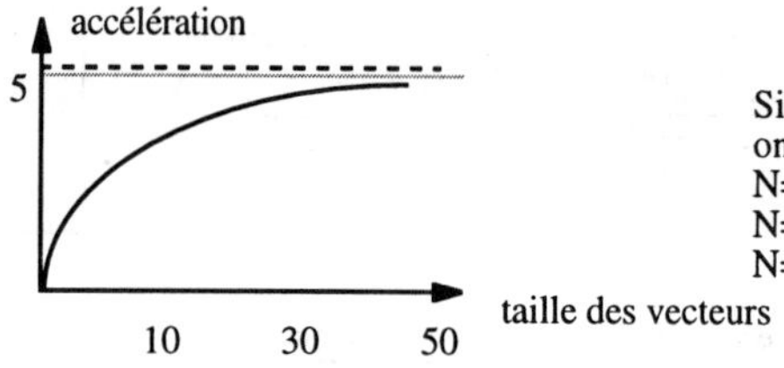

Si on prend nb égal à 5, on a:
N=10, accélération = 3, 5.
N= 30, accélération = 4, 4.
N= 50, accélération = 4, 6.

Figure 6.41 : Relation entre accélération et taille des vecteurs.

Nous sommes partis de l'hypothèse qu'un programme était constitué de boucles dont l'indice était l'indice de parcours de la matrice. Considérons le programme suivant afin d'illustrer l'influence des irrégularités des programmes sur les performances de l'architecture.

Tant que A(I) < max faire
A(I) := B(I)xC(I)
fait

Lorsqu'A(I) deviendra supérieur au *max*, on aura un déroutement vers un autre programme. Cette irrégularité rendra inutiles tous les résultats présents dans le pipe-line. Avant d'avoir les résultats d'instructions suivant ce programme, on devra attendre le temps nécessaire au réamorçage du pipe-line.

6.4.3.2. Machines vectorielles, machines scalaires

Outre ces applications scientifiques, ces ordinateurs vectoriels doivent exécuter des programmes d'exploitation. Ceux-ci sont très souvent exécutés sur un autre ordinateur qualifié d'ordinateur frontal, pouvant être un calculateur normal, dans le cadre des supercalculateurs, ou sur le calculateur hôte dans le cadre des cartes accélératrices (cf. classification chapitre 1). Pour ce qui est de la partie scientifique de l'application, il est rare que celle-ci soit vectorisable à 100%, c'est-à-dire que les données traitées dans cette application ne sont pas uniquement de type vectoriel, une partie étant de type scalaire. Dans ce cas, au niveau du matériel à mettre en œuvre on a deux possibilités. Soit on utilise la même architecture vectorielle pour traiter les vecteurs et les scalaires, soit on associe dans un ordinateur vectoriel une unité vectorielle à une unité scalaire.

Illustrons ce que cela implique dans le cas où la même unité fonctionnelle vectorielle sera utilisée pour traiter vecteurs et scalaires, et montrons la dégradation apportée sur les performances crêtes, c'est-à-dire celles atteintes lorsqu'on ne traite que des vecteurs.
Considérons l'exemple suivant dans lequel nous avons introduit une opération portant sur des scalaires :

Pour I depuis 1 jusqu'à 512 faire
A(I) := B(I)xC(I) ;
d := exf ;
fait
avec a, e, f de type scalaire.

Dans une application comprenant Nb traitements pour lesquels TV% concernent des traitements vectoriels et (1- TV)% des traitements scalaires, nous appellerons TV%, le taux de vectorisation. Considérons également un ordinateur ayant une performance vectorielle de N Mflops vectoriels, une performance scalaire de M Mflops scalaires, et une performance effective de L Mflops composés. Nous pourrons alors écrire :

$$\frac{Nb}{L} = \frac{(1-TV)Nb}{M} + \frac{TVNb}{N},$$

ou encore :

$$L = \frac{NM}{(1-TV)N + TvM}.$$

Ainsi, si nous voulons atteindre une certaine performance réelle, trois termes interviendront : le pourcentage de vecteurs par rapport aux scalaires dans l'application, les performances vectorielles ainsi que les performances scalaires.
La figure 6.42 présente les performances réelles atteintes pour une valeur de performance vectorielle, différentes performances scalaires (4, 6 ou 8 Mflops) et différents taux de vectorisation (TV= 0,5, 0,7, 0,9).

	M=4 Mflops	M=6 Mflops	M=8 Mflops
TV=0,5	5,8	7,5	8,88
TV=0,7	7,1	8,3	9,30
TV=0,9	8,7	9,43	9,75

Performances pour N=10 Mflops

	M=4 Mflops	M=6 Mflops	M=8 Mflops
TV=0,5	6,66	9,25	11,42
TV=0,7	9,09	11,76	13,79
TV=0,9	14,28	16,23	17,39

Performances pour N=20 Mflops

	M=4 Mflops	M=6 Mflops	M=8 Mflops
TV=0,5	7,27	10,43	15
TV=0,7	10,81	14,81	18,18
TV=0,9	21,05	25,57	28,57

Performances pour N=40 Mflops

Figure 6.42 : Quelques exemples numériques de calcul de performances.

Pour une machine, lorsque TV= 0,5, l'accroissement des performances réelles est faible, à performances scalaires fixées, que les performances vectorielles soient égales à 10 ou 40 Mflops vectoriel ; ce qui n'est absolument pas les le cas pour TV=0,9. Par contre, pour des valeurs faibles de TV, on constate l'intérêt d'accroître la valeur de M.

En conclusion, nous pouvons dire que si le rapport des performances vectorielles aux performances scalaires est grand, c'est-à-dire si la machine est coûteuse, alors elle n'est rentable que pour des applications à fort degré de vectorisation (TV $\geq$ 0,9). D'un autre coté, pour des degrés de vectorisation plus faibles, il est tout à fait intéressant de se contenter d'un rapport plus faible, donc d'une machine moins coûteuse. Il va de soi que l'exécution de programmes à plus fort taux de vectorisation sera quand même possible sur de telles machines, mais n'apportera pas le même facteur d'accroissement des performances que celui obtenu sur une machine optimisée pour TV $\geq$ 0,9.

Si nous introduisons maintenant dans le calculateur vectoriel un calculateur scalaire, alors tout ou partie des calculs scalaires pourra s'exécuter sur ce calculateur scalaire simultanément aux calculs vectoriels exécutés sur la partie vectorielle du calculateur. Nous modifions alors la formule donnant les performances du calculateur de la manière suivante :

$$L=\frac{NM}{(1-TV)(1-TC)N+TvM}.$$

Dans cette formule TC représente la partie du scalaire s'exécutant en parallèle avec les calculs vectoriels, terme que nous appellerons le taux de chevauchement. On remarque que l'introduction de cette partie scalaire diminue le poids du traitement de ceux-ci. En effet, TC % des calculs étant masqués par les calculs vectoriels, seulement (1-TC)% participeront au calcul des performances réelles de la machine.

6.4.4. Le système mémoire

Considérons le schéma 6.43 représentant une partie opérative pipe-line (un multiplieur) relié à un dispositif de mémorisation.

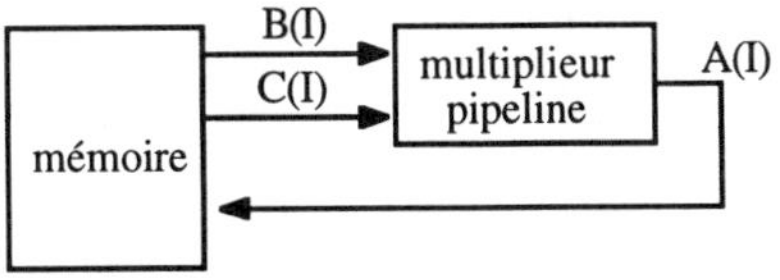

Figure 6.43 : Schéma fonctionnel associant opérateur pipe-line et système de mémorisation.

En régime établi, c'est à dire après l'amorçage du pipeline, on aura besoin de lire deux données et d'en écrire une à chaque cycle. Les machines vectorielles ayant des temps de cycles très courts (quelques nanosecondes), cela implique un système de mémorisation très performant et donc très cher, puisque capable d'accepter trois accès à chaque cycle. On peut diminuer le coût de ce système mémoire à l'aide de deux artifices. Le premier consiste à utiliser le principe de la hiérarchisation de la mémoire. C'est à dire à construire le système mémoire à partir d'une petite quantité de mémoire avec un temps d'accès suffisant pour alimenter la partie calcul.
Cette mémoire sera elle-même alimentée à partir d'une mémoire de capacité plus importante, mais à temps d'accès plus long, en utilisant une technique d'anticipation (fig. 6.44).

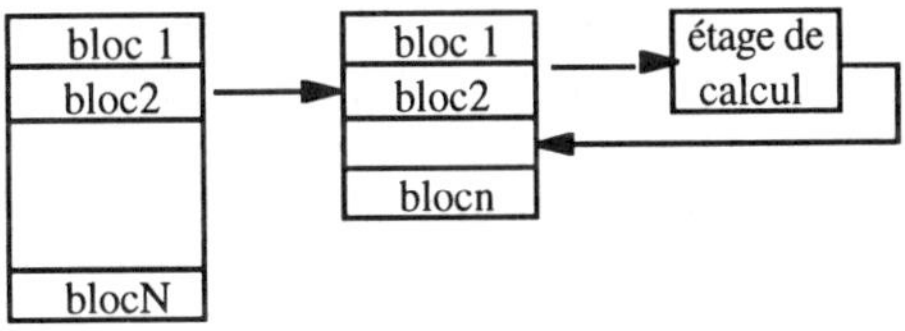

Figure 6.44 : Système mémoire hiérarchisé.

Le deuxième artifice consistera à utiliser une mémoire entrelacée composée de n bancs mémoires au lieu d'un seul (fig. 6.45).

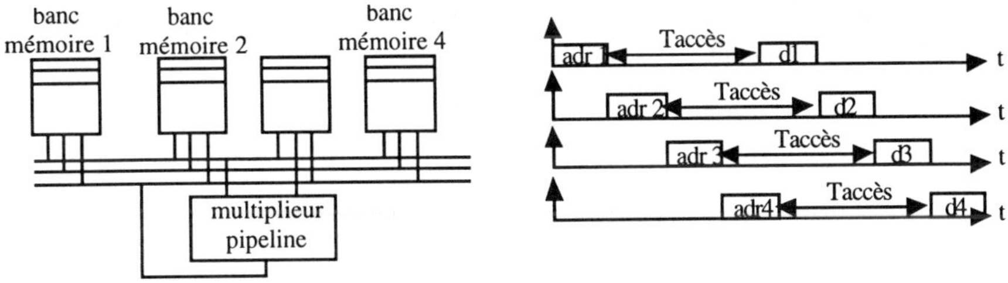

Figure 6.45 : Système mémoire entrelacée spatialement.

Avec ce système, au bout d'un temps d'amorçage, on obtient bien des données à un rythme plus élevé que le temps d'accès de chaque banc mémoire (quatre fois plus rapidement dans l'exemple présenté) en réalisant des accès mémoire selon un procédé pipeline. On peut ainsi atteindre le débit souhaité à l'aide de mémoires ayant des performances bien inférieures à ce qu'elles devraient être avec un seul banc mémoire.

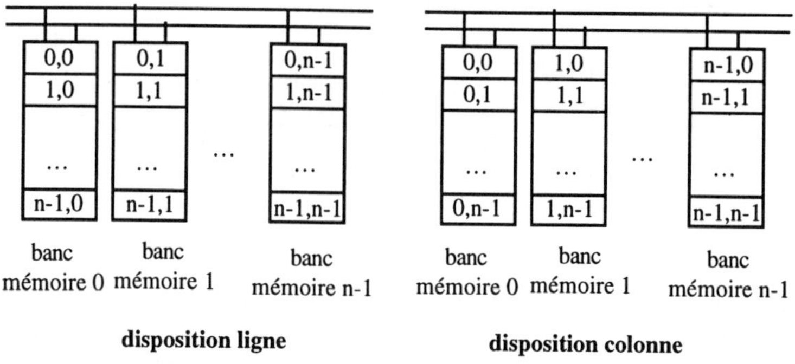

Figure 6.46 : Système mémoire entrelacée : différents placements des données favorisant soit les accès lignes, soit les accès colonnes

Toutefois, pour des structures de données de type matriciel, en fonction du placement des données en mémoire, ce mécanisme privilégie certains accès par rapport à d'autres. Par exemple, on aura les accès lignes privilégiés par rapport à des accès colonne ou diagonale. Afin de permettre des accès performants aussi bien en accès ligne que colonne ou que diagonale, on définira une notion de décalage (*stride*).
La figure 6.46 illustre deux placements en mémoire d'une matrice, l'une privilégiant les accès lignes, l'autre les accès colonnes. On peut remarquer que pour le placement privilégiant les accès lignes (respectivement les accès colonnes), les accès colonnes (respectivement les accès lignes) devront s'effectuer séquentiellement sur un même banc mémoire, donc avec un temps d'accès ramené à celui d'un banc mémoire.

Sur l'exemple présenté sur la figure 6.47, au détriment d'une capacité mémoire supérieure, on pourra à partir d'une même adresse, mais en changeant la valeur du décalage, obtenir différentes valeurs. Par exemple à partir de l'adresse 0 et avec un incrémentation de 1 de cette adresse et pour une longueur de vecteur de n, on obtiendra les n composantes de la première ligne de la matrice ; avec une incrémentation de n+1 de l'adresse, et pour une même longueur de vecteur n, on obtient les n composantes de la première colonne.

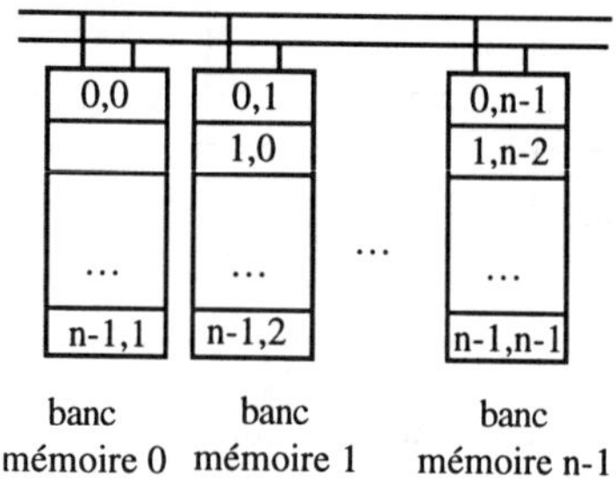

Figure 6.47 : Système mémoire entrelacée : un placement de données avec décalage .

6.5. Les multisystèmes

6.5.1. Introduction

Nous rangerons sous cette appellation de multisystèmes, les associations de machines où chaque machine, mono ou multi-processeurs, possède son propre système d'exploitation (fig. 6.48). Les systèmes d'exploitation présents dans un multisystème pourront être éventuellement identiques.

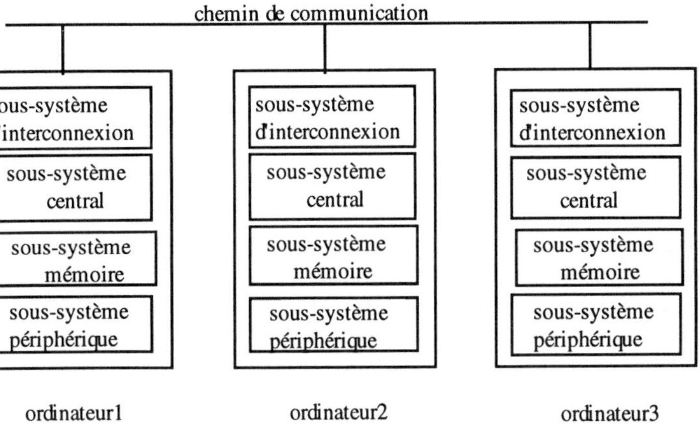

Figure 6.48 : Architecture d'un multisystème.

Les associations de systèmes reposent essentiellement sur la communication entre machines ainsi que sur le partage de ressources. De telles associations sont rendues nécessaires par l'existence de nombreux fournisseurs de machines, qu'il importe de faire coexister dans des environnements hétérogènes.

Dans les lignes suivantes nous allons nous attacher à définir brièvement les fonctionnalités d'un système d'exploitation [Jac93]. Un système d'exploitation est chargé de la gestion et l'ordonnancement des tâches. L'évolution d'une tâche peut être représentée de la manière décrite sur la figure 6.49.

Le système d'exploitation a un certain nombre de fonctionnalités.

— *Il doit éviter la famine.* Que ce soit en mettant en place des mécanismes de priorité fixe ou tournante et/ou par des méthodes d'allocation par tranches de temps, il doit éviter qu'une tâche n'atteigne jamais l'état actif. Diverses solutions sont utilisées pour gérer les mécanismes de priorité, citons celle réalisée dans OS9. Tout d'abord OS9 est un système d'exploitation multitâche supportant la notion de temps réel ; il a d'abord été développé pour le microprocesseur 6809 de Motorola (Operating System 6809). Chaque tâche, lors de sa création, reçoit un âge. Ainsi la tâche la plus prioritaire a l'âge le plus élevé et se trouve en tête de la liste des tâches activables. Chaque fois qu'une tâche est activée, l'âge de toutes les autres est incrémenté d'une unité, ce qui évite qu'une tâche soit systématiquement plus prioritaire que toutes les autres.

— *Il doit éviter également les interblocages.* Ceci ce produit lorsque chaque processus attend la libération de ressources allouées aux autres.

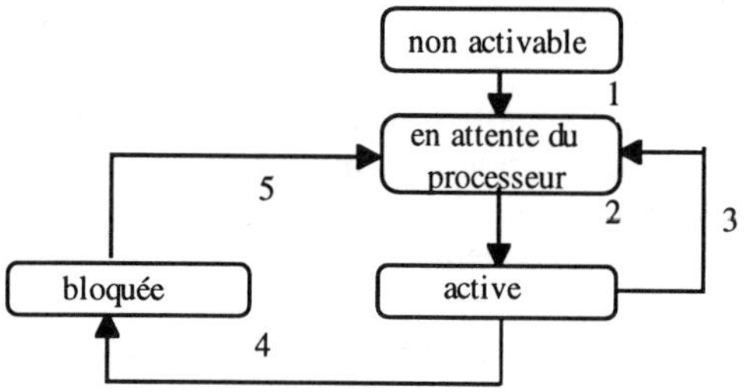

1) Demande d'exécution de la tâche.
2) Allocation du processeur.
3) Sur intervention du système d'exploitation, la tâche retourne dans la file d'attente des tâches activables. La transition d'un processus actif à un autre implique les phases suivantes, (on parle de commutation de contexte) :
— sauvegarde du contexte de l'ancien processus actif au sommet de sa pile, ainsi que du pointeur de pile à son emplacement dans la zone contexte de ce processus ;
— mise à jour de la file d'attente des processus activables ;
— chargement dans le pointeur de pile du processeur, du pointeur de pile du processus sauvegardé dans la zone contexte de ce processus, chargement des autres registres à partir des valeurs sauvegardées dans cette zone contexte du nouveau processus actif ;
— exécution du processus.
4) En attente d'une ressource, la tâche est mise dans la file d'attente correspondant à cette ressource. L'ordonnancement des tâches bloquées sur une même ressource est à la charge du système d'exploitation. La fin de l'utilisation d'une ressource par une tâche, est réalisée par celle-ci (libération) ou par le système d'exploitation (réquisition).
5) Octroi de la ressource.

Figure 6.49 : Diagramme d'évolution d'une tâche.

— *Le système d'exploitation doit gérer les exclusions mutuelles sur les ressources partagées* à l'aide des mécanismes de producteur/consommateur, sémaphore, moniteur.

— *Il doit également gérer la mémoire.* Cela comprend la gestion de la mémoire virtuelle, la mise en place des mécanismes de protection d'accès, mais aussi une bonne utilisation de la mémoire. En effet, il ne faut pas que des programmes utilisés à un moment et donc chargés en mémoire centrale, n'encombrent celle-ci alors qu'ils ne sont plus utilisés. Dans le système OS9, à un programme en exécution, est associé un compteur qui s'incrémente chaque fois qu'une tâche demande son exécution. Lorsqu'il n'y a plus d'appel durant une certaine durée, le compteur revient à zéro permettant ainsi de libérer de la place. Pour qu'un programme soit résident en permanence dans la mémoire centrale, il suffit qu'à l'origine il soit chargé à 1. Ainsi le compteur sera toujours différent de 0 et donc le programme ne sera pas enlevé de la mémoire principale.

— *Il doit gérer les interruptions et les entrées/sorties physiques.* Un des buts du système d'exploitation est d'être le plus transparent possible. En effet, le temps CPU doit être utilisé par les différentes applications et le moins possible par le système d'exploitation. Pour cela, divers moyens sont utilisés, y compris la définition d'entrées/sorties virtuelles. Par exemple admettons qu'une tâche *b* demande une impression, alors qu'une deuxième tâche *a* l'a déjà réquisitionnée et non libérée, alors cette requête d'impression va être chargée par un programme pilote (*handler*) sur le disque. Lorsque la tâche *a* libérera la ressource, alors un autre programme le *spooler* enverra le fichier en tête de liste vers l'imprimante.

— *Il doit gérer le traitement des erreurs.* Elles provoquent le déroutement vers une routine dont l'adresse est contenue à un emplacement mémoire connu.

— *Il doit gérer les communications entre les tâches.* Elles reposent sur des mécanismes d'envoi de messages, de boîte à lettre gérée en exclusion mutuelle (sémaphore), de synchronisations, etc.

— Enfin, *il doit gérer les temps de réponse pour un système d'exploitation temps réel,* c'est-à-dire des systèmes permettant de certifier le temps de changement de contexte et de réponse dans le pire des cas. De plus en plus les applications temps réel font appel à des mises en œuvre réparties sur plusieurs processeurs. Pour cela on rajoute au noyau temps réel (VRTX, PSOS, ...), des fonctions de gestion d'environnement multiprocesseurs, de gestion des communications, de réseau, ou encore d'interface avec d'autres systèmes d'exploitation.

On peut constater trois grandes tendances dans l'évolution de ces systèmes d'exploitation temps réel. Tout d'abord la normalisation de l'interface entre le système d'exploitation et les applications. Cela comprend un ensemble de primitives ou appel système permettant d'utiliser les fonctionnalités du noyau. Les applications sont ainsi compatibles au niveau du code source. Deuxième approche, la réalisation d'un Unix temps réel. Cela demande la modification du code afin de permettre la prise en compte d'événements en un temps garanti, le développement d'un Unix intégrable en mémoire ROM. Ce dernier point implique une modification des mécanismes de gestion de la mémoire afin de passer d'une taille de quelques Moctets de mémoire et de quelques dizaines de Moctets de capacité disque à un encombrement de quelques centaines de koctets. Dernière tendance le développement de micro-noyaux, le noyau étant alors décomposé en modules indépendants communiquant par messages. Ceci permet de charger dynamiquement des serveurs, des modifications de configuration sans avoir à recompiler, etc.

Afin de supporter le système d'exploitation, la plupart des microprocesseurs mettent en œuvre, au niveau de leur couche machine, un certain nombre de mécanismes. On aura ainsi un mode utilisateur et un mode superviseur. Parfois d'autres modes sont pris en compte, par exemple moniteur, noyau. On aura également des instructions accessibles à tous les utilisateurs, instructions dites non privilégiées, et des instructions accessibles qu'au superviseur, instructions dites privilégiées. Certaines instructions pourront être dédiées à des mécanismes propres au système d'exploitation, par exemple l'instruction *test and set* pour la réalisation de cycles indivisibles utilisés pour la mise en œuvre des exclusions mutuelles.

Autre exemple, nous pourrons rencontrer l'intégration de certaines primitives du système d'exploitation (gestionnaire de tâches et de communications), comme c'est le cas dans le Transputer. Enfin, nous pourrons avoir la mise en place de mécanismes de communication : liens série sur le Transputer, communications entre le processeur 68030 et ses coprocesseurs à travers le bus parallèle, ainsi que la mise en place de mécanismes d'exception élaborés facilitant la gestion de l'environnement.

6.5.2. Mise en évidence des problèmes, analyse des besoins

Les problèmes que l'on rencontre à ce niveau résultent essentiellement des différences existant entre les systèmes d'cxploitation ainsi que du niveau de coopération souhaité entre ceux-ci. Nous citerons comme niveau de coopération le partage de fichiers, la distribution du travail sur l'ensemble des machines de manière dynamique. Dans ce dernier cas, le travail correspondant à une requête peut être exécuté sur une machine puis sur une autre en fonction des charges de travail respectives des machines.

Les problèmes qui sont alors à résoudre comprennent des problèmes de compatibilité à différents niveaux, la gestion des requêtes de manière centralisée ou non, la gestion des conflits d'accès aux ressources partagées, la satisfaction d'éventuelles contraintes temps réel, les problèmes d'interblocage, le débit du réseau local pouvant devenir un goulet d'étranglement à l'accroissement des performances.

6.5.3. Quelques solutions

Nous n'avons pas ici l'intention de citer toutes les solutions, mais nous allons nous contenter d'aborder, brièvement, quelques unes d'entre elles.

La communication est facilitée par la mise en place de réseaux locaux fournissant des niveaux (modèle en 7 couches) de communication entre systèmes. A travers ces réseaux ou d'autres moyens d'accès (liaison série, bus), on peut définir des degrés de coopération différents. On pourra ainsi avoir des PC sous système d'exploitation MSDOS exécutant un logiciel d'émulation d'un terminal XWINDOW et transformant ainsi le PC en point d'accès à différents serveurs. On pourra aussi avoir des stations SUN sous UNIX et station DIGITAL sous VMS, échangeant des fichiers à travers le protocole NFS. La gestion du temps dans les communications est facilitée par l'introduction de protocoles permettant de définir le temps nécessaire à la communication d'un point A à un point B, par exemple les protocoles à jeton ou éthernet déterministe. Enfin on voit apparaîtrc dcs réscaux locaux à grande bande passante, par exemple FDDI.

CHAPITRE 7

Présentation de quelques systèmes

Nous allons dans ce chapitre présenter quelques machines illustrant les classes d'architectures passées en revue dans le chapitre 6. Un système VME servira d'illustration à la classe des architectures fortement couplées, tandis que le "supercluster" de Parsitech montrera le principe des ordinateurs à passage de messages. Les calculateurs de Thinking Machine Corporation décriront les architectures cellulaires et leur évolution commerciale actuelle vers les architectures à passage de messages. Enfin le dernier paragraphe est relatif à une approche moins performante, mais aussi moins coûteuse et très répandue : les cartes accélératrices. Nous décrirons à cet effet une carte vectorielle associant un processeur Transputer et un processeur Zoran, ainsi qu'une carte associant un Transputer et un cœur de DSP : l'IMSA100.

7.1. Multiprocesseur à base du système VME et du processeur Motorola 68030

7.1.1. Introduction

Un multiprocesseur fortement connecté résulte de l'association de N processeurs partageant M bancs mémoire à travers un réseau à B bus. Dans notre exemple nous considérerons 3 processeurs élémentaires partageant 1 banc mémoire à travers 1 bus. Rappelons que les fonctions à remplir dans ce type de machine sont la gestion des conflits d'accès, la gestion des exclusions mutuelles, la résolution du problème de la cohérence, la gestion des interruptions, tout en tenant compte du goulet d'étranglement que constituent les ressources partagées.
Dans cet exemple nous allons illustrer ces différents points sur un système constitué de la manière présentée sur la figure 7.1.

Les parties notées A, B, C, D, E, F sont les interfaces VME des différentes cartes [Vme82]. Elles sont constituées à partir des modules fonctionnels vus précédemment (cf. chapitre 6). Dans le cadre de cet exemple nous supposerons que la carte 1 est un processeur élémentaire disposant des modules fonctionnels demandeur, maître et générateur d'interruption. Nous supposerons que les cartes 2 et 3 sont des processeurs élémentaires disposant des modules fonctionnels demandeur, maître et contrôleur d'interruption. Nous supposerons que la carte 4 est un contrôleur intelligent de périphérique de type disque qui dispose des modules fonctionnels demandeurs, maîtres et contrôleurs d'interruptions et que la carte 5 est un contrôleur non intelligent de périphérique de type imprimante, qui dispose des modules fonctionnels générateurs d'interruptions esclaves. Nous supposerons enfin que la carte 6 est une carte mémoire : elle dispose du module fonctionnel esclave.

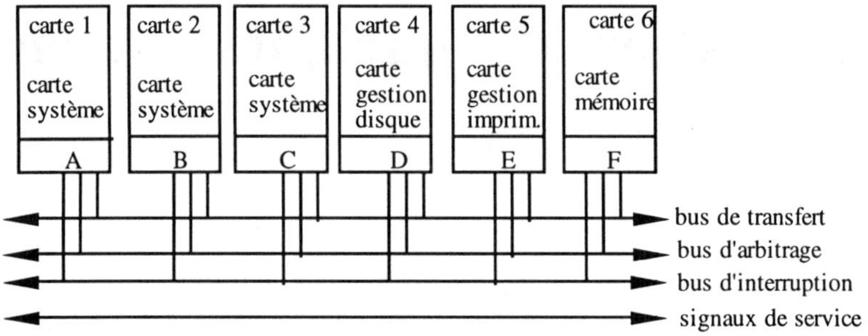

Figure 7.1 : Schéma du système multiprocesseur.

7.1.2. Constitution d'un processeur élémentaire

Les cartes 1, 2 et 3 seront constituées à partir de processeur Motorola 68030, et disposeront de 8 Moctets de mémoire locale. Sur ces cartes la mémoire locale sera implantée à partir de l'adresse 0. La mémoire globale de 32 Moctets sera implantée à partir de l'adresse 4FFFFF. Un décodage d'adresse permettra de sélectionner mémoire locale/mémoire globale. Le schéma de cette carte est représenté figure 7.2.

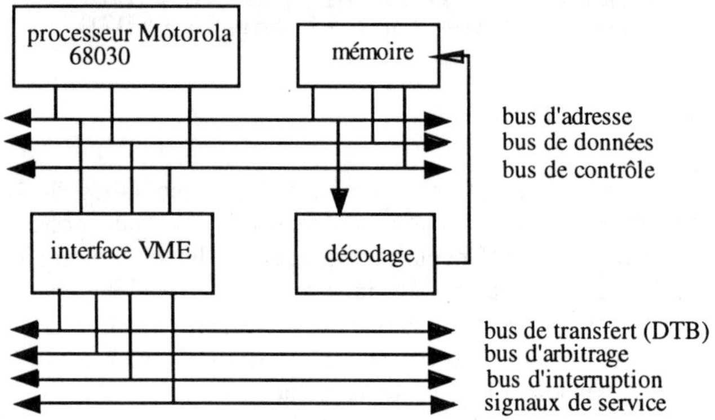

Figure 7.2 : Schéma d'une carte système

On peut noter que le processeur 68030 dispose de la capacité d'accorder son bus local à un demandeur à l'aide des signaux BR, BG, BGACK. Ceci permettrait à un éventuel coprocesseur, non représenté sur la figure, de travailler en mode DMA et de pouvoir, par exemple, stocker les informations reçues directement en mémoire, sans que cela nécessite l'intervention du processeur. Celui-ci dispose également de la possibilité d'alimenter sa mémoire cache en transfert mode rafale, 4 longs mots, à l'aide des signaux CBREQ, CBACK, STERM.

7.1.3. Utilisation du bus de transfert : Data Transfert Bus (DTB)

Le DTB fonctionne de manière asynchrone. Il permet de mettre en correspondance un maître gérant les lignes marquées ci-dessous par un astérisque, et un esclave gérant les lignes marquées de deux astérisque. Le DTB regroupe les lignes suivantes :

— 32 lignes de données,
— 32 lignes d'adresse (*),
— des lignes de validation de l'adresse, AS, de l'octet pair, DS1, et de l'octet impair, DS0 (*),
— une ligne indiquant si on a à faire à un mot ou un long mot (*),
— un signal de lecture/écriture : WRITE (*),
— une ligne d'erreur de transmission BERR (**),
— une ligne d'acquittement de transmission : DTACK (**).

L'échange est initialisé par le maître ; l'esclave adressé doit acquitter la transmission de données. Après réception de l'acquittement, le maître met fin au cycle de transmission de données. Sur le DTB, on peut réaliser des transferts 8, 16 ou 32 bits et utiliser un adressage court (64 koctets, utilisation des lignes A01, A015), standard (16 Moctets, utilisation des lignes A01, A023), étendu (4 Goctets, utilisation des lignes A01, A032).
Attardons-nous maintenant à illustrer l'utilisation des lignes modificatrices d'adresse AMi. Ces lignes permettent au maître de passer à l'esclave des informations supplémentaires lors d'un transfert de données. Un certain nombre de configurations binaires sont réservées dans les spécifications du bus VME et servent à préciser la nature du cycle : type d'adressage (court, standard, étendu), mode (privilégié ou non privilégié), accès (ascendant, programme, données, E/S). Par exemple lorsqu'un module esclave reçoit l'information 11111, il décode l'information suivante : adressage standard, mode superviseur accès ascendant. L'accès ascendant permet de spécifier des transferts en mode rafale. L'adresse présente sur le bus sera enregistrée par l'esclave dans un registre qui sera incrémenté à chaque transfert ; le premier mot sera lu ou écrit en fonction de la valeur du signal WRITE. Ce mode ascendant reste valide tant que le code présent sur les lignes AM0-5 ne change pas. Le transfert des autres mots se fera ensuite par positionnement des signaux de validation de données, DS0, DS1, mais sans positionnement du signal de validation des adresses, AS. Un accès séquentiel ne peut pas être interrompu par l'arbitre.

D'autres configurations sont disponibles pour implanter différents mécanismes propres à l'utilisateur, par exemple la mise en place d'accès privilégiés. Chaque maître, au moment de l'accès, indique sur ces lignes un niveau de privilège. Les cartes esclaves peuvent être configurées afin de ne répondre qu'à certains modificateurs d'adresse et ne répondront que sur réception d'un code approprié.

7.1.4. Mécanismes d'arbitrage

Les maîtres potentiels du bus travaillent de manière asynchrone, ce qui fait que deux ou plus de ces maîtres peuvent demander simultanément l'accès au DTB. Lorsqu'un module fonctionnel maître désire accéder au DTB, il demande au module demandeur qui lui est associé, de générer une demande sur la ligne de demande à laquelle il est connecté. Les demandes alors créées par les différents demandeurs vont être interprétées par un arbitre central présent dans le logement 1 du bus. Lorsqu'un demandeur se voit affecter le bus, il en avertira le module maître auquel il est associé afin que celui ci utilise le DTB. La constitution du bus d'arbitrage est représenté dans le tableau de la figure 7.3.

nature des signaux	module fonctionnel contrôlant les signaux
BRi : une ligne de demande du bus, il existe 4 niveaux possibles	demandeur
BG0in- BG3in : 4 lignes d'affectation du bus, qui répondent aux 4 lignes de demande du bus	arbitre
BCLR : cette ligne de remise à zéro du bus permet d'indiquer au maître actuel du DTB qu'une demande de plus haut niveau que la sienne a été détectée	arbitre
BGXin, BGXout : permet le chaînage, sur une même ligne BRi de plusieurs demandeurs	demandeur
BBSY : une ligne d'occupation du bus qui passe à l'état actif dès que l'arbitre accorde le bus au demandeur	demandeur

Figure 7.3 : Composition du bus d'arbitrage du bus VME.

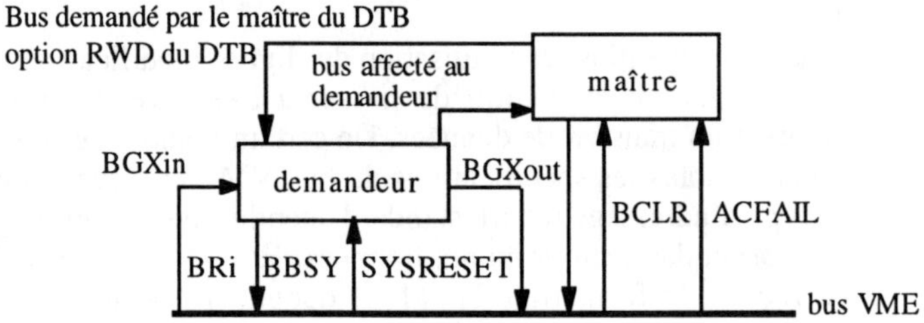

Figure 7.4 : Modules maître et demandeur du DTB : option RWD.

L'arbitre dispose de trois options de fonctionnement. En option PRI, priorité fixe, on a un ordre de priorité croissante : BR0 à BR3. En option RRS, priorité tournante, si le maître actuel du bus a le niveau n, la priorité la plus forte sera n-1. En option ONE, on a une seule ligne de demande : BR3.
Un demandeur peut fonctionner de deux manières différentes. En option RWD (*Release When Done*), le demandeur libère la ligne BBSY lorsque le module maître associé indique qu'il n'a plus besoin du DTB. Cette indication est fournie par le maître lorsque lorsqu'il a fini l'échange, ou lorsque l'arbitre lui a indiqué qu'un demandeur de plus haute priorité demande le bus (utilisation du signal BCLR) (fig. 7.4). Les lignes SYSRESET et ACFAIL sont des lignes faisant partie des signaux de service gérés par une carte spécifique ayant pour charge le contrôle de l'alimentation ; SYSRESET provoque la réinitialisation du système, ACFAIL indique une coupure d'alimentation ou un niveau de tension insuffisant.

En option ROR (*Release On Request*) le demandeur ne libère pas le bus lorsque le maître auquel il est associé n'en a plus besoin. Il surveille les lignes BRi et ne libère le bus que si un autre demandeur est actif. Ce mécanisme permet de réduire le nombre d'arbitrages car, au cas où le maître qui lui est associé réitère une demande avant qu'un autre demandeur soit actif, on n'aura pas de mécanismes d'arbitrage (fig. 7.5).

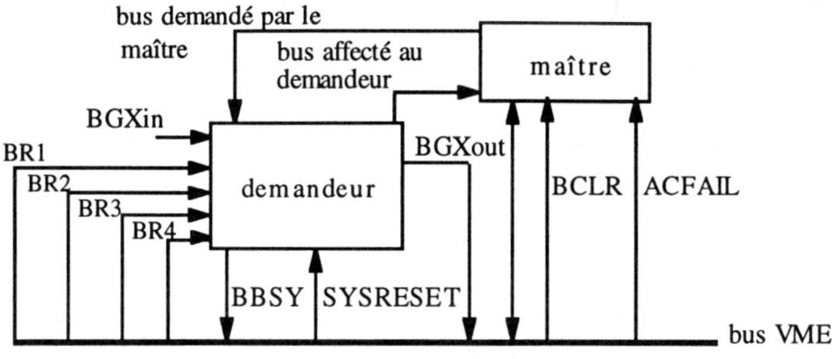

Figure 7.5 : Modules maître et demandeur du DTB : option ROR.

Dans l'exemple traité ici nous utiliserons un arbitre à priorité fixe, les demandeurs fonctionnant en RWD. La carte 2 sera au niveau 3, la carte 4 au niveau 1, et les cartes 1 et 3 seront au même niveau 2. Cette possibilité permet en principe de connecter un nombre quelconque de demandeurs. Attention toutefois au fait qu'à niveau de demande identique, l'ordre de priorité est directement lié à la proximité géographique de l'arbitre. Ceci donne comme schéma celui présenté sur la figure 7.6. Les problèmes d'exclusion mutuelle sont réglés au niveau du bus par la réalisation de cycles indivisibles pendant lesquels un maître du bus ne peut se voir enlever celui-ci.

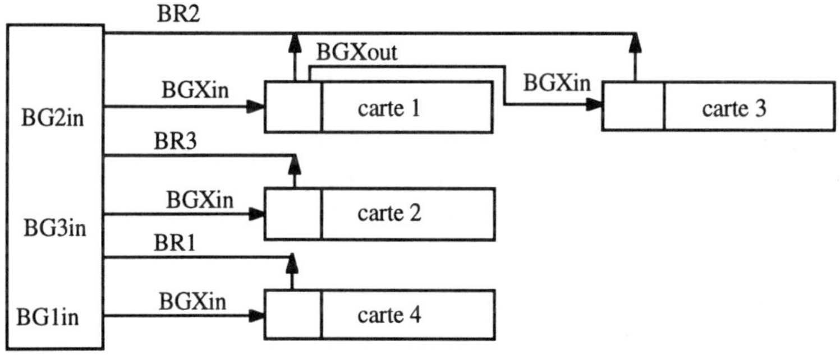

Figure 7.6 : Arbitrage du système.

7.1.5. Gestion des interruptions

Le bus VME s'organise autour de(s) module(s) contrôleur(s) d'interruption(s) et de(s) module(s) générateur(s) d'interruption(s). Dans le cadre d'un contrôleur d'interruptions unique, celui-ci scrute les lignes d'interruption IRQ1-7 présentes sur le bus d'interruption, et positionnées par un ou plusieurs modules générateurs. Lors de l'arrivée d'une interruption, le contrôleur fait appel au module demandeur qui lui est associé, et dès obtention du DTB il acquitte l'interruption (fig. 7.7). En fonction des informations présentes dans le vecteur d'interruptions, il lance la séquence correspondant au traitement de l'interruption.

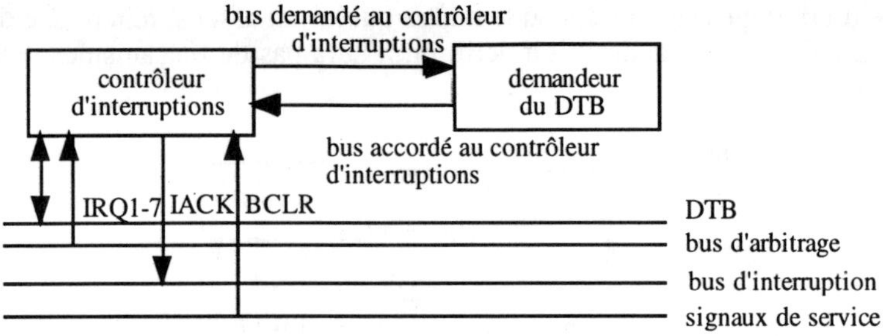

Figure 7.7 : Module contrôleur d'interruptions.

Le ou les modules générateur d'interruptions positionnent les lignes IRQ1-7. La figure 7.8 est relative à un générateur positionnant la ligne IRQ4. Au moment de l'acquittement de sa demande d'interruption, il fournit le vecteur d'interruptions.

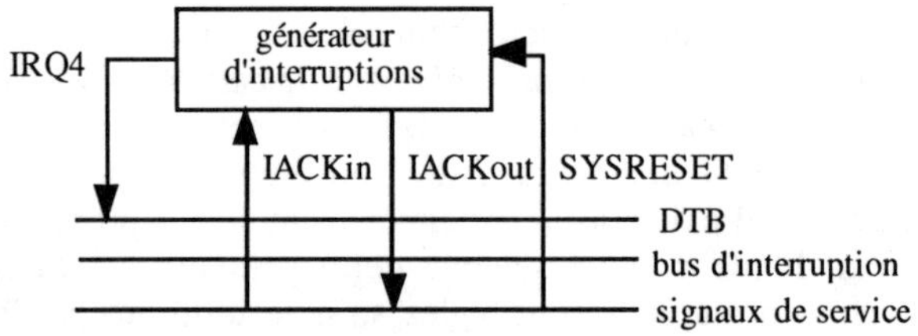

Figure 7.8 : Module générateur d'interruptions.

De même que pour les mécanismes d'arbitrage, on peut connecter plusieurs générateurs sur une même ligne IRQ en utilisant un mécanisme de chaînage *daisy chain*. Attention toutefois à la notion de priorité qui se trouve alors associée, pour plusieurs demandeurs connectés à la même ligne IRQ, à la proximité des demandeurs du contrôleur (fig. 7.9). On peut, en effet, remarquer sur ce schéma que le dernier générateur de la file ne voit arriver un acquittement, que si aucun générateur amont n'a lui même positionné une interruption.

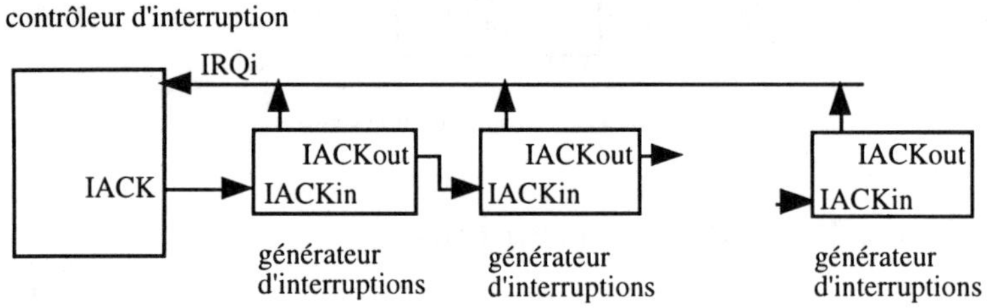

Figure 7.9 : Gestion des interruptions.

Dans le cadre de notre exemple nous supposerons que la carte 1 crée des interruptions au niveau 2, et sera donc reliée à IRQ2, tandis que la carte 5 entraîne des interruptions au niveau 1, et sera donc reliée à IRQ1. Dans le schéma présenté figure 7.9 n'apparaissait qu'un contrôleur ; en réalité on peut avoir un certain nombre de contrôleurs, chacun contrôlant un certain nombre de lignes d'interruptions. Dans le cadre de notre exemple, le contrôleur présent dans la carte 2 gére les lignes IRQ1-3, le contrôleur présent sur la carte 3 gére les lignes IRQ4-7.

7.1.6. Gestion de la cohérence

La première réponse à ce problème de gestion de la cohérence peut être considérée sous un aspect logiciel. Un certain nombre d'exécutifs temps réel existent sur le marché, et parmi ceux-ci celui de la société Software Component Group dont le noyau s'appelle PSOS. Autour de ce noyau d'autres logiciels existent dont PRISM qui a pour but la gestion d'un environnement à multiprocesseur. Ainsi, lorsqu'un processeur P1 veut dialoguer avec un processeur P2, le déroulement des opérations est le suivant. Le module émetteur associé à P1 demande au gestionnaire mémoire, implanté dans le logiciel PRISM, un tampon dans une partition de mémoire, présente dans la mémoire partagée et commune aux deux processeurs. Chaque partition a un verrou d'accès permettant d'arbitrer d'éventuels conflits d'accès. L'émetteur met les données, appelées encore datagramme, dans le tampon. L'émetteur appelle une primitive du logiciel pour transmettre le datagramme. Cette primitive ajoute le datagramme dans la file des datagrammes du récepteur. Chaque processeur dispose d'une file de datagrammes. A partir de cet instant, deux cas peuvent se poser. Soit le récepteur est configuré pour scruter régulièrement la file, soit il est informé par interruption, mais dans tous les cas, le récepteur aura connaissance de l'information : "tel émetteur a mis à telle adresse un message ayant telle longueur" et pourra venir le consulter. On le voit l'utilisation de la mémoire partagée s'apparente à des mécanismes de passage de messages ce qui règle le problème de la gestion de la cohérence.

7.1.7. Exemple d'utilisation

Le système peut alors être représenté comme le montre la figure 7.10. Afin d'illustrer le fonctionnement de cette architecture, considérons le scénario suivant. A l'instant t_0 le module maître de la carte 1 a demandé le bus, l'a obtenu et depuis ce temps le module maître de cette carte utilise le DTB pour transférer des données sur la carte 6. Supposons qu'à l'instant t_1 la carte contrôleur d'imprimante détecte une interruption, provenant de l'imprimante et crée une interruption de niveau 1 sur le bus. Le contrôleur 1, voyant cette demande, va solliciter son module demandeur, afin que ce dernier fasse une demande de bus. Cette dernière étant de niveau 3 va conduire l'arbitre à créer un BCLR afin que le maître de la carte 1 informe le module demandeur associé de libérer le bus. Celui-ci va alors faire tomber sa ligne BBSY, permettant ainsi à l'arbitre d'accorder le bus à la carte 2 (activation de BG3in). Le demandeur de la carte 1 va activer sa lige BBSY et informer le contrôleur d'interruption qu'il peut utiliser le DTB pour aller chercher l'octet d'état dans la carte contrôleur d'imprimante.

Un autre scénario pourrait être qu'à un instant t_0, la carte 3 a demandé et obtenu le bus. A un instant t_1 la carte 2 a demandé le bus et a donc activé la ligne BR3, tandis que la carte 1 activait BR2 (ligne déjà activée par la carte 3). Le mécanisme d'arbitrage va aboutir à accorder le bus à la carte 2, la carte 1 restant en attente. Il est tout à fait envisageable que la carte 3 n'ayant pas terminé son utilisation du bus réitère sa demande immédiatement. La carte 1 se situant en aval de la carte 3 ne se verra pas accorder le bus.

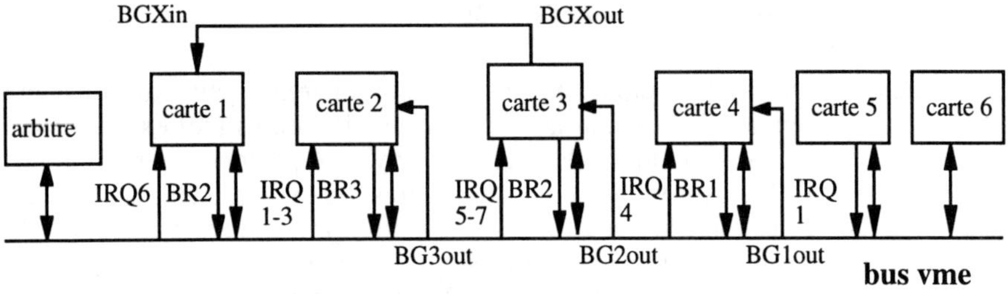

Figure 7.10 : Architecture du système.

Ne maîtrisant pas le fonctionnement a priori asynchrone des différents demandeurs, il faut faire très attention, lors de la constitution d'un tel multiprocesseur, à l'utilisation judicieuse des niveaux des demandeurs, auxquels on peut associer un choix pertinent des associations niveau de demandeur/niveau de contrôleur. En effet, il faut se rappeler que pour acquitter une interruption, un contrôleur a d'abord besoin de se faire accorder le DTB.

7.2. La machine à connexions de TMC

7.2.1. Introduction

La machine à parallélisme massif la plus connue est très certainement la machine à connexions développée par Thinking Machine Corporation [Hil85]. Ce type de machine repose sur le principe que pour les algorithmes dont les opérations sont relativement simples, mais où le grand nombre de données à traiter aboutit à une charge de calcul importante, il faut disposer d'une architecture qui reflète le comportement de l'algorithme. Les processeurs élémentaires qui sont mis en œuvre dans la machine à connexions sont simples, associés en grand nombre et la distinction entre processeur et mémoire n'existe plus. En effet, on peut considérer la machine à connexions comme une mémoire distribuée où chaque point mémoire dispose de capacités de traitement.

Un domaine typique d'applications de ce type de machines est constitué par le traitement d'images, où les opérations sont relativement simples, mais où le grand nombre de données à traiter (images) fait qu'il serait très intéressant de disposer d'autant de processeurs que de pixels.

Dans le cadre de cet ouvrage, on proposera également une présentation de l'évolution des architectures qui se traduit aujourd'hui par la machine CM5

7.2.2. Architecture de la machine à connexions CM1

L'exécution de l'algorithme est réalisé par un ensemble de processeurs élémentaires associés à travers des chemins appelés structures de données actives. Le réseau de processeurs élémentaires est vu d'un frontal comme de la mémoire sur laquelle il écrit des structures de données (des connexions) et les lit après qu'elles aient été modifiées par les processeurs élémentaires (fig. 7.11). Sur ce schéma représentant le prototype, la machine à connexions comprend 65536 processeurs (ou cellule élémentaire) chacun disposant de 4096 bits de mémoire. Le microcontrôleur qui apparaît sur ce schéma assure l'adaptation entre le frontal et la machine à connexions. Il reçoit du frontal des macro instructions, les décode en nano-instructions qu'il envoie vers la machine à connexions. Un réseau de communication en hypercube permet d'associer les différents processeurs élémentaires selon différentes structures de données actives, afin de s'adapter aux différents algorithmes à exécuter. Enfin les résultats pourront être extraits à travers un canal d'entrées/sorties à haut débit. Le canal d'entrées/sorties a un débit de 500 Moctets/s par lequel transitent les connexions à réaliser. Ces connexions sont stockées en mémoire sous la forme de pointeurs.

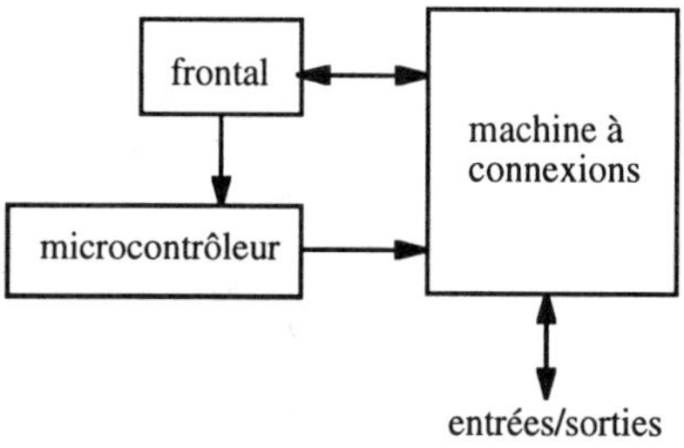

Figure 7.11 : Architecture générale.

Le composant de base est un VLSI qui comprend un tableau de seize processeurs élémentaires, une unité de contrôle et un routeur (fig. 7.12). L'unité de contrôle décode les nano instructions provenant du microcontrôleur et reçues sur les broches d'instructions. Elle assure le contrôle des processeurs et du routeur. Toutes les actions du contrôleur sont synchronisées par une horloge.
Le routeur dispose des fonctionnalités suivantes : injection de messages, faire suivre les messages, réception de messages et envoi du message vers le processeur élémentaire destinataire. Un message comprend une partie donnée et une partie adresse, celle-ci se décomposant en trois parties : l'adresse du routeur, l'adresse du processeur élémentaire dans le VLSI qui contient le routeur adressé, l'adresse de l'emplacement mémoire dans le processeur adressé.

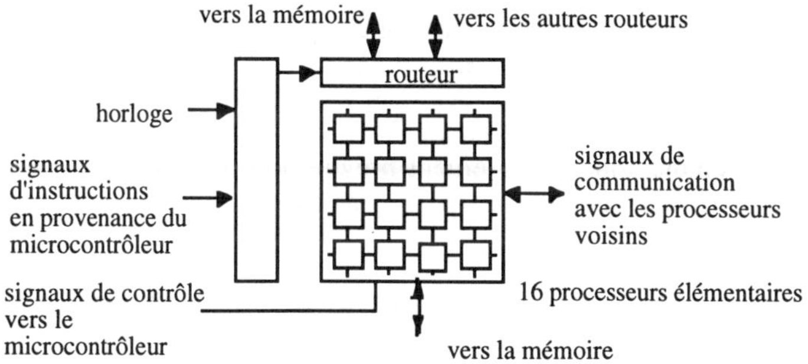

Figure 7.12 : Architecture d'un VLSI.

Les différents VLSI communiquent entre eux par l'intermédiaire de deux chemins différents. Les communications locales entre processeurs élémentaires de VLSI différents mais voisins se font sans routage directement à travers les signaux de communication. Les communications non locales se font à travers un réseau à commutation par paquets dont la topologie est un hypercube de degré N. La figure 7.13 représente l'architecture d'un processeur élémentaire. Sur ce schéma, 8 bits indicateurs permettent la mémorisation de résultats intermédiaires durant le calcul, 8 autres bits servent d'interface entre les processeurs élémentaires et le routeur, ainsi qu'entre processeurs élémentaires voisins. Les deux bus d'adresse permettent de spécifier l'adresse des deux opérandes de 1 bit à envoyer sur l'UAL, tandis que les signaux de commande arrivant sur cette UAL permettent de valider une des 256 opérations booléennes possibles.

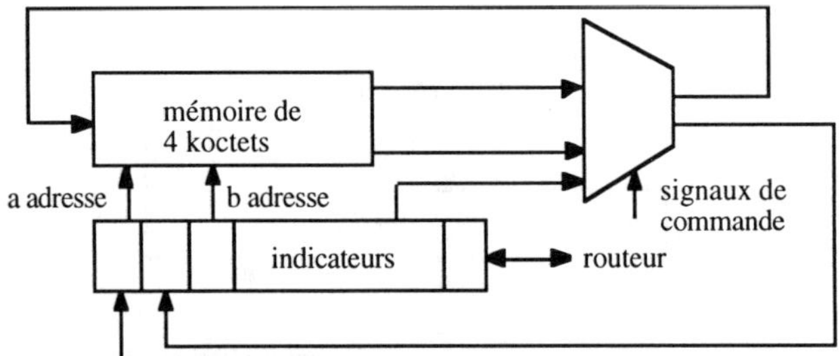

Figure 7.13 : Architecture d'un processeur élémentaire

7.2.3. Mode de fonctionnement et performances

Le frontal considère la machine à connexions comme de la mémoire sur laquelle il peut lire et écrire des mots. Ainsi, l'exécution d'une simple addition se ramènera à dire à chaque processeur élémentaire d'additionner deux valeurs contenues parmi ses 4096 bits de mémoire. Chaque processeur recevant la même commande, on aura ainsi l'exécution simultanée de 65536 additions. L'utilisation d'une telle machine conduit à pouvoir avoir simultanément plusieurs structures de données sur la machine, à pouvoir modifier dynamiquement ces structures, à pouvoir enlever des structures de données correspondant à des algorithmes qui sont terminés, etc.
Les caractéristiques du prototype permettent une puissance maximale de 1000 MIPS :
— 65556 processeurs élémentaires,
— 250 Moctets de mémoire,
— débit mémoire 2 10^{11} bits/seconde.
La machine à connexions, initialement prévue pour être utilisée en intelligence artificielle, se programmait en CmLisp, langage dérivé du Common Lisp.

7.2.4. Autres versions de machines à connexions

On peut reprocher à la machine CM1 des performances réelles très éloignées des performances théoriques.

La première solution, celle proposée dans la CM200, a consisté à ajouter dans la machine des processeurs Weitek, à raison d'un processeur pour 32 processeurs élémentaires. L'inconvénient majeur de cette architecture consistait dans les communications entre processeurs élémentaires et Weitek. Prenons un exemple. Considérons un calcul portant sur 32 nombres de 32 bits distribués dans la mémoire des 32 processeurs élémentaires de la manière présentée sur la figure 7.14. Nous pouvons constater que ce calcul va demander 32 transferts vers la mémoire du Weitek. A chaque transfert, le processeur Weitek reçoit 32 bits correspondants au i ième bit de 32 mots différents. Après 32 réceptions et une transposition par le processeur Weitek de la matrice ainsi obtenue, le calcul est effectué. Une transposition du résultat sera effectuée avant de rediffuser le résultat vers les 32 processeurs élémentaires. Ces deux calculs de transposition ralentissent bien évidemment les performances globales du systèmes.

La machine à connexions CM5 a abandonné le principe SIMD pour s'orienter vers un concept MIMD avec, toutefois, la possibilité de réaliser rapidement des synchronisations globales entre les noeuds de la machine. L'architecture générale de la machine est donnée dans la figure 7.15 .

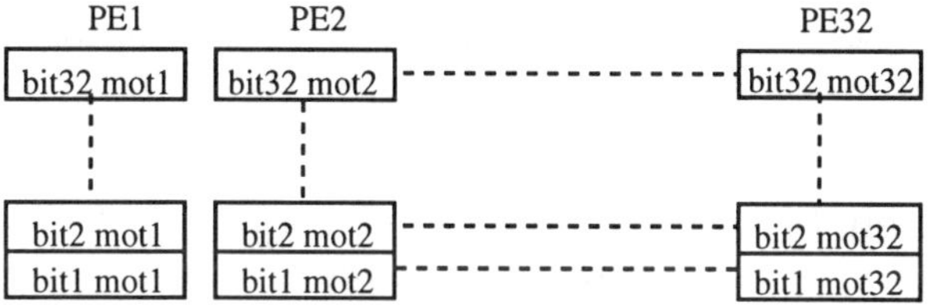

Figure 7.14 : Distribution de 32 mots de 32 bits sur 32 processeurs élémentaires.

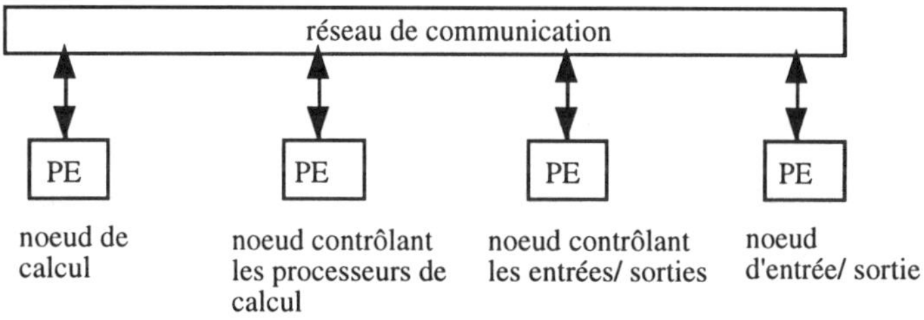

Figure 7.15 : Architecture de la CM5.

Les processeurs de contrôle exécutent Sun OS. Ils comprennent de la mémoire locale, des entrées/sorties locales, une interface Ethernet et une interface réseau liée à leur zone mémoire. Un processeur de calcul est constitué d'un processeur RISC, de quatre coprocesseurs de calcul flottant, de 32 Moctets de RAM. Il exécute un noyau Unix. Actuellement, ce processeur est un processeur Sparc cadencé à 33 MHz, disposant de 64 Koctets de mémoire cache. Une machine CM5 est extensible et peut comprendre de 32 à 2000 processeurs élémentaires. Le modèle de parallélisme est à la fois un parallélisme spatial et un parallélisme temporel. Parallélisme spatial car le multiprocesseur est divisé en m partitions ; une partition comprend un processeur de contrôle et n processeurs de calcul ; le partitionnement est configurable. Parallélisme temporel car une partition peut être partagée entre plusieurs utilisateurs exécutant leurs travaux en temps partagé. L'accroissement des performances est garanti linéaire et peut atteindre le Téraflop.

Cette machine s'articule autour d'un réseau de communication très performant, comprenant trois sous-réseaux. Un réseau de transfert de bloc permet de mettre en rapport les nœuds d'entrée/sortie et les nœuds de calcul, tandis qu'un réseau de contrôle permet la diffusion de messages, la synchronisation, etc. Enfin un réseau de diagnostic permet le test en permanence des différents nœuds. Lorsqu'un de ceux-ci est déclaré défaillant, il peut être enlevé du réseau sans arrêt de celui-ci. Sur le réseau, les nœuds ont une adresse virtuelle. Ainsi, lorsqu'un d'entre-eux est déclaré défaillant, l'adresse virtuelle qui était celle de ce nœud sera, à partir de cet instant, associée à l'adresse réelle d'un noeud qui n'était pas encore utilisé.

Le débit sur le réseau est garanti. D'un processeur vers ses quatre voisins, il est égal à 20 Mbits/s ; d'un processeur vers ses seize voisins il est égal à 10 Mbits/s ; globalement il est égal à 5 Mbits/s. Ce rapport de dégradation de 1 à 4, obtenu en comparant les performances des communications entre des processeurs voisins ou non, est à comparer à celui que l'on obtenait sur la machine CM2, et qui était de 15. Ce réseau est la partie originale de la machine, l'origine des processeurs actuellement utilisés peut changer en fonction de l'arrivée sur le marché de nouveaux processeurs.

7.3. Une machine à passage de messages : le Supercluster de Parsitech

7.3.1. Introduction

Dans un chapitre précédent, nous nous sommes intéressés à présenter les caractéristiques principales des multiprocesseurs faiblement connectés, et leurs principales différences avec les multiprocesseurs fortement interconnectés. Nous allons présenter ici une de ces machines à communications par envoi de messages, le Supercluster de Parsitech [Kub88]. Cette machine, basée sur le transputer, peut évoluer en fonction des besoins de l'utilisateur, de soixante-quatre processeurs à quelques centaines, permettant ainsi d'atteindre des performances plus de deux fois supérieures à celles d'un ordinateur Cray XMP.
L'utilisation classique d'une telle machine se fait à travers des points d'accès constitués par des stations de travail. Les utilisateurs, en fonction de leurs besoins, se voient allouer des partitions de processeurs qui sont configurées, au niveau des réseaux de communication interprocesseur, afin de satisfaire leur application. On pourra ainsi avoir à un instant t, huit utilisateurs ayant chacun huit processeurs reliés en anneau, puis à un autre moment n'avoir qu'un utilisateur disposant de soixante quatre processeurs reliés en arbre. Au niveau des communications, le fait de ne pas pouvoir disposer de plus de quatre liens par processeur élémentaire a conduit à choisir la solution dans laquelle, à l'intérieur d'une même grappe de processeurs, on a un tissu relativement dense de communications, mais où entre grappes d'une même unité de base ou entre unités différentes, on a un tissu de communications de moins en moins dense.

Sur ce marché nous pouvons également citer le Supernode, développé dans le cadre d'un projet Esprit et commercialisé par la société Telmat ainsi que l'Hypercube commercialisé par la société Intel.

7.3.2. L'unité de base

L'unité de base peut se représenter sous la forme de sept unités fonctionnelles (fig. 7.16). On a ainsi quatre grappes de processeurs comprenant chacune seize processeurs transputer. Elles constituent les quatre premières unités fonctionnelles. Les réseaux de communication crossbar programmables, les NCU (*Network Communication Unit*) qui apparaissent dans cette architecture permettent de mettre en correspondance un des quatre liens d'un transputer avec n'importe quel lien de n'importe quel autre processeur appartenant à la grappe. Les 16 processeurs de la grappe utiliseront ainsi 64 des 96 possibilités du réseau crossbar.

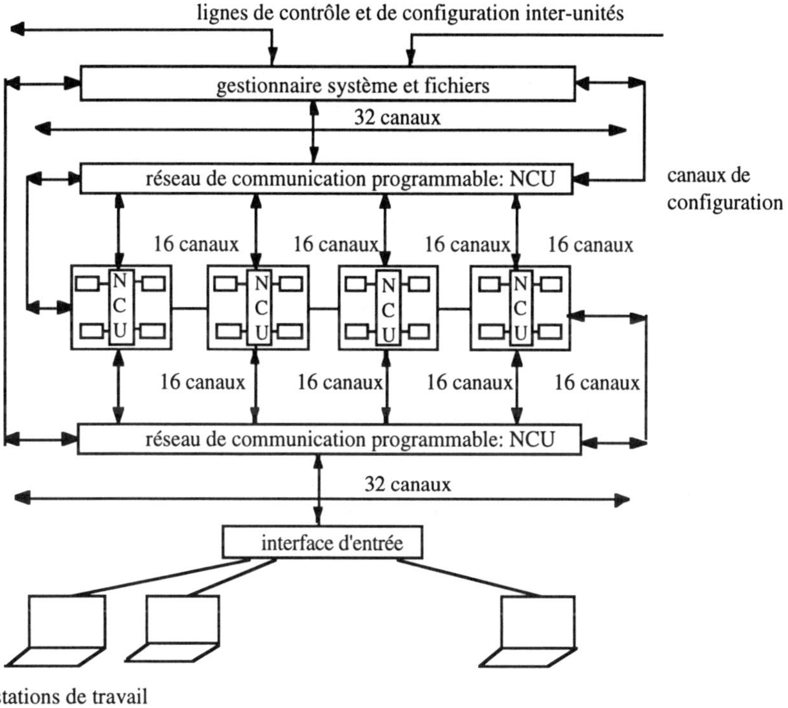

Figure 7.16 : Architecture d'une unité de base ; elle contient 4 grappes de processeurs, chacune comprenant 16 processeurs.

Il restera donc 32 possibilités permettant de mettre en correspondance un lien d'un processeur interne à une grappe, avec un lien d'un transputer d'une autre grappe appartenant ou non à la même unité de base. Chaque unité de base offre ainsi 32 liaisons qui seront reliées à deux réseaux programmables. Le premier de ceux-ci, constituant la cinquième unité fonctionnelle, permet la communication vers d'autres unités de base et vers des services systèmes. Le deuxième constitue la sixième unité fonctionnelle et permet également la communication vers d'autres unités de base, mais aussi vers des stations de travail qui peuvent être considérées comme les points d'accès à cette machine. La septième unité fonctionnelle réalise les services systèmes permettant, entre autres, la connexion à des unités de stockage, à des systèmes Transputer autres (non accessibles à partir des stations de travail), à des modules spécifiques à l'application, par exemple un transputer contrôlant un dispositif vidéo.

Intéressons nous de plus près à la fonctionnalité du réseau de communication qui permet d'adapter la topologie de la machine à l'algorithme à implanter. Il est organisé autour de deux matrices 96x96 dont la fonction est, pour la première, de mémoriser la configuration d'association des différents liens et, pour la seconde, de mémoriser la configuration des liens de contrôle associés à chaque lien (fig. 7.17). Ces deux matrices sont contrôlées par deux transputers (un processeur sans unité flottante T414 32 bits et un processeur T212 16 bits).

Le processeur T414 contrôle le partitionnement de la matrice et est relié aux transputers de contrôle des matrices NCU distantes, à travers une liste chaînée lui permettant de recevoir et de diffuser les informations de contrôle. Le processeur T212 contrôle le trafic survenant sur les liens. Il aura ainsi pour fonction de détecter les demandes de partitions de processeurs élémentaires en provenance des stations de travail. Il utilise à cet effet les liens de réinitialisation de la matrice programmable. Ces matrices sont constituées à partir du composant C004 d'Inmos.

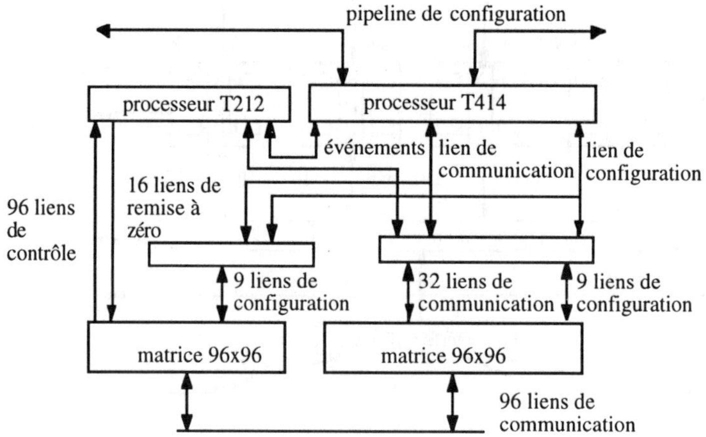

Figure 7.17 : Schéma d'un réseau de communication NCU (Network Configuration Unit).

Une association de seize de ces unités de base, soit 1024 processeurs, est représentée sur le schéma de la figure 7.18. Celui-ci montre également un exemple d'utilisation avec deux utilisateurs : au premier est attribuée une partition de 15 processeurs reliés en liste et au deuxième une partition de 16 processeurs reliés en crossbar. Sur ce schéma, les cases marquées NCU (*NCU pour Network Configuration Unit*) représentent les réseaux de communication programmables, tandis que celles marquées CC (*CC pour Computing Cluster*) représentent chacune une grappe de processeurs élémentaires, soit seize processeurs.

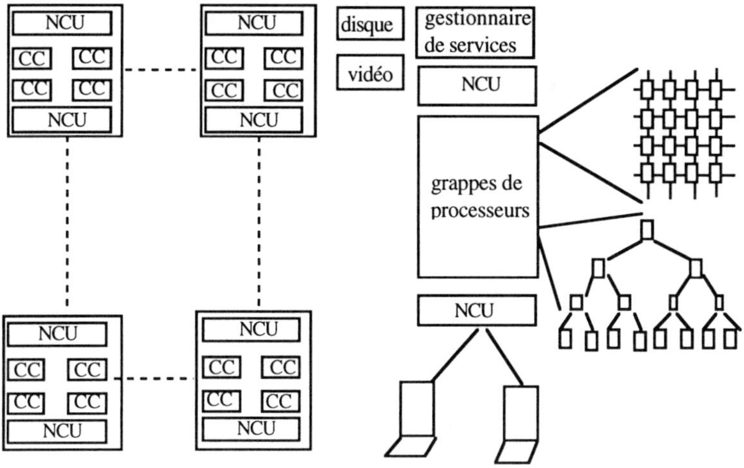

Figure 7.18 : 16 unités de base soit 1024 processeurs. A gauche le schéma de l'architecture, à droite un partitionnement possible.

7.3.3. Performances

Les performances maximales de ce type de machines sont très difficile à évaluer. Si un processeur a une performance de calcul N exprimée en MIPS ou en MFLOPS, une performance M en communication exprimée en Moctets/s, une performance L en capacité bus exprimée en Moctets/s, on peut partir du principe que n processeurs auront alors une puissance de calcul n*N, une puissance de communication de n*M et n*L en capacité bus. Mais il va de soi que ces performances théoriques reposent sur l'hypothèse que l'on sait en permanence utiliser la machine de façon optimale ce qui n'est pas le cas. Des dégradations de performances seront forcément introduites, entres autres par la gestion du système, par des déséquilibres de charge entre les différents processeurs élémentaires, etc. Ces performances maximales sont présentées figure 7.19.
Ces chiffres reposent sur une architecture où le processeur élémentaire est un transputer T800 à 20 MHz, processeur qui a les performances suivantes : 10 MIPS, 1,5 MFLOPS, un cycle mémoire interne de 50 ns pour un mot 32 bits, un cycle mémoire externe de 250 ns pour un mot 32 bits.

	pour 64 processeurs	pour 256 processeurs
taille mémoire	256 Moctets	1 Goctets
performance en calcul entier	640 MIPS	2560 MIPS
performance en calcul flottant	96 MFLOPS	384 MFLOPS
bande passante mémoire		
— interne	5 Goctets/s	20 Goctets/s
— externe	1 Goctets/s	4 Goctets/s
capacité des liens	230 Moctets/s	920 Moctets/s

Figure 7.19 : Performances théoriques maximales du calculateur Supercluster pour différentes configurations.

7.4. La carte B008 d'Inmos

7.4.1. Présentation

Le système présenté ici correspond à un système commercialisé par Inmos [Inm91]. Pour un système hôte de type PC, il se présente sous la forme d'une carte se connectant sur le bus du PC (fig. 7.20). Le rôle de cette carte est essentiellement de faire du calcul.

Le serveur tournant sur la carte PC contrôle l'exécution du programme s'exécutant sur la carte transputer. Il peut lui transmettre des données ou bien en recevoir. Cet échange de données peut se faire en mode scrutation, ou bien par un échange de type DMA. La carte transputer dispose également de mécanismes lui permettant de générer des interruptions vers le PC lors de certains événements.

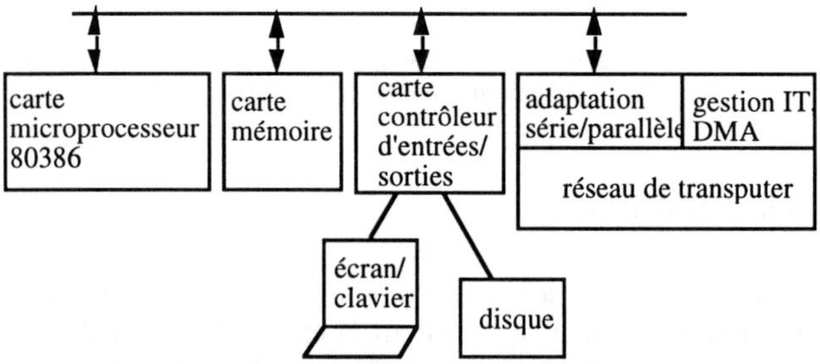

Figure 7.20 : Architecture de la carte B008 d'Inmos.

La figure 7.21 détaille l'organisation de la carte transputer. La notion de TRAM qui apparaît sur ce schéma appartient à la terminologie Inmos et correspond à un format de carte sur laquelle on peut trouver différentes fonctionnalités. On aura ainsi des modules TRAM comprenant un processeur et quelques Moctets de mémoire, un module TRAM contrôleur ethernet, un module TRAM contrôleur vidéo, ... Une carte mère, telle que celle présentée sur cette figure, pourra recevoir jusqu'à 10 modules TRAM ayant ou non la même fonctionnalité. On pourra relier entre elles plusieurs cartes mères, par l'intermédiaire d'un connecteur auquel est relié un certain nombre d'entrés/sorties de la matrice de connexion, ainsi que certains signaux de contrôle.

Le langage Occam, développé pour le transputer, impose de procéder aux phases de parallélisation, partitionnement et placement de manière explicite. C'est donc à l'utilisateur que revient la charge de formuler son application sous la forme d'un graphe de tâches communicantes, et de l'implanter sur le graphe de processeurs constitué par la machine cible. Lors du téléchargement du programme, quand les informations vont parvenir sur l'emplacement $TRAM_0$, le code correspondant aux tâches que l'utilisateur a choisi de placer sur ce module sera stocké dans la mémoire de ce TRAM. Les informations restantes, informations de routage et code des autres tâches, seront envoyées en sortie sur le lien 2 de ce module, ce qui permettra au $TRAM_1$ de les recevoir. Il mémorisera le code des tâches qui lui sont allouées, et propagera le reste en sortie. Ainsi l'ensemble des processeurs recevra le code qui lui était destiné.

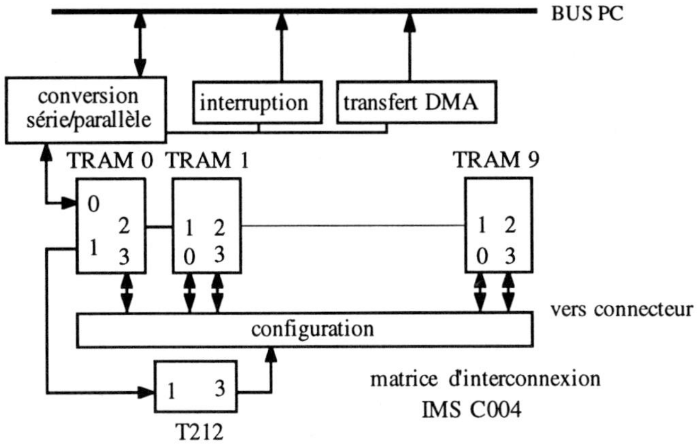

Figure 7.21 : Organisation interne d'une carte à Transputer.

Sur la carte présentée figure 7.21, les différents TRAM sont reliés sous une forme pipeline. Nous pouvons étendre les capacités d'interconnexion en utilisant les différents liens parvenant à la matrice Crossbar IMSC004.

7.4.2. Le module vectoriel TRAM d'Inmos

Ce module associe les performances scalaires du Transputer T800, avec les performances vectorielles du processeur Zoran ZR34325. Ces deux processeurs exécutent leurs instructions concurremment. Le ZR34325 a comme principales caractéristiques celles précisées figure 7.22.

- plusieurs unités fonctionnelles pouvant fonctionner en parallèle :
  — une unité de transfert pour les échanges de scalaires ou de vecteurs avec la mémoire : les modes d'adressage comprennent : adressages 1D, 2D, *bit reverse*, buffer circulaire, ...
  — une unité de contrôle pour les opérations logiques et arithmétiques entières,
  — une unité vectorielle,
  — une unité de décodage des instructions, file d'attente de 4 instructions,
  — une unité interface bus permettant au processeur Zoran d'être soit le maître du bus soit un esclave ; taux de transfert : 60 Moctets/s,
- une horloge à 25 MHz,
- un bus d'adresse de 24 bits,
- un bus de données de 32 bits,
- des possibilités d'interruptions internes et externes,
- une mémoire interne qui comprend soit 64 complexes de 32 bits (128 réels de 32 bits), soit 2 sections de 32 complexes de 32 bits (64 réels de 32 bits). La table CLUT (*Coefficient Look-Up Table*) contiendra 1024 coefficients complexes pour la réalisation de FFT, DFT, etc.

Figure 7.22 : Principales caractéristiques du processeur Zoran ZR34325.

Le jeu d'instructions du processeur Zoran comprend des instructions de mouvements de données, des instructions arithmétiques qui incluent des opérations classiques sur des vecteurs ou des matrices (addition, multiplication, etc.) mais aussi des opérations de traitement du signal (filtrage (FIR, IIR), transformations (FFT, DFT, IFFT, IDFT)). Ce jeu d'instructions comprend également des instructions de contrôle du u programme : appel à sous-programmes, saut conditionnel ou non, restitution du contexte, etc. Les caractéristiques principales de ce eur vectoriel sont 2 Moctets de mémoire locale au transputer, 256 oire double accès permettant les échanges entre le transputer et le processeur Zoran ainsi que l'existence de bibliothèques vectorielles.

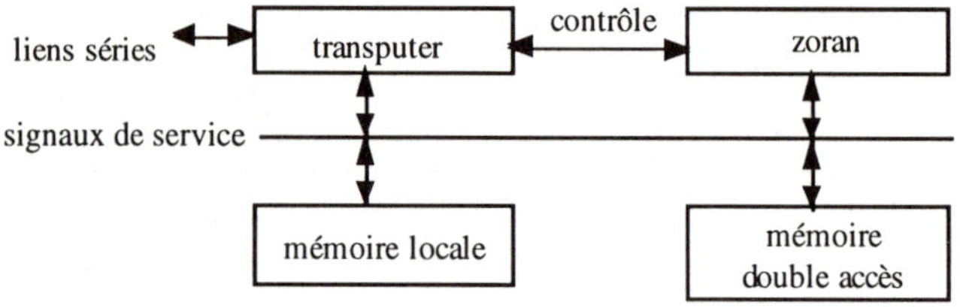

Figure 7.23 : Association transputer et processeur vectoriel Zoran.

Les performances maximum de cette machine présentée sur la figure 7.23 sont les suivantes : 3,5 Mflops scalaires sur le T800 à 25 MHz et 37,5 Mflops, 25 Mips en performance crête pour le traitement vectoriel.

7.4.3. Association transputer/IMSA100

Le composant d'Inmos, l'IMSA100 , permet l'implantation d'un filtre numérique transverse. La figure 7.24 présente la forme générale d'un filtre transverse (à gauche) ainsi qu'une forme équivalente (à droite).

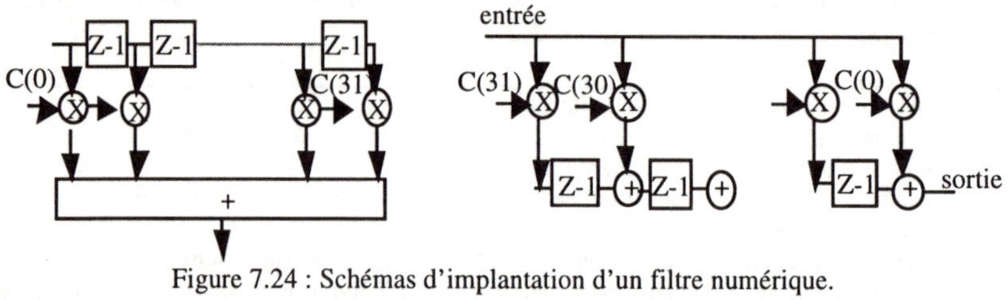

Figure 7.24 : Schémas d'implantation d'un filtre numérique.

Cette seconde réalisation est une forme pipe-line du filtre. Elle est implantée dans l'architecture interne de l'IMS A100 (fig. 7.25).

L'IMS A100 comprend un étage pipe-line de 32 multiplieurs permettant la multiplication d'une donnée 16 bits avec un coefficient mémorisé dans des registres et deux mécanismes d'entrée de données, soit à travers des ports d'entrée/sortie, soit à travers le bus d'interface. Les communications à travers l'interface mémoire sont deux à quatre fois plus lentes que celles utilisant les ports d'entrée/sortie. Il comprend également deux mécanismes de sortie de données, soit à travers un port de sortie, soit à travers des registres (plus lent). Les registres sont organisés sous la forme de deux bancs permettant de mémoriser les coefficients courants tout en permettant au processeur de contrôle de mettre à jour une nouvelle copie de ces coefficients à travers l'interface mémoire. Enfin cette architecture comprend un opérateur retard ainsi qu'un additionneur permettant de réaliser des filtres transverses

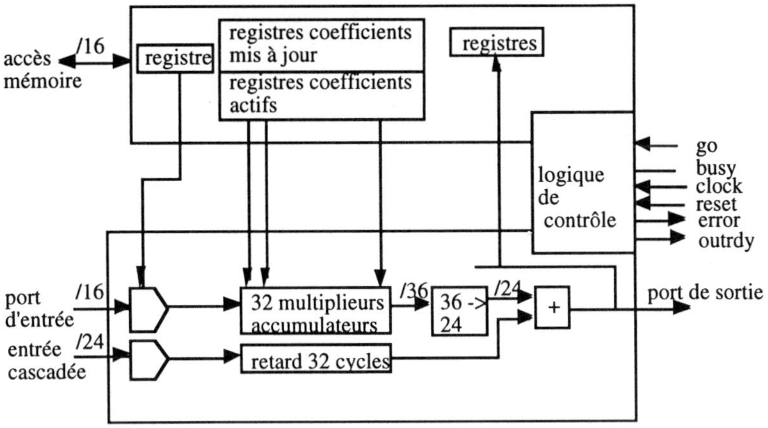

Reset : reset du système.
Error : débordement de capacité.
Busy : échange des deux banques de registres de coefficients.
Go : début d'un cycle écriture de données, calcul, lecture du résultat. Dans un système ou plusieurs IMS A100 sont cascadés, un de ceux-ci, le maître, positionnera cette sortie lorsqu'il aura reçu des données.

Outrdy : le résultat du calcul est disponible.
Clock : elle contrôle les entrées sorties ainsi que la progression des données dans le réseau de multiplieur accumulateur.

Figure 7.25 : Organisation interne du composant IMS A100.

plus longs. La sortie d'un composant est alors connectée directement à l'entrée cascadée du suivant. A chaque étage la donnée d'entrée est multipliée par un coefficient stocké en mémoire, le résultat étant additionné à la sortie de l'étage précédent retardée d'un temps d'horloge. La figure 7.26 illustre une association transputer/IMS A100.

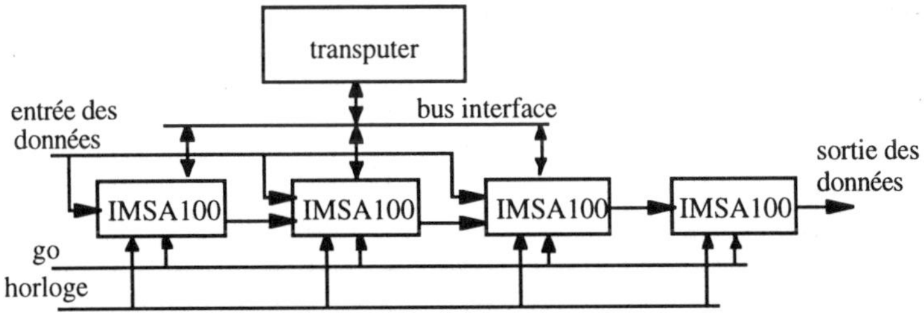

Figure 7.26 : Association Transputer et IMS A100.

Considérons, à titre d'exemple [Inm89], l'exécution d'une convolution 3x3 sur une image 20x20 pixels (fig. 7.27). De telles opérations sont utilisées en traitement d'images pour le filtrage, la détection de contours, etc. Ces 9 coefficients du masque vont être chargés dans les registres coefficients de l'IMSA100, de la manière présentée sur la figure 7.28. On peut remarquer que 23 registres contiennent la valeur 0 ; leur disposition est liée à la manière dont le composant va être alimenté en données.

a	d	g	Coefficients du masque de convolution 3x3
b	e	h	
c	f	i	

Figure 7.27 : Coefficients d'un filtre 3x3.

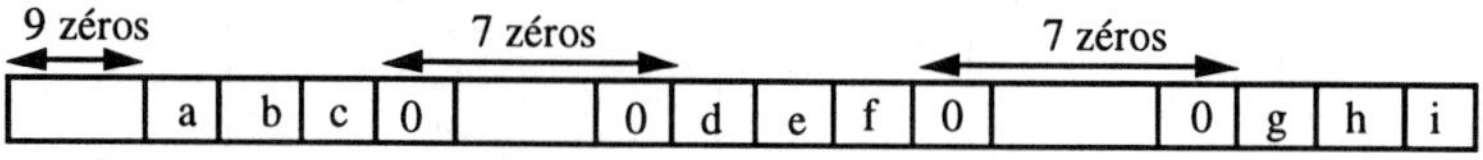

Figure 7.28 : Contenu des registres coefficients de l'IMS A100.

Appelons pixel (i, j) un pixel avant traitement et pixel'(i, j) la valeur de ce même pixel après traitement, on aura :

$$\text{Pixel}'(i, j) = a\ \text{pixel}(i-1, j-1) + b\ \text{pixel}(i, j-1) + c\ \text{pixel}(i+1, j-1) + d\ \text{pixel}(i-1, j) + e.\text{pixel}(i, j) + f\ \text{pixel}(i+1, j) + g\ \text{pixel}(i-1, j+1) + h\ \text{pixel}(i, j+1) + i\ \text{pixel}(i+1, j+1)$$

L'approche proposée est une approche pipe-line, les échantillons traversent l'IMS A100 et, au fur et à mesure de leur progression, l'opération de somme accumulée est réalisée. Certaines sorties seront erronées et ne seront pas prises en compte par le processeur de contrôle. Les autres correspondent à la valeur des échantillons après filtrage. Avec le mode de balayage proposé dans la figure 7.29, 80 % des valeurs sortant du composant sont valides.

Les différents échantillons de l'image 20x20 vont être chargés dans l'IMS A100 dans l'ordre suivant. Tout d'abord le pixel (0, 0) puis le pixel (1, 0) et ainsi de suite jusqu'au pixel (9, 0) qui lui sera suivi par les pixels (0, 1), (1, 1) ... (9, 1) (0, 2) et ainsi de suite jusqu'au pixel (9, 9). Dix pixels d'une colonne seront ainsi communiqués au composant avant de passer à la colonne suivante. Ce balayage des 10 premières lignes permet de traiter les 9 premières rangées.

Pix 0, 0	Pix 0, 1							Pix 0, 18	Pix 0,19
Pix 1, 0	Pix 1, 1								
Pix 9, 0	Pix 9, 1							Pix 9, 18	Pix 9,19
Pix 19, 0									Pix 19,19

Figure 7.29 : Mode de séquencement des accès à la mémoire.

CHAPITRE 8

Parallélisme et traitement du signal et de l'image

Dans le cadre de ce chapitre nous allons introduire globalement le parallélisme et l'appliquer au domaine de l'image, puis à celui du traitement du signal. Le domaine de l'image sera abordé par les voies du traitement et de la synthèse. Le traitement d'images et la synthèse d'images seront présentés et des exemples d'implantation parallèle seront donnés. Le parallélisme pour le domaine du traitement du signal sera illustré sur une application d'annulation d'écho acoustique.

8.1. Comment paralléliser

8.1.1. Introduction

Un calculateur parallèle peut se représenter sous la forme d'un graphe matériel, pour lequel les sommets sont constitués par les processeurs et les liaisons par les chemins de communications inter-processeurs. Les processeurs peuvent être plus ou moins nombreux et associés de différentes manières : bus partagé, hiérarchie de bus, réseau point à point, association de bus et de réseau point à point. Le problème de l'implantation d'une application parallèle sur une telle machine revient à trouver le schéma de parallélisation le plus en adéquation avec l'architecture. Nous pourrons réaliser ce travail à la main ou le confier au compilateur. Ce travail comprend trois étapes : la parallélisation, le partitionnement et le placement. Le graphe d'opérations obtenu après parallélisation sera partitionné et placé sur le graphe de processeurs. Il s'agira alors d'ordonnancer les tâches sur les différents processeurs et de gérer les communications inter-tâches. Ceci sera généralement confié à un exécutif.

L'étape de parallélisation aboutit à extraire de l'algorithme, par analyse des dépendances, du parallélisme, voire le parallélisme maximal. Nous avons ensuite à implanter le programme ainsi obtenu sur la machine cible. Cette implantation passe par deux étapes, partitionnement puis placement.
Lors de l'étape de partitionnement/placement, nous allons regrouper les différentes instructions en agrégats d'instructions définissant ainsi des tâches. Le niveau de granularité de la tâche ainsi obtenue doit être en rapport avec la granularité du

processeur élémentaire. La tâche est une entité regroupant des opérations s'exécutant de manière séquentielle, tandis que l'ensemble des tâches peut être exécuté de manière parallèle en échangeant éventuellement des données. Les tâches de granularité forte seront caractérisées par un rapport temps de calcul à temps de communication grand, tandis que les tâches de granularité faible le seront par un rapport faible. Les tâches ainsi obtenues seront placées afin d'être exécutées sur les processeurs disponibles.
Le but de ces deux étapes est de faire évoluer la notion de parallélisme maximal issue de l'étape de parallélisation vers une notion de parallélisme suffisant effectivement utilisable sur la machine cible.

Nous décrivons dans les lignes suivantes, un scénario enchaînant ces différentes étapes. A l'issue de l'étape de parallélisation, le graphe qui est la composition d'un ensemble de noeuds reliés par des arcs, sera valué : chaque arc et chaque noeud est affecté de coûts. Les fonctions de coût qui sont associées aux noeuds modélisent un coût d'exécution de ceux-ci, tandis que les fonctions de coût liées aux arêtes expriment le volume d'informations à échanger entre les noeuds reliés par cette arête. Pour une architecture cible, après partitionnement et placement du graphe, on peut mesurer le temps d'exécution soit lors de l'exécution soit de manière prévisionnelle, c'est-à-dire sans exécution mais en tenant compte d'informations modélisant la puissance du processeur à calculer et à communiquer.
Nous pourrons également calculer alors l'accélération apportée par la machine, comme étant le rapport entre les temps d'exécution de la version séquentielle, Tseq et de la version parallèle, Tpar [Hwa84] :

$$\text{accélération} = \frac{\text{Tseq}}{\text{Tpar}}.$$

Nous pourrons également définir l'efficacité comme étant le rapport entre l'accélération et le nombre de processeurs N mis en œuvre :

$$\text{efficacité} = \frac{\text{accélération}}{\text{N}}.$$

Par rapport au temps idéal d'exécution, défini comme le temps séquentiel divisé par le nombre de processeurs, ce temps d'exécution effectif, mesuré ou prévu, permet d'évaluer les dégradations introduites par la gestion des tâches et des communications. Celles-ci se produisent lorsque deux noeuds du graphe primitif, liés par une dépendance de données, se trouvent placés dans deux tâches distinctes dans deux processeurs différents. Dans certains cas, cette dégradation est telle qu'une diminution du temps d'exécution de l'algorithme passe par une réduction du parallélisme. On peut ainsi être amené à partitionner différemment le graphe et à regrouper dans une même tâche des opérations dont le déroulement est potentiellement parallèle. On peut aussi être conduit à modifier le placement et à placer sur un même processeur des tâches fortement communicantes. Si l'on désire atteindre un certain temps d'exécution, on regroupera les opérations jusqu'à satisfaire les contraintes. Ce sera le cas lorsqu'on voudra exécuter l'algorithme sous contrainte de temps réel. Enfin, pour tenir compte du contexte d'exécution et équilibrer la charge de calcul des différents processeurs, on pourra, à partir d'un placement initial proposé par le compilateur, faire migrer les tâches d'un processeur à un autre.

Nous allons illustrer ce problème de dégradation à travers un exemple, en faisant un certain nombre d'hypothèses. Le partitionnement a permis d'aboutir à N tâches d'égale importance, les communications inter-tâches ayant toutes le même volume de données et toutes les tâches échangeant ce volume d'informations avec toutes les autres. On supposera qu'au niveau de la réalisation des communications celles-ci doivent suivre la phase de calcul, une tâche ne pouvant communiquer simultanément avec plusieurs autres tâches. Enfin, nous négligerons la dégradation apportée par la gestion des tâches en temps partagé sur un même processeur et supposerons que les communications ne sont pas bloquantes au niveau du déroulement des tâches. L'exécution d'une tâche se traduira par un temps d'exécution T, le nombre de données à transférer se traduira par un temps de communication C.

Pour une machine cible donnée, composée d'un seul processeur le temps d'exécution Tseq aura pour valeur :

$$Tseq = NT.$$

Considérons alors le cas de deux processeurs, le premier recevant n tâches, le second N-n tâches. Le temps de calcul de l'algorithme parallélisé Tpar implanté sur ce multiprocesseur peut s'exprimer de la manière suivante :

$$Tpar = T \max(N-n, n) + C(N-n)n .$$

Le partitionnement que nous choisirons, en définissant la granularité des tâches à placer sur les processeurs, conditionne le rapport T/C. Nous pouvons constater qu'en fonction du rapport T/C, le coût des communications peut être relativement négligeable. Ainsi, pour N=100, T=100, n=N/2, C=1 Tseq= 100000 Tpar= 5250, l'accélération vaut alors 1, 90, valeur qui est proche de celle maximale de 2.
Ou bien le poids des communications peut être tel par rapport à celui du calcul, qu'une solution parallèle est à bannir. Si l'on a N=100, T=100, n=N/2, C=80, Tseq= 100000, Tpar= 10000, l'accélération vaut 1. On n'a donc aucune accélération apportée par le passage à une architecture bi-processeur. En poussant à l'extrême ce raisonnement, on constate qu'il existe des cas de figure pour lesquels une solution parallèle offre des performances temporelles inférieures à celles qu'offrirait une solution monoprocesseur.

On peut diminuer l'importance de la dégradation apportée par la gestion des communications en modifiant les moyens architecturaux ou en mettant en place des artifices logiciels.
Sous la première rubrique, moyens architecturaux, on pourra augmenter la rapidité des moyens de communication, réaliser simultanément calcul et échange, disposer de plusieurs supports physiques permettant de faire plusieurs échanges simultanément, intégrer des gestionnaires de communication, avoir un réseau programmable (dynamique) et non pas fixe (réseau statique). On pourra aussi hiérarchiser le réseau en constituant la machine cible sous la forme de grappes de processeurs. A l'intérieur d'une grappe, les processeurs sont fortement interconnectés et recevront donc des tâches fortement communicantes. Deux grappes différentes seront faiblement

interconnectées et recevront des grappes de tâches pour lesquelles les communications inter-grappes sont peu nombreuses. Sous la deuxième rubrique, artifices logiciels, on pourra procéder à la duplication des données et des tâches, la modification de l'algorithme à implanter, etc.

8.1.2. Mise en œuvre du parallélisme

8.1.2.1. Parallélisation

Distinguons tout d'abord les notions de parallélisme explicite et parallélisme implicite associées aux langages impératifs, c'est-à-dire les langages possédant des notions de séquencement. Sous le terme de parallélisme explicite on entend la capacité de l'utilisateur, à exprimer le parallélisme. Dans ce cas, le programmeur dispose de constructeurs parallèles, par exemple *parbegin, parallel case, doall, ...*
Dans le cadre d'une mise en œuvre implicite, des outils automatiques extraient à partir d'une représentation séquentielle du programme, le parallélisme. L'intérêt principal de cette démarche est de pouvoir porter automatiquement, sur des machines parallèles, des programmes existants. Son inconvénient majeur, est la difficulté d'extraire un parallélisme en adéquation avec la machine cible. Sous ce terme de parallélisme implicite on rencontre également des langages déclaratifs où la notion d'enchaînement temporel a disparu, comme par exemple les langages logiques.

Développons cette notion d'extraction du parallélisme. Un programme est l'association d'un certain nombre d'instructions qui traitent des données et fournissent des résultats. Ces instructions sont effectuées les unes après les autres dans un ordinateur séquentiel car celui-ci ne dispose pas des ressources permettant d'en exécuter plusieurs simultanément.
Lorsque ces ressources sont en nombre plus important, on peut essayer d'exécuter simultanément plusieurs opérations. Toutefois cette mise en œuvre parallèle doit aboutir aux mêmes résultats que la version séquentielle. L'ordre des opérations d'un programme écrit à l'aide de langages parallèles ne peut donc pas être quelconque. En particulier, on ne peut pas, par exemple, intervertir l'ordre de deux instructions, lorsque l'une d'elle modifie une donnée lue par l'autre. On définit ainsi les conditions de Berstein qui introduisent la notion de dépendance.
Considérons deux instructions OP1 et OP2, faisant partie d'un même programme et accédant au même emplacement mémoire, on pourra faire apparaître quatre classes de dépendances :

— *dépendance vraie* : OP1 modifie un emplacement mémoire lu par OP2 .

Ex : X := Y + Z (OP1)
A := X + B (OP2)

On parlera aussi de dépendance producteur/ consommateur.

— *antidépendance* : OP1 lit un emplacement modifié par OP2.

Ex : X := Y + Z (OP1)
Y := A x B (OP2)

On parlera aussi de dépendance consommateur/ producteur.

— *dépendance de sortie :* OP1 et OP2 modifient le même emplacement .

Ex : X := Y + Z (OP1)
X := A x B (OP2)

On parlera aussi de dépendance producteur/ producteur.

— *dépendance de contrôle* : l'exécution d'une instruction dépend du résultat de l'évaluation du résultat d'une autre.

Ex : X := Y + Z (OP1)
    si X >0 alors A := B + C (OP2)
    sinon A := B + 1
    fsi

Dans certains cas, l'évaluation de la condition ne peut pas se faire au moment de la compilation ; on ne peut pas alors procéder à la parallélisation éventuelle.

Lorsque les opérations ne sont pas dépendantes, elles peuvent indifféremment être exécutées l'une avant l'autre, et les programmes exécutés avec OP1 avant ou après OP2 rendent le même résultat. On peut remarquer que, pour que deux instructions puissent s'exécuter en parallèle, il faut qu'elles puissent disposer de leurs propres ressources de traitement. En effet, si OP1 et OP2 nécessitent une ressource présente en un seul exemplaire dans la machine, les deux opérations doivent être exécutées l'une après l'autre. Ce qui peut se faire entre opérations élémentaires peut également être effectué entre groupes d'instructions. Prenons le cas d'une boucle que l'on désire paralléliser :

```
pour I depuis 1 à N faire
OP1 :      A(2I - 1) := B(I)
OP2 :      C(I) := A(I + 2) + D(I)
fait
```

On peut bien évidemment essayer d'exécuter OP1 et OP2 en parallèle tout en gardant la séquentialité des différentes itérations. Ceci nous ramène à tester la dépendance de ces deux instructions pour un même indice I. Ceci donne pour l'exemple précédent une dépendance vraie si A(2I - 1) = A(I + 2) donc si I=1.

On pourra également vouloir exécuter en parallèle les différentes itérations de la boucle. On est alors amené à considérer les différentes itérations comme autant d'instructions, et à calculer les dépendances entre celles-ci.

On peut également être amené à réaliser un certain nombre de transformations de programme afin de faciliter la détection du parallélisme en supprimant des fausses dépendances. Ces transformations comprennent l'éclatement de boucles, la substitution, le renommage, l'éclatement d'instructions, ... [Fea88]. Ainsi par renommage de variables on transformera le programme 1 en programme 2 dans lequel l'anti-dépendance entre les opérations 1 et 2 a été supprimée.

Programme 1	Programme 2
op1 : X := Y + Z ;	op1 : X := Y + Z ;
op2 : Y := A * B ;	op2 : R := A * B ;

Le but de la première étape de la parallélisation est donc de détecter ces dépendances.

8.1.2.2. Partitionnement, placement

Suite à l'étape d'extraction de parallélisme, le rôle de l'étape de partitionnement est de regrouper sous forme de tâches les différentes opérations. Si l'on considère

l'algorithme parallélisé et partitionné sous la forme d'un graphe de tâches, le placement revient à essayer d'inclure ce graphe dans un graphe de processeurs tout en satisfaisant les contraintes.
Durant cette étape on regroupe les opérations dont les dépendances sont les plus coûteuses au niveau de la réalisation de l'échange. Plus nous aurons une granularité fine de ces tâches, plus nous exploiterons le parallélisme de l'algorithme, avec comme conséquence la mise en place d'un certain nombre de communications. La dégradation des performances due à la gestion de ces communications pourra nous conduire à choisir une granularité plus forte, avec comme conséquence de prendre en compte moins de parallélisme que celui théoriquement utilisable ; ce qui nous conduit à nous poser la question suivante : peut on définir la granularité optimale d'une tâche?
On peut constater que les tâches ne peuvent pas avoir des tailles quelconques ; il est irréaliste d'imaginer pouvoir faire une variation continue de la taille des tâches selon un pas que l'on peut définir. De plus, les tâches n'ont pas nécessairement toutes la même taille. Lors de l'exécution des tâches, la gestion de celles-ci dépend du partitionnement réalisé (les volumes des communications inter-tâches dépendent du partitionnement réalisé). Cela signifie que l'on ne peut dire si le partitionnement est bon qu'après exécution et donc après le placement. Enfin, on peut également regrouper les opérations avec la volonté d'obtenir des paquets d'égale importance au niveau temporel, ou bien ayant une durée inférieure à un temps T imposé.

Cette étape de partitionnement/placement se fait souvent sous contrainte. Les contraintes les plus souvent rencontrées comprennent les contraintes temporelles imposées sur le temps d'exécution du programme (temps réel), les contraintes de coût relatives à un nombre imposé de processeurs, les contraintes géographiques par exemple pour ce qui concerne certaines tâches d'entrée/sortie, afin qu'elles soient placées sur les processeurs qui contrôlent effectivement ces entrées/sorties. Ces contraintes ne constituent pas une liste exhaustive. Par exemple, dans beaucoup d'applications, le temps réel n'est pas imposé et l'on souhaitera trouver le placement permettant d'aller le plus vite possible.

D'une manière plus générale, la résolution du problème de placement passe par la définition d'une fonction de coût globale [And88], [Sto87] prenant en compte à la fois les coûts d'exécution des tâches liés à la puissance de traitement du processeur retenu, les coûts de communication dépendant des mécanismes de communication mis en place et les coûts induits par des contraintes telles que réunir certaines tâches.

8.1.2.3. Quelques approches de partitionnement placement

Lors de l'implantation d'un programme parallélisé et partitionné en tâches, on peut aussi bien utiliser un seul processeur (l'occupation temporelle de la machine est partagée entre les différentes tâches : notion de temps partagé) qu'un multiprocesseur. On pourra alors avoir ou non autant de processeurs que de tâches. On peut envisager trois stratégies. Dans une première stratégie, les tâches en attente peuvent indifféremment être exécutées par n'importe lequel des processeurs. Dans une seconde stratégie, les tâches sont attribuées à un processeur particulier qui partage son temps entre les différentes tâches qui lui ont été allouées. Autre possibilité, certaines tâches spécifiques, comme la gestion de certaines ressources (disque, interface réseau, ...) sont attribuées à un processeur spécifique. Pour les autres cas on est ramené à la première stratégie.

Au niveau du partitionnement/placement, on peut distinguer trois techniques :
— Partitionnement et placement au moment de la compilation ; on aboutit à un résultat statique qui ne peut pas être modifié dynamiquement en fonction d'événement (ex : surcharge d'un des processeurs du réseau). Le partitionnement/placement optimal pourra se faire en définissant une fonction de coût et en essayant de la minimiser, ou de la rendre égale à une certaine valeur (cas du temps réel). Par contre cette technique n'introduit pas de temps supplémentaire lors de l'exécution du programme puisque dès le début les tâches sont résidentes sur les processeurs.
— Partitionnement au moment de la compilation et placement lors de l'exécution ; la définition des tâches est faite lors de la compilation, donc de manière statique, mais on attendra l'exécution pour placer dynamiquement les tâches sur le réseau. Cette solution permet de mieux répartir les tâches sur le réseau sans trop dégrader les performances lors de l'exécution du programme et paraît être une démarche satisfaisante. Le problème sera alors de déterminer lors de la compilation quel est le partitionnement qui conduira au temps imposé pour un algorithme donné et pour un multiprocesseur donné. Dans ce chapitre nous présenterons une méthode, le *farming*, qui s'apparente à cette démarche. Nous pouvons aussi citer la migration de tâches en cours d'exécution, qui est aussi une méthode permettant de satisfaire un bon équilibrage de charges entre les différents processeurs.
— Partitionnement et placement lors de l'exécution ; cette méthode permet de prendre en compte des informations disponibles au moment de l'exécution mais introduit un facteur de dégradation très important à moins de choisir des algorithmes de partitionnement et de placement très simple.

Certaines solutions passent par la duplication de tâches qui aboutissent globalement à faire diminuer le temps d'exécution. Considérons un graphe (fig. 8.1) pour lequel les sommets représentent des tâches et les arcs des échanges d'information. Le coût de ces échanges est égal à Cij, coût de la communication entre la tâche i et la tâche j. Supposons que ces tâches soient placées sur un biprocesseur avec le processeur 1 recevant les tâches 1, 2, 3, 4, 5 et le processeur 2 recevant les tâches 6, 7, 8 (fig. 8.2). Sur la partie droite de la figure 8.3 on a représenté ce que deviendrait l'occupation temporelle des processeurs, si la tâche 1 était dupliquée sur le deuxième processeur. On peut constater que cela permet d'obtenir un temps d'exécution t2 inférieur au temps t1 obtenu sans duplication.

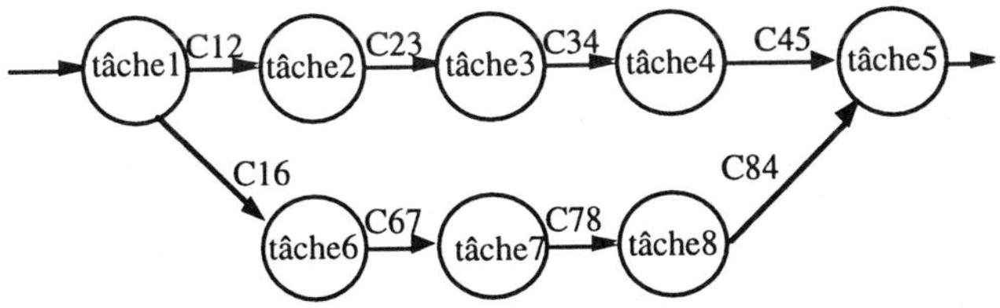

Figure 8.1 : Exemple de graphe de tâches communicantes.

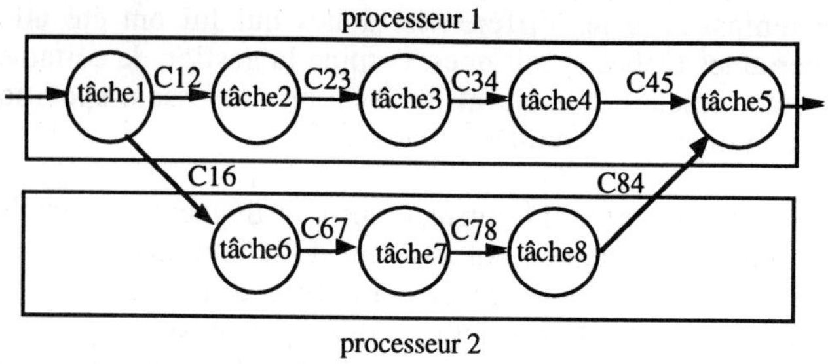

Figure 8.2 : Exemple de placement des tâches

En conclusion le problème que nous allons rencontrer lorsque nous voulons implanter un programme sur un multiprocesseur peut se résumer à la recherche d'une adéquation entre la granularité des tâches et celle des processeurs. Que doit-on adapter? La granularité du programme tout en sachant qu'il est irréaliste d'imaginer une variation continue de la taille des tâches et que si la taille des tâches devient trop petite par rapport à la machine, on va perdre du temps dans les mécanismes de gestion de tâches et de communication. La granularité de la machine tout en sachant que la plupart du temps le modèle du multiprocesseur est imposé et que nous ne disposons pas de la machine idéale. Celle-ci pourrait être caractérisée par un nombre infini de processeurs de granularité correspondant à celle des tâches obtenues, un réseau totalement maillé permettant à chaque processeur de dialoguer directement avec n'importe quel autre. Ou bien ne doit-on pas chercher un compromis ? Une solution serait de dire qu'un bon programme devrait avoir une granularité assez forte pour convenir à plusieurs machines tandis qu'un bon multiprocesseur doit avoir une granularité assez fine pour convenir à plusieurs programmes.

Figure 8.3 : Exemple de duplication de tâches ; occupation temporelle des deux processeurs.

8.1.3. Quelques langages parallèles

8.1.3.1. Introduction

Le tableau de la figure 8.4 présente une classification de quelques langages en fonction de leur manière (explicite ou implicite) à réaliser la parallélisation, le partitionnement ainsi que le placement. Ces langages de programmation peuvent être associés à des outils permettant, lorsque ce n'est pas le cas avec le langage, de réaliser ces travaux de manière automatique.

langages	parallélisme	partitionnement	placement
fortran parallèle d'IBM	explicite	implicite	implicite
Ada	explicite	explicite	implicite
Occam	explicite	explicite	explicite
Lisp	implicite	implicite	implicite

Figure 8.4 : Classification de quelques langages.

8.1.3.2. Quelques constructeurs parallèles

Une possibilité pour exprimer le parallélisme est d'utiliser les constructeurs *Fork* et *Join*. L'exécution de Fork dans un processus père crée un nouveau processus et provoque l'incrémentation d'un compteur d'un nombre égal à celui des processus que l'on va créer. Ce processus père continue après en séquence.

Le constructeur Join permet de synchroniser les différents processus. L'exécution de ce constructeur provoque la "décrémentation" du compteur. Lorsque celui-ci atteint 0, le processus suivant est exécuté. Dans l'exemple présenté sur la figure 8.5, le processus 1 crée un processus 2 à une certaine adresse adr. Le compteur qui est utilisé pour la synchronisation de ces deux processus se trouve à l'adresse compt. Lorsque ces deux processus seront terminés, on commencera le processus 3.

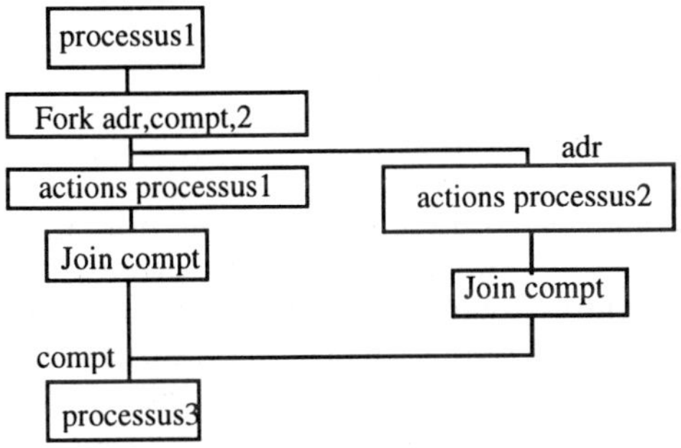

Figure 8.5 : Description des constructeur Fork et Join.

Une autre possibilité d'expression du parallélisme est l'utilisation du constructeur *cobegin / coend* (fig. 8.6).

```
begin
P1
cobegin
  P1
  begin P4, P5, end
  P3
coend
end
```

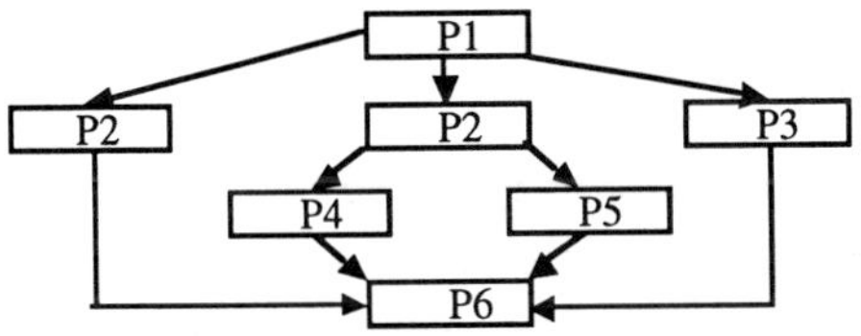

Figure 8.6 : Exemple d'utilisation des constructeurs *cobegin, coend.*

8.1.3.3. Occam

Occam [Inm88] est un langage permettant la construction de programmes à partir de primitives simples regroupées à l'aide de constructeurs. Le mode de parallélisme supporté permet la définition de tâches asynchrones et communiquant par envoi de messages en mode rendez-vous. Occam ne permet pas le partage de variables entre processus. Parallélisation, partitionnement et placement se font de manière explicite. Le canal est l'objet supportant la notion de messages. Un canal peut transporter des types simples, par exemple la déclaration d'un canal nommé *screen* de type *byte*: *chan of byte screen.*

Un canal peut aussi véhiculer des informations selon un protocole défini par l'utilisateur. On peut ainsi définir un protocole qualifié de séquentiel pour lequel par exemple les informations sont constituées de deux réels codés sur 64 bits.

PROTOCOL essai IS REAL64 ; REAL64 ;
chan of essai canal1 ;

On peut aussi définir des protocoles où selon la nature d'un drapeau, les informations sont par exemple soit deux réels codés sur 64 bits, soit un caractère.

PROTOCOL essai
CASE
drapeau1 ;REAL64 ;REAL64 ;
drapeau2 ;CHAR ;
:
chan of essai canal1 ;

Un programme Occam est constitué de processus primitifs associés à l'aide de constructeurs. On a ainsi quatre processus primitifs : l'assignation ; la communication : en entrée symbolisée par ?, en sortie symbolisée par ! ; le processus SKIP : processus qui commence, ne fait rien, s'arrête ; le processus STOP : processus qui commence, ne fait rien, ne s'arrête jamais.
Les constructeurs sont pour la plupart présents dans tous les langages informatiques. Parmi ceux-ci on peut citer les constructeurs : IF : les processus s'exécuteront ou non selon le test d'une condition ; CASE : parmi les différents processus possibles, on choisira celui dont la condition est valide ; WHILE : le processus sera exécuté tant qu'une condition sera vérifiée ; SEQ : les processus ainsi enchaînés s'exécuteront en séquence ; PAR : les processus ainsi enchaînés s'exécuteront en parallèle ; ALT : parmi les processus gardés par différentes conditions, on en choisira un, etc.

De plus un programme constitué de plusieurs tâches peut indifféremment être exécuté sur un ou plusieurs processeurs. Il suffira pour cela d'ajouter au programme exécuté sur un processeur, quelques lignes dans lesquelles on précise le placement des tâches sur les différents processeurs, ainsi que la correspondance entre les liens logiques (emplacement mémoire émulant le fonctionnement d'un lien physique) utilisés lorsque toutes les tâches étaient sur le même processeur, et les liens réels reliant les différents processeurs.

```
PAR
  calcul 1(lien 1, lien 2)
  calcul 2(lien 2, lien 3)
  calcul 3(lien 3, lien 4)
```

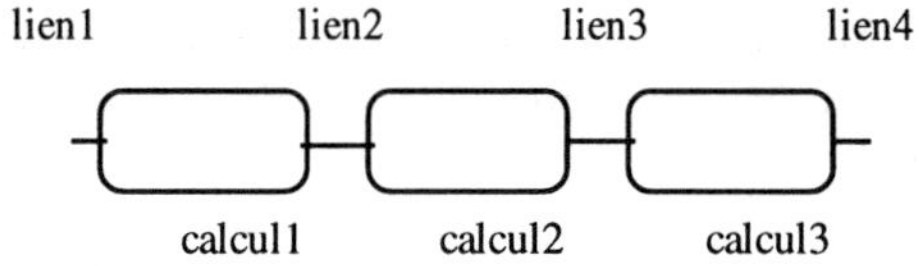

Figure 8.7 : Illustration de l'utilisation des canaux.

Montrons maintenant les relations existant entre canaux Occam et liens Transputer. Considérons par exemple un programme constitué de 3 processus calcul1, calcul2, calcul3, s'exécutant en parallèle et échangeant des informations à travers des liens logiques appelés lien1, lien2, lien3, lien4, lien5, lien6. Nous ne préciserons ni le contenu des différents processus, ni certaines déclarations. Les échanges de données entre ces différents processus sont représentés sur la figure 8.7. Ce fichier sera compilé, les informations de routage seront insérées dans le fichier chargeable sur la machine constituée des trois processeurs (fig. 8.8.).

```
PLACED PAR
  PROCESSOR 1
    PLACE lien1 AT Linkin 0
    PLACE lien2 AT Linkout 1
    calcul1(lien1, lien2)
  PROCESSOR 2
    PLACE lien3 AT Linkin 2
    PLACE lien4 AT Linkout 1
    calcul2(lien3, lien4)
  PROCESSOR 3
    PLACE lien5 AT Linkin 2
    PLACE lien6 AT Linkout 1
  calcul3(lien5, lien6)
```

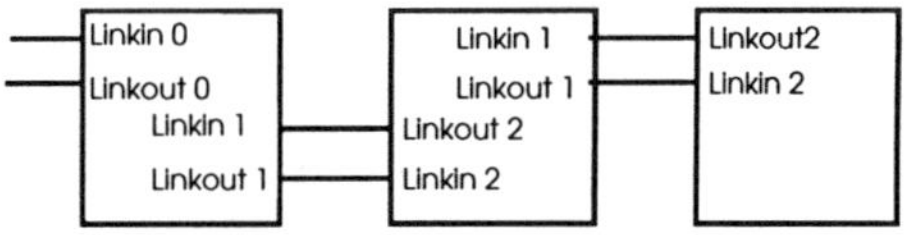

Figure 8.8 : Exemple de fichier d'implantation sur trois processeurs.

Si nous n'avons plus que deux processeurs et que nous décidons de placer sur le premier les tâches calcul1 et calcul2 et sur le deuxième processeur calcul3, le fichier s'écrira de la manière présentée sur la figure 8.9.

```
PLACED PAR
  PROCESSOR 1
    PLACE lien1 AT Linkin 0
    PLACE lien4 AT Linkout 1
    PAR
      calcul1(lien1, lien2)
      calcul2(lien3, lien4)
  PROCESSOR 2
    PLACE lien3 AT Linkin 2
    PLACE lien4 AT Linkout 1
calcul2(lien3, lien4)
```

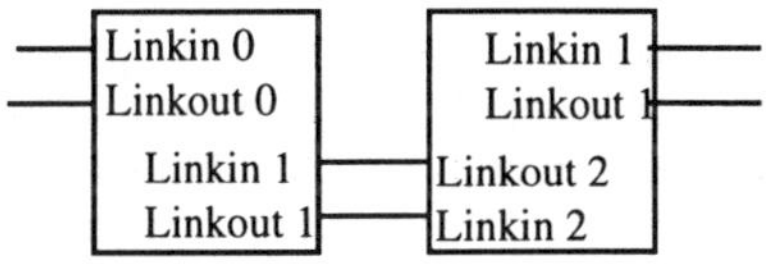

Figure 8.9 : Exemple de fichier d'implantation sur deux processeurs.

Après compilation, les tâches seront exécutées en temps partagé par un seul processeur. Les communications se font en utilisant la mémoire du Transputer et en simulant le mode de fonctionnement des liens physiques du Transputer : on parle de liens logiques.

Supposons maintenant que nous disposions de trois transputers et que nous désirions exécuter calcul1 sur le processeur1, calcul2 sur le processeur2, calcul3 sur le processeur3. Occam permet de ne pas changer le code des différentes procédures calcul1, calcul2, calcul3. On aura à éditer un programme contenant le code nécessaire au placement explicite des différentes tâches sur les différents processeurs, ainsi que celui des différents liens logiques sur les différents liens physiques. Les liens apparaissant sur la figure 8.8, Linkin0, Linkout0, Linkin1, Linkout0, Linkin2, Linkout2 sont les liens physiques des différents Transputer (chacun d'entre eux en possède 4).

8.1.3.4. Langages flot de données synchrones

Les langages flot de données synchrones sont basés sur le concept suivant. Pour qu'une opération soit réalisée, il faut que ses opérandes soient disponibles. Après la réalisation d'une instruction, les opérandes présents sur les entrées disparaissent tandis qu'un résultat est envoyé sur la sortie. Le temps séparant la production de la sortie de l'arrivée des entrées est nul.

Un programme écrit à l'aide d'un langage flot de données peut se représenter à l'aide d'un graphe, dans lequel les nœuds représentent les opérations à réaliser sur les données et les arcs les dépendances entre nœuds (fig 8.10). Un noeud peut être représenté sous la forme de paquets, chacun composé du code de l'instruction à réaliser, des opérandes et de l'identificateur du nœud suivant.

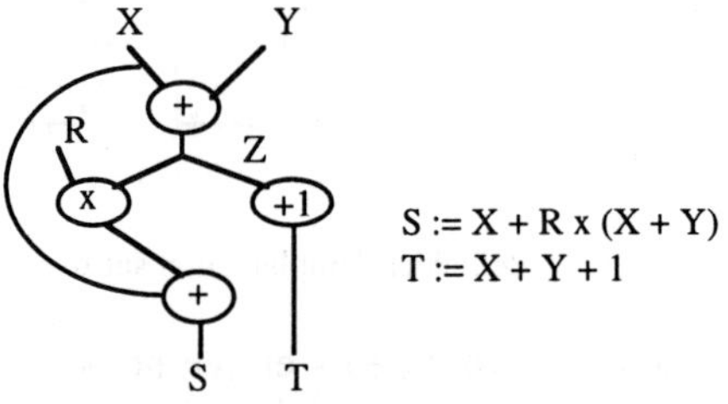

Figure 8.10 : Exemple de diagramme flots de données.

Ainsi, les langages flots de données permettent d'exprimer facilement le parallélisme présent dans les applications et facilitent l'interaction avec l'architecture. A l'opposé des calculateurs conventionnels pour lesquels l'exécution d'un programme se fait sous le contrôle d'une (machine séquentielle) ou de plusieurs (machine parallèle) flots de contrôle, l'exécution d'un programme dans un ordinateur flot de données se fait suivant la disponibilité des opérandes. Le séquencement du programme est directement lié au diagramme de dépendance des données. Les données échangées le sont directement sans utiliser des références (adresse) comme cela est le cas dans les ordinateurs conventionnels. Dans la suite de ce paragraphe, nous allons présenter un langage particulier : Signal.

Signal est un langage défini à l'Irisa [Bou91]. Il a été conçu pour la programmation synchrone de système temps réel. Un programme écrit en Signal l'est sous la forme d'un réseau de processus. Les dépendances de données seront exprimées par des arcs tandis que la description associée aux noeuds permettra de décrire fonctionnellement les calculs opérant sur les signaux reçus.

Un signal échangé entre deux processus est caractérisé par la suite ordonnée de ses valeurs ainsi que par son horloge qui donne les dates virtuelles auxquelles le signal est défini ; il n'y a pas d'horloge absolue. Les horloges permettent de calculer des relations temporelles entre les différents signaux. La gestion de ces signaux est assurée par les différents processus. Afin de constituer les équations de définition des signaux, nous disposons, entre autres, d'expressions arithmétiques, booléennes, pour lesquelles les horloges des signaux d'entrée et de sortie sont identiques. Nous disposons également d'expressions temporelles, pour lesquelles les horloges des signaux d'entrée et de sortie ne sont pas forcément identiques. Ces transformations sont exécutées en un temps nul : Signal a une vue chronologique et non chronométrique du temps.

Dans le tableau de la figure 8.11 on trouvera quelques instructions du langage.

signification de l'instruction	exemple
le retard, signifie : $X_t = Y_{t-1}$.	X := Y$1
la fenêtre glissante, signifie : $Xt = (Y_{t - a1 - a2 + 1}, ..., Y_{t - a1})$.	X :=Y $ a1 window a2
le filtre X := Y when B produit un signal du même type que Y, type quelconque, lorsque Y et B sont présents simultanément et que B, signal de type booléen, est vrai. On a noté ⊥ la valeur d'un signal lorsque celui ci n'est pas disponible, T pour *true*, F pour *false*	Y 1 4 2 8 5 ⊥ 4 ⊥ Z T F F T ⊥ T T T X := Y when B 1 ⊥ ⊥ 8 ⊥ ⊥ 4 ⊥
le mélange : X := Y default Z produit un signal X véhiculant Y et Z en fonction de leur disponibilité.	Y 1 4 2 8 5 ⊥ 4 ⊥ Z 5 8 2 5 ⊥ 2 6 7 X := Y when Z 1 4 2 8 5 2 6 7
l'obtention de l'horloge d'un signal : X := event Y	X := event Y Y 1 4 6 3 8 4 6 3 5 X T T T T T T T T T
la synchronisation, synchro X, Y oblige les deux signaux à avoir la même horloge.	
le compteur : permet de compter le nombre d'occurrences d'un signal (instruction A := #X), depuis la dernière occurrence d'un autre signal en ne comptant pas les occurrences simultanées des deux signaux (instruction A := #X after Y), en comptant les occurrences simultanées des deux signaux (instruction A := #X from Y).	X F F T T T T F T Z F T Y T ⊥ F ⊥ T ⊥ F F ⊥ T F A := # X ⊥ ⊥ 1 2 3 4 Z 5 ⊥ 5 6 A := # X from Y 0 ⊥ 1 2 1 2 ⊥ 3 ⊥ 0 1 A := # X after Y 0 ⊥ 1 2 0 1 ⊥ 2 ⊥ 0 1

Figure 8.11 : Quelques constructeurs du langage Signal.

Les processus élémentaires que l'on peut ainsi définir seront composés afin de définir des processus plus complexes. La figure 8.12 présente la composition séquentielle P4 de deux processus P1 et P2 ainsi que la composition parallèle P3 de deux processus P1 et P2.

La figure 8.13 illustre ce mécanisme de composition de processus dans le domaine du traitement du signal. Les processus non primitifs apparaissant sur ce schéma sont : entrée, filt, filta, sub, sortie, adapt.

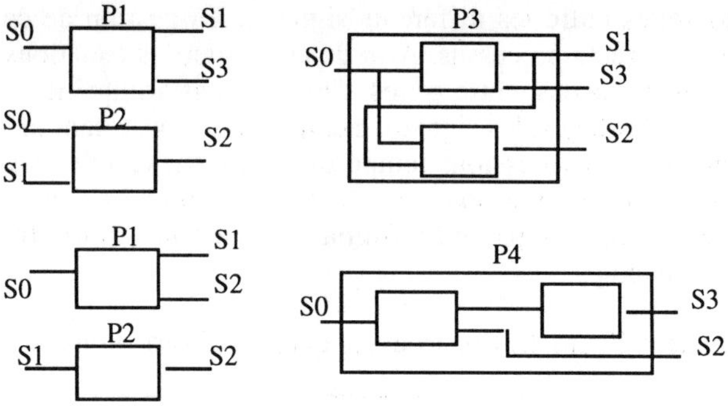

Figure 8.12 : Exemple de composition de processus en signal

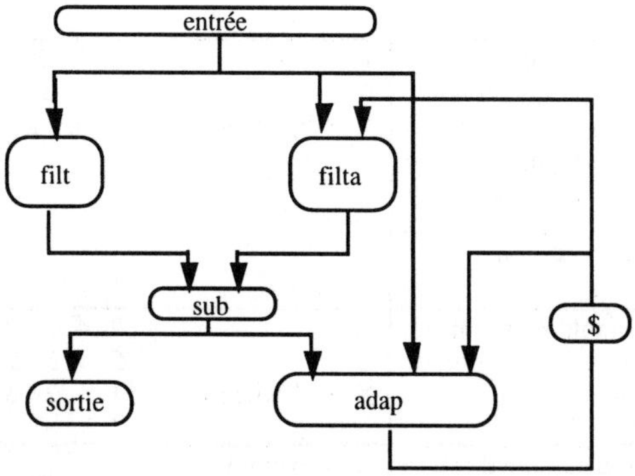

Figure 8.13 : Exemple de description Signal d'un égalisateur adaptatif

8.2. Notion d'imagerie

8.2.1. Introduction

Depuis quelques années les applications utilisent de plus en plus la visualisation en deux voire trois dimensions pour les résultats de calculs, l'interface utilisateur ou la saisie de données. Un système numérique complet, permettant le traitement et la visualisation comprend plusieurs unités fonctionnelles (fig. 8.14). Selon la nature de l'application, traitement ou synthèse, certaines de ces unités fonctionnelles pourront ou non être présentes et avoir une complexité plus ou moins grande.

Un dispositif de saisie permet l'acquisition d'un flot d'images et fournit les données élémentaires : *picture element* (pixel), tandis que pour effectuer une synthèse d'images, une base de données contient une description sous forme d'objets de la scène à visualiser. Un étage de visualisation dont nous donnerons le rôle un peu plus loin, se connecte entre la base de données et la mémoire d'images contenant l'image à visualiser sous la forme de pixels, tandis qu'un système d'affichage intervient entre la mémoire d'image et l'écran. Enfin, un système de traitement réalise les transformations. Les trois premières classes de transformation, pixel/pixel,

pixel/liste, liste/liste, correspondent au traitement d'image, tandis que la dernière, liste/pixel est relative au domaine de la synthèse d'image. Nous allons, dans la suite de ce chapitre, nous intéresser à la mise en œuvre parallèle de ces deux domaines d'application, le traitement et la synthèse d'images. Le flot d'informations circulant sur ce système est représenté sur la figure 8.15.

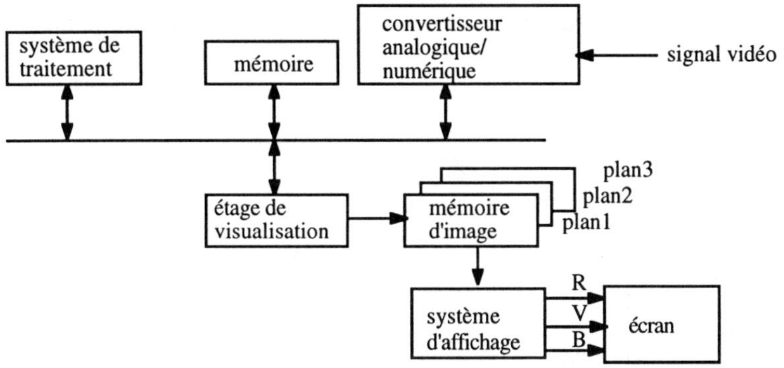

Figure 8.14 : Système d'imagerie.

Le signal vidéo correspondant au balayage ligne de l'image arrive sous la forme d'un signal analogique décomposé en signaux ligne. Après échantillonnage et traitement, cette valeur correspondra dans la mémoire d'image à une valeur codée, le plus souvent, sur 8, 16 ou 32 bits. Les différents échantillons seront identifiés par des valeurs d'indice (i,j). Ces valeurs correspondent à un emplacement sur l'écran de visualisation (mode *bit map*).

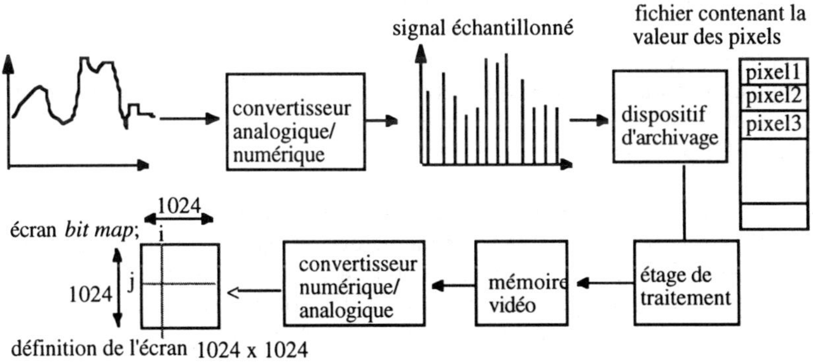

Figure 8.15 : Circulation des données.

8.2.2. Quelques composants

8.2.2.1. La mémoire d'image

La mémoire vidéo est une mémoire vive dynamique à double accès (deux ports indépendants : un sur la mémoire dynamique plus un sur les registres), dont la principale originalité est de comporter un registre à décalage qui peut être chargé en un cycle mémoire avec une ligne entière de la mémoire. Ce chargement est souvent réalisé pendant la période de retour ligne qui précède l'affichage d'une ligne sur l'écran. A la fin du retour ligne, un signal d'horloge provoque le décalage vers la sortie des bits contenus dans ce registre. L'utilisation d'une mémoire vidéo permet de diminuer considérablement le temps que le processeur graphique devrait consacrer au rafraîchissement de l'écran. La figure 8.16 présente l'architecture d'une mémoire vidéo.

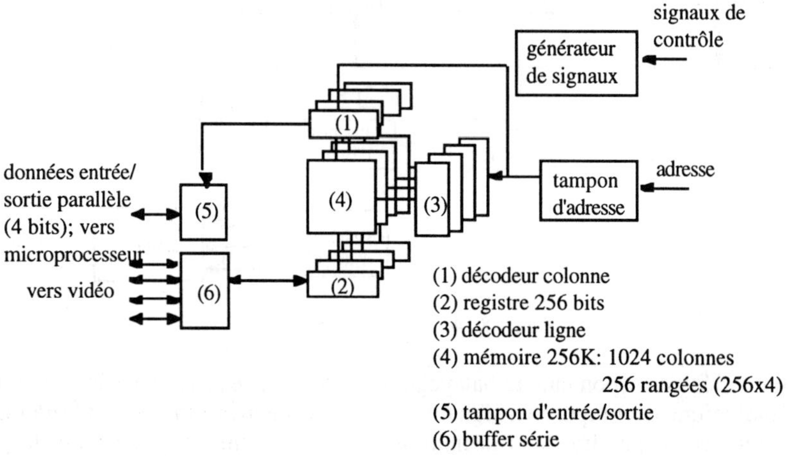

Figure 8.16 : Organisation générale d'une mémoire d'image.

8.2.2.2. *Le système d'affichage*

Le système d'affichage a pour charge l'interface entre la mémoire d'image (décomposée éventuellement en plusieurs plans) et l'écran dont la définition (c'est-à-dire le nombre de points, ou pixels, affichables sur l'écran) est variable (exemple : 512x512, 1024x1024).

Ainsi, pour une image 512x512 en monochrome (noir et blanc), la mémoire d'image fait 512x512 bits. Pour une image de même définition, mais pour laquelle chaque pixel est codé sur huit bits, par exemple pour une image supportant 256 niveaux de gris, cette mémoire d'image comprendra 512x512 mots de huit bits.
Pour une image couleur (rouge, vert, bleu) de même définition il faudrait trois plans de 512x512 éléments. La taille de chaque élément est dépendante de la résolution choisie. Une résolution possible serait par exemple deux bits pour le codage de l'intensité de chaque couleur.

Ce système d'affichage contient essentiellement des convertisseurs numériques/ analogiques et éventuellement une palette couleur dont nous allons montrer l'intérêt à travers l'exemple suivant.

Nous désirons commander un écran couleur, avec chaque pixel codé sur huit bits (quatre pour la composante rouge, deux pour la composante vert, deux pour la composante bleue). On pourrait donc avoir 256 couleurs affichables simultanément. On peut également considérer ces huit bits comme une adresse permettant de sélectionner un emplacement d'une table (*color look up table*) ayant par exemple 24 bits de large. On peut avoir ainsi 256 couleurs choisies parmi une palette de 2^{18} couleurs (fig. 8.17).

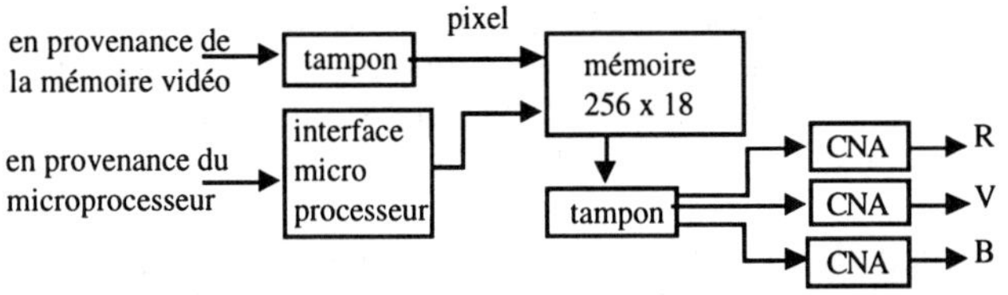

Figure 8.17 : Architecture d'une palette couleur.

8.2.2.3. Le système de visualisation

La scène à visualiser est représentée en mémoire centrale, sous la forme d'une association d'objets. Chacun d'entre eux est constitué d'une liste de points caractérisés par leur position (X, Y, Z) et dans le cadre d'un graphisme couleur, par la valeur des composantes (R, V, B). La modélisation de l'image en mémoire centrale utilise des objets de type diagramme fil de fer, maillage de polygones, etc. Synthétiser une image revient à associer à chaque pixel de la mémoire d'image, une intensité lumineuse et une couleur. L'intensité dépend des sources lumineuses présentes dans la scène à visualiser et de la position des objets dans un repère.
En plus de cette fonction de traduction, on doit pouvoir réaliser, lors de l'étape de synthèse, des opérations permettant différentes manipulations sur l'image, par exemple des agrandissements, des visualisations sous des angles différents, etc., tout en fournissant des images réalistes. A la fin de cette traduction, et éventuellement après certaines manipulations, la mémoire d'image contient la scène représentée sous la forme d'une matrice de pixels.

Les opérations à implanter, pour effectuer cette synthèse d'image, peuvent être séparées en deux grandes classes : transformations géométriques et amélioration du rendu de l'image. Les transformations géométriques tiennent compte des repères utilisés (repère de l'observateur/ repère de l'objet/ repère de l'écran), et permettent à l'observateur de se déplacer ou bien de bouger des objets de la scène. Citons les translations, les rotations, les mises à l'échelle, les projections associant un point de la scène à un point de l'écran. Parmi les algorithmes permettant une amélioration du rendu de l'image nous pouvons citer l'élimination des surfaces cachées, la prise en compte des sources lumineuses.

En fonction de la complexité de l'étage de visualisation, certaines de ces opérations sont directement exécutées par celui-ci, ou bien, par le processeur de traitement qui décompose, selon un algorithme, ces opérations en primitives plus simples exécutées par le système de visualisation. Ces primitives moins évoluées sont par exemple, le rafraîchissement de la mémoire d'affichage, le tracé de lignes, de cercles, le remplissage de surfaces, etc.

8.3. Le traitement d'images

8.3.1. Les différentes étapes du traitement d'images

A partir d'une image provenant de l'environnement, à l'aide de dispositifs d'acquisition ou bien sur des images tests extraites d'un dispositif d'archivage, le traitement d'images aboutit à réaliser des hypothèses sur le contenu de l'image, à identifier les objets contenus dans l'image, plus simplement à améliorer la qualité d'une image avant de la visualiser à nouveau, etc.

Cette finalité peut parfois être réalisée par des dispositifs qui vont traiter globalement l'information, traitement cognitif de l'information ; c'est par exemple le cas des machines neuroniques. Le plus souvent le traitement d'images est réalisé dans des machines de traitement numérique, sous la forme d'une association d'algorithmes, chacun ayant un rôle dans le mécanisme d'interprétation de l'image. On parlera de chaîne de traitement d'images. Celle-ci peut être divisée en quatre classes (fig 8.18) :

— prétraitement : à partir d'une image initiale, généralement représentée sous la forme d'une matrice bidimensionnelle de points élémentaires, on obtient une nouvelle image mieux adaptée aux traitements ultérieurs,
— extraction de caractéristiques : à partir de l'image qui a subi un prétraitement, on représente l'image sous forme de primitives,
— description symbolique : on utilise les caractéristiques extraites afin de représenter l'image sous une forme mieux adaptée à la dernière étape (par exemple une liste),
— interprétation : on utilise cette nouvelle représentation pour réaliser des hypothèses sur le contenu de l'image.

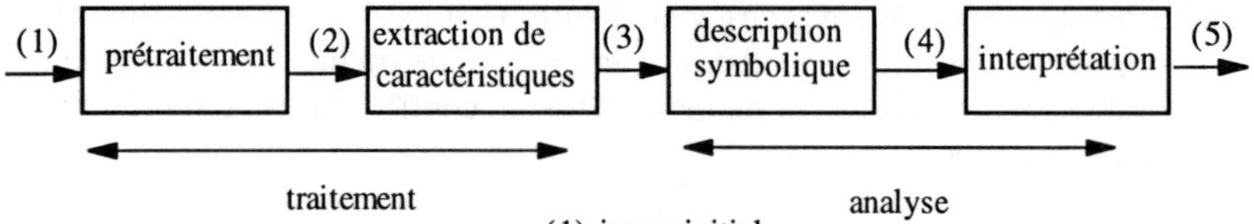

(1) image initiale
(2) image améliorée
(3) image segmentée
(4) graphe
(5) hypothèse.

Figure 8.18 : Chaîne de traitement d'images.

Sous le terme de traitement bas niveau, ou parfois traitement, on regroupera les étapes de prétraitement et d'extraction de caractéristiques, tandis que sous le terme d'analyse on trouvera les étapes de description symbolique et d'interprétation.

L'étape de prétraitement

Durant cette étape de prétraitement nous n'aurons pas de modification de la structure de données (matrice de pixels -> matrice de pixels). Ces traitements comportent trois types de transformation : les transformations ponctuelles, locales et globales. Les transformations ponctuelles sont celles pour lesquelles la valeur d'un pixel sur l'image transformée ne dépend que de la valeur de celui-ci dans l'image source. Elles comprennent les algorithmes de seuillage, de transposition, etc.

Les transformations locales sont celles où la valeur d'un pixel sur l'image dépend de la valeur du pixel ainsi que de la valeur des pixels de son voisinage dans l'image source. Ces transformations comprennent les algorithmes de filtrage, les convolutions, corrélations, détections de contour, etc.

Les transformations globales regroupent celles qui, lors du traitement d'un pixel, demandent la valeur de pixels non présents forcément dans le voisinage du pixel considéré. C'est par exemple le cas des transformations permettant de réaliser un changement d'espace de représentation, transformations de Fourier, de Hough,...

L'étape d'extraction de caractéristiques
Durant cette étape nous avons modification des structures de données. Ce sont des traitements, la plupart du temps, globaux (ensemble de l'image) ou régionaux (une partie de l'image) cohérents au niveau d'un critère. Cette classe de transformation comprend les algorithmes d'histogramme (image vers un vecteur à une dimension), les algorithmes de segmentation (image vers un ensemble de régions), les algorithmes de codage (image ou région vers une diminution de la quantité d'informations), et les algorithmes permettant d'extraire une valeur caractéristique (image vers une valeur caractéristique). Globalement on a la transformation d'une image en une liste.

L'étape de description symbolique
Les algorithmes de description symbolique permettent d'aboutir à une représentation plus compacte à partir des caractéristiques extraites durant l'étape précédente.

L'étape d'interprétation
Dans cette étape d'interprétation, on essaie de mettre en correspondance les descriptions obtenues précédemment avec des modèles. Cette mise en correspondance a pour but l'identification des objets contenus dans l'image et, à partir de l'interprétation des relations existant entre les différents objets, de réaliser des hypothèses.

8.3.2. Le traitement parallèle des images

8.3.2.1. Introduction

Nous allons présenter ici les différents niveaux de parallélisme que l'on peut considérer lors de l'implantation d'un algorithme de traitement bas niveau. Nous prendrons en compte deux niveaux de parallélisme. Au niveau 1, chaque macro-tâche correspond à l'exécution d'un algorithme faisant partie de la chaîne de traitement. Au niveau 2 chaque tâche, correspond à la mise en œuvre, sous la forme d'un certain nombre de tâches communicantes, du parallélisme présent dans un algorithme. Ce parallélisme comprendra le parallélisme au niveau des instructions exécutées, mais aussi celui au niveau des données traitées.

Parallélisme au niveau des tâches
Chaque processeur exécute sur un même flot de données des ensembles d'instructions différents mais complémentaires (parallélisme au niveau des instructions), ou des ensembles d'instructions identiques sur des ensembles de données différents mais complémentaires (parallélisme au niveau des données).

Les algorithmes peuvent être classés selon un certain nombre de critères. Le traitement d'un pixel peut être indépendant (traitement régulier) ou dépendant (traitement irrégulier) de la valeur de celui-ci . Lorsque ce sera le cas, et que les travaux à réaliser sur une partition sont suffisamment importants, l'exécution de ces travaux peut introduire un fort déséquilibre des charges de calcul entre les différents processeurs. Le traitement d'un pixel peut être également dépendant (algorithme itératif) ou non (algorithme non itératif) du résultat du même traitement lors d'exécutions précédentes. Le traitement d'un pixel peut être dépendant (algorithme récursif) ou non (algorithme non récursif) du résultat des traitements des pixels le précédant dans l'image. Enfin, nous aurons des algorithmes mettant en œuvre des dépendances ponctuelles, locales ou globales.

Parallélisme au niveau des macros-tâches
Si nous considérons la machine de traitement d'images sous la forme de N grappes de processeurs, nous pouvons considérer que chacune de celles-ci recevra un algorithme. Cette grappe sera configurée pour pouvoir utiliser le niveau 2 de parallélisme cité ci-dessus. La constitution d'une machine dédiée à une chaîne de traitement revient alors à la constitution de N sous-machines, chacune étant optimisée pour l'exécution d'un algorithme faisant partie de la chaîne.
Il reste à résoudre les problèmes liés aux communications entre ces différentes grappes, communications liées à la diffusion des résultats intermédiaires de l'amont de la chaîne de traitement vers l'aval, c'est-à-dire du prétraitement vers l'interprétation, mais aussi les communications liées à des chaînages arrières, c'est à dire de l'aval vers l'amont au niveau du traitement.

Si une seule grappe est utilisée pour l'exécution des différents algorithmes de la chaîne de traitement, les processeurs de cette grappe auront à exécuter au cours du temps des algorithmes parallélisés sous la forme de tâches de granularités différentes. Il faudra également que le réseau liant les différents processeurs de cette grappe accepte différents mécanismes de communications (locales ou non, régulières ou non, ...). De plus un partitionnement/placement optimisé pour un algorithme ne le sera pas forcément pour un autre algorithme de la même chaîne.

8.3.2.2. Problème d'équilibrage de charge

Lorsque l'exécution de l'algorithme est dépendante de la valeur du pixel et que les objets sont distribués de manière irrégulière sur l'ensemble de l'image, un partitionnement régulier de l'image aboutit tout naturellement à attribuer à certains processeurs une charge de calcul supérieure à celle demandée aux autres. On peut alors proposer quelques stratégies permettant de rééquilibrer cette charge de calcul. Lorsque l'image est partitionnée en un ensemble de blocs, dont le nombre est grand devant celui des processeurs : ces derniers devront traiter plusieurs blocs. Pour un même partitionnement des données on peut réaliser divers placements. Par exemple pour une image NxN divisée en 64 partitions, on pourra associer à chaque processeur des partitions géographiquement groupées (fig. 8.19.-cas a) ou non (fig. 8.19.-cas b). Ce dernier cas pourra permettre de mieux s'adapter à un contenu non homogène de l'image.

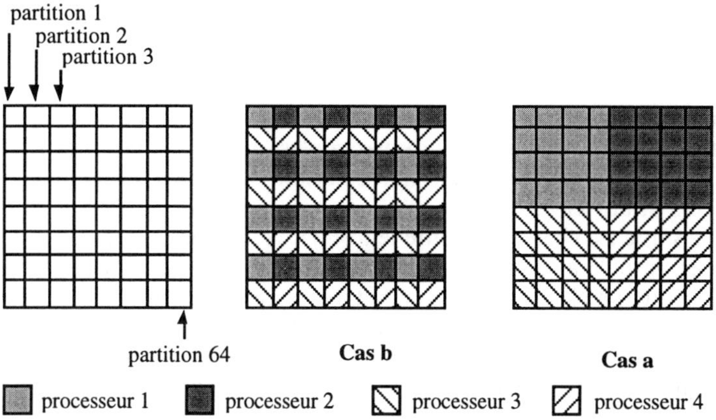

Figure 8.19 : Deux placements différents pour un même partitionnement.

On peut par contre remarquer que si l'algorithme met en œuvre des dépendances locales, celles-ci se traduiront par des dépendances globales lors de l'implantation utilisant des partitions non géographiquement groupées. Si l'on considère que l'application consiste à traiter un flot d'images, on peut également mettre en œuvre un outil tournant en amont de la chaîne de traitement et dont le rôle est de calculer les partitionnements et placements (fig. 8.20). Ceux-ci seront donc calculés lors de l'exécution. Ce mécanisme permet de s'adapter au contexte d'exécution. On peut lui reprocher d'impliquer un retard supplémentaire.

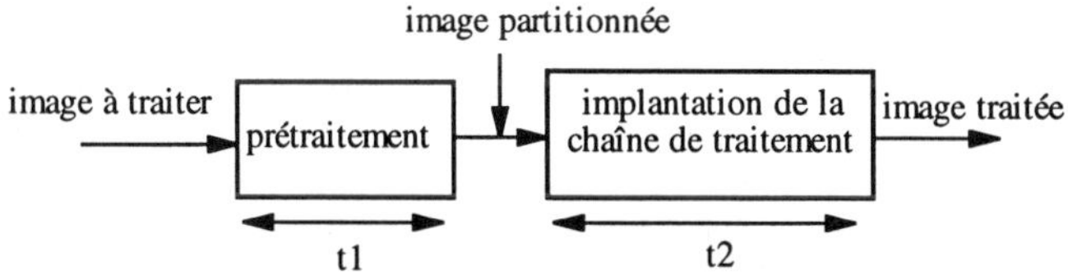

Figure 8.20 : Rajout d'un étage de calcul du partitionnement.

Au lieu d'avoir un algorithme de partitionnement complexe, on peut également se contenter d'un algorithme très simple, découpant l'image en petites partitions de taille égale. Le placement, au lieu d'être statique comme dans le cas précédent, est alors dynamique. Les paquets de données sont injectés par un contrôleur sur le réseau en fonction de la disponibilité des processeurs présents sur le réseau. Chacun de ces processeurs, outre l'algorithme de traitement, exécute deux tâches supplémentaires : une tâche de diffusion et une tâche de centralisation (fig. 8.21).

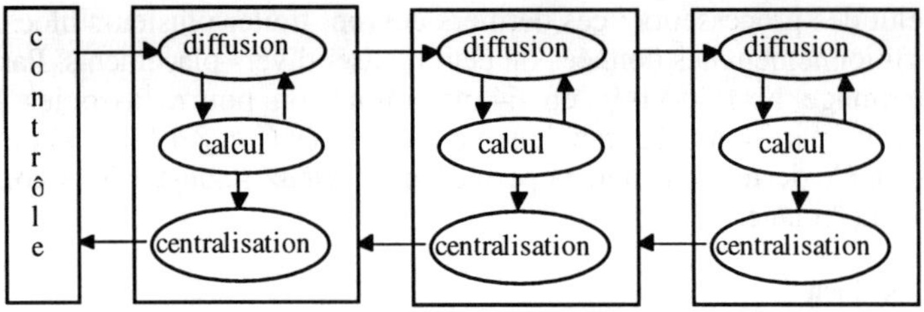

Figure 8.21 : Principe de la ferme de processus.

Ces paquets de données sont consommés par le premier processeur disponible via son routeur d'entrée. Lorsque ce processeur n'est pas disponible pour le traitement, le processus de routage provoque la réémission du paquet sur la chaîne, vers les processeurs situés en aval. Lorsqu'un processeur a fini de traiter un paquet, le routeur de sortie est chargé d'émettre le résultat vers l'étage amont, de processeur en processeur, jusqu'à atteindre l'étage de contrôle. Celui-ci émet alors un nouveau paquet et réordonne les résultats au fur et à mesure de leur arrivée: un paquet j émis après un paquet i peut voir son résultat calculé par un processeur P_l avant que le processeur P_k chargé du calcul du paquet i n'ait fini. Cette méthode de répartition a pour nom ferme de processus (*farming*) et sera détaillée plus loin.

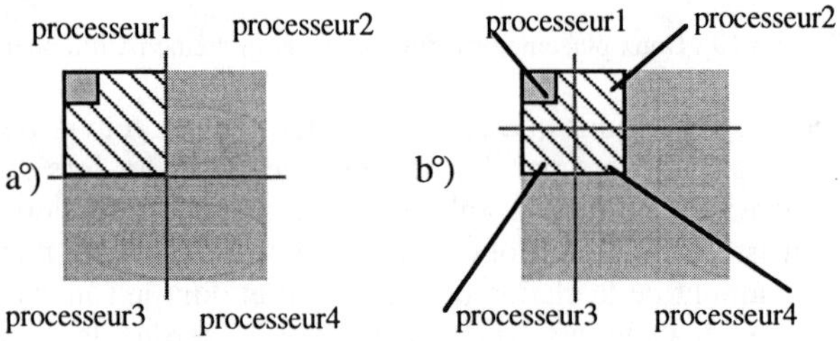

Figure 8.22 : a°) partitionnement/placement initial, b°) partitionnement après rééquilibrage.

Une autre solution consiste à définir une unité de mesure pour évaluer la charge de calcul d'un processeur. L'exécution de l'algorithme sera alors régulièrement interrompue par une tâche de communication qui permet de comparer les charges de calcul respectives des processeurs. Cet échange peut éventuellement aboutir à une communication durant laquelle des processeurs accorderont à des voisins, moins chargés, le traitement de certains blocs dont ils avaient initialement la charge. La figure 8.22 illustre ce mécanisme et représente en grisé, les pixels ayant été traités, en trait hachuré ceux restant à traiter.

8.3.3. Application

8.3.3.1. Les algorithmes de prétraitement

Nous allons distinguer dans la suite de ce paragraphe trois classes de transformations, les transformations ponctuelles, à voisinage puis les transformations globales.

Les algorithmes de transformations ponctuelles

Dans les transformations ponctuelles, la valeur après traitement de pixel(i, j) ou de pixel(k, l) ne dépendra que de leur valeur avant traitement (fig. 8.23). Par exemple, dans le cadre d'un seuillage avec seuil à 128, et des pixels qui vaudraient avant traitement 10 et 200, après traitement ces mêmes pixels vaudraient respectivement 0 et 256.

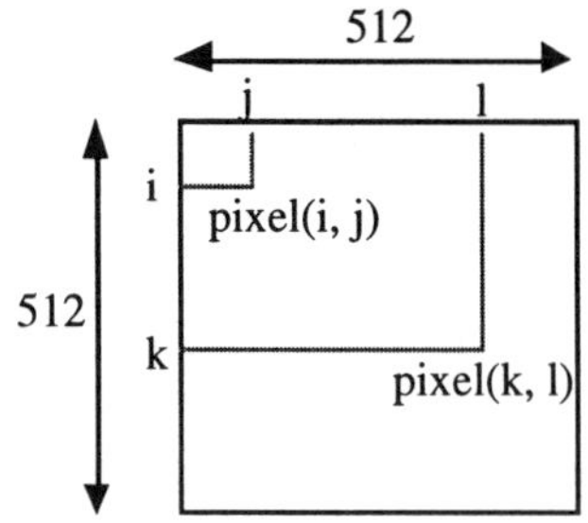

Figure 8.23 : Algorithme à transformation ponctuelle.

Ces algorithmes permettent d'utiliser un parallélisme à grains fins. On peut les implanter sur un réseau de processeurs SIMD, sur lequel on considère que l'image à traiter est implantée. On pourra alors envisager des solutions utilisant un processeur par pixel mais le plus souvent, on confiera à un processeur tous les pixels d'une partition de l'image à traiter. Par exemple, chaque processeur devra avoir une capacité de mémorisation lui permettant de traiter 256 pixels. On considérera alors que la mémoire d'image est une mémoire distribuée constituée des mémoires locales aux différents processeurs élémentaires.
La topologie du réseau n'aura pas d'importance puisqu'il n'y aura pas de communication. Toutefois il faudra prévoir la diffusion et la centralisation des données avant et après traitement.

On peut avoir ainsi un réseau de 32x32 processeurs élémentaires codés sur un bit sous le contrôle d'un processeur hôte de 32 bits. Le réseau de processeurs à 1 bit aura pour charge d'exécuter un algorithme de seuillage ; chaque processeur aura pour charge de traiter un pixel. Le processeur de contrôle assurera la diffusion du seuil et procédera à l'envoi des instructions à exécuter ; la diffusion des données provient d'un dispositif d'acquisition. Du fait de la différence de taille de données manipulées (un processeur 32 bits/ 32x32 processeurs un bit), du fonctionnement asynchrone du processeur hôte et de celui synchrone des processeurs élémentaires, il conviendra d'ajouter un étage de couplage entre processeur hôte et réseau SIMD.

Les algorithmes à voisinage

Pour les algorithmes à voisinage (exemple : filtrage, convolution corrélation, ...), le traitement d'un pixel dépend de la valeur de ses voisins (fig. 8.24).

Cette notion de dépendance de données peut conduire à mettre en place des communications. En effet, lorsque les pixels de ce voisinage appartiennent à la même partition que celle du pixel traité, on n'a pas à accéder à des données contenues dans une autre partition. Dans le cas contraire, et lorsque ces deux partitions sont placées sur deux processeurs différents, cela impose de mettre en place des communications pour l'échange des pixels présents dans d'autres partitions et nécessaires au traitement des pixels du bord de partition considérée. On voit apparaître en hachuré sur la partie droite de la figure 8.25 l'ensemble des informations qui seront à transférer pour que globalement chaque processeur puisse traiter les pixels de ses frontières.

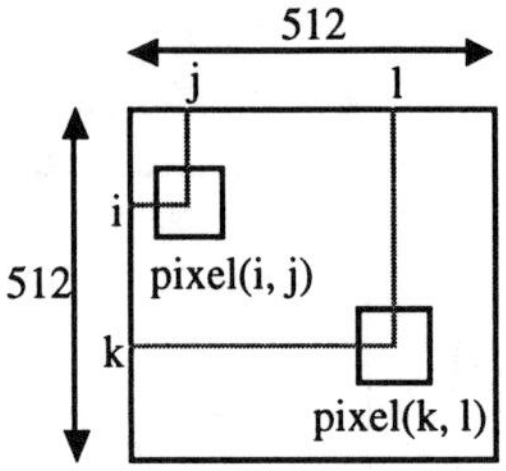

Figure 8.24 : Transformation à voisinage.

Si le filtrage n'est pas itératif, nous pourrons nous affranchir des communications, en donnant à chaque processeur l'ensemble des données dont il a besoin pour calculer sa partition. Dans le cas contraire, les dépendances de données impliquent des communications locales. Nous pouvons évaluer la quantité d'informations à échanger par chaque processeur. Par exemple, pour une image de dimension (NxN), pour un filtre (nxn), la quantité d'information sera alors égale à :

$$(((n-1)/2)^2xN/2)x \text{ nombre de frontières} + (n-1)^2x \text{ nombre de coins.}$$

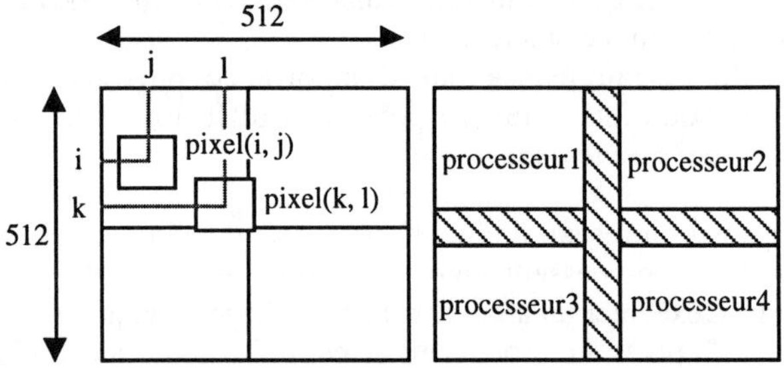

Figure 8.25 : Dépendance de données.

Lorsque le processeur gère simultanément calcul et communication, il peut être opportun de réécrire le programme de filtrage en considérant trois phases. On effectuera tout d'abord le traitement des pixels du cœur de la partition, c'est-à-dire ceux qui ne nécessitent pas pour leur traitement, la connaissance de la valeur de pixels d'autres partitions contenues dans d'autres processeurs. On fera de manière simultanée la diffusion des pixels qui sont utiles aux voisins pour le traitement de leurs propres frontières (ou bords). Simultanément on reçoit de ces mêmes voisins la valeur des pixels nécessaires au traitement des pixels des frontières. Lorsque le réseau de connexion ne permet pas de relier chaque processeur à tous les autres, chaque processeur aura pour charge de réémettre vers un de ses voisins une partie de ce qu'il vient de recevoir d'un autre voisin. Ainsi, un processeur aura à émettre vers le sud les coins inférieurs, et vers le nord les coins supérieurs qu'il a reçus de l'est et de l'ouest. Enfin, après réception, on effectuera le traitement des pixels des frontières. Les deux premières étapes pourront se faire concurremment, tandis que la dernière devra attendre que les deux premières soient terminées.

On pourra également profiter d'une étape de centralisation pour que chaque processeur remette à jour sa connaissance du voisinage. C'est par exemple le cas sur un réseau maillé où, après l'addition d'une constante à tous les pixels, on désire visualiser le résultat, mais aussi filtrer l'image obtenue. Lors de l'étape de centralisation, chaque processeur pourra actualiser sa copie de la valeur des pixels l'environnant. Sur une telle architecture on aura au temps1 diffusion de l'information sur les processeurs traitant chacun $N^2/9$ pixels, au temps2 addition d'une constante à chaque pixel, au temps3 centralisation des données et réactualisation par chaque processeur des valeurs des pixels environnant sa partition, et enfin au temps 4, filtrage de l'image sans que les processeurs doivent rechercher chez leurs voisins les pixels nécessaires au traitement de leur frontière.
Dans le cas d'un filtrage récursif le problème est différent. En effet, le traitement du pixel i dépend du résultat du traitement des pixels le précédant (fig. 8.26).

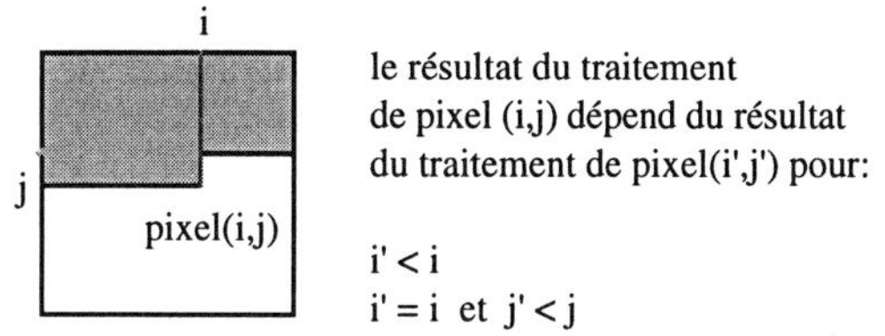

Figure 8.26 : Dépendance de données dans un algorithme récursif.

Afin d'illustrer le problème lié à la récursivité, nous allons considérer une structure convenant au filtrage non récursif, un réseau carré maillé, comprenant quatre processeurs, avec un partitionnement de l'image en quatre, et placement des partitions sur les différents processeurs. Nous pouvons représenter l'utilisation effective des processeurs, et calculer le temps d'exécution de l'algorithme ainsi parallélisé (fig. 8.27).

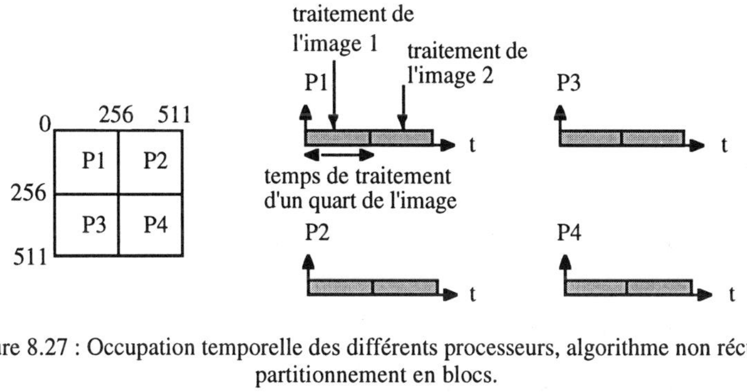

Figure 8.27 : Occupation temporelle des différents processeurs, algorithme non récursif, partitionnement en blocs.

Nous supposerons que le réseau de processeurs doit traiter un flot continu de données, survenant tous les t1 secondes. La contrainte est alors d'exécuter la chaîne de traitement en un temps t2, tel que t2<t1. Nous négligerons les temps nécessaires

aux communications durant le déroulement de l'algorithme, ainsi que celui de distribution des différentes images sur le réseau de processeur.

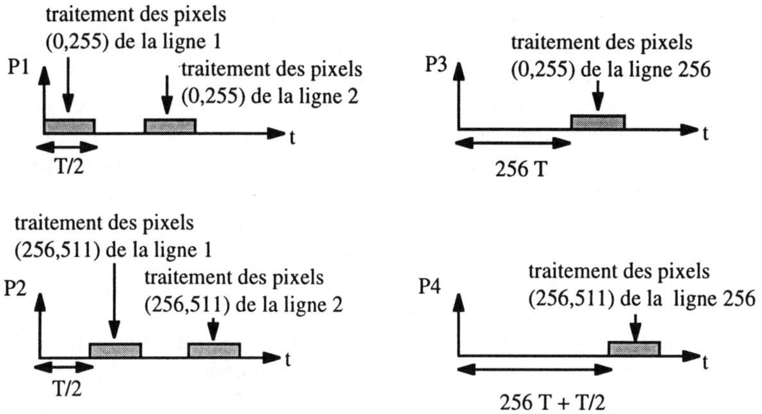

Figure 8.28 : Occupation temporelle des différents processeurs, algorithme récursif, partitionnement en blocs.

Si T est le temps de traitement d'une ligne, pour n = 512 le temps de traitement de l'algorithme sur l'architecture parallèle devient égal à 256T/2, pour un algorithme non récursif. Ce même partitionnement/placement pour un algorithme récursif donnerait l'occupation temporelle donnée sur la figure 8.28. Le temps de calcul serait alors pour la première image de 512T. Pour les images suivantes ce temps deviendrait celui nécessaire au traitement d'une partition, soit 256T-T/2. Pour l'algorithme récursif, on pourrait améliorer le partitionnement/ placement en procédant par bandes (fig. 8.29). Le traitement de la première image resterait 512T, par contre celui des images suivantes deviendrait égal à 128T.

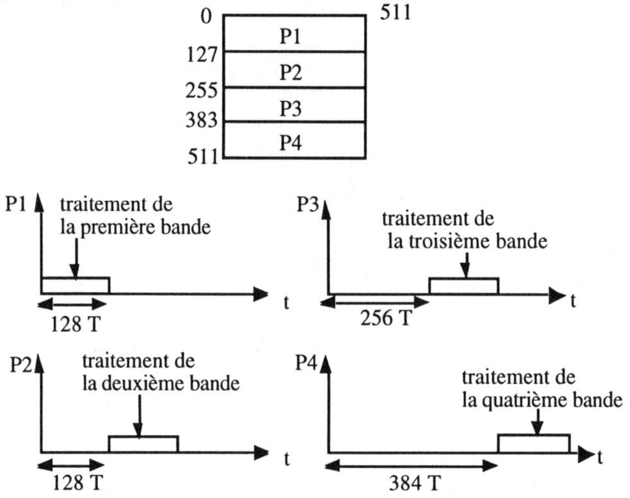

Figure 8.29 : Occupation temporelle des différents processeurs, algorithme récursif, partitionnement en bandes.

Les transformations globales

Afin d'illustrer ces transformations globales, considérons la réalisation d'une FFT monodimentionnelle sur seize points d'entrée. Une représentation classique de ce type d'algorithme consiste à utiliser un diagramme flot de données qui fait apparaître les opérations élémentaires, appelées papillon, ainsi que les dépendances de données [Hwa84].

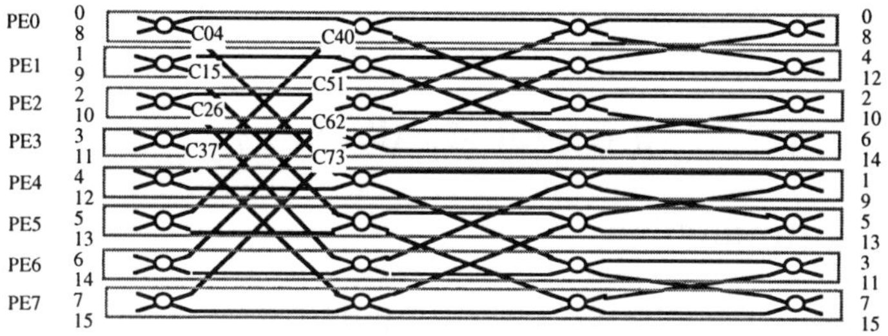

Figure 8.30 : Schéma de parallélisation de la FFT sur 16 processeurs en mode SIMD.

On peut par exemple implanter cet algorithme sur huit processeurs interconnectés sous la forme d'un cube. Sur le schéma 8.30, les termes Cij représentent le coût d'une communication entre un processeur i et un processeur j. On supposera que lorsque les opérandes nécessaires à la réalisation d'un papillon sont déjà présents dans la mémoire du processeur, la communication ne coûtera rien.

Suivant un rythme commun aux huit processeurs, chacun de ceux-ci aura à exécuter le flot suivant : calcul papillon, communication 1, calcul papillon, communication 2 , calcul papillon, communication 3, calcul papillon (fig. 8.31)

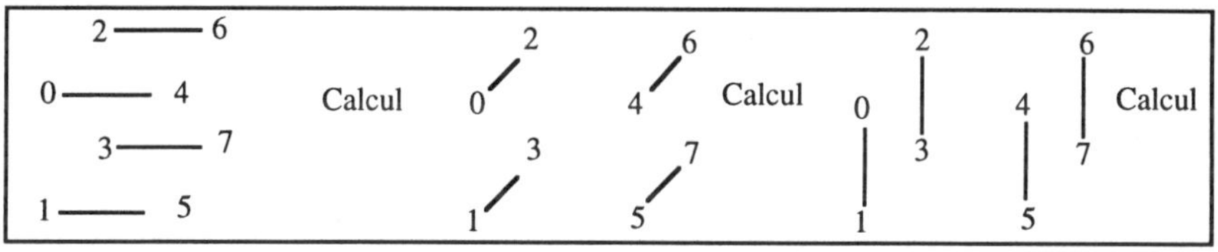

Figure 8.31 : Trois étapes de communication, les numéros sont ceux des processeurs impliqués dans la communication.

8.3.3.2. *Application aux algorithmes d'extraction de caractéristiques*

Pour les algorithmes d'extraction de caractéristiques, en plus des problèmes similaires à ceux des algorithmes de prétraitement, nous devrons prendre en compte le fait que ces algorithmes réalisent un changement de structure de données. Ainsi, à la fin de cette étape, nous serons amenés à fusionner des listes présentes sur des processeurs différents en mettant en place des communications et des stratégies de fusion entre processeurs partageant une même liste. Une autre stratégie consistera à remonter les différentes listes vers un processeur maître qui aura pour rôle de fusionner les listes et de redistribuer les listes complètes vers les processeurs en vue de traitements ultérieurs.

Par exemple pour l'histogramme, le caractère élémentaire des opérations permet d'imaginer une solution SIMD sur laquelle serait distribuée l'image. Chaque processeur de cette structure détermine si oui ou non les pixels de la partition qui lui a été confiée sont égaux à la valeur pour laquelle on calcule l'histogramme. Il faut ensuite balayer l'ensemble des valeurs possibles, puis fondre les histogrammes partiels obtenus en un histogramme total. On pourra avoir un réseau de processeurs SIMD chargé d'effectuer le calcul et un processeur en assurant le contrôle ainsi que la gestion des histogrammes partiels.

8.4. Synthèse d'images

8.4.1. Introduction

A partir d'une scène modélisée sous la forme d'objets, le but de la synthèse d'image est d'obtenir un rendu réaliste de cette scène sur un écran de visualisation [Dew89]. Les objets sont eux-mêmes constitués de manière hiérarchique (à l'aide d'opérateurs de type union, intersection, ...) à partir d'objets primitifs, par exemple polyédriques, sphériques, ..., auxquels on associera des attributs de type position, orientation, couleur, texture, ...
L'étape de synthèse doit traduire cette modélisation sous forme d'une matrice de pixels, à chaque pixel étant associé une intensité lumineuse. Dans le cadre d'une synthèse d'images à trois dimensions (3D), tout le problème de la synthèse d'images reviendra donc à mettre en rapport l'espace 3D des objets et l'espace de l'image (ramené à un espace 2D). A la fin de cette traduction, la mémoire d'image contient la scène représentée sous la forme d'une matrice de pixels.

L'étape de synthèse peut se décomposer en cinq étapes. Dans l'espace objet, on réalise un changement de coordonnées prenant en compte l'emplacement de l'observateur (point de vue), ainsi que la direction de l'observation. Cette étape comprend des opérations de translation et d'autres de rotation. Durant la seconde étape de définition de la pyramide de vue, on détermine pour chaque objet de la scène, étant donné une direction d'observation et un certain angle d'ouverture, si celui-ci est visible ou non depuis le point d'observation. Le domaine visible par l'observateur peut être défini sous la forme d'une pyramide de vue (fig. 8.32). Tous les objets compris totalement ou partiellement dans ce volume sont potentiellement visibles de l'observateur. Les objets non inclus ne seront pas visibles.

Dans la troisième étape, on projette la scène 3D sur l'espace 2D de visualisation perpendiculaire à l'axe de vue. Cette opération est basée sur des opérations géométriques simples permettant la mise à l'échelle, l'identification des points situés les uns derrière les autres. Durant la quatrième étape on procédera à l'élimination des surfaces cachées. L'algorithme qui a pour nom Zbuffer permet d'associer à chaque élément d'un objet une notion de profondeur. Lors de la phase de visualisation, pour chaque point de chaque objet, on regardera si la valeur de Z est supérieure ou inférieure à celle calculée pour un autre objet au même point. La finalité de cet algorithme est de supprimer les surfaces cachées en sélectionnant les points les plus proches de l'observateur.

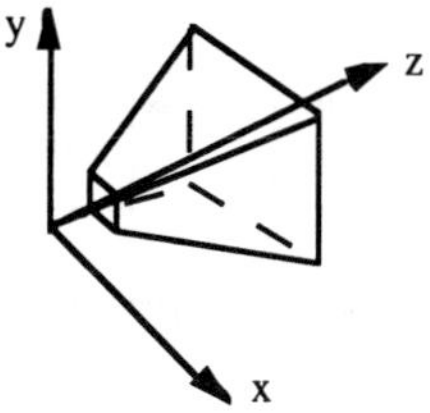

Figure 8.32 : Définition de la pyramide de vue.

Pour la suite du traitement les objets cachés à l'observateur ne seront pas pris en compte. L'exécution de cet algorithme sera associée à un tableau nommé Zbuffer. Enfin, durant la cinquième étape, on constituera la matrice de pixels en prenant en compte des critères de rendu d'image réaliste.

On aura ainsi des algorithmes de lissage, par exemple celui de "Gouraud", dont le but est de diminuer l'aspect 'facette' des objets de la scène visualisée. On associe à tous les points appartenant à la surface de l'objet une intensité fonction des intensités, supposées connues, des sommets (méthode d'interpolation). On rencontrera également l'opération d'*antialiasing* permettant de supprimer le caractère en marche d'escalier apparaissant lors de la visualisation.

On peut regrouper ces différents algorithmes en trois classes. A chaque classe sera associée une architecture matérielle chargée de son exécution. Le gestionnaire de scène aura pour charge, à partir de la scène mémorisée dans le dispositif d'archivage, de retrouver quels objets peuvent être visibles. Ces objets peuvent être mémorisés sous différentes formes correspondant au degré de détail nécessaire à la modélisation de l'objet selon son éloignement de l'observateur. Le gestionnaire de scène choisira une modélisation. Le processeur géométrique aura pour charge de projeter les objets dans l'espace d'observation. Enfin, le processeur graphique devra calculer la valeur de l'illumination de chaque pixel du plan image. La présentation de la synthèse d'image sous la forme d'une chaîne de traitement est très intéressante car elle nous amènera tout naturellement à l'implantation sous la forme d'une chaîne pipe-line de processeurs (fig. 8.33). Dans beaucoup de réalisations, ce pipe-line mettra en œuvre des ASICs dédiés à la réalisation de certains traitements.

On peut aussi réaliser la synthèse d'image en utilisant l'algorithme du lancer de rayon ou *ray tracing*. C'est un algorithme qui permet de prendre en compte les phénomènes d'illumination/réflexion, de suppression des surfaces cachées, de calcul des ombres, en s'appuyant sur une modélisation du phénomène physique de la propagation de la lumière. L'exécution de cet algorithme implique une puissance de calcul très importante. Le temps de calcul peut être diminué de différentes manières. Lorsque nous nous intéressons à la synthèse d'images animées, chaque image ou groupe d'images peut être calculé par une des machines présentes sur le réseau. Nous parlerons de l'utilisation de multisystèmes. L'arrivée sur le marché de systèmes multiprocesseurs permet d'utiliser le fort degré de parallélisme présent dans l'algorithme du lancer de rayons. Cette solution pourra être mise en œuvre à partir de processeurs élémentaires constitués de l'association de processeurs, que l'on pourrait qualifier de processeurs systèmes et de processeurs de calcul dédiés.

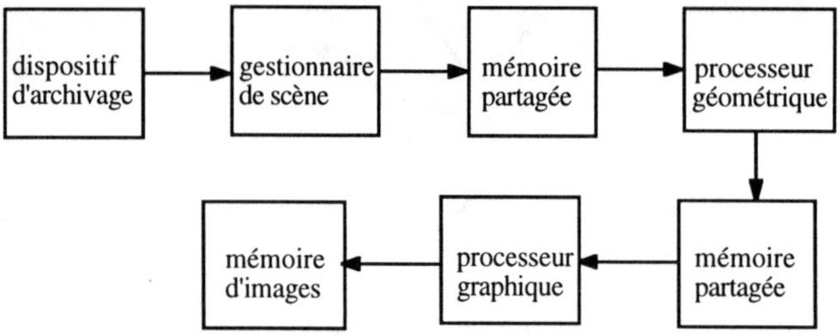

Figure 8.33 : Chaîne pipeline graphique pour la synthèse d'images.

8.4.2. Algorithme du lancer de rayon

8.4.2.1. Introduction

Considérons un point d'observation : le principe de l'algorithme de lancer de rayons est de lancer des rayons à partir de ce point, dans la direction du regard de l'observateur et à travers chaque point d'un plan d'observation, vers l'environnement constitué des objets à visualiser. De tous les objets que le rayon va couper, l'objet le plus proche correspond à la surface visible sur l'écran. Cette sélection tient compte également des opérateurs qui le relient à d'autres objets. Ainsi, dans l'exemple présenté sur la figure 8.34, dans lequel on a deux objets de type sphérique associés à l'aide d'un opérateur d'intersection, le point le plus proche est b et non a. Cette première utilisation de l'algorithme permet le calcul des surfaces visibles. Il a été ensuite étendu afin de pouvoir former des images réalistes. On peut ainsi introduire des mécanismes de réflexion, réfraction et ombrage. Pour chaque intersection d'un rayon primaire avec un objet, on aura génération de rayons secondaires dont les intensités dépendent des caractéristiques du milieu.

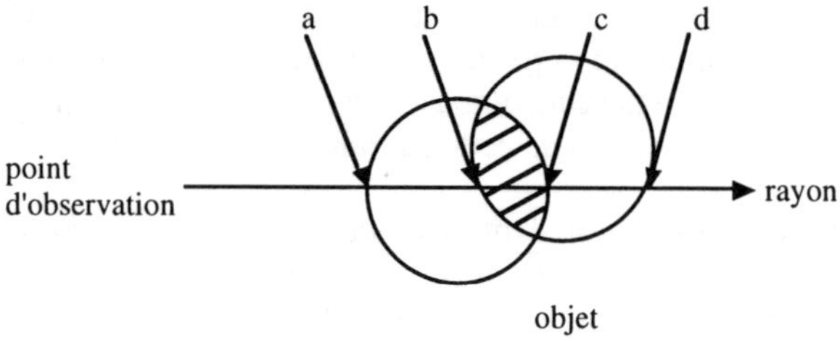

Figure 8.34 : Composition par un constructeur d'intersection de deux sphères ; en hachuré l'objet ainsi défini.

Si des rayons secondaires coupent eux-mêmes des objets, alors une contribution de la valeur des points d'intersection avec le rayon secondaire sera rétro-propagée au niveau de la valeur de l'illumination du pixel originel. Ce processus peut être réitéré, les rayons secondaires pouvant donner eux-mêmes naissances à des rayons réfléchis et transmis.

Afin de tenir compte des ombrages, à partir du point d'intersection originel, un rayon secondaire est lancé vers chaque source de lumière. Si un objet est rencontré avant d'atteindre la source d'éclairage, le point d'intersection sera défini comme étant à l'ombre. On n'aura pas alors de contribution directe du point d'intersection à l'illumination du pixel.

On a ainsi un algorithme récursif, dont la profondeur peut être limitée par l'opérateur, ou bien par l'algorithme lui-même : lorsque le lancer de nouveaux rayons n'apportera pas suffisamment de changement à la valeur de l'illumination du pixel, la récursivité sera interrompue.

On obtient ainsi pour chaque pixel un arbre de rayons dans lequel les liens représentent les rayons, et les noeuds, les points d'intersection (fig. 8.35). Une fois cet arbre obtenu, on le parcourra afin d'obtenir la valeur de l'illumination du pixel. Pour cet algorithme, environ 75 % du temps de calcul est utilisé pour des calculs d'intersection. Une possibilité d'accroissement des performances est alors d'englober les objets de forme complexe dans des objets de forme plus simple. Si l'on n'a pas d'intersection avec le volume englobant, il devient alors inutile de procéder aux calculs d'intersection sur les objets englobés.

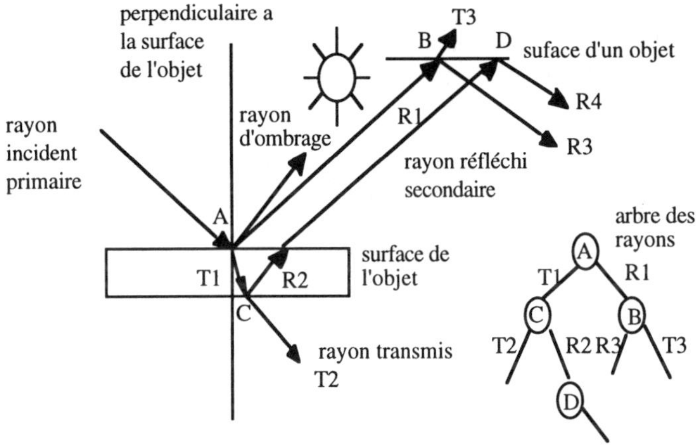

Figure 8.35 : Présentation de l'algorithme de lancer de rayons.

Dans le cas contraire on procédera aux calculs d'intersection avec les objets englobés. Cet objet englobant, dénommé *voxel*, est par exemple une sphère, un parallélépipède. Les *voxels* ne se chevauchent pas ; on peut les utiliser de manière hiérarchique.

8.4.2.2. Mise en œuvre parallèle de l'algorithme de lancer de rayons

Le cœur de cet algorithme est constitué d'opérations relativement simples, mais exécutées un grand nombre de fois. Nous pouvons alors envisager une mise en œuvre parallèle dans laquelle les données traitées sont partagées entre plusieurs processeurs. Ce partitionnement de données peut être réalisé de deux manières différentes [Gre91]. Lors d'un partitionnement de l'espace objet chaque processeur se voit attribuer le traitement d'une partie de l'espace objet pour laquelle il va prendre en compte l'ensemble des rayons. Dans le cas d'un partitionnement de l'espace image chaque processeur se voit attribuer le traitement relatif à certaines parties de l'espace image.

Dans le cadre du partitionnement de l'espace objet (fig. 8.36), chaque processeur au cours de l'exécution de l'algorithme doit traiter un certain nombre de rayons primaires et/ou secondaires. Pour chacun de ceux-ci il calcule les intersections éventuelles avec tous les objets dont il a la charge. Quand le traitement du rayon implique l'envoi d'informations vers une autre partition, cela se traduit par la mise en place de communications entre les processeurs ayant la charge de ces partitions. Par exemple considérons un réseau de neuf processeurs connectés en grille, l'espace objet peut être divisé en neuf régions, chaque processeur recevant une région de telle manière que des régions adjacentes soient allouées à des processeurs voisins. A chaque processeur sera affectée une partie de la scène à visualiser. Lorsque la propagation d'un rayon , originel ou secondaire, imposera de passer d'une région à une autre, cela se traduira par une communication entre processeurs voisins.
Dans le cadre d'un partitionnement de l'espace image, chaque processeur se voit allouer le traitement d'une région de l'espace image, ou bien le traitement d'un rayon. Dans ce dernier cas, si le traitement des rayons secondaires n'est pas confié au même processeur, on devra réaliser un travail de reconstruction de l'arbre des rayons.

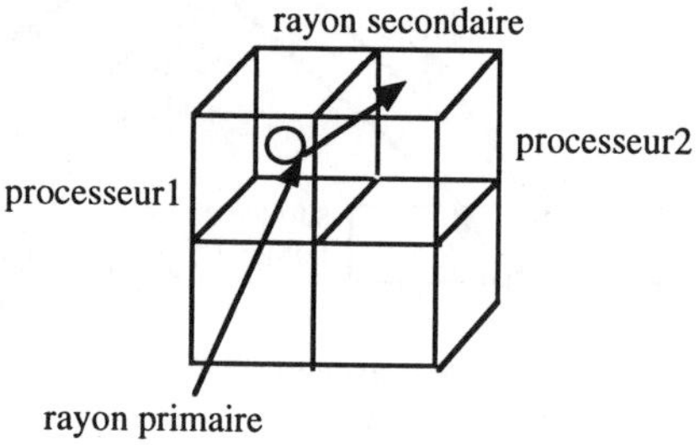

Figure 8.36 : Partitionnement de l'espace objet.

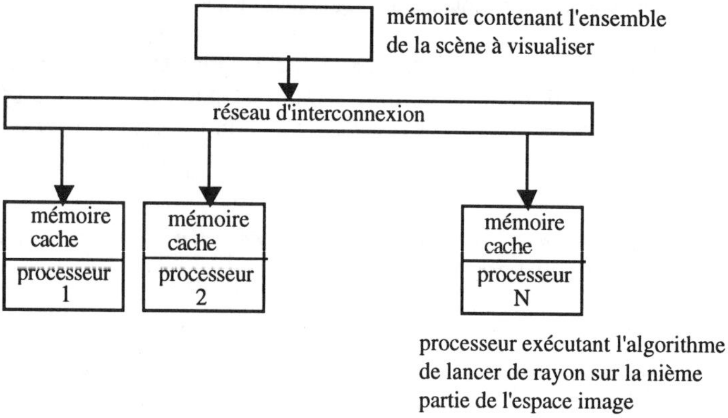

Figure 8.37 : Architecture d'un multiprocesseur exécutant l'algorithme du lancer de rayons.

Pour chaque pixel d'une partition, le processeur chargé de cette partition, considère chaque objet de la scène, détermine sa visibilité et stocke l'intensité du pixel dans la mémoire d'affichage. Pour effectuer ce calcul, les différents processeurs doivent avoir dans leur mémoire interne l'ensemble de la scène à visualiser. Lorsque le nombre d'objets devient important, on peut préférer une approche dans laquelle chaque processeur ne stocke qu'une partie de la scène. Chaque processeur dispose alors d'une mémoire locale qui est alimentée à partir de la mémoire globale au fur et à mesure des besoins en objets d'une manière similaire à celle que l'on rencontre dans la gestion des mémoires hiérarchisées. Ainsi sur le schéma de la figure 8.37, on a partitionné l'espace image en N partitions. Chaque processeur traitant une partition sera alimenté au fur et à mesure de ses besoins en données de l'espace objet à partir de leur mémorisation dans la mémoire globale. On est dans un cas favorisant l'approche par mémoire hiérarchisée. Si les processeurs n'accèdent à l'espace objet qu'en lecture, alors on évite tout risque d'incohérence. De plus, on peut remarquer que si un rayon coupe un certain nombre d'objets, alors il est fort probable qu'un rayon voisin rencontre les mêmes objets. Dans ce cas les zones de l'espace objet qui ont été nécessaires au traitement du rayon (i,j) et qui ont été archivées dans la mémoire locale du processeur traitant ce rayon ainsi que le rayon pixel (i+1, j), seront présentes dans cette mémoire dès le début du traitement du rayon pixel (i+1, j).

8.4.2.3. Equilibrage de charge

Un grand nombre de petites partitions permet d'utiliser un grand nombre de processeurs, mais peut introduire un nombre important de communications comme cela peut être le cas dans un partitionnement de l'espace objet pour le traitement d'un rayon secondaire. Un autre problème consiste à équilibrer la charge de calcul des différents processeurs. En effet, le temps d'exécution de l'algorithme sur un processeur dépend directement de la quantité d'informations présentes dans la zone qui lui a été allouée. De même qu'en traitement d'images, les objets peuvent ne pas être distribués harmonieusement sur l'ensemble de la scène.

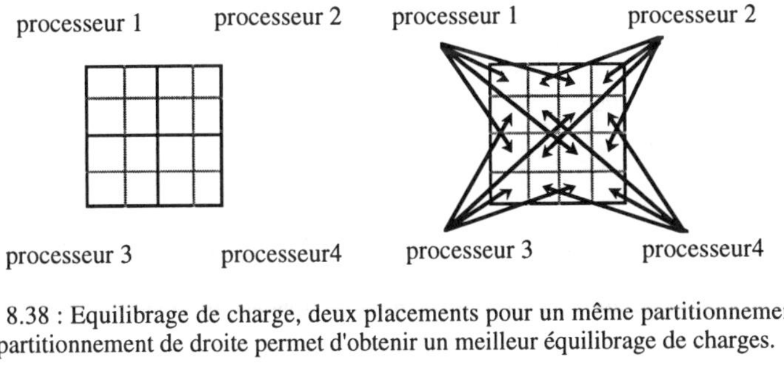

Figure 8.38 : Equilibrage de charge, deux placements pour un même partitionnement ; le partitionnement de droite permet d'obtenir un meilleur équilibrage de charges.

On peut alors mettre en place différents mécanismes ayant pour but de réaliser l'équilibrage de la charge de calcul des différents processeurs, soit de manière dynamique lors de l'exécution de l'algorithme, soit de manière statique, sous la forme d'un étage de prétraitement, avant l'exécution d'un algorithme, ou encore de manière mixte, le partitionnement étant statique, le placement dynamique. Moyennant la définition d'une unité de mesure, chaque processeur peut calculer sur une tranche de temps passé quelle a été sa charge de calcul. Les différents processeurs peuvent alors être amenés à communiquer afin de connaître leurs charges de calcul respectives.

Si la charge d'un processeur est supérieure à celle de ses voisins, il pourra réduire la taille de l'espace qui lui est alloué ; ses voisins doivent procéder à l'expansion de leur volume afin de traiter les objets qui ne seront plus traités par le processeur qui les possédaient précédemment. On peut également allouer à un processeur des sous-volumes non jointifs de l'espace d'objet. Ainsi, en supposant que certaines parties de l'espace objet comprennent plus d'objets que d'autres, on rééquilibrera la charge de calcul (fig. 8.38).

On peut enfin mettre en place des solutions mixtes. Une machine étant constituée de l'association de grappes de processeurs, chaque grappe se verra allouer de manière statique une région, tandis que les sous-régions sont allouées de manière dynamique aux processeurs composant la grappe. Une autre solution se prête particulièrement bien à la mise en œuvre parallèle de l'algorithme de lancer de rayons : le *'farming'*, algorithme que nous avons introduit dans le paragraphe relatif au traitement d'images et qui va être illustré plus en détail dans le paragraphe suivant.

8.4.2.4. Equilibrage par ferme de processus

Dans un premier temps nous allons illustrer une approche flot de données. Dans le cadre d'un partitionnement de l'espace image, pour lequel une tâche correspond à l'exécution de l'algorithme sur une région de l'espace image, les différentes régions sont distribuées sur le réseau. L'activité du processus est déclenchée dès arrivée de la partition à traiter (approche *data driven*). Dans un second temps, nous compléterons notre exemple en rajoutant un partitionnement de l'espace objet. Sur réception d'une partition de l'espace image les processus de calcul déclencheront leur activités (*data driven*), sur réception d'une demande émanant des processus de calcul, le contrôleur émettra des partitions de l'espace objet (*demand driven*).

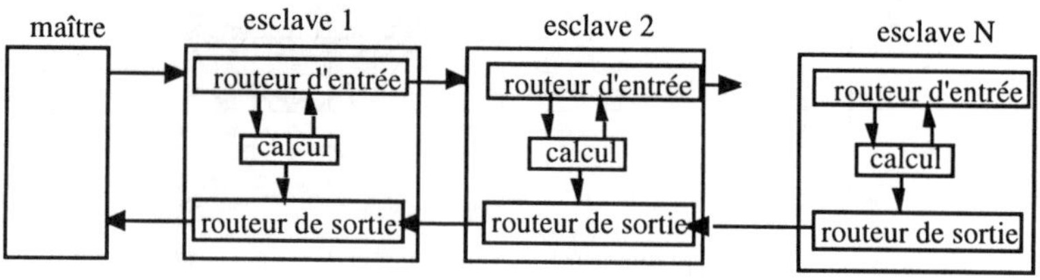

Figure 8.39 Principe du *farming*, architecture en anneau.

Nous considérons tout d'abord un anneau de processeurs sur lequel un processeur agit en tant que contrôleur, et N processeurs en tant que processeurs de calcul. Ces derniers exécutent en temps partagé, un processus de routage d'entrée, un processus de calcul, un processus de routage de sortie. Ils ont en mémoire l'ensemble de la scène à visualiser (fig. 8.39).

Le contrôleur initialise tout d'abord l'ensemble des processus (la ferme de processus en émettant un certain nombre de paquets, puis sur chaque réception d'un résultat , il réémet un paquet. Il doit en outre remettre dans l'ordre les résultats arrivés. On peut noter en effet, qu'il n'est pas obligatoire que celui qui a reçu la première tâche termine le calcul en premier. Lorsque le premier routeur d'entrée voit arriver une tâche, en fonction de la disponibilité du processus de calcul qui lui est associé, il enlève cette tâche du réseau ou bien la réémet sur le réseau à destination du processeur aval. En supposant que la première tâche soit ainsi allouée à l'esclave1, et que le calcul correspondant ne soit pas terminé avant que le routeur d'entrée voit arriver une deuxième tâche, cette dernière sera propagée en sortie vers le deuxième routeur d'entrée qui à son tour enlèvera la tâche, et ainsi de suite jusqu'à ce que la ferme soit entièrement alimentée. Lorsqu'un processus de calcul est achevé, le routeur de sortie associé mettra le résultat sur le réseau, via son routeur de sortie. Ce résultat consistera en la valeur de l'illumination des pixels compris dans la partition qu'il a reçue. Le routeur de sortie a donc deux rôles : propager vers l'amont des résultats provenant de son processus de calcul et propager vers l'amont des résultats provenant d'étages aval. Lorsque le maître voit arriver un résultat, il sait qu'un des étages n'a plus de tâches à traiter ; il met donc une nouvelle tâche sur le réseau, tâche qui sera consommée par le premier étage disponible.

On voit que cette méthode permet d'avoir en quasi permanence tous les processeurs occupés, ce qui règle automatiquement le problème de l'équilibrage de charge. Par contre, les processeurs sont inoccupés pendant l'instant séparant l'envoi d'un résultat, de celui de réception d'une nouvelle partition. Pour pallier ce problème, on allouera à chaque étage un buffer d'entrée permettant de tamponner une ou plusieurs tâche en attente. Ainsi lorsqu'un étage a engendré un résultat, il n'a pas à attendre la réception de la tâche créée par le contrôleur, mais il exécutera une des tâches présentes dans son buffer. Par exemple, pour un buffer limité à un paquet, si notre ferme comprend N étages, durant la phase d'initialisation, le maître émettra 2N tâches, puis injectera une nouvelle tâche à chaque réception de résultat.

Nous considérons maintenant une grille de processeurs (fig. 8.40). Le choix d'une structure en grille permet de mieux répartir la charge de communications. On peut effectivement remarquer que dans le cas de l'anneau, les canaux de communications des premiers étages de la ferme de processeurs supportent tout le trafic ce qui peut faire apparaître des goulets d'étranglement. Qui plus est lorsque le nombre d'étages devient important, l'éloignement du maître par rapport à certains esclaves peut devenir contraignant. On conçoit aisément que dans ce cas, un réseau de type anneau ne convienne plus. Sur cette grille de processeurs, un processeur (processeur 17) agit en tant que contrôleur, et n processeurs (processeurs 1- 16) en tant que processeurs de calcul. Ces derniers n'ont pas en mémoire la scène à visualiser et, au fur et à mesure, demanderont au processeur de contrôle, des partitions de la scène. Ces partitions seront archivées dans la mémoire locale ; leur renouvellement sera assuré de manière similaire à celle vue pour les mémoires virtuelles. Le choix de partitionner l'espace objet en plus du partitionnement déjà effectué sur l'espace image, permet de réduire la taille de la mémoire allouée à chaque processeur.

Afin d'envoyer les partitions des espaces objet et image, du processeur maître vers les processeurs de calcul, et d'envoyer vers le processeur maître les résultats ainsi que les demandes de partition de l'espace objet, on utilisera sur la grille un schéma de communication arborescent.

Illustrons le schéma d'exécution de l'algorithme de lancer de rayons sur une telle architecture utilisant le principe du *farming*. Un processeur, par exemple le processeur 1, recevant une partition de l'espace image déclenche l'activité de calcul de l'illumination des pixels présents dans la partition reçue (mode *data driven*). Cette activité va le conduire à rechercher dans sa mémoire locale les données de l'espace objet dont il a besoin. Cela se traduit par une recherche dans le répertoire associé à sa mémoire locale, et le cas échéant par une demande au processeur amont des informations absentes (ici le processeur 5). Cette demande arrivant sur le processeur amont va déclencher une activité (mode *demand driven*), qui va conduire ce processeur à consulter sa propre mémoire locale. Si celles-ci y sont présentes, il émet les données demandées. Dans le cas contraire, il remonte la demande sur le processeur amont qui serait dans cet exemple le processeur de contrôle (processeur 17). Celui-ci émet les données demandées en consultant la mémoire globale. Celles-ci suivront le chemin inverse de la demande et seront tamponnées dans la mémoire locale du demandeur. Ce système impose que chaque processeur dispose, en mémoire, d'une labelisation de l'ensemble de l'espace objet lui permettant lors d'une demande de préciser de quelle partition il a besoin.

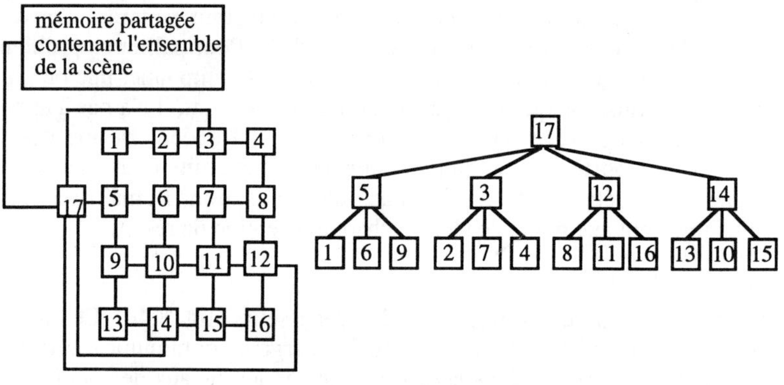

Figure 8.40 : Architecture en grille, schéma de communication arborescent..

8.5. Parallélisme et traitement du signal

Les applications de traitement du signal qui nécessitent une implantation sur des architectures multiprocesseurs posent généralement des problèmes de complexité des tâches à traiter, alliés à des contraintes de temps de traitement extrêmement sévères. Contrairement aux applications de traitement bas niveau d'image dont l'implantation repose sur le partage des données, la mise en œuvre parallèle des applications de traitement du signal repose généralement sur le fractionnement en tâches des traitements.

La réussite de l'implantation, ou l'optimisation de l'architecture parallèle, repose sur trois tâches : la spécification des tâches, le partitionnement de celles-ci et leur ordonnancement sur les processeurs. L'ordonnancement des tâches revient à déterminer l'ordre de leur exécution. L'ordonnancement influe sur les échéances des résultats et donc sur l'éventuel blocage de tâches dépendantes réparties sur différents processeurs. L'ordonnancement doit donc être traité globalement, éventuellement durant l'exécution des traitements (ordonnancement dynamique). Nous allons présenter une implantation parallèle d'un algorithme de filtrage adaptatif utilisé en annulation d'écho acoustique [Mar94].

8.5.1. Application d'annulation d'écho acoustique

L'annulation d'écho acoustique consiste à soustraire d'un signal capté yt, le signal émis par un haut-parleur (xt) filtré par le canal acoustique (fig. 8.41).

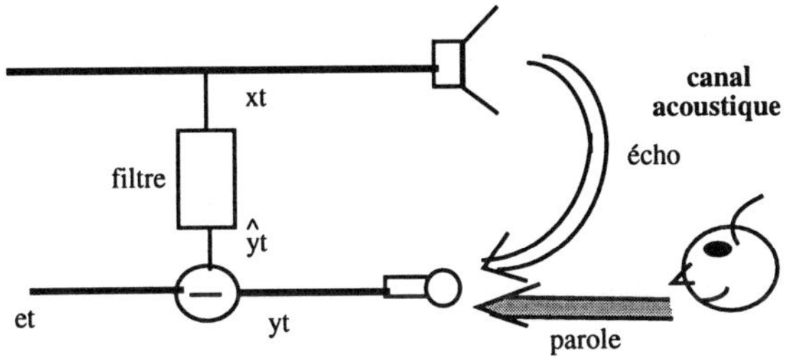

Figure 8.41 : Schéma du bouclage acoustique.

Le canal acoustique est modélisé par un filtre adaptatif, qui prédit le signal $\hat{yt}$ à partir du signal émis xt. Le schéma du filtrage adaptatif est présenté sur la figure 8.42.

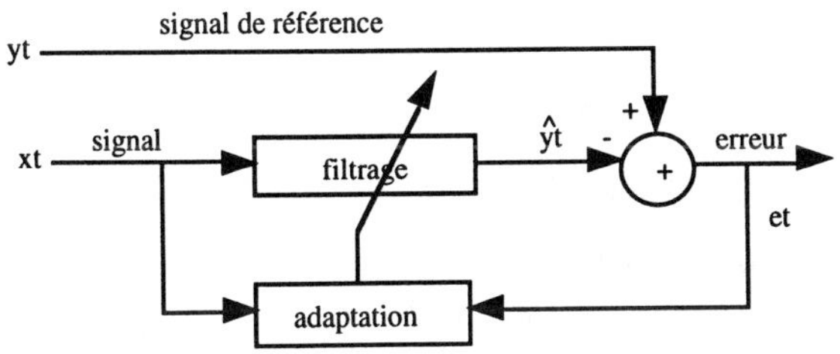

Figure 8.42 Schéma du filtrage adaptatif.

En téléconférence, la durée de la réponse impulsionnelle de la salle est de l'ordre de la centaine de milliseconde. En bande élargie, la fréquence d'échantillonnage est de 15 kHz, ce qui entraîne des longueur de filtres de l'ordre du millier de points. L'atténuation de l'écho doit être de l'ordre de 10 à 15 dB.

8.5.2. Algorithme GMDF

Parmi les nombreux algorithmes de filtrage adaptatif, le GMDF [Ait91] (*Generalized Multi Delay Filter*) répond au mieux aux contraintes de qualité (convergence, erreur) et de complexité (calculs). Pour le présenter rapidement, nous dirons que cet algorithme est une version bloc fréquentielle de l'algorithme du gradient stochastique LMS [Hay86]. De manière à limiter le retard du au calcul par bloc, les blocs traités sont recouvrants. De plus la réponse impulsionnelle du filtre est découpée dans le domaine fréquentiel, ce qui permet de traiter de petits blocs. Les équations sont données sur la figure 8.43. La complexité du filtre est de $\alpha[4(2K+3)\log_2(2N) + 40K + 17]$ multiplications et de $\alpha[6(2K+3)\log_2(2N) + 24K + 11]$ additions.

GMDFα

L : Taille de la RI, K : Nombre de blocs, 2N : Taille des FFT
R : Recouvrement de la TFR

$L = KN \qquad \alpha = \frac{N+1}{R}$

étapes :

$X_{sR} = F\,[x_t, x_{t-1},..,x_{t-R}, x_{t-R-1},...x_{t-2N+1}]^T$

F : Matrice de Fourier $F[k,l] = \exp(-j\,\frac{p}{N}\,kl)$

f : Fenêtre de troncature

Filtrage $O(N\log_2 N)$:

$$\hat{y}_{sR} = F^{-1}\sum_{k=0}^{K-1} X_{sR-kN}H^{(k)}(s) = F^{-1}\sum_{k=0}^{K-1} X_{(s-\alpha k)R}\,H^{(k)}(s)$$

Erreur $O(N\log_2 N)$:

$$E_{sR} = F.f.[y_{sR} - \hat{y}_{sR}]$$

Mise a jour de la matrice de normalisation $O(N)$:

$$P_k(s) = \gamma P_k(s-1) + (1-\gamma)|X_{sR-kN}|^2$$

$$T_{kk}(s) = [P_k(s)]^{-1}$$

Mise a jour du filtre $O(N)$:

$$H^{(k)}(s+1) = H^{(k)}(s) + \frac{\mu}{2N}\,T_{kk}(s)\,X_{sR-kN}{}^H\,E_{sR}$$

Contrainte optionnelle $O(KN\log_2 N)$:

$$H^{(k)}(s+1) = \Gamma.H^{(k)}(s+1) = F.\Pi.F^{-1}.H^{(k)}(s+1)$$

Figure 8.43 : Equations du GMDF.

8.5.3. Mise en œuvre sur architecture multi-PTS

La première étape pour l'implantation parallèle du filtre consiste à spécifier les différentes tâches du traitement, ainsi que leurs dépendances. Cette spécification peut se faire sous forme graphique, comme nous le montrons sur le schéma 8.44.

La mise en œuvre parallèle dépend des complexités de chaque tâche. Celles-ci doivent être évaluées en fonction du processeur cible. Elles sont données en nombre de cycles sur la figure 8.45. Cette application illustre le besoin en implantation parallèle d'algorithmes. La démarche montre qu'il est possible de conduire cette implantation manuellement. Cependant lorsqu'il s'agira de mettre en œuvre des applications d'annulation d'écho en stéréophonie à des fréquences de 32 kHz, ou des applications multivoies, la démarche d'implantation nécessitera d'utiliser des techniques d'optimisation pour résoudre les problèmes d'ordonnancement, de partitionnement et même de spécification.

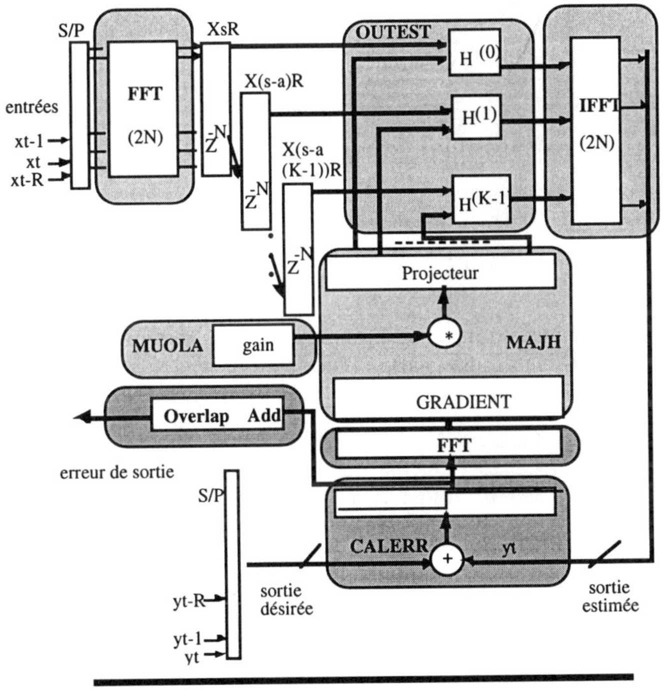

- FFT et IFFT pour les transformations de Fourier directe et inverse.
- OUTEST est la tâche de filtrage
- MAJH traite la mise à jour des filtres
- MUOLA calcule le gain normalisé d'adaptation
- CALERR calcule l'erreur
- Overlap Add calcule la sortie du filtre.

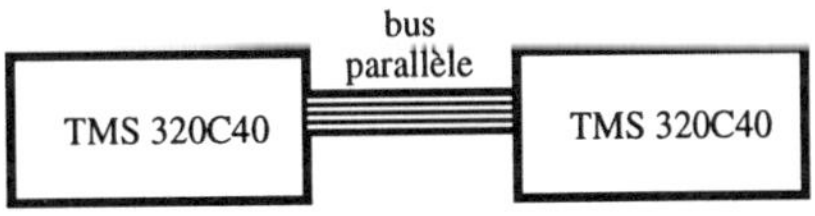

Figure 8.44 : Graphe logiciel du GMDF et architecture à base de deux TMS 320C40.

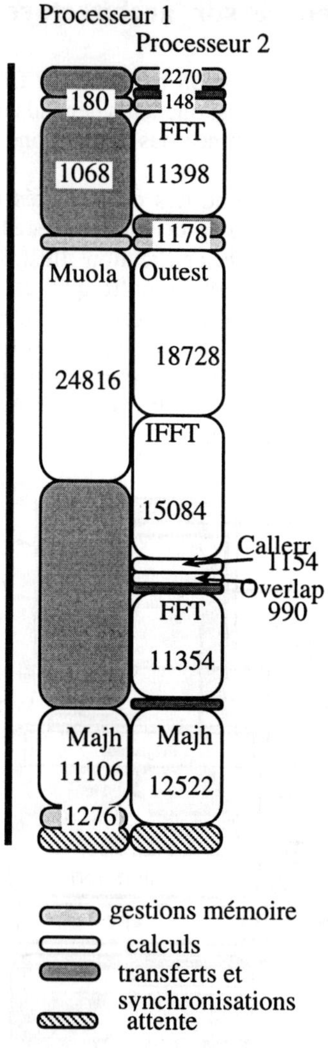

Figure 8.45 : Succession des traitements des tâches sur l'architecture à deux TMS320C40.

Bibliographie

Chapitre 1

[Air90] R. AIRIAU, J.M. BERGÉ, V. OLIVE, J. ROUILLARD, *VHDL, du langage à la modélisation,* Collection technique et scientifique des télécommunications, PPUR, 1990.

[Bow85] B.A. BOWEN, W.R. BROWN, *Systems design,* Prentice Hall, 1985.

[Cal90] J.P. CALVEZ, *Spécification et conception des systèmes, une méthodologie,* Masson, 1990.

[Cal93] J.P. CALVEZ, *Spécification et conception des ASICs,* Masson, 1993 .

[Dav90] M. DAVIO, J.P. DESCHAMPS, A. THAYSE, *Machines algorithmiques,* PPUR, 1990.

[Cam91] R. CAMPOSANO, W. WOLF, *Higl level VLSI synthesis,* Kluwer Academic Publishers, 1991.

[Dem87] G. DE MICHELI, A SANGIOVANNI, VINCENTELLI, P. ANTOGNETI, *Design systems for VLSI circuits,* Martinus Nijhoff Publishers, 1987.

[Eti91] D. ETIEMBLE, *Architecture des processeurs RISC,* Armand Colin, 1991.

[Gaj88] D. GAJSKY, *Silicon Compilation,* Addison-Wesley Publishing Company, 1988.

[Gaj93] D. GAJSKY, N. DUTT, Al. WU, S. LIN, *High level synthesis Introduction to chip and system design,* Kluwer Academic Publishers, 1993.

[Ger91] C. GERMAIN-RENAUD, J.P. SANSONNET, *Les ordinateurs massivement parallèles,* Armand Colin, 1991.

[Hen91] J.L. HENNESY, N.P. JOUPPI, Computer technology and architecture : An evolving interaction, *IEEE Computer,* 1991.

[Hen92] J. L. HENNESY, D. A. PATTERSON, *Architecture des ordinateurs, une approche quantitative* Mac Graw- Hill 1992.

[Kri91] R.F. KRICK, A. DOLLAS, The evolution of instruction sequencing, *IEEE Computer,* 1991.

[Mic92] P. MICHEL, U. LAUTHER, P. DUZY, *The synthesis approach to digital system design,* Kluwer Academic Publishers, 1992.

[Nai90] P. NAISH, P. BISHOP, *Conception des ASIC,* Masson, 1990.

[Sto87] H. S. STONE, *High performance computer architecture,* Addison-Wesley Publishing Company 1987.

[Sto91] H.S. STONE, J. COCKE, Computer architecture in the 1990, *IEEE Computer,* 1991.

[Tan91] A TANENBAUM, *Architecture de l'ordinateur,* Interéditions 1991.

[Per90] J.P. PEREZ, *Systèmes temps réel méthodes de spécification et de conception,* Dunod 1990.

Chapitre 2

[Dub87] R. DUBOIS, A. BOULESTEIX, *Le 68020 et ses coprocesseurs,* EdiTest, 1987.

[Mon90] J.A. MONTAGNON, *Architecture des ordinateurs,* Masson, 1990.

Chapitre 3

[Eti91] D. ETIEMBLE, *Architecture des processeurs RISC,* Armand Colin, 1991.
[Eti92] D. ETIEMBLE, Processeurs : le triomphe du RISC, *Revue TSI, Vol 11 n°5,* 1992.
[Gep93] L. GEPPERT, Not your father's CPU, *IEEE spectrum,* décembre, 1993.
[Hay86] S. HAYKIN, *Adaptive filter theory,* Prentice-Hall, 1986.
[Mei71] J.P. MEINADIER, *Structure et fonctionnement des ordinateurs,* Larousse, 1971.
[Par89] K. PARHI, D. MESSERSCHIMITT, Pipeline interleaving and parallelism in recursive digital filters, *IEEE transaction on ASSP, vol 37 n° 7,* juillet, 1989.

Chapitre 4.

[Atk91] M. Atkin, Performance and the i860 microprocessor, *IEEE micro*, Octobre 1991.
[Car88] J. CARLIER, P. CHRÉTIENNE, *Problèmes d'ordonnancement,* Masson, 1988.
[Gaj93] D. GAJSKI, N. DUTT, A. WU, S. LIN, *High level synthesis,* Kluwer Academic Publishers, 1993.
[Hay86] S. HAYKIN, *Adaptive filter theory,* Prentice-Hall, 1986.
[Ko 81] P. KOGGE, *The architecture of pipelined computer,* Hemisphere Publishing Corporation, 1981.
[Lin87] K.S. LIN, *Digital signal processing application,* Prentice Hall, 1987.
[Mot91] MOTOROLA, Implementation of fast Fourier transforms on Motorola's DSP56000/DSP56001 and DSP96002 digital signal processors, *Revue "microprocessor an microsystem" vol 15 n°4*, mai 1991.
[Mu 89] J.M. MULER, *Arithmétique des ordinateurs,* Masson, 1989.
[Smi92] M. SMITH, How RISCy is DSP, *IEEE micro,* Décembre 1992.
[Ste92] L. STEWART & all, Are DSP Chips Obsolete ?, *Rapport interne Digital,* November 1992.

Chapitre 5

[Atk91] M. ATKINS, Performance and the i860 Microprocessor, *IEEE Micro,* 1991.
[Bor90] S. BORKAR, R. COHN, G. COX, T. GROSS, H.T. KUNG, M. LAM, M. LEVINE, B. MOORE, W. MOORE, C. PATERSON, J. SUSMAN, J. SUTTON, J. URBANSKI and J. WEBB, Supporting systolic and memory communication in IWarp, *proceedings on the 17th annual international symposium on computer architecture,* 1990.
[Dec92-a] DIGITAL EQUIPEMENT CORPORATION, DEC Chip 21064- AA RISC microprocessor Preliminary Data Sheet, *Manuel d'application,* 1992.
[Dec92-b] DIGITAL EQUIPEMENT CORPORATION, Alpha Architecture Handbook, 1992.
[Int89] INTEL CORPORATION, I860 64-Bit Microprocessor hardware reference manual, *Manuel d'application,* 1989.
[Inm89] INMOS SGS THOMSON, The Transputer databook, *Manuel d'application,* 1989.
[Inm91] INMOS SGS THOMSON, The T9000 Transputer products overview manual, *Manuel d'application,*1991.
[Mcl93] E. MCLELLAN, The alpha AXP architecture and 21064 processor, *IEEE Micro* 1993.
[Pet91] E. MCLELLAN, IWarp : A 100 MOPS, LIW microprocessor for multicomputers, *IEEE Micro*, 1991.

[Qui89] P. QUINTON, Y. ROBERT, *Algorithmes et architectures systoliques,* Masson 1989.
[Sez92] SEZNEC & all, Etude comparée des architectures des microprocesseurs MIPS R4000, DEC 21064 et TI SUPERSPARC, *Publication interne IRISA N° 692,* 1992.
[Sin92] R. SIMAR, P. KOEPPEN, J. LEACH, S. MARSHALL, D. FRANCIS, G. MEKRAS, J. ROSENTRAUCH, S. ANDERSON, Floating point processors join forces in parallel processing architectures, *IEEE Micro* 1992.

Chapitre 6

[Ban91] J.P. BANÂTRE, *La programmation parallèle outils, méthodes et éléments de mise en oeuvre,* Eyrolles 1991.
[Ben86] M. BEN-ARI, *Processus concurrents introduction à la programmation parallèle,* Masson 1986.
[Bou84] H. BOUCHER, *Architecture de l'ordinateur,* ENSTA 1984.
[Eti91] D. ETIEMBLE, *Architecture des processeurs RISC,* Armand Colin 1991.
[Ger91] C. GERMAIN-RENAUD, J.P. SANSONNET, *Les ordinateurs massivement parallèles,* Armand Colin 1991.
[Hen92] J.L. HENNESY, D.A. PATTERSON, *Architecture des ordinateurs, une approche quantitative,* Mc Graw-Hill, 1992.
[Her86] A. HERSCOVICI, *Introduction aux grands ordinateurs scientifiques,* Eyrolles, 1986.
[Hwa84] K. HWANG, F. A. BRIGGS, *Computer architecture and parallel processing,* McGraw Hill, 1984.
[Int] INTEL, Multibus 2 Architecture specification, *Manuel d'utilisation.*
[Inm91] INMOS SGS THOMSON, The transputer development and its systems databook, *Manuel d'utilisation*, 1991.
[Jac93] J.L. JACQUEMIN, *Informatique parallèle et systèmes multiprocesseurs,* Hermes, 1993.
[Kog81] P. M. KOGGE, *The architecture of pipelined computers,* Hemispher Publishing Corporation 1981.
[Lit90] D. LITAIZE, Architectures multiprocesseurs à mémoire commune, *Deuxième symposium Architectures Nouvelles de Machines,* 1990.
[Mon90] J.A. MONTAGNON, *Architecture des ordinateurs Tome 3 Entrées- sorties,* Masson, 1990.
[Nus86] H. NUSSBAUMER, *Informatique industrielle ; introduction à l'informatique du temps réel,* PPUR, 1986.
[Sto87] H. S. STONE, *High performance computer architecture,* Addison- Wesley Publishing Company 1987.
[Str86] STROHMEIER, *Le matériel informatique concepts et principes,* PPUR, 1986.
[Tsi93] TSI, Numéro spécial Langages à parallélisme de données, *Techniques et Sciences Informatiques,* 1993.
[Vme82] VMEbus Manuel de specification, Groupe de fabricants VMEbus 1982.

Chapitre 7

[Hil85] D. HILLIS, *The connection machine,* MIT Press, 1985.
[Inm89] INMOS SGS THOMSON, Digital signal processing databook, *Manuel d'utilisation,* 1989.
[Inm91] INMOS SGS THOMSON, The transputer development and its systems databook, *Manuel de référence,* 1991.
[Kub88] F.D. KUBLER, A cluster oriented architecture for the mapping of parallel processor networks to high performance applications, 1988.
[Vme82] VMEBUS, Manuel de spécification, Groupe de fabricants VMEbus 1982.

Chapitre 8

[Ait91] A. AMRANE, E. MOULINE, Y. GRENIER, Identification de réponses impulsionnelles longues par gradient stochastique fréquentiel, *Conférence GRETSI, jaun les pins,* juin 1991.
[And88] F. ANDRÉ, J.L. PAZAT, Le placement des tâches sur les architectures parallèles, *Techniques et Sciences Informatiques*, 1988.
[Ban91] J.P. BANÂTRE, *La programmation parallèle : outils, méthodes et éléments de mise en oeuvre,* Eyrolles 1991.
[Bou91] P. BOURNAI, B. CHERON, B. HOUSSAIS, P. Le GUERNIC, Manuel Signal, *RapportsTechnique INRIA*, 1991.
[Dew89] P.M. DEW, *Parallel processing for computer vision and display,* Addison Weysley, 1989.
[Fea88] P. FEAUTRIER, Parallélisation et vectorisation automatique : état de l'art et recherches récentes, *Journées Firtech Systèmes et télématique l'achitectures futures : programmation parallèle et intégration VLSI*, 1988.
[Gre91] S. GREEN, *Parallel processing for computer graphics,* Pitman MIT Press, 1991.
[Inm88] INMOS, *Occam2 Reference Manual,* Prentice-Hall 1988.
[Hay86] S. HAYKIN, *Adaptive filter theory,* Prentice-Hall, 1986.
[Hwa84] K. HWANG, F. A. BRIGGS, *Computer architecture and parallel processing,* McGraw Hill 1984.
[Jac93] J.L. JACQUEMIN, *Informatique parallèle et systèmes multiprocesseurs,* Hermes 1993.
[Mar94] E. MARTIN, A. GILLOIRE, P. LE SCAN "CAD of signal processing architectures : an application to acoustic echo cancellation" *Revue Annales des télécommunications, 49, n°7-8,* 1994.
[Sar89] V. SARKAR, *Partitionning and scheduling parallel programs for multiprocessors,* Pitman MIT Press 1989
[Sto87] H. S. STONE, *High performance computer architecture,* Addison-Wesley Publishing Company, 1987.
[Wol89] M. WOLFE, *Optimizing supercompilers for supercomputes,* MIT Press 1989.
[Zim90] H. ZIMA, B. CHAPMAN, *Supercompilers for parallel and vector computers,* ACM Press Addison Wesley Publishing Company 1990.

Index

A

accélération 51; 82; 193; 223; 254
adaptation 102
adéquation architecture à algorithme 15
adressage circulaire 135
adressage direct 41
adressage immédiat 41
adressage indexé 43
adressage indirect post décrémenté 43
adressage indirect/mémoire 42
adressage indirect/registre 42
adressage relatif 44
aléa 94; 98
algorithme de lancer de rayons 282
algorithme de LRU 57
algorithme de remplacement optimal 57
algorithme de routage adaptatif 216
algorithme récursif 283
algorithmes à voisinage 275
algorithmes de lissage 281
allocation 145; 149
allongement de code 92
Alpha 158
analyse 31
antialiasing 281
approche verticale 23
arbitrage centralisé 205
arbitrage décentralisé 206
arbre de rayons 283
architecture hétérogène 218
architecture Von Neuman 31
ASIC 25
ASPP (Applied Specific Programmable Processor) 27
automate à états finis 19
automate de commande 3; 6
automate de traitement 3; 4
automate de traitement virtuel 7

B

benchmarks 34
branchement retardé 100
bypass 101

C

cache 95
cache logique 65
cache physique 65
cahier des charges 16
canal 262
canal physique 171
canaux de communications 287
canaux physiques 172
canaux virtuels 171
CAO 29
CFP 34
chaînage 224
chaînage des instructions 160
champ d'adressage 37
chemin de données 4
circuits précaractérisés 27
circuits prédiffusés 27
circuits sur mesure 27
CISC 8; 9; 40; 91
CM1 240
CM200 243
CM5 243
communication systolique 176
commutation par circuits 216
commutation par paquets 216
compilateur 91
conception ascendante 24
conception descendante 23
conception mixte 24

contexte 39
contrôleur 84; 87; 91; 128
contrôleur d'interruption 207; 237
contrôleur de cache 58
convolution 83; 102; 251; 275
coprocesseur 71
corrélation 275
CPI 46
cycle de développement 16
cycle indivisible 200
cycle Von Neumann 8

D

débranchement 38; 88
décodeur 84
définition 268
dégradation 254
démarche de conception 15
dépendance 256
dépendance de données 275
description symbolique 271
détection du parallélisme 257
direct 126
distribuée 169
DMA 69; 122; 130
drapeau 38
drapeaux 40
duplication 195
duplication de tâches 259

E

efficacité 51; 193; 254
envoi de messages 172; 176; 178
équilibrage de charge 272
équilibrage de la charge de calcul 285
espace de travail 56
espace objet 280
espion de bus 196
extraction de caractéristiques 271; 279
extraction du parallélisme 256

F

facteur de mérite 110
famine 206
farming 274; 286
ferme de processus 274; 287
FFT 142
filtrage 275
filtrage récursif 277
Flynn 15
fonction séquentielle 2
fork 261
FPGA 25

G

Gapp 181
gestion de la cohérence 239
gestion des exclusions mutuelles 200
gestionnaire de scène 281
gestionnaire de tâches 169; 170
goulet d'étranglement 193
granularité 253
graphe flot 145
grappes 245; 272

H

Harvard 81; 82; 119
hiérarchisation 52
hiérarchisation de la mémoire 195; 227
hiérarchisation horizontale 25
histogramme 280
historique de branchement 100
historique des branchements 159

I

I860 162
IEEE 754 121
ILBX 211
illumination 281; 283
illumination des pixels 287
IMS A100 250
indirect 127
instructions arithmétiques 40
instructions de classe mémoire 37
instructions de classe registre 37
instructions de transfert 40
instructions privilégiées 11
interprétation 271
interval labeling 174
invalidation 196
IPSB 211
irrégularité 224

ISBX 211
Iwarp 175

J

join 261

L

labélisation d'intervalle 174
langages flot de données 264
liens 263
liens virtuels 172
lot de données 286

M

machine à connexions 240
machine algorithmique 7
machine virtuelle 7
machines cellulaires 216
machines parallèles 14
masque 130
MCOPS 31
Mealy 2
mécanisme de répertoire 198
mémoire cache 52
mémoire cache associative 53
mémoire cache en correspondance directe 53
mémoire distribuée 184
mémoire entrelacée 202; 227
mémoire locale 195; 288
mémoire partagée 162; 184; 192
mémoire physique 62
mémoire vidéo 267
mémoire virtuelle 50; 158; 163
mémoires logiques 62
méthode 17
méthodologie 17
MFLOPS 32; 142
micro-commandes 6
micro-instructions 6
microprocesseur 8
microprogramme 6
MIMD 15
MIPS 31; 32; 142
MISD 15
mise à jour 196
MMAC 142
mode canal 71
mode DMA 69
mode rendez vous 262
modèle algorithmique 18
modèle de conception 23
modèle de description 17
modèle de réalisation 17
modes d'adressage 45; 48
module fonctionnel maître 236
Moore 2
MOPS 142
Motorola 68030 234
Multibus 210
Multichannel DMA bus 211
multiplexage 95
multiplexage spatial 202
multiprocesseur 12
multiprocesseurs à passage de messages 217
multiprocesseurs à passage de messages. 212
multiprocesseurs faiblement couplés 212
multiprocesseurs fortement interconnectés 193
multisystème 13
multisystèmes 229
multiutilisateur 13

O

Occam 262
optimales 109
optimisation 87; 103
optimisation de code 101
ordinateur vectoriel 223
ordinateurs vectoriels 14
ordonnancement 145; 149

P

pagination 60
palette 269
papillon 148
parallélisation 253; 256
parallélisme explicite 256
parallélisme implicite 256
parité 95
partie basse 37
partie haute 37
partitionnement 253; 257
partitionnement de l'espace image 284; 286
partitionnement de l'espace objet 284; 286

passerelle 204
performance effective 225
performance scalaire 225
performance vectorielle 225
périphérique 68
périphériques 47
pipe-line 9
pipeline 88; 89; 98
pixel 266; 280
PLA 86
placement 253; 258
pld 26
port série 130
prétraitement 270
processeur de liens 172
processeur géométrique 281
processeur graphique 281
processeur superpipeline 94
processeurs élémentaires 12
produit de convolution 181
programmation 7
protection 65
PTS 119; 143
pyramide de vue 280

R

rayon primaire 282
rayon secondaire 282
réamorçage 225
registre de statut 47
remplacement 56
répertoire 196
répertoire de tables 164
réseau crossbar 245
réseau de communication 244; 246
réseau statique 214
réseau systolique 175; 181
réseaux dynamiques 214
résolution 268
retardé 165
retour des états 88
RIF 131
RII 107
RISC 8; 9; 84; 90
routage non adaptatif 216
routeur 287

S

sauvegarde de contexte 39
scoreboarding 101
segmentation 59
séquencement 2
séquenceur 6; 84
seuillage 275
signal 264
SIMD 15; 279; 280
SISD 15
SPEC 34
SSB 211
statut 47
Supercluster 244
supermini 13
superpipeline 10; 158
superscalaire 10; 94; 158; 161
surfaces cachées 280
synchrones 264
synchronisation 7
synthèse d'architecture 29
synthèse d'image 280
système d'affichage 268
système d'arbitrage 194
système d'exploitation 10; 229
système d'imagerie 267
système de visualisation 269
systolique 117

T

table de réservation 101
table des pages 164
tables de réservation 160
tables de translation 63
tâches 272
TAG 52; 95
tampon 130
taux de chevauchement 226
taux de vectorisation 225
temps de cycle 92
temps partagé 170
TFR 34; 148
TMS320C40 184
traitement d'images 270
TRAM 248
transferts en mode rafale 235

transformations de programme 257
transformations globales 271; 279
transformations locales 271
transformations ponctuelles 270; 275
translation d'adresse 60
Transputer 166; 246

U

UAL 36
UGM 66
unité arithmétique et logique 36
unité de gestion mémoire 59
unité graphique 166

V

variables de commande 3
variables de compte rendu 3
VHDL 19
VLIW 10; 178
VLSI 29
VME 209; 233
VMS 210
VMX 210
Von Neumann 8
voxel 283

W

Weitek 243
Whestones 33
write back 196
write through 196

Z

Zoran 249

Les auteurs

Eric MARTIN

Né en 1961, il est agrégé de l'ENS de Cachan, docteur de 3ème cycle et professeur des Universités. Après avoir participé à la mise en place de l'Ecole Nationale Supérieure des Sciences Appliquées et des Technologies (ENSSAT) de Lannion, il est, depuis 1994, professeur à la nouvelle université de Bretagne-Sud, où il a fondé le laboratoire d'électronique des systèmes temps réel (LESTER). Ses activités de recherche portent sur les méthodes de conception des architectures dédiées, en traitement du signal, en traitement de l'image et en télécommunication.

Jean Luc PHILIPPE

Né en 1958, il est Maître de Conférences à l'École Nationale Supérieure de Sciences Appliquées et de Technologie (ENSSAT) à Lannion. Son enseignement est centré sur l'architecture des systèmes électroniques, de leurs méthodes de conception, et de leur utilisation dans le domaine du traitement du signal et de l'image. Son domaine de recherche au Laboratoire d'Analyse des Systèmes de Traitement de l'Information (LASTI), porte sur les méthodes de conception d'architectures et de systèmes sous contrainte.

DANS LA MÊME COLLECTION

Aux éditions Masson

TÉLÉCOMMUNICATIONS SPATIALES, par des ingénieurs du CNES et du CNET *(épuisé).*
Tome 1. – Bases théoriques. 1982, 432 pages.
Tome 2. – Secteur spatial. 1983, 400 pages.
Tome 3. – Secteur terrien. Systèmes de télécommunications par satellites. 1983, 468 pages.

LA PROGRAMMATION RÉACTIVE. Application aux systèmes communicants, par F. BOUSSINOT. Préface de A. BENVENISTE. 1996, 280 pages.

TÉLÉCOMMUNICATION : RÉALITÉS ET VIRTUALITÉS. Un avenir pour le XXIe siècle, par M. FENEYROL. 1996, 256 pages

STÉRÉOPHONIE. Cours de relief sonore théorique et appliqué, par R. CONDAMINES. 1978, 320 pages.

DÉCISIONS EN TRAITEMENT DU SIGNAL, par P.-Y. ARQUÈS. 1982, 2e édition, 288 pages *(épuisé).*

LES RÉSEAUX PENSANTS. Télécommunications et société, sous la direction de A. GIRAUD, J.-L. MISSIKA et D. WOLTON. 1978, 296 pages *(épuisé).*

LES FILTRES NUMÉRIQUES. Analyse et synthèse des filtres unidimensionnels, par R. BOITE et H. LEICH. 1990, 3e édition, 432 pages.

TRAITEMENT NUMÉRIQUE DU SIGNAL. Théorie et pratique, par M. BELLANGER. 1995, 5e édition, 480 pages.

FONCTIONS ALÉATOIRES, par A. BLANC-LAPIERRE et B. PICINBONO. 1981, 440 pages.

PSYCHOACOUSTIQUE. L'oreille récepteur d'information, par E. ZWICKER et R. FELDTKELLER. Traduit de l'allemand par C. SORIN. 1981, 248 pages.

GENÈSE ET CROISSANCE DES TÉLÉCOMMUNICATIONS, par L.-J. LIBOIS. 1983, 432 pages *(épuisé).*

LE VIDÉOTEX. Contribution aux débats sur la télématique, coordonné par CL. ANCELIN et M. MARCHAND. 1984, 256 pages.

ÉCOULEMENT DU TRAFIC DANS LES AUTOCOMMUTATEURS, par G. HÉBUTERNE. 1985, 264 pages.

L'EUROPE DES POSTES ET TÉLÉCOMMUNICATIONS, par CL. LABARRÈRE. 1985, 256 pages.

THÉORIE STRUCTURALE DE LA COMMUNICATION ET SOCIÉTÉ, par A.-A. MOLES. 1995, 3e tirage, 296 pages.

TRAITEMENT DU SIGNAL PAR ONDES ÉLASTIQUES DE SURFACE, par M. FELDMANN et J. HÉNAFF. 1986, 400 pages.

THÉORIE DE L'INFORMATION OU ANALYSE DIACRITIQUE DES SYSTÈMES, par J. OSWALD. 1986, 488 pages.

LES VIDÉODISQUES, par G. BROUSSAUD. 1986, 216 pages.

LES MODEMS POUR TRANSMISSION DE DONNÉES, par M. STEIN. 1991, 384 pages.

LES PARADIS INFORMATIONNELS : DU MINITEL AUX SERVICES DE COMMUNICATION DU FUTUR, par M. MARCHAND et le SPES. 1987, 256 pages.

SYSTÈMES ET RÉSEAUX DE TÉLÉCOMMUNICATION EN RÉGIME STOCHASTIQUE, par G. DOYON. 1989, 704 pages.

PRINCIPES DE TRAITEMENT DES SIGNAUX RADAR ET SONAR, par R. LE CHEVALIER. 1989, 280 pages *(épuisé).*

CIRCUITS INTÉGRÉS EN ARSÉNIURE DE GALLIUM. Physique, technologie et règles de conception, par R. CASTAGNÉ, J.-P. DUCHEMIN, M. GLOANEC et G. RUMELHARD, 1989, 608 pages.

ANALYSE DES SIGNAUX ET FILTRAGE NUMÉRIQUE ADAPTATIF, par M. BELLANGER. 1989, 404 pages *(épuisé).*

LA PAROLE ET SON TRAITEMENT AUTOMATIQUE, par CALLIOPE. 1989, 736 pages.

LE RNIS. Techniques et atouts, par G. DICENET. 1995, 3e édition, 312 pages.

LA MESURE DE LA FRÉQUENCE DES OSCILLATEURS, par CHRONOS. 1992, 368 pages.

TRAITEMENTS DES SIGNAUX POUR LES SYSTÈMES SONAR, par M. BOUVET. 1992, 504 pages.

CODES CORRECTEURS D'ERREURS. Une introduction au codage algébrique, par G. COHEN, Ph. GODLEWSKI, J.-L. DORNSTMER. 1992, 272 pages.

COMPLEXITÉ ALGORITHMIQUE ET PROBLÈMES DE COMMUNICATIONS, par J.-P. BARTHÉLÉMY, G. COHEN et A. LOBSTEIN. Préface de M. MINOUX. 1992, 256 pages.

GESTION DE RÉSEAUX : CONCEPTS ET OUTILS, par ARPÈGE. 1992, 272 pages.

LES NORMES DE GESTION DE RÉSEAU À L'ISO, par C. LECERF et D. CHOMEL. 1993, 272 pages.

L'IMPLANTATION IONIQUE POUR LA MICROÉLECTRONIQUE ET L'OPTIQUE, par P.-N. FAVENNEC. 1993, 532 pages.

TECHNIQUE DE COMPRESSION DES SIGNAUX, par N. MOREAU, 1994, 288 pages.

Aux éditions Dunod

TÉLÉCOMMUNICATIONS : OBJECTIF 2000, sous la direction de A. GLOWINSKI. 1981, 2e tirage, 300 pages *(épuisé).*

ÉLECTROMAGNÉTISME CLASSIQUE DANS LA MATIÈRE, par CH. VASSALLO. 1980, 272 pages *(épuisé).*

PRINCIPES DES COMMUNICATIONS NUMÉRIQUES, par A.-J. VITERBI et J.-K. OMURA. Traduit de l'anglais par G. BATAIL. 1982, 232 pages *(épuisé).*

PROPAGATION DES ONDES RADIOÉLECTRIQUES DANS L'ENVIRONNEMENT TERRESTRE, par L. BOITHIAS. 1984, 2e tirage, 328 pages *(épuisé).*

PROGRAMMATION MATHÉMATIQUE. Théorie et algorithmes, par M. MINOUX.
Tome 1. – 1987, 328 pages.
Tome 2. – 1989, 272 pages *(épuisé).*

SYSTÈMES DE TÉLÉCOMMUNICATIONS. Bases de transmission, par P.-G. FONTOLLIET. 1984, 2e tirage, 528 pages *(épuisé).*

ÉLÉMENTS DE COMMUNICATIONS NUMÉRIQUES. Transmission sur fréquence porteuse, par J.-C. BIC, D. DUPONTEIL et J.-C. IMBEAUX.
Tome 1. – 1986, 384 pages *(épuisé).*
Tome 2. – 1986, 328 pages.

TÉLÉINFORMATIQUE. Transport et traitement de l'information dans les réseaux et systèmes téléinformatiques et télématiques, par C. MACCHI, J.-F. GUILBERT *et*

13 coauteurs. 1987, 934 pages *(épuisé).*

EXPLORATION INFORMATIQUE ET STATISTIQUE DES DONNÉES, par M. JAMBU. 1989, 528 pages.

LES SYSTÈMES DE TÉLÉVISION EN ONDES MÉTRIQUES ET DÉCIMÉTRIQUES, par L. GOUSSOT. 1987, 376 pages *(épuisé).*

LES FAISCEAUX HERTZIENS ANALOGIQUES ET NUMÉRIQUES, par E. FERNANDEZ et M. MATHIEU. 1991, 648 Pages.

TÉLÉMATIQUE : TECHNIQUES, NORMES, SERVICES, coordonné par B. MARTI. 1990, 776 pages.

COMPATIBILITÉ ÉLECTROMAGNÉTIQUE : BRUITS ET PERTURBATIONS RADIOÉLECTRIQUES, sous la direction de P. DEGAUQUE et J. HAMELIN. 1990, 688 pages.

LES TÉLÉCOMMUNICATIONS PAR FIBRES OPTIQUES, par I. et M. JOINDOT. 1996, 736 pages.

Aux éditions Eyrolles

DE LA LOGIQUE CÂBLÉE AUX MICROPROCESSEURS, par J.-M. BERNARD et J. HUGON.

Tome 1. – Circuits combinatoires et séquentiels fondamentaux, avec la collaboration de R. LE CORVEC. 1983, 6e tirage, 232 pages *(épuisé).*
Tome 2. – Applications directes des circuits fondamentaux. 1983, 6e tirage *(épuisé).*
Tome 3. – Méthodes de conception des systèmes. 1986, 7e tirage, 164 pages.
Tome 4. – Application des méthodes de synthèse. 1987, 8e tirage, 272 pages.

LA COMMUTATION ÉLECTRONIQUE, par GRINSEC *(épuisé).*

Tome 1. – Structure des systèmes spatiaux et temporels. 1984, 3e tirage, 456 pages.
Tome 2. – Logiciel. Mise en œuvre des systèmes. 1984, 3e tirage, 512 pages.

OPTIQUE ET TÉLÉCOMMUNICATIONS. Transmission et traitement optiques de l'information, par A. COZANNET, J. FLEURET, H. MAITRE et M. ROUSSEAU. 1983. 2e tirage, 512 pages *(épuisé).*

RADARMÉTÉOROLOGIE. Télédétection active de l'atmosphère, par H. SAUVAGEOT. 1982, 312 pages.

PROBABILITÉS, SIGNAUX, BRUITS, par J. DUPRAZ. 1983, 2e tirage, 384 pages *(épuisé).*

MÉTHODES STRUCTURELLES POUR LA RECONNAISSANCE DES FORMES, par L. MICLET. 1984, 208 pages.

INTRODUCTION AUX RÉSEAUX DE FILES D'ATTENTE, par E. GELENBE et G. PUJOLLE. 1985, 2e tirage, 208 pages *(épuisé).*

APPLICATIONS DES TRANSISTORS À EFFET DE CHAMP EN ARSÉNIURE DE GALLIUM, coordonné par R. SOARES, J. OBREGON et J. GRAFFEUIL. 1984, 532 pages.

PRATIQUE DES CIRCUITS LOGIQUES, par J.-M. BERNARD et J. HUGON. 1990, 4e édition, 480 pages.

THÉORIE DES GUIDES D'ONDES ÉLECTROMAGNÉTIQUES, par CH. VASSALLO.

Tome 1. – 1985, 504 pages.
Tome 2. – 1985, 700 pages.

CONCEPTION DES CIRCUITS INTÉGRÉS MOS. Éléments de base, perspectives, par M. CAND, E. DEMOULIN, J.-L. LARDY et P. SENN. 1986, 472 pages.

THÉORIE DES RÉSEAUX ET SYSTÈMES LINÉAIRES, par M. FELDMANN. 1987, 2e édition, 424 pages *(épuisé).*

CONCEPTION STRUCTURÉE DES SYSTÈMES LOGIQUES, par J.-M. BERNARD. 1987, 2e tirage, 400 pages.

SYSTÈMES DE RADIOCOMMUNICATIONS AVEC LES MOBILES, par J.-G. RÉMY, J. CUEUGNIET et C. SIBEN. 1992, 668 pages *(épuisé)*.

PRÉVISION DE LA DEMANDE DE TÉLÉCOMMUNICATIONS. Méthodes et modèles, par N. CURIEN ET M. GENSOLLEN. 1989, 488 pages.

INNOVATION, DÉRÉGLEMENTATION ET CONCURRENCE DANS LES TÉLÉCOMMUNICATIONS, par L. BENZONI et J. HAUSMAN. 1993, 344 pages.

LES TÉLÉCOMMUNICATIONS : TECHNOLOGIES, RÉSEAUX, SERVICES, par L.-J. LIBOIS. 1994, 216 pages.

INNOVATION ET RECHERCHE EN TÉLÉCOMMUNICATIONS. Progrès techniques et enjeux économiques, par M. FENEYROL et A. GUÉRARD. 1994, 328 pages.

À la Documentation française

LES TÉLÉCOMMUNICATIONS FRANÇAISES. Quel statut pour quelle entreprise ?, par G. BONNETBLANC. 1985, 240 pages.

LA COMMUNICATION AU QUOTIDIEN. De la tradition et du changement à l'aube de la vidéocommunication, par J. JOUËT, avec la collaboration de N. CELLE. 1985, 240 pages.

L'ORDRE COMMUNICATIONNEL. Les nouvelles technologies de la communication : enjeux et stratégies, par F. DU CASTEL, P. CHAMBAT et P. MUSSO. 1989, 352 pages.

HISTOIRE D'ENFANCE. Les réseaux câblés audiovisuels en France, par J.-M. CHARON, J.-P. SIMON, avec la participation de B. MIÈGE. 1989, 240 pages.

LA COMMUNICATION PLURIELLE : L'interaction dans les téléconférences, coordonné par P. PÉRIN et M. GENSOLLEN. 1992, 304 pages.

Aux Presses Polytechniques et Universitaires Romandes

ADA AVEC LE SOURIRE, par J.-M. BERGÉ, L.-O. DONZELLE, V. OLIVE et J. ROUILLARD. 1989, 400 pages.

SYSTÈMES MICROPROGRAMMÉS. Une introduction au magiciel, par D. MANGE. 1990, 384 pages.

RÉSEAUX DE NEURONES RÉCURSIFS POUR MÉMOIRES ASSOCIATIVES, par Y. KAMP et M. HASLER. 1990, 244 pages.

VHDL. Du langage à la modélisation, par R. AIRIAU, J.-M. BERGÉ, V. OLIVE et J. ROUILLARD. 1990, 576 pages.

TRAITEMENT DE L'INFORMATION, sous la direction de M. KUNT.

Volume 1. – Techniques modernes de traitement numérique des signaux. 1991, 440 pages.

Volume 2. – Traitement numérique des images. 1993, 584 pages.